VAMOS FALAR YORÙBÁ?

Introdução ao idioma dos Orixás

Ẹ JẸ́ KI A SỌ YORÙBÁ?
À WỌN ÈDÈ ÒRÌṢÀ

Gramática, exercícios, diálogos e mini-dicionário

Todos os direitos reservados © 2022

É proibida qualquer forma de reprodução, transmissão ou edição do conteúdo total ou parcial desta obra em sistemas impressos e/ou digitais, para uso público ou privado, por meios mecânicos, eletrônicos, fotocopiadoras, gravações de áudio e/ou vídeo ou qualquer outro tipo de mídia, com ou sem finalidade de lucro, sem a autorização expressa do autor.

Locução: Fernandez Portugal Filho e Ekundayo Olalekan Awe
Revisão gramatical: Cristina da Costa Pereira
Ilustração da capa: Marcelo Smilee

Dados Internacionais de Catalogação na Publicação (CIP)
(Câmara Brasileira do Livro, SP, Brasil)

P853v	Portugal Filho, Fernandez
	Vamos falar yorùbá? : introdução ao idioma dos Orixás / Fernandez Portugal Filho – 1ª ed. – São Paulo: Arole Cultural, 2020.
	Acompanha áudio-aulas para prática da pronunciação Bibliografia. ISBN 978-65-8063-710-2
	1. Língua Iorubá – Estudo e ensino. I. Título.
20-39165	CDD 496.33382407

Índices para catálogo sistemático:
1. Língua Iorubá : Estudo e ensino 496.33382407

Cibele Maria Dias - Bibliotecária - CRB-8/9427

A GLÓRIA DO GRANDE ARQUITETO DO UNIVERSO
TI ÒGO NLÁ AYÀWÒRÀN NÍ ÀGBÁYÉ

A Silvio Luiz Cavalcante de Brito, em memória Quando concluíamos a correção deste trabalho, fomos surpreendidos pela morte prematura de Silvio Brito em 24 de julho de 2004. Sua perseverança em seus estudos afro-brasileiros, notadamente, da língua yorùbá, deixa uma lacuna de saudade em nossos corações. Parte do seu labor e inteligência perpetuar-se-á por meio deste trabalho.

Ibaye!

"Mais velho é quem cedo aprendeu"
Fernandez Portugal Filho

Na Mui Leal e Heroica Cidade de São Sebastião do Rio de Janeiro, outono de 2019 (ex Cidade Maravilhosa, criada por Deus, destruida pelos homens).

ÀGÒ MO JÚBÀ

Àgò mo júbà Irúnmalẹ̀
Àgò mo júbà Ẹbọra
Àgò mo júbà Ìgbàmálẹ̀
Àgò mo júbà Ọrun
Àgò mo júbà Àiyé
Àgò mo júbà Ilẹ̀
Àgò mo júbà Ewé
Àgò mo júbà Omi
Àgò mo júbà Bàbáláwò Mi
Àgò mo júbà Bàbálórìṣà Mi
Àgò mo júbà Ìyálórìṣà Mi
Àgò mo júbà Ẹlẹ́dá Mi
Àgò mo júbà Òrìṣà Mi

Mo dúpẹ́ Lówó àwọn Òrìṣà	*Eu estou agradecido aos Òrìṣà*
Aganjú ọlà ṣì bọ	*Riqueza que abre retorno*
Mo dúpẹ́ Lówó àwọn Òrìṣà	*Eu estou agradecido aos Òrìṣà*
Iyemọja ye ye mọ̀wò	*Mãe que conhece pelo olhar*
Mo dúpẹ́ Lówó àwọn Òrìṣà	*Eu estou agradecido aos Òrìṣà*
Ọṣun Ajagura	*A que adquire a luta*
Mo dúpẹ́ Lówó àwọn Òrìṣà	*Eu estou agradecido aos Òrìṣà*
Ọṣun Bikinbikin	*Da placenta*
Mo dúpẹ́ lọ́wọ́ àwọn agbára Èṣù	*Eu estou agradecido aos poderosos Èṣù*
Èṣù Àgbára Titun	*Eṣù do poder novo*
Èṣù Láríọ̀kànbà	*Em torno do coração embalado*
Mo kí oore àwọn èégúngún	*Eu cumprimento a bondade dos Egúngún*
Egúngún Bàbá Ikinbuláiyé	*Dendezeiro que cobre o mundo*
Egúngún Bàbá Ṣembẹ̀	*O que faz suplicando*
Egúngún Bàbá Àrábùiná	*Corpo que se cobre de fogo*
Bàbá Ọlaṣebòrà	*Riqueza que faz cobrir a existência*
Adúpẹ́ Òrìṣà mi	*Obrigado meu Òrìṣà*

AGRADECIMENTOS

Muitos agradecimentos poderiam ser feitos a diversas pessoas, porém listamos as mais próximas, cuja participação, direta ou indiretamente, tornou-nos possível a execução deste trabalho:

Na Nigéria:

- ❖ Chief Fábunmi Şowunmi (*Abéokuta*) *(em memória)*
- ❖ Mr. Tony Martins *(Lagos)* *(em memória)*
- ❖ Òníṣẹgún Adam *(Lagos)*
- ❖ Bàbáláwò Ṣọla Ṣọlagbadè Pòpòọla *(Lagos)*
- ❖ Prince J. J. Dada *(Lagos)*
- ❖ Bàbáláwò AdèlèIfá *(Ṣágámù)*
- ❖ Yẹyẹ Ọ̀ṣun *(Lagos)*
- ❖ Richard Alabi Ajaguná
- ❖ Joseph Ọ̀latunji Oṣo

Nigerianos no Brasil:

- ❖ Bàbáláwò K. Ajíbọla Àiyẹ́mi
- ❖ Bàbáláwò Adèlèke Adèwàlé
- ❖ Bàbálórìṣà Sikiru Sàlámi (King)
- ❖ Ifátayọ
- ❖ Adèkùnlẹ̀ Adèrònmu
- ❖ Ròtimi Adè
- ❖ Sulé Golahan Ọ̀ládèjò
- ❖ Gideon Bàbálọla Idowu
- ❖ Sàibu Idowu Alli

A José Beniste, que, com seriedade e lisura, ajudou-nos na correção. Um agradecimento especial ao professor Ekundayo Awẹ, pela correção final no que concerne à língua yorùbá.

Adúpẹ́.

SUMÁRIO

PREFÁCIO 19

   Vamos falar yorùbá? 20

PARTE I 21

   Apresentação 22

      Origem da pesquisa 23

      A língua yorùbá 23

      A origem dos cursos da língua yorùbá no Rio de Janeiro 24

      Por que ir à Nigéria? 26

   Etnografia Africana 31

      Grupos 31

      Sudaneses 31

      Bantus 31

      Lingüística africana 31

         Grupo nove – Nígero-chadiano (31 línguas) 32

         Grupo dez – Nígero-cameruniano (66 línguas) 32

         Grupo doze – Voltaico (53 línguas) 32

         Grupo treze – Ebúrneo-daomeano (48 línguas) 32

         Grupo quatorze – Nígero-senegalês (36 línguas) 33

      Quem são os yorùbá? 33

      História sucinta da República Federal da Nigéria 38

         A Nigéria Pré-colonial 38

            Estados hausa 40

            Sokoto 41

            Yorùbá 42

            Benin 44

            Itsekiri 44

            Ibo 45

         A Era Colonial 46

      Informações Básicas sobre a Nigéria 50

Posição geográfica... 50

População 50

Governo 51

Os Estados 52

Abuja – A Nova Capital Federal... 52

Cultura.. 53

Educação 54

Comércio e Indústria... 54

Agricultura.. 55

Visitação à Nigéria.. 55

PARTE II... 57

Antes de começar 58

Os sons do Yorùbá... 59

O alfabeto.. 59

Fonética... 59

As letras e os sons correspondentes.................................... 60

Acentuação tônica 62

Morfologia Classes de palavras 64

Substantivos.. 64

Gênero dos substantivos.. 64

Número dos substantivos... 66

Grau dos substantivos.. 68

Comparativo 68

Outras formas de se fazer comparativo 70

Comparativo de igualdade.. 70

Comparativo de inferioridade 71

Comparativo de superioridade 71

Adjetivo... 72

Flexão.. 72

Grau... 73

Superlativo.. 73

Superlativo de superioridade... 73

Relativo.. 73

Pronomes 74

Pronomes Pessoais do Caso Reto.. 74

Pronomes Pessoais do Caso Oblíquo................................... 74

Tratamento.. 74

Colocação dos pronomes pessoais 75

Depois do verbo (ênclise) 75

Pronomes possessivos.. 75

Pronomes demonstrativos 76

Singular 76

Plural.. 77

Pronomes indefinidos 78

Pronomes relativos.. 78

Pronomes interrogativos.. 80

Artigo.. 82

Palavras que podem ser classificadas como advérbio de intensidade ou
pronome indefinido de acordo com o texto...................................... 82

Advérbio de tempo 82

Advérbios, pronomes, substantivos, preposições, adjetivos, conjunções e
locuções mais usados 83

Preposição 85

Verbos.. 86

Vozes do verbo.. 86

A voz ativa – o sujeito expressa a ação do verbo....................... 86

A voz passiva – o sujeito sofre a ação do verbo 86

Tempo e modo dos verbos 87

Indicativo.. 87

Subjuntivo 87

Imperativo 87

Particípio 87

Condicional 87

Gerúndio 88

Como formar frases interrogativas 88

Como formar frases negativas.. 90

Conjugação dos verbos 91

Verbo LỌ = ir... 91

Presente do Indicativo.. 91

Pretérito Imperfeito do Indicativo.................................... 91

Pretérito Perfeito do Indicativo....................................... 92

Futuro do Presente.. 92

Em vários tempos 92

Verbo MU = beber ou tomar... 93

Presente do Indicativo.. 93

Pretérito Perfeito do Indicativo....................................... 93

Futuro do Presente.. 93

Futuro do Pretérito 93

Verbo SỌRỌ = falar 94

Presente do indicativo 94

Verbo NÍ = ter... 95

Presente do indicativo 95

Expresão Verbal "ter que" = ní láti 95

Verbo NÌ ou JẸ́ = ser.. 96

Presente do indicativo 96

Verbo WÀ = estar... 96

Presente do indicativo 96

PARTE III 97

Português - Yorùbá 98

Verbos... 98

Numerais.. 115

Cardinais 115

Ordinais 118

Fracionários 119

Multiplicativos 119

Moeda 120

Sinais aritméticos... 121

Tempo 121

Os dias da semana originais da língua yorùbá 121

A maneira mais conhecida e usada 121

Meses do ano 122

Estações do ano 123

Primavera... 123

Outono... 123

Verão.. 124

Inverno 124

Tempo.. 124

Horas.. 124

Localização 126

Pontos cardeais 127

Espaço físico... 127

Espaço social 128

Comidas 128

Líquidos 129

Carnes vermelhas, de aves e peixes 130

Frutas 130

Temperos.. 131

Outros 132

Casa 132

Objetos de casa... 133

Objetos de escritório.. 134

Objetos do banheiro.. 134

Objetos de mesa (cozinha) 135

Vestuário masculino 135

Vestuário feminino.. 136

Cama e mesa 137

Aparelhos eletrodomésticos 137

Termos diversos 137

Coletividade 139

Termos do comércio 139

Atividades profissionais 143

Estabelecimentos comerciais 145

Edifícios públicos 146

Na cidade 146

Transportes 147

Diversões e passeios 147

Instrumentos musicais 148

Termos diversos 148

Relações interpessoais 150

Formas de tratamento 150

Graus de parentesco 150

Cumprimentos 152

Expressões de cortesia 152

Oferecimento e agradecimento 153

Termos diversos 153

Natureza 156

O corpo humano 156

Pequenos animais e insetos 159

Aves 159

Animais aquáticos 160

Animais quadrúpedes 160

Animais diversos 161

Vegetais 162

Clima 165

Solos minerais 165

Termos diversos 165

Religião 166

Adornos e objetos 166

Pessoas e entidades.. 167

Termos religiosos diversos 169

Termos diversos 170

Algumas palavras adaptadas do inglês para o yorùbá 181

Yorùbá – Português 182

Diálogos em yorùbá 320

Sacríficios e Oferendas 334

Manifestando o Òrìṣà 335

Saída de ìyàwó 336

Jogo de Búzios.. 337

Compras no Mercado 338

Uma festa de Candomblé 339

Frases Diversas 340

Provérbios Yorùbá, verdadeiras fontes do saber 345

A mulher de Ajíbàjí 345

Poesias em Yorùbá... 362

Hiroshima 362

Tornar-se Negro.. 366

Cuide de suas maneiras 367

PARTE IV 369

Exercício Nº 01 370

Respostas do Exercício Nº 01..................................... 371

Exercício Nº 02 372

Respostas do Exercício Nº 02..................................... 373

Exercício Nº 03 374

Respostas do Exercício Nº 03..................................... 374

Exercício Nº 04 375

Respostas do Exercício Nº 04..................................... 376

Exercício Nº 05 378

Respostas do Exercício Nº 05-A 381

Respostas do Exercício Nº 05-B 381

Exercício Nº 06 383

Respostas do Exercício Nº 06.. 385

Exercício Nº 07 386

Respostas do Exercício Nº 07.. 389

Exercício Nº 08 391

Respostas do Exercício Nº 08.. 392

Exercício Nº 09 393

Respostas do Exercício Nº 09.. 396

Exercício Nº 10 398

Respostas do Exercício Nº 10.. 402

Exercício Nº 11 404

Tradução do Exercício Nº 11.. 405

Exercício Nº 12 407

Respostas do Exercício Nº 12.. 409

Exercício Nº 13 412

Respostas do Exercício Nº 13-A.. 414

Respostas do Exercício Nº 13-B.. 414

Exercício Nº 14 415

Respostas do Exercício Nº 14.. 416

Exercício Nº 15 417

Respostas do Exercício Nº 15.. 420

Exercício Nº 16 421

Respostas do Exercício Nº 16.. 422

Exercício Nº 17 423

Respostas do Exercício Nº 17.. 427

Exercício Nº 18 428

Exercício Nº 19 429

Respostas do Exercício Nº 18.. 430

Respostas do Exercício Nº 19.. 430

Exercício Nº 20 431

Respostas do Exercício Nº 20.. 433

Exercício Nº 21 434

Respostas do Exercício Nº 21.. 436

Exercício Nº 22 437

Respostas do Exercício Nº 22.. 439
Exercício Nº 23 440

Respostas do Exercício Nº 23.. 442
Exercício Nº 24 444

Respostas do Exercício Nº 24.. 445
Exercício Nº 25 446

Respostas do Exercício Nº 25.. 447
Exercício Nº 26 448

Respostas do Exercício Nº 26-A 451

Respostas do Exercício Nº 26-B 451
Exercício Nº 27 452

Respostas do Exercício Nº 27.. 454
Exercício Nº 28 455

Respostas do Exercício Nº 28.. 457
Exercício Nº 29 459

Respostas do Exercício Nº 29.. 460
Exercício Nº 30 461

Respostas do Exercício Nº 30.. 463
Exercício Nº 31 464

Respostas do Exercício Nº 31-B 466

Respostas do Exercício Nº 31-C 466
Exercício Nº 32 468

Respostas do Exercício Nº 32.. 471
Exercício Nº 33 472

Respostas do Exercício Nº 33.. 474
Exercício Nº 34 476
Exercício Nº 35 476

Respostas do Exercício Nº 34.. 477

Respostas do Exercício Nº 35.. 477
Exercício Nº 36 478
Exercício Nº 37 479

Respostas do Exercício Nº 36.. 480

Respostas do Exercício Nº 37.. 480
Exercício Nº 38 481

Respostas do Exercício Nº 38... 483

Exercício Nº 39 484

Respostas do Exercício Nº 39... 487

POSFÁCIO 489

O AUTOR E SUA OBRA 495

Contato com o autor... 497

Curso ministrados por Fernandez Portugal Filho............................ 497

informações sobre a cultura yorùbá 499

REFERÊNCIAS BIBLIOGRÁFICAS.. 503

Outras Fontes 511

Fontes Orais.. 511

Vídeos 511

Fitas Cassete.. 511

PREFÁCIO

Vamos falar yorùbá?

A partir do ano das comemorações relativas aos quinhentos anos do descobrimento do Brasil, várias obras surgiram sobre as diversas etnias formadoras da nacionalidade brasileira. É com imenso prazer que destaco o presente trabalho, **Vamos falar yorùbá? - Introdução do idioma dos Orixás**, do professor Fernandez Portugal Filho.

O autor sempre esteve envolvido com a pesquisa e publicações sobre as religiões de matrizes africanas no Brasil, especialmente aquelas referentes às influências da cultura yorùbá na formação social brasileira.

Dentre os seus inúmeros trabalhos, os relativos à questão da língua yorùbá merecem atenção especial, pois ele reconhece a influência dela nos estudos concernentes à religiosidade afro-brasileira.

Para inúmeros pesquisadores, como também sacerdotes, o estudo das línguas ancestrais, que chegaram ao Brasil por meio da diáspora negra, é ponto vital para a compreensão de um estilo de vida singular que o legado africano trouxe como contribuição à sociedade nacional.

Ganham, portanto, estudiosos e membros dos terreiros, comunidades, uma fonte de consulta inestimável e que certamente beneficiará a todos os interessados no desvendamento do patrimônio cultural dos povos de língua yorùbá no Novo Mundo.

Prof. Dr. José Flávio Pessoa de Barros
Ex-diretor de Relações Internacionais, Intercâmbios e Convênios – INTERCON / UERJ
(em memória, falecido em 30 de Maio de 2011)

PARTE I

Introdução

APRESENTAÇÃO

A partir de 1974, tenho estudado com freqüência a língua e a cultura religiosa yorùbá; vários motivos me levaram a tal. Em primeiro lugar, a tentativa de estabelecer uma releitura sistêmica de toda a produção oral desenvolvida nos terreiros-comunidades, ora como partícipe, ora como dirigente do Ẹgbẹ́ Awò Ọmọ Àgànjú Ọlàṣibọ̀ Àti Bàbá Olójubè; nesta condição, encontrei muitas dificuldades na ordenação e conceituação, sobretudo, das traduções dos textos, orin (canções), adúrà (rezas), ọfọ (encantamento), oriki (louvações), itan (lendas), ẹsẹ Ifá (versos de Ifá) que fundamentam a tradicional cultura praticada nos países: Nigéria, Brasil, Cuba e Benin. Minha preocupação individual estendeu-se à preocupação coletiva.

Os alunos da Yorubana e do Proeper (UERJ) cobravam a cada momento um manual em que pudessem obter sólidas informações sobre a língua yorùbá, especialmente o idioma falado nos terreiros kètú; outros obstáculos surgiram proporcionalmente, comparáveis a um aprendizado estabelecido e ratificado por ingênuos e teimosos sacerdotes, chefes dessas comunidades, que insistem em repetir expressões arcaicas, erradas, equivocando os adeptos do culto. Uma "arqueologia lingüística" possibilitou a todos uma equiparação do idioma às necessidades prementes do "Povo do Santo".

Nominei este livro Vamos falar Yorùbá, exatamente por entender que o tema é inesgotável; nele o leitor poderá apoiar-se em ampla bibliografia, a mais atualizada e correta que pude incluir e com muita sorte encontrar um bom professor de yorùbá.

Estou convencido de que o yorùbá falado no candomblé do Brasil é também um forte aliado das mais diversas manifestações culturais, inspirando gênios da música popular brasileira, tais como: Gilberto Gil, Caetano Veloso, Dorival Caymmi, Nei Lopes, João Bosco, interpretados magistralmente por Gal Costa, Maria Bethania, Clara Nunes etc., além de inspirar vários sambas-enredo, e também alguns trabalhos para a televisão brasileira, como Pacto de sangue (telenovela – TV Globo, 1988), A escrava Anastácia (minissérie – TV Manchete) e o filme, Mauá, o imperador e o rei, em que o yorùbá apareceu com grande destaque, junto com a própria religiosidade do povo yorùbá. Esta divulgação de

PARTE I - INTRODUÇÃO

âmbito nacional tem proporcionado um maior interesse por parte de adeptos e apreciadores do culto aos Òrìṣà.

Origem da pesquisa

Este trabalho é fruto inicial da fusão de cinco apostilas revistas e ampliadas, editadas e publicadas pela Yorubana, intitulado Curso da língua yorùbá, em parceria com Benji Durojaye Kayọde Aindè Kọmọlafẹ́. É também resultado de aulas particulares no ano de 1980 e 1981, com Richard Yinka Alabi Ajaguná e, no período de 1985 a 1987, como professor Michael Kayọde Owọ̀labi, também autor da gramática Yorùbá, língua de axé (ver bibliografia).

Agradeço a estes mestres a importância de seus ensinamentos comprovados por mim, in loco, em conversação com sacerdotes yorùbá, quando de minha estada na Nigéria. O bom conhecimento do idioma facilitou-me, e muito, o desenvolvimento litúrgico-ritualístico, o conhecimento cultural e o aprofundamento de minhas pesquisas nos cultos a Ifá, ao Òrìṣà, a Ìyá mi e Ẽgúngún.

A língua yorùbá

O yorùbá é um idioma tonal; os acentos indicativos mudam a cada instante o significado das palavras, daí o extremo cuidado que devemos ter com os mesmos. É uma língua fonética, representando cada letra um som distinto. Com exceção do som nasal, simbolizado pela letra "n", e o som labial profundo, caracterizado pelas letras "gb", que explode como uma bomba, não há consoante que não esteja acompanhada de uma vogal, exceto o som nasal representado por "n" ou "m". Todas as sílabas são abertas e as vogais finais são freqüentemente nasalizadas.

A língua yorùbá tornou-se no Brasil, à época da escravidão, um idioma falado pela maioria da população escrava, principalmente na Bahia, onde quase todos falavam o nagô, que a etnologia moderna chama de yorùbá.

Várias versões semânticas de interpretações diversas são apresentadas para o étimo nagô, porém não me alongarei sobre estas considerações, pois isto fugiria ao foco principal de minha atenção, e estes estudos aprofundados da língua yorùbá e outras línguas africanas são de

Vamos falar Yorùbá? | 23

PARTE I - INTRODUÇÃO

responsabilidade, no Brasil, de filólogos do cabedal de Yeda Pessoa de Castro, em Salvador – Bahia, entre outras.

O último refúgio do idioma yorùbá, no Brasil, são os terreiros de candomblé kètú; sem dúvida alguma a nagocracia estendeu seus poderes a outras etnias como jêjê e angola conguense, em que vamos encontrar várias palavras yorùbá nos seus rituais e suas liturgias. Os cânticos religiosos consagrados aos Òrìṣà são em maioria yorùbá, bem como nomes de lugares, objetos litúrgicos, rezas e palavras de grande valor iniciático.

A origem dos cursos da língua yorùbá no Rio de Janeiro

Com a vinda de estudantes nigerianos para o Rio de Janeiro e São Paulo, oriundos de um tratado de Cooperação Cultural Brasil-Nigéria, a partir da década de 1970, para cursarem em universidades os cursos de medicina, engenharia, educação física e outros, a maioria daqueles eram yorùbá, alguns eram ọmọ awò, outros anglicanos, batistas, presbiterianos e muçulmanos, com razoáveis conhecimentos da tradição cultural religiosa yorùbá.

Apesar de dúvidas quanto à legitimidade de alguns no culto ao Òrìṣà, o ensino da língua yorùbá vitalizou-se, especialmente no Rio de Janeiro, uma vez que esta iniciativa estava restrita, até a década de 1960, ao Centro de Estudos Afro-Orientais da Universidade Federal da Bahia em Salvador.

O primeiro Curso da Língua Yorùbá, na Bahia, foi ministrado pelo professor nigeriano E. L. Laṣebikan (ver bibliografia). A história dos Cursos da Língua Yorùbá no Rio de Janeiro começa pelos idos de 1975, com a chegada dos nigerianos Benji Kayọde, Ifákayọde, Fémi, Paskal, Sulé, Valentine, Joseph Òlatunji Oṣo e Richard Ajaguná, que, ao serem reconhecidos pelo "Povo do Santo" como prováveis conhecedores da língua e dos costumes yorùbá, fato este acrescido das normais dificuldades financeiras por se encontrarem em país estrangeiro, logo tornaram-se "professores" da língua yorùbá. Situação semelhante ocorreu em São Paulo.

O 1º curso registrado pelos anais da Yorubana foi ministrado por Benji Kayọde; as primeiras aulas foram realizadas no bloco Afro Filhos de Gandhi, ainda sob a direção do finado ògan Encarnação, na antiga

24 | *Introdução ao idioma dos Òrìṣàs*

PARTE I - INTRODUÇÃO

rua dos Cajueiros, atrás da Central do Brasil, em 1976. Ornato José da Silva, "filho-de-santo" do finado **Tata ti Inkice** Tancredo da Silva Pinto, dá início a um curso de efêmera duração no Museu da Imagem e do Som; logo em seguida, transferem-se para a sede da Congregação Espírita Umbandista do Brasil, na rua do Riachuelo, no Rio de Janeiro. Somente em março de 1977, a Yorubana convida **Benji Kayọde** para ministrar o Curso da Língua **Yorùbá** em sua sede; em 1978, ele é substituído por **Joseph Ọlatunji Oṣo**, terminando um ciclo de Cursos da Língua **Yorùbá** na Yorubana com nigerianos à frente desta disciplina.

Após este período, de várias iniciativas frustradas, surgiram outras, pouco confiáveis, de caráter popularesco, capitaneadas por brasileiros, pretensos professores da língua **yorùbá**, em locais inadequados e improvisados que, utilizando-se de rudimentos coletados em cursos e aproveitando- se da ausência de um órgão competente, ludibriaram a boa-fé de pessoas que estavam realmente interessadas em aprender. Por motivos óbvios, omito nomes de pessoas e suas improvisações. É bem verdade que nem todos assim se comportam. Hão de se registrar a pertinácia, seriedade e competência de José Beniste, que mantém com relativa frequência Cursos da Língua **Yorùbá**. Devo, também, ressaltar a presença de Silvio Brito, que começava a se destacar como um estudioso da língua **yorùbá**, **Olodumare** o chamou para junto de si em julho de 2004. Tal idioma contribuiu com alguns léxicos para a nossa língua pátria, como, por exemplo:

YORÙBÁ	PORTUGUÊS
Kajú	Caju
Pitanga	Pitanga
Àṣẹ	Axé

Nossos alunos solicitaram, por inúmeras vezes, conversação prática para sua estada na Nigéria. Com o crescente interesse de sacerdotes, no Brasil, em busca de origens africanas, o idioma **yorùbá** tornou-se um elo importantíssimo entre essas nações; em outro livro de nossa autoria, intitulado Guia prático da língua **yorùbá**, em quatro idiomas (ver bibliografia), o leitor encontrará um guia prático e seguro para viajantes, estudantes, lingüistas e interessados de um modo geral.

Vamos falar Yorùbá? | 25

PARTE I - INTRODUÇÃO

Neste estudo, podemos inferir quão úteis nos têm sido os estudos da língua yorùbá, conduzindo-nos a vários campos de conhecimento, cultura e tradição do povo yorùbá, e seus descendentes no Brasil. É tema de reflexão e, ao mesmo tempo, um convite: vamos falar yorùbá?

Por que ir à Nigéria?

Com a crescente demanda de africanização ou yorubanização dos cultos no Brasil, principalmente no estado de São Paulo, ir à Nigéria, conhecer a Nigéria, constituem-se um determinante imperioso dos praticantes afro-brasileiros. O Brasil possui o maior contingente de negros e seus descendentes nas Américas. Sua experiência religiosa, por meio do yorùbá, mantém-se, assim como em Cuba, dentro das possibilidades, quase intacta; porém, poucos pesquisadores brasileiros tiveram acesso a fontes vivas de informações por intermédio de longas narrações orais de velhos bàbáláwò, bàbálórìṣà e ìyálórìṣà. Assim sendo, precisamos oxigenar nossos conhecimentos com recentes e precisas informações sobre o que se passa de real, em termos religiosos, na África Negra.

Penso que a procura da Nigéria por um número muito reduzido de brasileiros praticantes dos cultos afro-brasileiros se deve a vários fatores, entre eles a ausência de um intercâmbio cultural mais amplo coma Nigéria, a falta de informações sobre o país, o fato de que as viagens aéreas se tornaram impraticáveis, no momento, devido à situação econômica dos brasileiros e certamente o desinteresse de alguns bàbálórìṣà brasileiros, que não investem na possibilidade de adquirir conhecimento de suas raízes. Motivos de natureza particular me conduziram à Nigéria.

Penso que lá se encontram, ainda, nossas verdadeiras raízes étnicas. Este trabalho intensivo, inquiridor, investigativo não pode ficar limitado a pesquisas de outrem, por mais interessantes que possam ser; nossa alma latina nos leva a perquirir como são Tomé, o "ver para crer".

É difícil, a princípio, fazer-se um paralelo entre o Brasil e a Nigéria, por vários motivos; não conhecemos muito o Brasil, tampouco a Nigéria. Posso afirmar que alguns aspectos culturais são similares entre os dois países, sendo a Nigéria um forte parceiro comercial do Brasil e tendo, sem dúvida alguma, sua presença marcada de forma indelével em nossa forma de viver, de cantar, de falar etc. O gosto por festas do povo yorùbá lembra muito o de nós, brasileiros. Não podemos esquecer

26 | *Introdução ao idioma dos Òrìṣàs*

PARTE I - INTRODUÇÃO

também a influência brasileira no Brazilian Quarter, um bairro em Lagos cuja arquitetura se parece com o casario brasileiro do final do século passado. Neste local, vamos encontrar nigerianos com sobrenomes brasileiros, festividades e comidas típicas levadas por ex-escravos, o que é magistralmente relatado nos livros "A casa d'água" e "O rei de **Kètú**" de Antonio Olinto. Outros historiadores brasileiros também já se ocuparam desse tema, como Pierre Verger e Manuela Carneiro da Cunha.

Em contraste com essas semelhanças, são inúmeras as diferenças entre o sacerdócio brasileiro e o yorùbá no culto ao **Òrìsà**. Uma delas, talvez a mais marcante, seja a anterioridade de outros cultos ou religiões na vida do iniciado. No Brasil, a influência judaico-cristã e/ou de outras religiões deixa marcas e vestígios no iniciado, na maioria dos casos. Aqui no Brasil, as pessoas se iniciam tardiamente, sendo levadas pelos mais diversos motivos, exceto o de devocionar o **Òrìsà**, acarretando com isso prejuízos para o seu desempenho como **omo** ou sacerdote. Outro fator de instabilidade é a postura de alguns sacerdotes brasileiros que se comportam à margem da religião, descaracterizando e improvisando o culto e desordenando todo o processo de manutenção do mesmo. No Brasil, existem "sacerdotes" clandestinos, ou seja, não-iniciados, levando o descrédito à comunidade.

Já na Nigéria, a tradicional religião **yorùbá** é algo comum na vida do povo, que na mais tenra idade se inicia nos mistérios do culto, fazendo parte de um todo diante do universo. A mulher **yorùbá** desempenha várias atividades religiosas, como o Culto da Sociedade **Gèlèdè** e o Culto das **Ìyàmí**, destacando-se como grandes matriarcas de clãs religiosos; e não poderíamos esquecer sua participação como **Ìyápètebi** no Culto a **Ifá**. Mães extremosas, é comum vê-las carregando às costas seus filhos, numa espécie de baby-bag. É importante frisar que a estética feminina africana, sobretudo a nigeriana, difere do que chamamos "beleza – padrão feminino" entre nós; por exemplo, os seios flácidos não significam relaxamento mas, ao contrário, indicam amamentação de vários filhos, símbolo de crescimento e fertilidade.

Tanto no Brasil quanto na África o **yorùbá** não é um idioma comercial; a língua oficial na Nigéria é o inglês. A importância dessa língua entre nós se deve principalmente à manutenção dos cultos afro-brasileiros, notadamente os de etnia **yorùbá**. É popularmente denominada

Vamos falar Yorùbá? | 27

PARTE I - INTRODUÇÃO

por nós "a língua do Povo de Santo", e está intrinsecamente ligada a objetos, atributos, símbolos e emblemas de origem ritual, comidas votivas, cânticos sagrados, oriki, ọfọ, adúrà e todo o corpo literário de Ifá. Trata-se, portanto, para nós do Culto ao Òrìṣà e a Ifá, de um idioma ritual.

Os três grupos étnicos mais importantes na Nigéria são os haussa (muçulmanos), os yorùbá e os igbò, sendo que o primeiro é numericamente maior, em se tratando de praticantes. Há ainda uma dezena de outros subgrupos, que convivem harmoniosamente em regiões distintas da Nigéria. Uma divisão étnica acentuada faz com que a Nigéria se torne difícil a um entendimento imediato.

Não posso afirmar se existe racismo na Nigéria porque não presenciei nenhuma cena que justificasse essa questão. Não posso interpretar como racismo, por exemplo, que o povo, cioso de sua cultura e expoliado pelos ingleses durante décadas, em todos os momentos, manifeste com certa rispidez e interesse a necessidade de preservar sua cultura. Um forte esquema de segurança proíbe que peças rituais saiam do país sem expressa liberação governamental. A todo momento o "branco", como eu, é chamado nas ruas de oyinbo (homem branco, estrangeiro); inclusive as próprias crianças fazem brincadeiras, neste sentido. Nos mercados yorùbá, presenciei algumas crianças passando a mão na minha pele e em meus cabelos tentando uma identificação e estranhando a cor.

Costumo dizer que qualquer pessoa pode ir à Nigéria, desde que compre um bilhete de passagem e tenha visto de entrada, porém o que o interessado na religião encontrará vai depender de contatos anteriormente feitos com nigerianos que poderão facilitar seu acesso às autoridades do culto. Se alguns brasileiros pensam que, ao aprenderem meia dúzia de palavras em yorùbá, no Brasil, poderão se expressar em yorùbá e penetrar nos mistérios do Culto ao Òrìṣà, com certeza vão se decepcionar. Se, por parte de algumas pessoas, há uma euforia em receber um brasileiro com sólidos conhecimentos do idioma e da cultura religiosa, por parte de outras há, no entanto, escárnio, numa possível tentativa de permanecerem donos da cultura. Porém, é consenso geral que aquele que busca com lealdade o que deseja, certamente irá encontrar. Os yorùbá são sábios na percepção de interesses estrangeiros, e uma abordagem amistosa é sempre prudente e elegante.

28 | *Introdução ao idioma dos Òrìṣàs*

PARTE I - INTRODUÇÃO

O autor junto à **Ìyálòrìṣà** de **Ṣàngó**, num templo de **Ṣàngó** em **Sakété**
República do Benin

O turismo na Nigéria está praticamente ligado à religião, mais notadamente o Culto dos **Òrìṣà**, ao Culto **Èégúngún** etc. Ao turista que vai para a Nigéria sem roteiro preestabelecido, é bom lembrar que é imperioso a visita às cidades sagradas de **Ilé Ifẹ́**, **Ọyọ**, **Oṣogbo**, **Ibadan**, **Abẹ́okuta** e Benin City. Embora a infra-estrutura hoteleira nessas cidades não seja completamente satisfatória, é possível encontrar hotéis medianamente confortáveis.

Uma das razões que fazem com que a visita à Nigéria torne-se difícil é, exatamente, a guerra étnica até hoje encontrada. O país é superpopuloso e as dificuldades existentes são tão ou mais intensas quanto as de algumas regiões do Brasil. É necessário despojamento e, sobretudo, uma alma africana para estar ou viver na Nigéria. Em algumas regiões, o clima é parecido com o do Rio de Janeiro, a poluição é forte, o trânsito nas grandes cidades é caótico. De um modo geral, as dificuldades são imensas, principalmente para aquele que vai em busca de esclarecimentos sobre o Culto aos **Òrìṣà**. Não há meio-termo: ou você gosta ou simplesmente odeia o país.

Vamos falar **Yorùbá?** | 29

PARTE I - INTRODUÇÃO

É preciso regressar muitas vezes ao país para entendê-lo no todo: dessa última vez em que o visitei, dividi o meu tempo entre nove estados. Em todos observei as diversidades cultural, étnica, religiosa etc. Porém, mesmo com todas as dificuldades vivenciadas por mim, pretendo regressar muitas vezes à Nigéria. Aganju e Bàbá Ikinbulaye certamente me concederão a oportunidade de voltar à terra dos Òrìṣà; é minha esperança, é meu desejo. Assim será!

Fernandez Portugal Filho

PARTE I - INTRODUÇÃO

ETNOGRAFIA AFRICANA

Grupos

1. Semito-camítico *(mouros mestiçados com árabes e sudaneses; argelinos; camíticos do Egito)*
2. Etíope *(pigmeus habitantes das florestas equatoriais da África)*
3. A família negra *(representada por sudaneses e bantus)*

Sudaneses

São representados pelas camadas étnicas de elementos camíticos (berberes e tuaregues) e semíticos (árabes). A cultura sudanesa é muito conhecida por meio da arte negra do Benin e da arquitetura sudanesa. Os grupos do Sudão se dividem em:
1. Cenirais – hausas, bornu, wadal, darfur.
2. Orientais – dinka, barj, nuba, nuer.

Bantus

Têm características camíticas (galas). Dividem-se em quatro grupos:
1. Congo – compreende cerca de cinqüenta tribos diversas e mais os povos de **Kassai**.
2. Tribos orientais – **wanianwesi, dshaga, wahebe, zulus e watussi.**
3. Tribos do sul – **cafres, matabele, bechuanas.**
4. Tribos ocidentais – estendem-se pela costa ocidental até o Níger no interior, pelas costas da Guiné, dos escravos, do ouro e da pimenta. Povos **wolof, mandingas, achanti, èwé, yorùbá.**

Lingüística africana

A dificuldade de conhecê-la, verdadeiramente, é grande porque estas línguas são mais ou menos desprovidas de gramática. Seu

Vamos falar Yorùbá? | 31

PARTE I - INTRODUÇÃO

conhecimento histórico data de aproximadamente cinqüenta anos. M. Delafosse (pp. 479-556) classifica as línguas faladas no Sudão e na Guiné, onde define dezesseis grupos, dentre os quais resolvemos enumerar alguns que são mais importantes para o nosso estudo.

Grupo nove – Nígero-chadiano (31 línguas)

Segue ao oeste com os grupos nilo-chadiano, chariuadiano e chadiano. Faz parte deste grupo o hausa, falado por quase 4.000.000 de negros espalhados pelas províncias de Sokoto, Gober-Talma e Katsena. O hausa foi uma língua muito falada na Bahia.

Grupo dez – Nígero-cameruniano (66 línguas)

É, dentre os grupos do Sudão e da Guiné, o que contém o maior número de línguas distintas. Convém notar neste grupo o nupé (nifér ou tapà), o ijebu, o kètú, ìjèṣà, o jéjè, o obòkún e, principalmente o yorùbá (ègbá ou nàgó), línguas essas já faladas no Brasil, sendo que a última foi a língua adotada pelos sudaneses na Bahia.

Grupo doze – Voltaico (53 línguas)

Ocupa toda a bacia superior dos diversos braços do Volta. Um de seus subgrupos, o gurunsi, compreende oito línguas, entre as quais o nuruma (nubuli, guresi, grusi, gurinsi ou grunsi), língua que foi falada no Brasil pelos negros galinhas, ou gurunxes, povo de agricultores, habitantes das margens do rio Níger, que vieram escravizados para o Brasil.

Grupo treze – Ebúrneo-daomeano (48 línguas)

Acompanha a costa do golfo da Guiné, a oeste, e se confina ao norte com os grupos nígero-cameruniano e voltaico; tem ainda um recanto na Libéria formado pelo Goia. Este grupo é, de todos, o mais notável para nós, porquanto a maioria das línguas sudanesas faladas no Brasil a ele pertence: mahi (ao norte de Abomei), mina (gegbe, popo ou gè), ehue ou èwé (que era a língua dos jéjè), fanti (dos negros fanti) e tchi (ashanti ou achanti, usada pelos negros achanti em Ghana).

32 | Introdução ao idioma dos Òrìṣàs

PARTE I - INTRODUÇÃO

Grupo quatorze – Nígero-senegalês (36 línguas)

Pela sua extensão territorial, ocupa o terceiro lugar, depois dos grupos bantu e nilo-chadiano. Salientam-se, neste grupo de línguas: mandinga (mandê ou mali), idioma de grande expansão que tende a ser a língua de toda a África Ocidental, pois já é falada por cerca de 4.500.000 naturais; e o sussu ou soso. Ambas já foram faladas no Brasil, deixando seus vestígios na língua portuguesa.

Tratando das línguas sudanesas, particularmente o yorùbá e o tui, Seligman cita ambas como as mais características do grupo. Observe que a maioria dos seus vocabulários é composta de simples monossílabos, geralmente uma consoante seguida de vogal, daí a importância da entoação, uma vez que elevação da voz pode mudar completamente o sentido de uma palavra.

Quem são os yorùbá?

Segundo algumas pesquisas antropológicas, da sub-raça guineana vêm os yorùbá que compõem o grupo melano-africano. Em princípio, yorùbá designava o povo de Ọ̀yọ́, porém este expandiu-se no Daomé, e no Togo. De Ifé vieram os ewe, que se instalaram no baixo Daomé e no Togo também Dassa-Zoumé é yorùbá. Em Porto Novo, até os dias atuais, ainda há um número expressivo de yorùbá. O povo ga talvez seja oriundo de Benin. Dessa forma, os missionários nominaram de yorùbá um vasto grupo, como descreve Bascom:

- ❖ os ana (ifé) e os itṣa, fronteiriços do Togo/Benin;1
- ❖ os dasa, no Benin;
- ❖ os sabé, os kètú e os ifọ́nyìn, da fronteira Benin/Nigéria;
- ❖ os àwórì, os ẹ̀gbá e os ẹ̀gbádo, da província de Abẹ́ọ̀kúta e do Distrito Federal;
- ❖ os ìjébu, da província de Ìjébu e do Distrito Federal;
- ❖ os ọ̀yọ́, de Ọ̀yọ́, Ìlọrin e Ìbàdàn;
- ❖ os ifẹ́ e os ijeṣa, de Ọ̀yọ́;
- ❖ os ònidó, os ọ̀wọ̀, os ilajẹ e os èkìtì, de Ònidó;
- ❖ os ìgbónrìnà, de Ìlọrin;
- ❖ os yàgbá, os bunu e os aworo, de Kàbá;

Vamos falar Yorùbá? | 33

Parte I - Introdução

- os **itsẹbiri**;
- os **òwu**, que se refugiaram, no século XIX, na região de **Abẹ́ọ̀kúta**.

Destes grupos aqui citados, alguns reivindicam origem oriental. Segundo Johnson, os **yorùbá** vieram do Egito ou da Núbia, talvez no primeiro milênio de nossa era. Segundo eles, a cidade santa de **Ilé Ifẹ́** foi fundada por **Òdùduwà**, o príncipe mitológico.

Òdùduwà, fundador mítico do povo **Yorùbá**
Estátua em frente ao Templo de **Òdùduwà** em **Ilé Ifẹ́**

De acordo com as lendas da criação do mundo **yorùbá**, **Òdùduwà**, filho de Lamurudu, rei de Meca, foi expulso, assim como os seus seguidores, pelos muçulmanos, pois haviam se convertido ao paganismo ou, para alguns historiadores, a um cristianismo deturpado. **Òdùduwà** e sua gente caminhavam em direção ao oeste. Após noventa dias de caminhada, **Òdùduwà** encontrou-se com **Setilu**, o fundador do Culto de **Ifá**, no lugar em que se fundaria a cidade de **Ilé Ifẹ́**.

PARTE I - INTRODUÇÃO

Porém, Odùdúwà e seu filho mais velho Okambi morreram antes que aquele se vingasse dos muçulmanos. Com isso, Òdùduwà legou aos seus sete netos todos os seus bens, e eles fundaram os sete primeiros reinos yorùbá, assim distribuídos:

❖ princesa, mãe de Olóòwure, antepassados dos Òwu;
❖ princesa, mãe de Alakèlú, que foi pai de Kètú e herdou as coroas de seu avô, Òdùduwà;
❖ príncipe, que se tornou rei de Benin e recebeu muito dinheiro;
❖ Òràngún, príncipe de Ìlá, que recebeu as mulheres;
❖ príncipe de Sábẹ́, que recebeu o gado;
❖ rei dos popo, Olúùpopo;
❖ Òràníyàn, pai do povo yorùbá, herdou terras e fundou Ọ̀yọ́.

Ọ̀yọ́ foi fundada devido a Òràníyàn ter querido voltar a Meca para vingar seu avô, mas tendo brigado com seus irmãos, viu-se obrigado a marchar sozinho. Ao chegar às margens do rio Níger, sofreu a resistência do povo tapa e não atravessou o rio. Evitando a humilhação de retornar a Ifẹ́, nesse local fundou Ọ̀yọ́.

Na África Ocidental, os yorùbá não são os únicos a pretenderem uma origem oriental. Da Costa do Marfim, os baoulé contam miticamente como vieram do Leste comandados por sua rainha, cujos sete filhos criaram os sete primeiros estados hausa. Isto nos mostra ser possível que alguns antepassados yorùbá sejam oriundos de uma região situada entre Egito e Etiópia, hipótese esta admitida por Maquet.

Desde os tempos mais remotos, o continente africano esteve relacionado às civilizações florescidas no mediterrâneo e no Oriente, a saber: o Egito (dos faraós), Cartago, Roma, Islã. O caminho oriental partia do Egito, seguia o alto-Nilo, atingia o Níger; e o ocidental seguia pelo Magreb até o Níger. Observamos que as lendas que ressaltam a origem oriental referem-se às famílias reinantes e talvez a seu grupo de invasores, que em épocas remotas se estabeleceu na região que compreende, aproximadamente, a Nigéria.

Lembremos que os mitos da migração nem sempre se fundamentam em fatos reais. De qualquer maneira, a unidade dos povos yorùbá se deve, além de falarem a mesma língua, ao fato de acreditarem ser descendentes do Òdùduwà, o príncipe mitológico, ao mesmo tempo

Vamos falar Yorùbá? | 35

PARTE I - INTRODUÇÃO

antepassado e herói. Segundo Parrinder, Kètú teria sido fundada por migrantes, comandados pelo príncipe Şopaşan, oriundos de Ifę. Porém, o mesmo dividiu-se em três, sendo que uma parte dirigiu-se para o Norte, onde fundaram Kilibo, a outra fundou Òyǫ e Şopaşan, e seguidores continuaram seu caminho em direção ao Oeste, onde fundaram a aldeia de Aro. Ędę, o sétimo descendente de Şopaşan, continuou, junto com um grupo, a emigrar e novamente houve a cisão deste em três. Ędę e sua expedição rumaram na direção Oeste, onde foi fundada a cidade de Kètú que ficou isolada e autônoma, por sua localização.

Até fins do século XIX, Kètú não havia sido invadida, a não ser por ter sofrido um ataque surpresa, no século XVIII, dos daomeanos. Sua destruição se deu em 1886 e hoje pouco resta de Kètú. Nesta região contam que o Alakètú, rei de Kètú, seria um dos netos de Odùdúwà, portanto seu sucessor legítimo. Baseado nessa hipótese, Kètú jamais pagou tributo a Òyǫ, como os demais reinos, e foi governada por cinco famílias reais que por meio de uma rotatividade nomeia seus soberanos. Essas famílias são: Męşa, Męfu, Alapini, Magbo e Aro.

Já vimos, anteriormente, que Òyǫ remonta ao primeiro milênio de nossa era e no século XVIII exercia seu poder sobre outras províncias, recebendo uma quantia a título de tributo anual. Nessas províncias, inclui-se o Benin, porém, em1830, o poder de Òyǫ sofreu trágico colapso.

Òyǫ apresentava sutil dualismo entre o monarca Aláàfin Abiódún e Başǫrun, presidente do conselho. No início do século XIX, o Aláàfin falece e o Başǫrun rapidamente elege Awolè Arógangan numa tentativa desesperada de recuperar seu poder. Porém, Arógangan tem talvez em Kakànfò Afǫnjá, um candidato devotado à coroa, seu arquinimigo, que se prevalecendo da penetração muçulmana convida os jamás a se unirem a seu exército, em Ilôrin, a fim de desencadear a revolta dos chefes tribais e proclamar a independência.

Entretanto, Arógangan lutava para a preservação do seu poder tanto contra o conselho quanto contra o Başǫrun, que haviam se aliado às províncias metropolitanas as quais acreditavam ter que se subordinar e depender de Òyǫ, agora com mais rigor do que no reinado de Abíódùn. Arógangan, numa tentativa de salvar seu reinado, ordenou que Àfǫnjá comandasse uma expedição que estava fadada ao fracasso, porém o exército revoltou-se e o conselho fez com que Arógangan

36 | *Introdução ao idioma dos* Òrìşàs

PARTE I - INTRODUÇÃO

cometesse suicídio. Àfọ̀njá, então, chama os **fulani**, muçulmanos que iniciaram em 1804 o Jedah e que conquistaram entre 1804 e 1810 o país dos hausa e dos nupé, ao norte das terras yorùbá.

Os **jamãs**, quando passavam pelo país, só deixavam destruição, e em 1830 executaram **Kakanfọ́ Àfọ̀njá**, fazendo com que Ìlọrin ficasse sob o jugo dos muçulmanos. O reino de Ọ̀yọ́, devido às guerras intertribais, sucumbiu. Conseqüentemente, o povo batia em retirada, abandonando cidades, sendo todos perseguidos pela fome e por violenta gripe. Os muçulmanos capturavam homens, mulheres e crianças ou eram feitos prisioneiros nas guerras civis e vendidos como escravos nos portos de **Badagry** e Porto Novo.

O reino do Daomé aparece no fim do século XVI como um pequeno estado, cuja capital era Abomey, governada pela dinastia Alladahonu, no início do século XVII. O rei Agaja resolveu tomar os estados de Ardra e de Huidá, respectivamente em 1724 e 1727, pois vedavam o caminho do litoral, tirando as vantagens das vendas dos escravos pelos europeus.

Ainda no século XVIII, Benin padeceu com as investidas da cavalaria de Ọ̀yọ́ e sérias represálias, após **Agaja** tomar **Ardra** e **Huidá**, cidades que o **Aláàfin** considerava estar sob sua proteção. Isso provocou a resignação de Benin ao pagar o tributo anual a Ọ̀yọ́, até 1827, quando Gueso, o novo rei daomeano, liberou seu país desse jugo, fazendo com que atingisse, dessa forma, o apogeu. Iniciava a fase de ida das expedições anuais ao território yorùbá a fim de capturar escravos que Huidá exportava. Mas tal fase logo entrou em decadência com o término do tráfico de escravos e depois de três investidas desastrosas contra **Abéọ̀kúta**. Por fim, em 1892, a colonização francesa deu cabo das guerras.

Tanto os yorùbá quanto os daomeanos possuíam uma cultura requintada, conheciam a metalurgia, o fole; construíam altos-fornos, fundiam metais, fabricavam punhais, machados, arcos, e trabalhavam maravilhosamente com bronze. Para completar, dominavam a arte da tecelagem, da tintura e da cerâmica. À medida que o comércio intensificava o seu desenvolvimento, os produtos eram cambiados nas importantes feiras rotativas. As costas do ouro e dos escravos, demograficamente, no século XVIII, perderam em torno de dez milhões de habitantes, o que gerou empobrecimento humano e econômico, porém esta região africana

Vamos falar Yorùbá? | 37

PARTE I - INTRODUÇÃO

resistiu melhor aos efeitos do tráfico. Como os comerciantes só se interessam por uma única mercadoria, ou seja, o escravo, desnecessário desenvolver a produção paralela. Os escravos eram trocados por tecidos europeus ou indianos, armas, pólvora, metais diversos, facas, proporcionando assim o desaparecimento desses produtos.

Aqui, no Brasil, o negro é introduzido como escravo, no século XVIII, resultante das guerras entre Ọ̀yọ́ e das intertribais e contra os fulani. Notadamente, os primeiros a aparecer na Bahia são os chamados jeje. Já em 1808 aparecem em Salvador os escravos islamizados e hausa, que eram capturados na guerras contra os fulani. A partir de 1830, os escravos nago-yorùbá passam a predominar, em particular, Ègbá, Ẹ̀gbádo, Sábé e Kètú. Em 1817, começam a predominar os Ọ̀yọ́, depois da destruição de seu reino comandado por Afọnjá que o abandona em 1839, e Ijẹṣa de Ileṣa. Em número menor, mas também resultante das guerras intertribais, chegam ao Brasil escravos Èkìtì, Ifé, Èjìbò (Ejigbo), Ifọ̀n e Ijẹbu.

História sucinta da República Federal da Nigéria

A Nigéria Pré-colonial

Antes do advento do domínio colonial, a população da Nigéria tivera uma longa e variada história que se estende até os confins do tempo. Ao Norte da Nigéria, o império do Danem Borno foi estabelecido no século VIII na região do lago Chade, e permaneceu poderosa no Oeste do Sudão durante os séculos que se lhe seguiram.

Em 1067, o historiador hispano-árabe El Bekir descreveu a extensão do Kanem como indo do lago Chade até ao rio Níger, a oeste. Uma embaixada de Kanem foi também referida como tendo visitado Tunis em 1237, durante o reinado de Mai Dunama Dabalemi, que elevou o Kanem a um nível nunca antes atingido de influência e poder. Sob Mai Dunama, o império Kanem dominava toda a rota comercial do leste através do deserto do Sahara quase até os arredores de Trípoli, bem como a região Wadai até a parte superior do Nilo, além da sua sede na área do lago Chade. Depois de um período de declínio, que se prolongou até ao século XV, o poderio do Kanem Borno foi restaurado por outro famoso governante, Mai Ali Ghaji, que fundou uma

38 | Introdução ao idioma dos Òrìṣàs

PARTE I - INTRODUÇÃO

nova capital em **Ngazargamu**, a oeste do lago **Chade**. O mais famoso de todos os chefes do **Borno foi Mai Idris Alooma** (que governou de 1572 a 1603) sob cuja chefia o império do **Kanem Borno** alcançou novo sucesso.

No decurso de vários séculos de desenvolvimento, os povos de língua **kanuri**, que constituem o principal componente étnico do império **Borno**, distinguiram-se pela criação de uma brilhante civilização, que produziu elaboradas instituições políticas. Assim, o governante de **Borno** por hereditariedade, o **Mai**, era assistido por um conselho de doze oficiais de Estado, que serviam como conselheiros, enquanto que as três importantes posições de **Magira** (rainha mãe), **Magara** (a irmã mais velha do **Mai**) e **Gumsu** (a primeira mulher do **Mai**) asseguravam que uma considerável influência fosse exercida pelas senhoras competentes da família real. A supervisão administrativa das províncias era confiada a quatro membros-chefe do Conselho dos Doze.

A oeste de **Borno** ficavam sete estados hausa, o **Daura**, o **Kano**, o **Zau Zau** (Zaira), **Gobir**, **Katsina**, **Rano** e **Biram**, que tinham uma história só um pouco menos antiga que a de **Borno**. Cada um dos estados hausa atribuía a sua origem a um mítico antepassado comum, chamado **Bayajidda** (ou **Abuyazidu**), de quem se dizia ter vindo da Arábia para **Borno** através do deserto e daí para **Daura**, onde matou uma cobra sagrada que durante muito tempo impediu o povo de **Daura** de tirar água do poço local. A rainha de **Daura** casou com ele e do casamento nasceu um filho, **Bawò**, que por seu turno teve seis filhos, os quais vieram a ser os reis de **Daura**, **Kano**, **Zau Zau**, **Gobir**, **Katsina** e **Rano**. Estes foram conhecidos como os **hausa bokwoi** (os sete estados de Hausa), o sétimo dos quais foi **Biram**.

Poucas dúvidas subsistem contudo, quanto ao fato de a história dos povos de língua hausa se colocar muito mais anteriormente no tempo, do que por motivo do advento de **Bayajidda**, cuja lenda é interpretada por algumas fontes como simbólica da introdução de novas idéias, proveniente do Leste e do Norte da África, cerca do século X A.C., incluindo novas formas de religião que substituíam a da cobra fetiche e um sistema de sucessão por meio da linhagem masculina em vez da linhagem feminina.

Vamos falar Yorùbá? | 39

PARTE I - INTRODUÇÃO

Estados hausa

Apesar de haver um certo número de diferenças étnicas e culturais entre os vários grupos de língua hausa, os sete estados de **Hausa** criaram e desenvolveram uma língua comum, o hausa, e cultivaram formas de associação, que só ocasionalmente foram quebradas por lutas fratricidas. Cada estado era, contudo, independente dos outros, apesar de partilharem certas características tais como semelhantes instituições de parentesco e um modelo de organização que se baseava no domínio de um território circundante, exercido por uma cidade situada num vale central, que era a sede do governo.

Dentre os estados das cidades hausa, **Kano** ascendeu a uma posição de proeminência comercial no Sudão Ocidental, atingindo o seu zênite durante o reinado de **Muhammed Rimfa** (1463 a 1499), considerado como o mais importante dos governantes habe (hausa) de **Kano**. Durante o seu reinado a expansão de **Kano** foi considerável para além da sua extensão inicial, e conseguiu aumentar a sua participação no comércio através do deserto do **Sahara**. **Muhammed Rimfa** notabilizou-se por ter planeado o local do famoso mercado **Kurmi** e também por ter transformado **Kano** num estado islâmico, com o apoio de dois importantes missionários muçulmanos, **Al-Maghili** e **Abd-al-Rahman**. **Muhammed Rimfa** é também relembrado por ter reforçado com êxito a autoridade da monarquia.

Zaira, o estado de Hausa que tradicionalmente tinha a seu cargo a proteção dos outros estados, das incursões militares do sul, distinguiu-se particularmente pelos reinados de duas famosas governantes do sexo feminino, cujos feitos estão indissociavelmente ligados à expansão do referido estado. A primeira foi **Bakwa Turunku**, a quem se deve a mudança da capital para o seu atual local, por volta de 1536, tendo sido posteriormente sucedida por sua filha mais velha, a rainha **Amina**, que ficou conhecida pelas suas proezas militares e por ter expandido o domínio de **Zaira** por uma vasta área que se estende até a confluência dos rios **Níger** e Benué.

Katsina, que se situa a oeste de **Kano** e **Daura**, era o maior rival de **Kano**, quanto ao poderio comercial no território hausa. Se bem que **Katsina** tivesse sido conquistado pelo grande chefe do Império

PARTE I - INTRODUÇÃO

Songhai, Askia Mohammed Touré, nos primeiros anos do século XVI, desenvolvera-se num importante centro e empório comercial de manufatura de produtos de couro e de metal, ao tempo em que readquiriu a sua independência de Songhai, cerca de meio século depois. Katsina também se tornou um notável centro de estudos islâmicos, cujo exemplo é a extensa fama atingida pelo sábio de Katsina, Dan Mariana, no século XVII.

Sokoto

As fronteiras ocidentais do território hausa foram em várias alturas dominadas pelos estados rivais de Kebbi, Zamfara e Govir, durante um período que se prolongou até o século XVIII. Situado na proximidade do rio Sokoto, Kebbi distinguiu-se por se ter revoltado contra a tirania de Songhai, sob o governo do famoso rei Sarkin Muhamed Kanta, que derrotou um grande exército Songhai, por volta de 1516, em Tara. Kanta de Kebbi não só contribuiu decisivamente para controlar o poder Songhai no território hausa, mas também expandiu consideravelmente a área do domínio de Kebbi.

Muhamed Kanata é também conhecido por ter construído as imponentes muralhas em volta das cidades de Surame, Gungu e Kela, cujas ruínas ainda hoje existem. Após a morte de Kanta, Zamfara ascendeu a uma posição de influência na região originariamente dominada por Gobir, que eventualmente veio a ser o poder dominante na zona ocidental de Hausa, tendo alcançado um período de considerável expansão no reinado de Sarkin Barbari (1742-1770), culminando com a fundação de uma nova capital Gobir em Alkalawa, por volta de 1756. Foi no estado de Gobir que um acontecimento de grande importância teve lugar no princípio do século XIX, a seguir ao aparecimento de Shehu Usman Dan Fodio, um professor de islamismo de origem fulani, predestinado a chefiar uma triunfante revolta armada contra a fraca fé religiosa das dinastias reinantes habe no território hausa.

O grande reformador Shehu Usman Dan Fodio nasceu a 1754 em Marata, Gobir, e estabeleceu-se eventualmente na região de Degel depois de uma vida dedicada ao estudo e ao ensino da fé islâmica. Como resultado de muitos anos de viagens e pregação, ganhou um considerável número de adeptos entre vários povos, que o consideravam o

Vamos falar Yorùbá? | 41

PARTE I - INTRODUÇÃO

salvador do mau governo de Habe, mas foi posteriormente forçado a fugir de Degel para uma vila chamada Gudu, a fim de escapar à perseguição por parte de Sarkin Yunfu de Gobir. Daí, declarou um Jihad, isto é, uma guerra santa contra os governantes habe, o que levou depois à conquista de virtualmente todo o território hausa pelos partidários de Shehu, que estabeleceram novas dinastias reinantes fulani nas terras conquistadas, sob a soberania absoluta dos descendentes de Shehu Usman em Sokoto, a capital do Império Fulani.

O reino Nupẹ, situado na região da confluência do rio Níger com o rio Kaduna, estava originariamente sujeito ao domínio de Igala, um reino antigo que em determinada altura dominou vastas áreas da Nigéria Central. O povo nupẹ conseguiu a sua independência sob a chefia de Tsoede, um famoso herói nupẹ, também conhecido por Edegi. Considerado filho ilegítimo do rei Ata de Igala e de mãe nupẹ, Tsoede foi educado na capital Igala, mas teve que fugir para o território nupẹ, para escapar aos intentos assassinos por parte dos seus invejosos meios-irmãos, quando da morte de seu pai. Tsoede estabeleceu-se com êxito como governante de Nupẹ, iniciando subseqüentemente uma política de expansão territorial que levou à subjugação de um certo número de tribos vizinhas. A ele se deve também a introdução, no território Nupẹ, de conhecimentos de fabrico, pelos quais o povo nupẹ é ainda hoje famoso, notavelmente no campo da fundição em bronze e manufatura de vidro. Eventualmente, o território nupẹ foi dominado pelos fulani em seqüência ao Jihad de Usman Dan Fodio, que começou em 1804. Os reinos de Kwararafa (Jukun) e Borgu são outros dois estados importantes, que exerceram uma influência considerável, durante vários séculos, nas regiões do rio Benué e do rio Níger.

Yorùbá

Imediatamente ao sul do rio Níger, ficam os reinos de Yorùbá, os quais também têm um longo passado histórico. Os yorùbá parecem descender de dois grupos de povos principais: um ramo indígena mais antigo cujo centro religioso era a cidade de Ilé-Ifẹ́, que deve ter sido conquistado em determinada altura por uma onda migratória chefiada pelo legendário rei Òdùdùwà, amplamente conhecido como o fundador das tribos de Yorùbá. De acordo com a tradição de Yorùbá, diz-

42 | *Introdução ao idioma dos Òrìṣàs*

PARTE I - INTRODUÇÃO

se que os filhos de Òdùdùwà fundaram as dinastias reinantes nos vários estados do território yorùbá.

De Ilé-Ifẹ́, os descendentes de Òdùdùwà espalharam-se por outras zonas yorùbá. Entre os estados que fundaram figuram Ijesha, Ekiti e Ondo, a leste; Kètú, Sabe e Egbado, a oeste; Ọyọ, ao norte; e Ijebu, ao sul. Em Ilé-Ifẹ́, conta-se que a Òdùdùwà sucedeu um filho seu chamado Ọranmiyan, que também fundou a dinastia reinante em Ọyọ, que mais tarde veio a ser o mais conhecido dos estados yorùbá em virtude do seu domínio político-militar sobre uma grande parte do Sudoeste da Nigéria e da área que é hoje a República de Benin.

A expansão de Ọyọ para o norte foi contudo impedida, no século XVI, pelo aparecimento de um poderoso estado nupẹ sob a chefia de Tsoede, mas posteriormente Ọyọ concretizou o seu maior alargamento territorial em direção ao oeste e ao sul. Ọyọ ficou famoso na história yorùbá por ter criado notáveis estruturas políticas e militares, que têm sido muitas vezes citadas como modelos de organização. Como fulcro da organização político-militar de Ọyọ, figurava o alafin ou rei, considerado como um chefe cuja posição na terra era comparável à do Ser Supremo no paraíso. O Alafin governava com a ajuda de um poderoso grupo de conselheiros, os Ọyọ mesi, que eram numericamente sete e que tinham também a seu cargo a escolha do novo Alafin, entre os filhos do rei anterior. O chefe dos Ọyọ mesi, o baṣorun, tinha como funções as de chefe de Estado e de conselheiro principal do Alafin, enquanto que o exército de Ọyọ era chefiado durante uma guerra por um grupo de nobres conhecidos por eso, cujo chefe era o Arẹ-ọnakakanfò ou o generalíssimo do exército. Ọyọ concluiu a sua maior expansão entre os reinados de Ojigi (no fim do século XVII) e do Alafin Abiọdun, cujo reinado, em meados do século XVIII, é relembrado como tendo sido um período de prosperidade e de fartura.

Os outros estados yorùbá evoluíram de modo semelhante durante vários séculos de desenvolvimento harmonioso, que testemunhou um incremento do comércio e da agricultura em vastas zonas do território yorùbá. No século XIX, contudo, os estados yorùbá envolveram-se numa série crescente de guerras fratricidas e de lutas civis, resultantes, por um lado, da procura do comércio de escravos e, por outro lado, da pressão dos jihadists fulani.

Vamos falar Yorùbá? | 43

PARTE I - INTRODUÇÃO

Benin

Situado mais ao sul (não confundir com o que é hoje a República do Benin), o Reino de Benin deu origem a uma das mais conhecidas áreas de civilização da Nigéria pré-colonial. Julga-se que a fundação de Benin ocorreu algures, entre os séculos XII e XIV. A seguir à queda de uma linha inicial de reis conhecidos por dinastia **ogiso**, veio um período de administração republicana que criou finalmente condições para a introdução de uma dinastia de reis que determinam as suas origens na cidade sagrada de Ilé-Ifẹ́. Sob o reinado de Ẹwuarẹ o Grande, o qual é justamente considerado como tendo sido um dos mais importantes governantes de Benin, por ter conseguido uma série de conquistas territoriais, abrange sob o seu domínio uma vasta área. Ọba Ẹwuarẹ fortaleceu grandemente a instituição monárquica no Benin, e era assistido por um Conselho de Estado formado por sete chefes de alta estirpe conhecidos coletivamente por **Uzama**, bem como pelos **Eghaevon' Ọgbè**, uma categoria diferente de chefes diretamente relacionada com a casa e com o palácio de Ọba.

Sob a chefia de **Ọba Ozolua**, o sucessor de Ẹwuarẹ, que governou nas últimas décadas do século XV, as fronteiras do reino de Benin continuaram a alargar-se. Foi também durante o reinado de **Ọba Ozolua**, que um mercador português, Afonso d'Aveiro, visitou pela primeira vez o Benin em 1485-1486, estabelecendo relações comerciais entre Benin e o seu país. D'Aveiro foi acompanhado no regresso a Lisboa por um embaixador de Ọba no Benin, o chefe de **Ughoton**, que retornou mais tarde para estabelecer uma feitoria ligada aos portugueses. Outros governantes famosos de Benin são **Ọba Esigie** e **Ọba Orhogbua**, de cujo filho se diz ter fundado a dinastia reinante em Lagos, que se pensa ter sido, em determinada altura, uma dependência de Benin.

Itsekiri

O reino **Itsekiri**, que se estabeleceu na zona oeste do delta do Níger por volta do fim do século XIV, desenvolveu-se à volta da cidade estadual de **Warri**, que veio a ser a capital de **Itsekiri** em meados do século XVI. Depois de um período de sujeição inicial à influência de Benin, o qual é atestado por uma tradição que data as origens dos reis de

44 | *Introdução ao idioma dos Òrìṣàs*

PARTE I - INTRODUÇÃO

Itsekiri desde Ginuwa, um príncipe de Benin, o reino de Itsekiri atingiu uma posição de grande influência nos séculos XVI e XVII, devido à sua posição estratégica como empório comercial. O rei Antônio Domingo, filho de um príncipe itsekiri chamado Mingi, que fora educado em Portugal, foi o primeiro monarca cristão a governar em território itsekiri, mas, posteriormente, a influência cristã foi eclipsada entre os itsekiri. Outras cidades estaduais da área do Delta são: Ijo, Nembẹ, Kalabari, Bọnny e a antiga Calabar do rio Cross, que foi fundada pelos povos de língua efik, algures, no princípio do século XVII.

Ibo

A leste de Benin, a influência político-cultural dos Edo reflete-se no papel que os grupos migratórios do reino de Benin devem ter exercido no estabelecimento e desenvolvimento de vários pequenos estados da região que agora se estende pelas margens do rio Níger em direção ao sul. Crê-se que um destes grupos, conhecido nas tradições locais por umuezechime, se estabeleceu durante algum tempo em Onitsha, à margem este do rio Níger, e regressou a oeste para ocupar a região de Ubulu-Ukwu, Isele-Ikwu e Onitsha-Ugbo, depois de ter adotado a língua ibo como meio de expressão. Nesta área, muitas comunidades de língua Ibo, tais como as Asaba, Agbor e Ogwashi-Ukwu, pensa-se que terão sido formadas por uma mistura de elementos de origem ibo e emigrantes de Benin, bem como por uma fusão de emigrantes de origem igala.

A leste do Níger, a instituição que considerava os reis sagrados, foi fundada na antiga cidade estadual de Nri, enquanto que escavações recentes atestam o desenvolvimento de elaboradas instituições reais nas proximidades de Igbo-Ukwu, perto do que é hoje Awka. Em geral, contudo, as tribos de língua ibo evoluíram em unidades descentralizadas, mais ou menos independentes umas das outras, apesar de ligadas por um certo número de fatores culturais comuns, que no passado parecem ser indício de uma mesma origem. Entre os ibo não existiam instituições reais, exceto nos grupos localizados mais a oeste, tais como os onitsha e os ika-ibo, do que é hoje o estado de Bendel, que foi largamente exposto à influência de Benin.

Vamos falar Yorùbá? | 45

PARTE I - INTRODUÇÃO

A organização política entre os povos de língua **ibo** tendia portanto a ser ao nível da aldeia, onde as decisões eram tomadas ou pela população masculina que chegava a um acordo, ou por um conselho de anciões escolhidos para esta situação e intitulados de **ozo**. Apesar de não haver uma tradição de autoridade centralizada abrangendo largas áreas, existiam muitos laços familiares de aldeia para aldeia, dando origem a largos grupos territoriais que operavam numa espécie de modo confederativo. Quanto aos padrões de povoamento dos povos de língua **ibo**, estes eram adequados a assegurar relações comerciais e agrônomas entre áreas suficientemente vastas, tal como foi mais tarde ilustrado pela situação comercial preponderante atingida por **Arochukwu**, uma comunidade de língua **ibo** situada nas margens superiores do rio **Cross**, que era a sede de um oráculo famoso. A dominação **aro** da zona interior de **Ibo**, nos arredores das tribos de língua **ibibio**, que partilhavam de semelhantes padrões de povoamento com os **Ibos**, foi um exemplo característico de uma utilização judiciosa de influência político-religiosa, a par de um astuta organização comercial.

A Era Colonial

Os contatos iniciais entre os povos africanos com os visitantes europeus foram de natureza pacífica e amigável, daí resultando um desenvolvimento gradual das relações comerciais entre os dois continentes. Contudo, com o advento do comércio de escravos através do Atlântico, a penetração européia em África começou a ter um efeito devastador sobre os povos da Nigéria.

Calcula-se que bem mais de onze milhões de africanos foram transportados à força do continente africano para países do Novo Mundo, durante os quatro séculos do mercado transatlântico de escravos, de 1500 até o fim do século XIX. Só a Nigéria deve ter contribuído pelo menos com um quinto deste total, e isto não é mais do que uma conseqüência mínima do vasto descalabro e destruição que, no seu rasto, o comércio de escravos trouxe à África desde o seu início, devido às guerras fratricidas que provocou. O comércio transatlântico de escravos foi certamente uma catástrofe tremenda para a população da Nigéria, seja no que diz respeito à destruição de estruturas sociais, seja nas questões econômicas e políticas.

PARTE I - INTRODUÇÃO

Nos princípios do século XIX, contudo, o desenvolvimento do capitalismo mercantilista e o começo da revolução industrial na Europa criaram condições por meio das quais a Europa industrial nascente tinha mais a ganhar com um legítimo mercado de trocas do que com a continuação do mercado de escravos e fizeram-se esforços para intensificar o intercâmbio de produtos agrícolas e outras matérias-primas, para as crescentes indústrias européias, ao mesmo tempo que era banido o mercado transatlântico de escravos. O desenvolvimento dos interesses comerciais ingleses na Nigéria necessitou eventualmente de intervenção militar, o que levou à anexação de Lagos pelos ingleses, em 1862. Por intermédio da base criada pelo estabelecimento da colônia de Lagos no ano seguinte, as forças militares inglesas levaram a cabo a conquista do território da zona interior dos **yorùbá**, ao mesmo tempo que a influência inglesa era imposta nas áreas superiores do delta do Níger, pela Royal Niger Company, uma firma comercial que tinha poderes para recrutar e utilizar os serviços de mercenários europeus armados, reforçando as injustas condições comerciais nas suas áreas de operação.

Finalmente, foram postas de lado todas as dissimulações, a seguir à célebre Conferência de Berlim em 1885, que dividiu os territórios de África pelos países imperialistas europeus, e a Grã-Bretanha tomou a seu cargo a conquista militar sistemática do que é hoje a República Federal da Nigéria. Apesar da heróica resistência de vários patriotas nigerianos, a superioridade militar inglesa estava assegurada pela utilização de um armamento mais avançado, sob a forma de metralhadoras, espingardas e howitzers (canhões pequenos), aos quais a população da Nigéria só podia opor arcos e setas ou espingardas obsoletas. Contudo, apesar da disparidade de meios, a conquista colonial da Nigéria foi consideravelmente atrasada e falhou muitas vezes devido à resistência de patriotas tais como o rei **Jaja** de **Opobo**, **Ọba Ovenramwen** de Benin, **Kosoko** de Lagos, e **Zubeir**, emir de **Yọla**.

Num dos exemplos mais notáveis de resistência patriótica à conquista inglesa, os defensores da pequena vila de **Burmi**, chefiados por **Mallam Musa**, derrotaram uma força militar inglesa sob o comando do capitáo Sword, a 13 de maio de 1903, numa tentativa heroica para proteger a retirada do emir de **Sokoto**, **Attashiru** I, que tinha sido forçado a fugir às forças invasoras britânicas. Numa batalha que se travou a

*Vamos falar **Yorùbá?*** | 47

PARTE I - INTRODUÇÃO

seguir na mesma localidade, um mês e meio depois, um exército militar inglês imensamente superior dominou finalmente os defensores de **Burmi**, numa batalha ferozmente travada na qual o **emir** de **Sokoto**, **Attashiru** I, o **Magajin Keffi**, **Dan Yamusa**, e muitos outros homens valorosos, preferiram sacrificar as suas vidas a submeter-se aos ingleses.

A seguir à imposição do domínio colonial, a Nigéria foi primeiro administrada pelos ingleses como duas unidades distintas: o Protetorado da Nigéria do Norte e o Protetorado da Nigéria do Sul, o qual incluía a colônia de Lagos. Os dois protetorados foram unidos em 1914 e a partir daí a Nigéria tornou-se uma só unidade política. Em 1946, foi introduzida uma nova constituição que provia a Nigéria com uma legislatura central para toda a Nigéria e para as três Casas da Assembléia, uma para cada uma das três unidades administrativas que constituíam a República Federal da Nigéria. Uma constituição posterior, que foi promulgada em 1951, dava uma maior autonomia regional e concedia uma maior representação governamental aos nigerianos. Na Nigéria, estas e outras constituições que se lhes seguiram, bem como um desenvolvimento político de caráter geral durante este período, foram ditados pelo aparecimento de um nacionalismo nigeriano alimentado pela crescente vaga de anticolonianismo generalizado pelo país.

O primeiro partido político a aparecer na Nigéria foi o Movimento da Juventude Nigeriana, que se formou em 1936. Em 1944, o falecido Herbert Macauley e o dr. **Nnamdi Azikiwe** fundaram o Conselho Nacional da Nigéria e dos Camarões (NCNC), ao qual se seguiram em breve a fundação do Grupo de Ação (AG) pelo chefe **Ọbafẹmi Awòlówó** em 1951 e a criação do Congresso dos Povos do Norte (NPC) sob a chefia do falecido **Sardauna** de **Sokoto**, Sir Ahmadu Bello, em 1952.

Sob a pressão das forças nacionalistas crescentes, a nova constituição foi adotada em 1954, o que transformou a Nigéria numa Federação e proporcionou um considerável aumento da participação dos nigerianos no governo. Mais tarde, numa conferência em Londres, em 1917, foram feitos acordos que deram às regiões do leste e do oeste autonomia e poder local no mesmo ano, e em 1958 foram feitas negociações no sentido das regiões do Norte se tornarem autônomas no ano seguinte.

48 | *Introdução ao idioma dos* **Òrìṣàs**

PARTE I - INTRODUÇÃO

Após o aparecimento generalizado de movimentos nacionalistas por todo o mundo, em países colonizados, que levaram à retirada do poder imperialista, nos anos que se seguiram à Segunda Guerra Mundial, a Nigéria adquiriu a independência a 1º de outubro de 1960, com o dr. **Nnamdi Azikiwe** como presidente da república e o falecido **Alhaji Tafawa Balewa** como primeiro-ministro. Infelizmente, contudo, a extensão das regiões, aliada ao fracasso dos partidos políticos, que não conseguiram obter uma representação verdadeiramente nacional, criaram condições para uma instabilidade política na Nigéria logo após a independência levando à intervenção militar, por meio de um golpe de estado, em janeiro de 1966, chefiado pelo major **Chukwuemeka Kaduna Nzeogwu.**

O amargamente disputado golpe de estado, que assinalou a queda da Primeira República da Nigéria, levou ao poder o general **Aguiyi-Ironsi** como chefe de Estado, mas a incapacidade do general **Ironsi** de encontrar soluções duradouras para a crise política do país, teve como conseqüência um segundo golpe de estado em julho de 1966, que levou o general **Yakubu Gowon** ao poder. Uma subseqüente tentativa por parte da região do leste para separar-se da República Federal da Nigéria a seguir a um período de lutas internas, provocada por uma contínua crise política, teve como conseqüência uma guerra civil entre o governo federal e as forças divisionistas, chefiadas por **Odumegwu Ojukwu.** A guerra civil terminou a 15 de janeiro de 1970, com a derrota da secessão "biafrense", e a página da trágica experiência da guerra foi rapidamente voltada pela política judiciosa e inteligente de reconciliação nacional, do general **Gọwọn.**

Deve-se também ao general **Yakubu Gọwọn** o alargamento da estrutura federal do país, por meio da criação de 12 estruturas estaduais que acabaram com o modelo anterior de administração regional. No entanto, o descontentamento com alguns aspectos do governo do general **Gọwọn** teve como conseqüência o seu derrube em 1975 por intermédio de um golpe militar sem derramamento de sangue, que levou à tomada de posse do falecido general Murtala Mohammed como chefe de Estado.

O falecido general Mohammed foi altamente louvado por ter tentado reanimar o país por meio da introdução de um certo número de reformas administrativas fundamentais, incluindo a criação de dezenove

Vamos falar Yorùbá? | 49

PARTE I - INTRODUÇÃO

estados federais. Foi, contudo, tragicamente assassinado no decurso de um golpe militar abortado, organizado por um grupo militar dissidente chefiado pelo coronel **Dimka**, que foi posteriormente julgado e executado tal como os seus cúmplices pela sua participação no golpe. O general **Oluṣẹgun Ọbasànjò**, sucessor do general Mohammed, abriu caminho para o retorno a um governo civil e para a eleição do presidente **Shehu Shagari** como primeiro presidente da segunda república da Nigéria.

Informações Básicas sobre a Nigéria

Posição geográfica

A República Federal da Nigéria localiza-se no ápice da África Ocidental, onde o contorno litorâneo volta-se para o sul a partir de seu curso em direção ao oeste. Com uma área total de 923.768 quilômetros quadrados, a Nigéria limita-se ao sul com o oceano Atlântico, ao norte com a República do Níger, a oeste com a República de Benin e a este com a República dos Camarões. Ela está localizada dentre os trópicos, entre as latitudes de 4º e 14º ao norte do Equador, e entre as longitudes de 3º e 15º a este do meridiano de Greenwich.

Praias arenosas estendem-se pela maior parte dos 800 quilômetros do litoral do país, sendo entrecortadas pelo grande delta do rio Níger e por uma intricada rede de riachos e rios. As praias arenosas são secundadas por uma faixa de mangues pantanosos que, em alguns lugares, estendem-se até cem quilômetros. Além desta existe uma zona de floresta tropical na região ondulante de esparsas montanhas; daí, a região torna-se cada vez mais aberta e semelhante a um parque, com algumas cordilheiras de montanhas. Mais para o interior, ela desdobra-se em um platô ondulante, com montanhas de granito e arenito, numa elevação generalizada de 610 metros, mas elevando-se no platô central e ao longo de partes da fronteira oriental para 1.830 metros. As fronteiras setentrionais estendem-se até o deserto, onde jazem os limites das chuvas de verão.

População

Com uma população calculada em 91 milhões de habitantes, a Nigéria é a nação mais populosa da África, compondo-se de inúmeros

50 | *Introdução ao idioma dos Òrìṣàs*

PARTE I - INTRODUÇÃO

grupos étnicos, sendo os principais dentre eles o hausa, o yorùbá, o igbo, o edo, o fulani, o kanuri, o ibibio, o tiv, o itsekiri, o ijaw, o urhobo, o efik, o igbirra e o ogini. Os nigerianos formam um povo incansável e cheio de energia, com uma insaciável sede de saber e muito jeito para negócios.

Esta dualidade característica levou a uma nova diáspora nigeriana de rápido crescimento, de modo que dificilmente, hoje em dia, deixar-se-á de encontrar um nigeriano em qualquer parte do mundo. No rastro de uma dispendiosa guerra civil, os nigerianos criaram uma nação a partir dos diversos grupos étnicos, cuja orientação tem sido sistematicamente realçada pelo Corpo Nacional de Serviço da Juventude, que exige que todos os graduados de nível universitário dêem um ano de seus serviços à nação, após a formatura, freqüentemente em uma parte do país diferente da sua região de origem.

A Nigéria é um estado secular no qual se pratica a liberdade religiosa. Entre as doutrinas presentes incluem-se o islamismo, o cristianismo e o ateísmo, havendo inúmeras mesquitas, igrejas e estabelecimentos congêneres para servir às necessidades de quase todos os praticantes.

Governo

A Nigéria é uma República Federativa composta de 19 estados e um território federal. Desde a sua independência, a 1º de outubro de 1960, até a tomada do poder pelas Forças Armadas, em 1966, a Nigéria foi governada por um sistema parlamentarista que tomava como modelo o sistema britânico. Entretanto, a 1º de outubro de 1979, as Forças Armadas passaram o poder para um governo eleito democraticamente, encabeçado por Alhaji Shehu Shagari, na qualidade de primeiro presidente executivo da Nigéria. Nas eleições gerais subseqüentes, realizadas a 6 de agosto de 1983, Alhaji Shagari foi novamente reeleito presidente para outro mandato de quatro anos.

A estrutura do governo compõe-se, tanto ao nível federal como estadual, dos poderes Executivo, Legislativo e Judiciário, existindo uma distinta separação entre os poderes destes três órgãos, em consonância com o sistema presidencial de governo da Nigéria, que atua desde o ano de 1979.

Vamos falar Yorùbá? | 51

PARTE I - INTRODUÇÃO

Os Estados

Os estados da República Federal da Nigéria e suas capitais são:

ESTADO	CAPITAL
Anambra	Enugu
Bauchi	Bauchi
Bendel	Benin
Benue	Makurdi
Borno	Maiduguri
Cross River	Calabar
Gongola	Yola
Imo	Oweri
Kaduna	Kaduna
Kano	Kano
Kwara	Ilorin
Lagos	Ikeja
Niger	Minna
Ògún	Abeokuta
Ondò	Akure
Oyo	Ibadan
Plateau	Jos
Rivers	Port-Harcourt
Sokoto	Sokoto

Abuja – A Nova Capital Federal

A nova capital federal da Nigéria está implantada em **Abuja**. Abrangendo uma área de 8.000 quilômetros quadrados, a localização central da nova capital a torna acessível a todos os povos oriundos de todas as partes do país. O território da capital federal é inteiramente governado e administrado pelo governo federal.

52 | *Introdução ao idioma dos* Òriṣàs

PARTE I - INTRODUÇÃO

Cultura

A rica variedade cultural da Nigéria é um reflexo de sua complexidade étnica. Em cerimônias e dramas, arte e arquitetura, línguas e literatura, o país é um verdadeiro repositório de jóias da cultura africana. As terracotas da cultura **Nok** e de **Ifé**, as esculturas de bronze de Benin, **Igbo-Ukwu** e **Owó**, e as xilogravuras ancestrais e cerimoniais dos **yorùbá**, **igbo**, **ibibio** e **igbirra** são universalmente famosas pela sua autenticidade e simplicidade de formas.

Das várias modalidades de arte, a xilogravura é, provavelmente, a forma mais comum de expressão artística, particularmente entre os que vivem nas áreas da região sul onde a madeira é abundante. Por toda esta área, escultores floresceram desde tempos imemoriais, produzindo imagens para santuários, retratos, máscaras e para a representação de "espíritos". Muito antes do surrealismo ter se estabelecido como forma de arte do mundo ocidental, escultores nigerianos interpretavam esses espíritos como imaginavam que fossem e talhavam na madeira viva não um retrato convencional, mas recriavam o real.

Juntamente com as xilogravuras, são ainda feitas obras fundidas em latão e bronze seguindo a tradição dos excepcionais bronzes de **Ifé** e Benin. Estes exemplos perfeitos de retrato e o método *"cire perdue"* de fundição, juntamente com as igualmente perfeitas terracotas consideradas do mesmo período e possivelmente dos mesmos artesãos, não encontraram paralelo em qualquer outra parte da África.

Um moderno teatro está começando a surgir e a existir lado a lado com as tradicionais (e muitas vezes esotéricas) dramatizações apresentadas em ocasiões religiosas e festivas.

Igualmente notáveis são as obras dos pintores, escultores e artesãos da era moderna, os quais, por meio da aplicação de modernas técnicas às formas primitivas de arte, levam avante hoje a tradicional excelência de seus ancestrais, dando continuidade cultural e estética que desempenha importante papel na erradicação dos vestígios remanescentes da interrupção colonial de um dos mais antigos povos e civilizações do mundo. As obras de arte nigerianas em ébano e outras madeiras, couro, marfim, latão e bronze, bem como a estamparia em tecidos, são de particular apelo tanto para os residentes, como para os visitantes.

Vamos falar Yorùbá? | 53

PARTE I - INTRODUÇÃO

Educação

Desde os primeiros dias da independência política, os nigerianos demonstraram o mais alto apreço pela educação, e um grande desejo em adquirir saber. Durante muitos anos a educação representou a maior parcela do orçamento nacional. Em 1975, o governo federal lançou uma campanha educacional – o Plano U.P.E. – visando fornecer o ensino primário universal gratuito a todas as crianças em idade escolar.

A política educacional mais recente adotada pelo governo federal prevê: ensino primário (seis anos); ensino secundário "júnior" (três anos) e ensino secundário "sênior" (três anos). A duração do ensino universitário é de quatro anos. A meta da nova política é fazer com que o ensino na Nigéria preencha o seu papel de instrumento de mudança em relação ao desenvolvimento nacional.

O ensino público é gratuito em todos os níveis. No nível primário e nos dois secundários, bem como nas escolas técnicas e de treinamento de professores, os estudantes permanecem em regime de internato durante todo o período letivo, não tendo nenhuma despesa também com alimentação, uniforme, material didático etc.

Comércio e Indústria

Há bem mais de 2.000 estabelecimentos industriais que contribuem substancialmente para o Produto Nacional Bruto, havendo um setor de fabricação de rápido crescimento que é estimulado pela política de nacionalização do governo. A implantação da indústria metalúrgica continua recebendo atenção prioritária consubstanciada nas arrojadas medidas de industrialização da nação.

Embora a Nigéria seja um importante produtor de petróleo, outros minerais disponíveis no país são o estanho, a columbita, o calcário e o carvão. Entretanto, a agricultura e a industrialização são agora as maiores prioridades econômicas do país.

Um grande esforço está sendo despendido no sentido do desenvolvimento do gás liqüefeito natural, fertilizantes e outras indústrias petroquímicas. O desenvolvimento industrial em outras áreas encontra-se em franco progresso. A indústria de manufaturas já expandiu-se firmemente, saindo da produção de bens de consumo leve, tais como cerveja,

54 | *Introdução ao idioma dos Òrìṣàs*

PARTE I - INTRODUÇÃO

refrigerantes, cigarros, calçados e produtos têxteis, para a substituição de uma vasta gama de outros produtos anteriormente importados, como o sal, plásticos, artigos de alumínio, vestuário, açúcar, papel e cimento. A Nigéria mantém uma política de portas abertas ao comércio exterior, incentivando os legítimos investidores estrangeiros.

Agricultura

A agricultura foi sempre a atividade mais importante na economia da Nigéria. Cerca de 70 por cento do total da população produtiva encontra-se nela ocupada. A política da agricultura, tanto do governo federal quanto dos estaduais, é de aumentar substancialmente a produção agrícola, como um meio de melhorar o padrão de vida de cada nigeriano, bem como de tornar o país auto-suficiente na produção de alimentos.

A fim de acelerar o andamento da produção agrícola, um novo plano foi lançado pelo governo federal: a Revolução Verde. Por meio deste programa, os agricultores em todo o país recebem vários insumos tais como fertilizantes, pesticidas e tratores. Em aditamento, instituições financeiras, tais como o Banco Nigeriano de Agricultura e Cooperativismo, fornecem assistência aos agricultores, na forma de empréstimos.

Visitação à Nigéria

Imigração: os cidadãos da Commonwealth e da República da Irlanda necessitam apenas de licença de entrada; os demais cidadãos necessitam de vistos. Ambos, porém, devem ser requisitados com antecipação e obtidos na Missão Diplomática Nigeriana mais próxima, antes do ingresso na Nigéria. Para evitar demoras de última hora, é aconselhável que os pedidos sejam feitos com bastante antecedência.

Vacinação: as autoridades sanitárias exigem certificados internacionais de vacina contra a cólera, a varíola e a febre amarela, bem como da profilaxia recomendada contra a malária.

Moeda e controle cambial: a Nigéria opera sob o sistema monetário decimal. As unidades da moeda nacional são a **naira** e o **kobo**. Cem **kobos** perfazem uma naira. As moedas são de ½ **kobo**, 1 **kobo**, 5 **kobos**, 10 **kobos** e 25 **kobos**. As notas são de 50 **kobos**, 1 **naira**,

Vamos falar Yorùbá? | 55

PARTE I - INTRODUÇÃO

5 **nairas**, 10 **nairas** e 20 **nairas**. É permitida a entrada de quantias ilimitadas em moeda estrangeira e cheques de viagem na Nigéria, devendo, entretanto, ser declaradas no porto de entrada. Os formulários de declaração, bem como os recibos obtidos na conversão da moeda estrangeira ou dos cheques de viagem nos bancos, devem ser conservados para posterior apresentação às autoridades, por ocasião da saída do país. Regulamentos limitam a quantia de moeda nigeriana que pode ser introduzida ou retirada da Nigéria em cinquenta nairas (N50). Os horários de funcionamento dos bancos comerciais são das 8:00 às 15:00 horas nas segundas-feiras, e das 8:00 às 13:00 horas das terças às sextas-feiras.

Sistema métrico: a Nigéria utiliza o sistema métrico. Todas as conversões aritméticas ficaram concluídas em setembro de 1975. A mudança para as dimensões e especificações métricas de produtos e equipamentos aprovadas internacionalmente ficou concluída em 1976.

Exportação de antigüidades: a fim de preservar preciosos tesouros da arte africana, a Nigéria aprovou em 1963 uma lei controlando as exportações de antigüidades. A lei proíbe a exportação de quaisquer antiguidades (ela foi projetada para incluir todos os objetos de arte ritual, mesmo os de fabricação contemporânea), exceto em circunstâncias especiais para as quais será obrigatória a obtenção de uma permissão do Departamento de Antigüidade do Museu Nacional em Lagos, ou do curador do Museu Nacional, sediado em Jos.

Horário de trabalho: os estabelecimentos governamentais funcionam das 7:30 às 15:30, de segunda a sexta-feira, enquanto os estabelecimentos comerciais ficam abertos das 8:30 às 12:30 e das 14:00 às 17:00 horas, de segunda a sexta-feira. A maior parte dos estabelecimentos permanece fechada aos sábados e domingos.

56 | *Introdução ao idioma dos* **Òrìṣàs**

PARTE II

Aspectos Gramaticais

Antes de começar

A partir de agora vamos aprender os aspectos fundamentais do idioma yorùbá, sua gramática e sua pronunciação. Além do estudo através do livro, você conta ainda com 15 faixas de áudio para compreender as variações tonais das palavras, praticar a pronúncia e complementar alguns dos exercícios do livro.

O acesso a esses áudios pode ser feito quando e quantas vezes você desejar, pelo computador, tablet ou celular. Para isso, basta acessar o link *www.arolecultural.com.br/classroom* e, usando o cupom-bônus a seguir, fazer o seu cadastro.

Durante a leitura do livro, sempre que um dos áudios complementar o seu estudo, haverá uma indicação de qual deles você deve ouvir. Pra facilitar, todos estão identificados com um código QR-Code, como esse, que te levará diretamente à sala de aula online e ao conteúdo específico que você deve acessar naquele momento. Aproveite!

Vamos lá?

Usando o leitor de QR-Code do seu celular ou tablet, aponte para o código ao lado e acesse o site para fazer o seu cadastro!

Parte II - Aspectos Gramaticais

Os sons do Yorùbá

O yorùbá e o português têm muitos sons em comum, entretanto, o yorùbá é uma língua de tons, e é nesta particularidade que ela se distancia do português. O domínio dos tons é indispensável à comunicação. Substituir um tom por outro é como substituir uma vogal por outra. Em yorùbá isto pode resultar em que se confunda uma palavra com outra, podendo, igualmente, dar origem a uma série de sons sem nenhum sentido.

O domínio dos sons não é uma dificuldade insuperável. É necessário, apenas, um treinamento intensivo e assíduo. Por esse motivo é que se pode ter a impressão de se estar progredindo lentamente ou de se perder tempo demorando-se na aquisição do esquema total.

O alfabeto

Acesse a sala de aula online e ouça ao áudio #01

A	B	D	Ẹ	E	F	G	GB	H
I	J	K	L	M	N	Ọ	O	P
R	Ṣ	S	T	U	W	Y		

Atenção: no alfabeto da língua yorùbá, não existem as seguintes consoantes e os dígrafos:

C Q V X Z Ç CH GU RR SS

As consoantes R e S não dobram, como no português, constituindo-se nos dígrafos. Elas são grafadas como "r" e "s", em yorùbá.

Fonética

Fonemas são unidades sonoras mínimas que possuem a propriedade de estabelecer distinção entre os vocábulos de uma língua. A fonética, por sua vez, é a parte da lingüística que estuda e classifica os elementos mínimos da linguagem articulada - os sons da fala.

PARTE II - ASPECTOS GRAMATICAIS

Os fonemas classificam-se em vogais (sons que resultam da livre passagem da corrente de ar pela boca) e consoantes (ruídos que resultam de algum obstáculo encontrado pela corrente de ar). Os fonemas de uma língua costumam ser representados por uma série de sinais gráficos denominados letras. Por convenção, os fonemas são geralmente transcritos entre barras oblíquas. O alfabeto citado anteriormente é composto de sete vogais e dezoito consoantes.

VOGAIS

A Ẹ E I Ọ O U

VOGAIS NASAIS

AN ẸN IN ỌN UM

CONSOANTES

B D F G GB H J K L M N
P R Ṣ S T W Y

Estas letras e fonemas são representados por um conjunto de vinte e cinco letras que servem como componentes da fonologia da língua yorùbá.

As letras e os sons correspondentes

CONSOANTES	PRONÚNCIA
B	bi
D	di
F	fi
G	gui
GB	guibi, gbi (*pronunciadas juntas*)
H	ri
J	diji, dzi (*pronunciadas juntas*)
K	qui
L	li

60 | *Introdução ao idioma dos* Òrìṣàs

PARTE II - ASPECTOS GRAMATICAIS

M	mi
N	ni
P	kpi, kipi, kpi *(pronunciadas juntas)*
R	ri
S	si
Ṣ	xi
T	ti
W	ui
Ý	ii

CONSOANTES NASAIS   PRONÚNCIA

M	mhi, um
N	nhi, un
G	gnhi, gui

VOGAIS NASAIS   PRONÚNCIA

AN	ân
EN	en
ẸN	én
IN	in
ON	on
ỌN	ón
UN	un

VOGAIS TONAIS   PRONÚNCIA

A	a
E	e
Ẹ	é
I	i
O	o
Ọ	ó
U	u

PARTE II - ASPECTOS GRAMATICAIS

Os sons considerados nos espaços referentes aos fonemas são emitidos de acordo com os sons usados na língua portuguesa. O som correspondente à letra X é representado, no alfabeto **yorùbá**, pela letra S acrescida de um ponto sob a mesma (Ṣ). O som da letra H é sempre aspirado; não existe H mudo, conforme ocorre na língua portuguesa.

As letras P e GB têm sons peculiares, conforme a demonstração inserida no quadro anterior (*kipi e guibi*, respectivamente). É bom reparar que sobre os fonemas *gui*, *mi* e *ni* há sinais gráficos – trema e til – que lhes dão os sons de *nhi* = *un*, *mhi* = *um*.

Acentuação tônica

Existem três tipos de acentuação tônica. Embora seja o som que determina o significado de cada palavra, na representação grafada é o acento que dá o significado correto, de acordo com a pronúncia adequada da palavra.

Acesse a sala de aula online e ouça ao áudio #02

1) Til ou traço (˜ ou –), conhecido como "Àmi Fãgún", indica a combinação de duas vogais proporcionando oralmente o prolongamento de sua pronúncia. Se a vogal tiver "til" no final da frase, o som será anasalado.

Veja alguns exemplos:

ÀMI   = *sinal*

FÃGUN , FÃGÚN , FÁÀGÚN
            = *nivelar*

DABOBO, DAABOBO,
DÁÀBÓÒBÓÒ   = *ao longo, abrigar*

BEDI, BÉÈDI (*sem força tonal*)
            = *assim mesmo*

62 | *Introdução ao idioma dos Òrìṣàs*

PARTE II - ASPECTOS GRAMATICAIS

2) Agudo (´) – Este tipo de acento simplesmente indica a entonação alta e se chama "Àmi Òkè" (ÀMI = sinal, ÒKÈ = alto). Exemplos:

❖ ìfẹ́ = *querido*
❖ ọlá = *honra*
❖ òrẹ́ = *amigo*

3) Grave (`) – Mostra a queda da voz e se chama "àmi ìsàlẹ̀" (ÀMI = sinal, ÌSÀLẸ̀ = base, alicerce). Exemplos:

❖ àdúrà = *reza, oração*
❖ ògèdè = *banana*
❖ Òrìṣà = *divindade yorùbá*

4) Quando não se tem acento na palavra, diz-se "Àmi Óhùn Àárìn". Exemplos:

❖ ata = *pimenta*
❖ ẹja = *peixe*
❖ ohun = *coisa*

Vamos falar Yorùbá? | 63

PARTE II - ASPECTOS GRAMATICAIS

MORFOLOGIA
CLASSES DE PALAVRAS

Morfologia é a parte da gramática que estuda as classes de palavras e seus paradigmas de flexões.

Substantivos

Gênero dos substantivos

A propriedade de se conhecer o sexo dos seres, por meio dos gêneros feminino e masculino, não existe na língua **yorùbá**. O gênero dos substantivos é determinado pela anteposição de palavras específicas.

MASCULINO		FEMININO	
ọba	= *rei*	ayaba	= *rainha*
bàbá	= *pai*	ìyá	= *mãe*
ọkọ	= *marido*	aya	= *esposa*
oṣó	= *feiticeiro*	àjẹ́	= *feiticeira*

Acesse a sala de aula online e ouça ao áudio #03

Observação: a formação de gênero das palavras, quando se trata de seres racionais, é feita utilizando-se as palavras **ọkùnrin** (homem) e **ọbìnrin** (mulher).

Quando estas palavras são usadas junto a outras, omite-se a letra O, no caso de junção por combinação de vogal interpalavras. Exemplos:

àbúrò mi obìnrin
minha irmã mais nova

ẹ̀gbọ́n mi ọkùnrin
meu irmão mais velho

64 | *Introdução ao idioma dos Òrìṣàs*

PARTE II - ASPECTOS GRAMATICAIS

❖ ará'kùnrin   = *irmão, senhor (masculino)*
❖ ará-ọkùnrin   = *masculino*
❖ ẹrù ọkùnrín   = *escravo*
❖ ẹrù'kùnrin   = *escravo*
❖ ègbọ́n'kùnrin mi = *meu irmão mais velho*
❖ ọmọ mi ọkùnrin   = *meu filho*
❖ ọmọ'kùnrin mi   = *meu filho*
❖ ọmọde ọkùnrin   = *menino*
❖ ọmọde'kùnrin   = *criança (masculina)*

Observações:

1) Geralmente, o prefixo ẹrù é usado no sentido de pessoas ligadas à família. Quanto se quer dar o sentido de escravo, usa-se o vocábulo ìwọ̀fà.

2) Ẹrú significa escravo.

3) Ìwọ̀fà significa uma pessoa usada para empréstimo que não tem condição de pagar o que deve.

A formação do gênero das palavras, quando se trata de seres irracionais, é feita utilizando as palavras akọ (macho) e abo (fêmea).

❖ abo màlúù   = *vaca*
❖ àgbò   = *carneiro macho*
❖ àgùtàn   = *carneiro fêmea = ovelha*
❖ akọ màlúù   = *boi ou touro*
❖ ẹwúrẹ́   = *cabra*
❖ òbúkọ́   = *bode, cabrito*

Usa-se também, para os animais de estimação, a formação ọkùnrin ou obìnrin.

❖ bí   = *gerar, parir, nascer*
❖ rín   = *andar*

Vamos falar Yorùbá? | 65

PARTE II - ASPECTOS GRAMATICAIS

- ajá mí bí ọkùnrin = *minha cadela pariu macho*
- ajá mi bí ọbìnrin = *minha cadela pariu fêmea*
- obìnrin = *aquele que nasce rindo*

Formação de gênero de outras palavras:

- àgbà = *velho, ancião, idoso*
- bàbá àgbà = *bisavô*
- ìyá àgbà = *bisavó*
- arúgbó = *idoso*
- bàbá arúgbó = *avô*
- ìyá arúgbó = *avó*
- bàbá = *pai*
- ìyá = *mãe*
- ẹ̀gbọ́n = *irmão ou irmã mais velha*
- kùrọ́lẹ̀ = *mais velho, mais idoso*
- ọkọ = *marido*
- aya = *esposa, mulher*
- opókùnrin = *viúvo*
- àfẹ́sọ́nà = *noivo ou noiva*
- opóbìnrin = *viúva*

Número dos substantivos

Acesse a sala de aula online e ouça ao áudio #04

1) É formado, geralmente, acrescentando-se o pronome pessoal da terceira pessoa **àwọn**, antes do vocábulo que se quer pluralizar. Exemplos:

- àwọn ènìyàn = *as pessoas*
- àwọn ìwé = *os livros*
- àwọn ọmọdè = *as crianças*

PARTE II - ASPECTOS GRAMATICAIS

2) O plural também pode ser feito com a utilização de numeral quando este ocorre numa frase. Exemplos:

Mo ní ọmọdé mèjí
Eu tenho dois filhos ou eu tenho duas crianças

Mo ní ènia métà pẹ̀lú mi
Eu tenho três pessoas comigo

Bàbá ní ajá mẹ́sàn
Papai tem nove cachorros

3) O plural também pode ser formado por uso de pronomes e advérbios que contêm a idéia de plural, em seus significados.

Mo ní owó púpọ̀
Eu tenho muito dinheiro

Gbogbo wa ni ọmọ Ọlọ́run
Todos nós somos filhos de Deus

4) São empregadas as palavras **púpọ̀** e **aìníye** = muito(s), quando houver a possibilidade de confusão numérica.

Mo ni ọ̀rẹ́ aìníye
Eu tenho muitos amigos

Aìníye
muitos, inumeráveis

Observação: o numeral duzentos (**ìgbá**), é usado para dar significação às coisas muito numerosas, incalculáveis. Exemplo:

Òrẹ́ mi ni ìgbá àya
Meu amigo tem muitas mulheres

Vamos falar Yorùbá? | 67

PARTE II - ASPECTOS GRAMATICAIS

Grau dos substantivos

Comparativo

1) A forma comparativa de igualdade é feita com as palavras:

- àwon kán náà = *eles/elas também atingem*
- dède àti ẹ́gbẹ́ = *mesmo, mesma.*
- dọgba = *mesma quantidade*
- gẹgẹ = *exatamente*
- gẹgẹ dọgba = *exatamente o mesmo número*
- iye ká náà = *mesmos números*

Acesse a sala de aula online e ouça ao áudio #05

Mo ní iye aṣọ kan tí o ní.
Eu tenho a mesma quantidade de roupa que você tem.

Ìwo fún mi ni kìló iyọ́ mèjí àti wìpè èmi fún iwọ́ ní da mèjí èpo, gbogbo rẹ ṣe dèdè.
Você me deu dois quilos de sal e eu lhe dei dois litros de azeite; está tudo igual.

Èmi fún bàbá ní owó àti wìpé ó sì fún mi ní ẹrantinṣe iye owó.
Eu dei ao pai dinheiro e ele me deu a mesma quantidade de carne.

A pín owó wa dọ́gba, dọ́gba.
Dividimos o nosso dinheiro igualmente.

68 | *Introdução ao idioma dos Òrìṣàs*

PARTE II - ASPECTOS GRAMATICAIS

2) A forma comparativa de superioridade dos substantivos pode ser feita por meio das palavras **púpọ̀ – fí díẹ̀ jú – àjúlọ àti àgbà** = o, a mais que. Exemplos:

jú . . . lọ = mais que

Èmi fi àjùlọ han ọ̀rẹ́ mi obìnrin
Mostrei superioridade à minha amiga

Mo fi odún díẹ̀ ju àbúrò mi lọ
Tenho poucos anos mais que meu irmão

Mo ní ọmọ púpọ̀ ju ọ̀rẹ́ mi lọ
Tenho mais filhos que meu amigo

Observações:

1) Quando a forma comparativa se referir à idade, usam-se as palavras:

- ❖ Àbúrò   = *mais jovem, mais novo*
- ❖ Àgbà   = *mais velho, mais idoso, ancião*
- ❖ Àgbà   = *tempo, idade*
- ❖ Arúgbó   = *idoso*
- ❖ Kurọlẹ   = *mais velho, mais idoso*

Èmi ni àgbà, ìwọ ni àbúrò èmi l'àgbà
Sou mais velho que você, você é mais novo

2) O vocábulo **NI**, no caso, tem o mesmo sentido de L, já que L era usado antigamente.

3) Quando a forma comparativa se referir à altura, usa-se a palavra **gigá** = *tratamento cerimonioso, alteza, eminência.*

Vamos falar Yorùbá? | 69

PARTE II - ASPECTOS GRAMATICAIS

4) A forma comparativa de inferioridade dos substantivos pode ser feita por meio das palavras "**kéré ati kúrú**".

Exemplos:

- jú . . . lọ = *a(o) mais do que*
- kéré = *menor, pequeno*
- kúrú = *curto, rápido*

Èmi kéré díè ju ẹ́gbọ́n mi lọ
Sou menor que meu irmão mais velho

Mo kúrú jú bàbá mi lọ
Sou mais baixo que meu pai

<u>Outras formas de se fazer comparativo</u>

<u>Comparativo de igualdade</u>

1) Também pode ser formado com o auxílio da palavra **bi**, que corresponde ao advérbio *tão* e à conjunção *como*:

Tàbilì mi kéré bi tirẹ
Minha mesa é tão pequena como a sua

Acesse a sala de aula online e ouça ao áudio #06

Observação: para se fazer uma pergunta, usa-se a palavra **njẹ́**, no início da frase, a palavra **bi**, no final, ou a palavra **ṣé** no início da frase. Exemplos:

Njẹ́ o fẹ́ràn ọnjẹ?
Ìwọ fẹ́ràn ọnjẹ bí?
Njẹ́ bàbá ti lọ sí oko?
Bàbá ti lọ sí oko bí?

70 | *Introdução ao idioma dos* Òrìṣàs

PARTE II - ASPECTOS GRAMATICAIS

2) Também pode ser formado com as palavras **jọ**, **dàbi**, **gégé** e **ẹgbẹgbẹ** = *parece, assemelha*. Exemplos:

Áṣọ tèmi jọ aṣọ tìrẹ
Minha roupa parece com a roupa dele

Ifẹ́ mi si ọ dabi rídè
Meu amor por você parece fadiga

Èrò mini lati jọ ìwọ́
Minha visão se assemelha à sua

<u>Comparativo de inferioridade</u>

É formado com o auxílio das palavras **kéré** (menor) e **sí** (para).

Ìwọ kéré sí mi
Você é pequeno para mim

Ọmọ yí kéré sí bàbá rẹ
Este filho é pequeno para o pai dele

<u>Comparativo de superioridade</u>

É formado com as palavras **jú** e **lọ́** (mais do que).

Mo tobi jú ìwọ lọ
Eu sou mais alto que você

Ajá tóbi jú òkété lọ
O cachorro é maior que o rato

Ìkókò tóbi jú ajá lọ
O pote é maior que o cachorro

Vamos falar **Yorùbá?** | 71

PARTE II - ASPECTOS GRAMATICAIS

Ọmọdè kéré jú ẹgbọ́n rẹ̀ lọ
A criança é menor que o irmão mais velho dela

Dúpeolúwà júolúfemi lo
Agradeço mais a Deus que a minha querida mulher

- ❖ Olúfẹ̀   = *querido, querida*
- ❖ Olúwà   = *Deus*

Adjetivo

Flexão

Na língua yorùbá, na constituição das frases, o adjetivo vem sempre após o substantivo e não sofre flexão de número. Exemplos:

- ❖ ènia dúdú   = *pessoa preta*
- ❖ fẹ́ràn   = *gostar de*
- ❖ kéré / kékeré   = *pequeno ou pequena*
- ❖ lẹ́wà   = *ter beleza*

ọmọ ọkùnrin mi kékeré
meu filho pequeno

O plural é formado com a anteposição do pronome pessoal àwọn (eles/elas).

Acesse a sala de aula online e ouça ao áudio #07

Exemplos:

Àwọn ọmọdé fẹ́ràn eré şişé
As crianças gostam de brincar

Àwọ́n ọmọdè lẹ́wà
As crianças são bonitas

Introdução ao idioma dos Òrìṣàs

PARTE II - ASPECTOS GRAMATICAIS

Grau

Superlativo

É feito com a expressão "kò ... júlọ" (*menos que*) ou "gbogbo wọn" (todos eles). Exemplo:

Bádé ni kò gbọ́n jùlo nínú gbogbo wọn
Bade não é mais sábio que todos eles.

Superlativo de superioridade

Relativo

É formado pelas palavras: **júlọ** = *mais do que*, **jú ṣogbo** = *o melhor*, **lọ tayọ** = *ultrapassa*. Exemplos:

❖ **gbọ̀n** = *ser sábio*
❖ **gọ̀** = *estúpido, tolo, bobo*

taní o gbọ́n jú ni ilé?
quem é o maior sábio da casa?

ajayi gọ̀ jú gbogbo ènia lọ
o guerreiro mais estúpido de todos

Observação: o mais alto grau, denotando um superlativo absoluto de superioridade, também é expresso pelas palavras "**tan àti jái**":

❖ **játi, játi tan** = *extremamente pobre*
❖ **játijáti** = *humilde, pobre, sem valor*
❖ **o búrú dopin** = *o mal final, o mal extremo*
❖ **o búrú jái** = *muito mal, extremamente mal*
❖ **tan** = *terminar, chegar ao fim*

Vamos falar Yorùbá? | 73

Parte II - Aspectos Gramaticais

Pronomes

Pronomes Pessoais do Caso Reto

Acesse a sala de aula online e ouça ao áudio #08

èmi, mo, ng (ngui)	eu
ìwọ, o, ọ	tu, você
òun, ó	ele ou ela
àwa, a	nós
ẹ̀yin, ẹ	vós – vocês srs., sras.
àwọn, nwọn, wọn	eles ou elas

Pronomes Pessoais do Caso Oblíquo

tèmi (ti + èmi), mi	me, mi (comigo)
tìrẹ, rẹ	te, ti (contigo)
tìrẹ̀, rẹ̀	lhe, se, si (consigo)
tiwa, wa	nos (conosco)
tiyín, yin	vos (convosco)
tiwọn, wọn	lhes, se, si (consigo)

Tratamento

ará'kùnrin	o senhor (masculino, macho)
ará'bìnrín	a senhora (feminino, fêmea)
àwọn ará'kùnrin	os senhores (masculino)
àwọn àrá'bìnrin	as senhoras (feminino)

Observação: onde há cultura sempre há respeito, sendo um sinal de respeito na língua yorùbá, atribuir-se ẹ̀yin ou ẹ à pessoa mais velha cerimoniosamente, mesmo que seja singular ou plural, masculino ou feminino. Porém, o(s) senhor(es), a(s) senhora(s) levam ẹ̀yin diretamente mas também levam àwọn indiretamente.

De qualquer forma, tanto ẹ̀yin quanto ẹ são usados para tratamento com pessoas mais velhas do que nós. Se seu filho, filha ou qualquer jovem vai falar com um adulto, ele vai se dirigir usando ẹ ou ẹ̀yin,

PARTE II - ASPECTOS GRAMATICAIS

apesar do fato de tais palavras também serem usadas para grupo de pessoas. No caso inverso, ou seja, quando a palavra é dirigida aos mais jovens, usamos ìwọ ou o.

Colocação dos pronomes pessoais

Depois do verbo (ênclise)

Ìwọ fun mi ni ìwé kan
Você deu-me um livro

Dáríjì mi
Desculpe-me ou perdoe-me

Pronomes possessivos

tèmi, tàbí mi	meu, minha, meus, minhas
tìrẹ, tàbí rẹ	teu, tua, seu, sua, de você
tìrẹ̀, tàbí rẹ̀	seu, sua, dele ou dela
tiwa, tàbí wa	nosso, nossa, nossos, nossas
tiwín, yin	vosso, vossa, vossos, vossas, de vocês
tiwọn, tàbí wọn	seus, suas, deles, delas

Exemplos:

❖ àwọn aṣọ tiwa   = *nossas roupas*
❖ irun mi   = *meu cabelo*
❖ ọba yin   = *seu rei, o rei de vocês*
❖ ojúwọ   = *a cara deles*
❖ orí mi   = *minha cabeça*

Ilé yí tèmi ni
Esta casa é minha

Tèmi ni ìlé yí
É minha esta casa

Vamos falar **Yorùbá?** | 75

PARTE II - ASPECTOS GRAMATICAIS

Ṣé ọmọ mi ni yí?
Este é meu filho?

Ìyá mi ni yi?
Minha mãe é esta?

Ọlọ́run rẹ̀ tàbí Ọlọ́run wa
Deus dela ou nosso Deus

Mo fẹ́ lọ́ sí orí òkùtá rẹ̀
Eu quero ir para cima da sua pedra

Ọba yín wà pẹ̀lú wa
O rei de vocês está conosco

Àwọn ọba wà pẹ̀lú wà
Os reis estão conosco

Orẹ́ yín nkọ́?
E os vossos amigos? ou E o amigo de vocês?

Pronomes demonstrativos

<u>Singular</u>

yí, èyí, eléyí   este, esta, isto
yẹn, iyẹn   aquele, aquela, aquilo

Exemplos:

Èyí njẹ́ iye àgbàdo
Este é o grão de milho

Ẹ̀ wo ní èyi
Este é o tabu

76 | *Introdução ao idioma dos Òrìṣàs*

PARTE II - ASPECTOS GRAMATICAIS

Èyi ni mo fẹ́
Isto é o que eu quero

Ẹyẹlé yí fúnfún
Este pombo é branco

Ọ̀bẹ na kùná dáradára
As facas são afiadas

Ẹyẹ pupa ni wọn
São aves vermelhas

<u>Plural</u>

wọ̀nyí, ìwọ́nyí, àwọn ẹlèyì	estes, estas
àwọn ni = wọ̀nnì, wọ̀nyẹn	aqueles, aquelas

Exemplos:

❖ abo màlú	= *vaca*
❖ adìẹ	= *galinha*
❖ àwọn eléyi	= *estas*
❖ ẹran	= *carne*
❖ ẹsẹ̀	= *pés*
❖ rí	= *viu*
❖ wọ̀nyẹn	= *aqueles*
❖ wọ̀nyẹn	= *estão*
❖ wọ̀nyí	= *estes, estas*
❖ gó	= *embaraçados*

Ẹsẹ̀ adìẹ wọ̀nyí
São estes pés de galinha

Ẹran abo màlú ni àwọn eleyi
Estas carnes de vaca

Vamos falar **Yorùbá?** | 77

PARTE II - ASPECTOS GRAMATICAIS

Òun rí bàtà wọnyẹn
Ele viu aqueles sapatos

Àwọn wọnyẹn gó púpọ̀
Aqueles estão muito embaraçados

Pronomes indefinidos

ẹnìkán	alguém, alguma coisa
ẹnìkánkán	ninguém
ẹnìkánkán, kálùkú, olúkúlùkù	cada
elòmíràn	outrem, quantos outros
gbogbo	todo (a), (s), tudo
ìgbàkígbà	qualquer
kòseni	nada, nenhuma pessoa
n`kan	uma coisa, algo
ohùnkan, n`kan	algo
óniranu	algum
óniruru, oriṣiriṣi	vários

Exemplos:

Ṣé abínìkan?
Alguém nasceu?

Àro ìjọ́si àwa jẹ́ oyinbo = ẹnìkánkán làyè ára rẹ
Cada vida tem seu corpo

Pronomes relativos

O vocábulo **ti** = *anteriormente*, era empregado **ènia ti** (*pessoa que*). Com o passar do tempo, o povo **yorùbá** passou a exprimi-lo com a junção das duas palavras, **ẹniti** = *pessoa que*. Também pode ser usado junto com os pronomes pessoais do caso reto. Exemplos:

PARTE II - ASPECTOS GRAMATICAIS

Ẹniti mo nsọrọ rẹ̀ nbọ̀
A pessoa de quem estou falando está retornando

Ẹniti mo fẹ́ràn
A pessoa que eu amo

Ẹniti kò gbọ́ràn
A pessoa que não é obediente

Ẹniti mo sọrọ rẹ̀ ti dè
A pessoa de quem falo chegou

Èmi ti lówó
Eu tinha dinheiro

O ti njà lati wọlé
Ele está lutando para entrar

Awa ti kò mọ̀ ìwé
Nós que não conhecemos revistas

Ẹniti o wà
A pessoa que veio

Ìwọ ti lọ sibẹ
Você que foi para lá

Èmi fẹ́ mọàwọn ìwé
Eu que conheço livros

Ìwọ ti o fẹ́ràn itan náà
Você que adora colo

Vamos falar **Yorùbá?** | 79

PARTE II - ASPECTOS GRAMATICAIS

Pronomes interrogativos

tani?	quem?
ti tani?	de quem?
tani yẹn?	quem é aquele?
ki?	que, o que é?
kini?	o que é?
wo ni?	qual é?

Exemplos:

Tani wà nilé?
Quem está na casa?

Ni + ilé = nílé?
Na + casa = na casa, em casa?

Tani sorọ wọn?
Quem falou deles?

Lati ọdọ ta lo ti wa?
De quem veio isto?

Tani yẹn nínú ilé?
Quem é aquele dentro de casa?

Ta lo de?
Quem chegou?

Kini yẹn?
O que é aquilo?

Ki l'o wí?
*O que ele disse (**o ní yí** = ele disse isto)*

PARTE II - ASPECTOS GRAMATICAIS

Kini o ṣẹlẹ pẹ̀lú ẹ?
O que houve com o senhor?

Kini yen jẹ ni ilé?
O que aquilo é na casa?

Kini o fẹ́ jẹ ane?
O que ele quer comer? (ane = *nome próprio*)

Ki l'o wí fún mi?
O que ele disse para mim?

Ṣé ìwọ na lo sibe?
Você também foi lá?

Ṣé ìwọ nã nlọ pè?
Você também vai chamar?

Usam-se, ainda, os pronomes interrogativos **níbo** (*onde*), **nígbàwo** (*quando*), **báwo** (*como*) e **méló** (*quantos*). Exemplos:

Níbo ni Paulo wà?
Onde está Paulo?

Nígbàwo ni o dé?
Quando você chegou?

Báwò ni ẹ npè yí?
Como se pronuncia isto?

Ìbí ọdún mélò ni ó ní?
Quantos anos ele tem?

Vamos falar Yorùbá? | 81

PARTE II - ASPECTOS GRAMATICAIS

Artigo

É constituído com o aproveitamento do pronome demonstrativo náà, que vem sempre depois do substantivo.

Exemplo:
ìka náà	= *os dedos*
àwọn igi ọpẹ náà	= *as palmeiras*

Atenção: Também é usado para as frases interrogativas.

Palavras que podem ser classificadas como advérbio de intensidade ou pronome indefinido de acordo com o texto

ọ̀pọlọ́pọ̀, púpọ́	muito
díẹ̀, kékeré, kàn	pouco
gbogbo, pátapáta	completamente
ọ̀kan ninu méjì	entre muitos
mélòkàn	alguns poucos
òmíràn, omínràn	outro, um outro
ólukuluku, ẹ́yọ kọ̀kán	cada, tudo
onírúurí, oríṣíríṣí	vários, diferentes

Advérbio de tempo

		Tempo de Ação
ìjẹ́tá	anteontem	*passado*
àna	ontem	*passado*
òní ou ẹni	hoje	*presente*
ọ̀la	amanhã	*futuro*
ọtúnlá	depois de amanhã	*futuro*

82 | *Introdução ao idioma dos Òrìṣàs*

Advérbios, pronomes, substantivos, preposições, adjetivos, conjunções e locuções mais usados

àárìn	entre
aimọ́yè	tanto
aisi rara	nada, totalmente
àlàyé	explicação
àná	ontem
àti	e
àwon nkan, (nkan kan)	algumas coisas
bá, (mbá)	com (ajudar ou acompanhar)
bẹ́ẹ̀ yẹn	assim, aqueles
bẹ́ẹ̀ni, bẹ́ẹ̀ bẹ́ẹ̀	sim, assim
bẹ́kọ́ lai	nunca, senão
bẹ́kọ́, rara, (bẹ́ẹ̀kọ́)	não
burújú	pior
dáadáa, dáá, dádá	bem
dára	bom, boa
dára púpọ̀	muito bem
dárajù	melhor
díẹ	pouco
díkù (déréjù)	menos
èhìn	atrás
fére, kù díẹ	quase
fún	para, exatamente
gbogbo	todos
gẹ́gẹ́bí	de acordo com (como)
ibẹ̀	lá
ibí, òhún, ibẹ̀yẹn, ìhín	aqui, ali, acolá
ìdí	parte de baixo
ìjẹ́ta	anteontem
inú	dentro
ísàlẹ̀	debaixo
jọ àrá wọn, (tanjẹ)	por engano
jùmọ̀	junto
kàn	simplesmente

Vamos falar Yorùbá? | 83

PARTE II - ASPECTOS GRAMATICAIS

ki [...] to (ki èmi to dè)	antes
kọ́ éhìn sí, (kẹhinsi)	contra
kọ́kọ́ (àkọ́kọ́)	primeiramente
kúkú	de fato
láàrìn, (ou àní)	durante, entre
láìsí	sem
láti ọwọ́	por
lẹba, (sunmọ)	perto
lẹkan si	novamente
lẹ́hìn	depois, atrás, costas, detrás
lórí	sobre, em cima de
máa	habitualmente, sempre
n'kan	uma coisa
náà, (páàpáà, pẹ̀lú)	também
ní	em, no, na, do, da
ni abẹ́, lábẹ́	em torno de, em volta de
ní kùtùtùtù (tete)	cedo
nigbana, ni akoko náà	então
nikuko	extremamente, inteiramente
nipari	enfim, finalmente
nísisiyi	agora
nísisiyi kọ́	ainda não (agora não)
nítorí, nítorípé	por que, porque
nkankan	nada
òde	fora
ọ̀la, lọ́la, (na manhã)	amanhã
òní, lóni	hoje
orí	parte de cima
ọ̀sán	tarde
ọ̀túnla	depois de amanhã
papọ̀	juntamente
pẹ̀lú	com
pẹ̀lú orí rere	por acaso
péré	talvez
péré, so	somente
pọ̀ púpọ̀	demasiado

84 | *Introdução ao idioma dos* Òrìṣàs

PARTE II - ASPECTOS GRAMATICAIS

pupọ	bastante
púpọ̀	muito
rárá	não, nunca
rí	anteriormente
si	além disso, exatamente *(para horas)*
sí i, (júlọ)	mais
síwájú	antes
sórí	sob, embaixo de
tètè dè	chegar cedo
ti	já
tí, wípè	que
títí di, títí dé	até
túbọ̀	mais, além
ṣẹ díẹ̀ si	logo
yẹn, (nã)	aquele, aquela
ṣẹ̀ṣẹ̀	logo, agora
ṣùgbọ́n	mas

Preposição

sí	a, ao, para
titi di, titi dè	até

Exemplos:

Èmi nlọ́ sí ilé rẹ
Estou indo para sua casa

Àwa ti dé sí cinema
Chegamos ao cinema

Mo kà wé titi di álẹ̀
Estudei até à noite

Mo rìrìnàjò titi dè Brasília
Viajei até Brasília

Vamos falar Yorùbá? | 85

PARTE II - ASPECTOS GRAMATICAIS

Observação:

titi di = em direção de
Esta locução expressa idéia de algo distante, em espaço e tempo.

titi dè = em torno de
Esta locução expressa idéia de algo próximo.

Ambas podem ser usadas nos exemplos citados, porém a mais indicada é a que vai dar sentido à idéia expressa na frase.

Verbos

Definição: verbo é a palavra variável em pessoa, número, tempo e modo que exprime um fato (ação, estado ou fenômeno) no tempo.

Vozes do verbo

A voz ativa – o sujeito expressa a ação do verbo

Bọla kà ìwé ou Bọla kàwé
Bôla leu o livro

Ọ̀gá àgbà ilé ẹkọ gbà àlejò
O diretor da escola recebeu visita

Àwa rí ìyá rẹ̀ l'áná = a rí ìyá rẹ̀ láná
Nós vimos a mãe dele ontem

A voz passiva – o sujeito sofre a ação do verbo

Bọla nì o kàwé
O livro foi lido por Bôla

Àlejò nì ọ̀gá ilé ẹkọ gbà
A visita foi recebida pelo diretor

86 | *Introdução ao idioma dos Òrìṣàs*

PARTE II - ASPECTOS GRAMATICAIS

Ẹ̀wù tí ìyá rà
Foi a camisa que a mãe comprou

Ìyá nì a rí ni àná = (nì + àná l'áná)
A mãe foi vista por nós ontem

Tempo e modo dos verbos

Indicativo

Presente	èmi fún	eu dou
Pretérito perfeito	èmi ti fún	eu dei
Pretérito imperfeito	mo má fún	eu dava
Futuro do presente	èmi yio fún	eu darei
Futuro do pretérito	èmi lè fún	eu daria

Subjuntivo

Presente	èmi ki lè fún	que eu dê
Pretérito imperfeito	bí èmi bà fún	se eu desse
Futuro	nígbàti mo fún	quando eu der

Imperativo

afirmativo	fún	dê
negativo	má fún	não dê

Particípio

	ti fún	dado

Condicional

	ti / bi	se

Bí mo bà lè lọ, èmi yio lọ sí ọjá ni ọ̀la
Se eu puder, irei para a feira amanhã

Vamos falar **Yorùbá?** | 87

PARTE II - ASPECTOS GRAMATICAIS

Bí bàbá bà ní àyé, ẹ ó wà kí wa
Se o pai tiver tempo, ele virá nos cumprimentar

Ti mo ba nì owó, máà rà aṣọ ti o dárá
Se eu tivesse dinheiro, compraria uma roupa

Emi kò mọ̀ ti Bọla ba pàdá láti ilé ìwé
Eu não sei se Bôla já voltou da escola

Gerúndio

A forma progressiva em **yorùbá** é formada pelo acréscimo da letra **N, ON ou M** ao verbo principal.

fún = *dar*	**nfún** = *dando*
se + ọrọ = sọrọ = *falar*	**nsọrọ** = *falando*
jó = *dançar*	**njó** = *dançando*
kọ́rin = *cantar*	**nkọ́rin** = *cantando*
sùn = *dormir*	**nsùn** = *dormindo*
èmi nkọ́ ìwé = *estudar*	**nkọ́wé** = *estudando*
bà = *aceitar*	**mbà** = *aceitando*
wò = *olhar*	**nwò** = *olhando*
lọ́ = *ir*	**nlọ́** = *indo*
jẹ *(sem acento sobre o e)* = *comer*	**njẹ** = *comendo*
jẹ́ *(com acento sobre o e)* = *ser*	**njẹ́** = *sendo*

Como formar frases interrogativas

Njẹ́ é uma palavra usada na forma interrogativa. Anteriormente, usava-se **ohun jẹ́**. Atualmente fez-se a aférese (supressão do fonema no início das palavras) e resultou **njẹ́**.

Njẹ́ o lọ sí ókò?
Ele foi para o campo?

88 | *Introdução ao idioma dos* **Òrìṣàs**

PARTE II - ASPECTOS GRAMATICAIS

Njẹ́ bàbá nlẹ̀ bi?
Papai está podendo indagar alguém?

Nkọ́ é uma palavra usada para se fazerem perguntas e é sempre colocada no final da frase.

Àwọ òrẹ́ re nkọ́?
Qual a cor do seu amigo?

Observação: o modo usado pelos yorùbá das cidades de Ibadán, de Ọ̀yó, de Ífẹ̀, de Òṣógbò e de Ìlobú para fazer interrogação, consiste em colocar no final da frase a palavra bi.

Ìwọ fẹ́ràn ọgẹ̀dẹ̀ bi?
Você gosta de banana?

Ìwọ jẹ iṣu sísè laná bi?
Você comeu inhame cozido ontem?

Bàbá rà áṣọ ti o wí bi?
Papai comprou a roupa que ele queria?

Observação: os yorùbá, localizados nas cidades de Ẹ̀gba, de Òde-Rẹmọ, de Ìjèbù-Rẹmọ, de Ijèbú-Igbò e de Ṣágámù, usam a palavra ná, no final da frase, para fazerem a oração interrogativa.

Kini Òrìṣà wọn ná?
Qual é o Òrìṣà deles?

Kini àwọn yen jẹ́ ná?
O que eles comem?

Aṣo wo ló wọ̀ ná?
Que roupa ele veste?

Vamos falar Yorùbá? | 89

PARTE II - ASPECTOS GRAMATICAIS

Como formar frases negativas

A frase negativa na língua yorùbá é formada, sempre, colocando-se a partícula kò antes do verbo, exceto para os verbos nì = ser e wà = existir.

- ❖ èmi kò mu omí — = *eu não bebo água*
- ❖ èmi mu omí — = *eu bebo água*
- ❖ gbòn — = *sabido*
- ❖ kò gbòn — = *não sabido*

Outra forma é por meio do uso das palavras ail, alàini e aini, laísí como substantivos.

- ❖ ail, alàini, aini, láisí — = *sem, com falta*
- ❖ ailówó, alaini owó, láisí owó — = *sem dinheiro*
- ❖ ainitiju, alainitiju, láisí tiju — = *sem-vergonha*

Outra maneira é começar a frase usando sempre a palavra máşe ou má na língua yorùbá, o que indica negação na forma imperativa:

- ❖ sòrò — = *conversar, falar*
- ❖ máşe sòrò — = *não converse, não fale*
- ❖ dide — = *levantar*
- ❖ má dide — = *não levante*
- ❖ lọ — = *ir*
- ❖ málọ — = *não vá*
- ❖ wá — = *procurar*
- ❖ máwá — = *não procure*

Outra forma de construir uma frase negativa é por meio do uso da partícula kó com o pronome possessivo, o adjetivo ou o substantivo.

- ❖ kọ́ dára — = *não é bom*
- ❖ kọ́ ẹbun — = *não é presente*
- ❖ tàbìlì ni — = *é uma mesa*

90 | *Introdução ao idioma dos Òrìṣàs*

PARTE II - ASPECTOS GRAMATICAIS

- ❖ tàbìlì kọ́   = *não é uma mesa*
- ❖ àga ni   = *é uma cadeira*
- ❖ àga kọ́   = *não é uma cadeira*
- ❖ tèmi ni ẹlèyí   = *meu é este, este é meu*
- ❖ tèmi kọ́ ẹlèyí   = *meu não é este, este não é meu*
- ❖ owó nì   = *dinheiro é, é dinheiro*
- ❖ owó kọ́   = *dinheiro não é, não é dinheiro*
- ❖ olódo kọ́ ni wọn   = *burros não são eles*
- ❖ àwọn olódo kọ́   = *eles não são burros*

Conjugação dos verbos

<u>Verbo LỌ = ir</u>

<u>Presente do Indicativo</u>

mo	eu vou	èmi lo
o	tu vais	ìwọ lo
o, ó	ele vai	òun lo
a	nós vamos	àwa lo
e	vós ides	ẹyin lo
won	eles vão	àwọn lo

<u>Pretérito Imperfeito do Indicativo</u>

èmi, mo, ng	eu ia	lọ láná
ìwọ, o	tu ias	lọ níjẹtá
òun, ó	ele ia	lọ láná
àwa, a	nós íamos	lọ níjẹtá
ẹyin, ẹ	vós íeis	lọ láná
àwọn, wọn	eles íam	lọ níjẹtá

Observação: este conjuga-se como o presente do indicativo junto ao advérbio de tempo indicando ação no passado.

Vamos falar Yorùbá?

PARTE II - ASPECTOS GRAMATICAIS

Pretérito Perfeito do Indicativo

mo ti lọ	eu fui
ìwọ ti lọ	tu foste
òun ti lọ	ele foi
àwa ti lọ	nós fomos
ẹ̀yin, ti lọ	vós fostes
àwọn ti lọ	eles foram

Futuro do Presente

èmi yio lọ	eu irei
ìwọ yio lọ	tu irás
òun yio lọ	ele irá
àwa yio lọ	nós iremos
ẹ̀yin yio lọ	vós ireis
àwọn yio lọ	eles irão

Em vários tempos

èmi lọ	eu fui
èmi má nlọ	eu ia
èmi tì nlọ	eu fora
èmi yio lọ	eu irei
èmi lè lọ	eu vou (ou eu posso ir)
bi èmi lọ	se eu fosse
nígbàti èmi lọ	quando eu for
èmi nlọ	estou indo
èmi pàpà lọ	eu também fui
èmi nlọ	eu vou, eu estou indo

92 | *Introdução ao idioma dos* Òrìṣàs

PARTE II - ASPECTOS GRAMATICAIS

<u>*Verbo MU = beber ou tomar*</u>

<u>*Presente do Indicativo*</u>

mo mu (èmi mu)   eu bebo
ìwọ mu   tu bebes
òun mu   ele bebe
àwa mu   nós bebemos
ẹ̀yin   vós bebeis
àwọn mu   eles bebem

<u>*Pretérito Perfeito do Indicativo*</u>

mo ti mu   eu bebi
ìwọ ti mu   tu bebeste
òun ti mu   ele bebeu
àwa ti mu   nós bebemos
ẹ̀yin ti mu   vós bebestes
àwọn ti mu   eles beberam

<u>*Futuro do Presente*</u>

èmi yio mu   eu beberei
ìwọ yio mu   tu beberás
òun yio mu   ele beberá
àwa yio mu   nós beberemos
ẹ̀yin yio mu   vós bebereis
àwọn yio mu   eles beberão

<u>*Futuro do Pretérito*</u>

bí èmi iba mu   eu beberia
bí ìwọ iba mu   tu beberias
bí òun iba mu   ele beberia
bí àwa iba mu   nós beberíamos
bí ẹ̀yin iba mu   vós beberíeis
bí àwọn iba mu   eles beberiam

*Vamos falar **Yorùbá?*** | 93

PARTE II - ASPECTOS GRAMATICAIS

<u>*Verbo SỌRỌ = falar*</u>

<u>*Presente do indicativo*</u>

mo, èmi sọrọ	eu falo
o, ìwo sọrọ	tu falas
ó, òun sọrọ	ele fala
a, àwa sọrọ	nós falamos
ẹ, ẹ̀yin sọrọ	vós falais
wọn, àwọn sọrọ	eles falam

Observação: a forma **ní** às vezes é substituída por L, porque **ní** é L contraído, em **yorùbá**. A palavra L ter-se-ia originado do vocabulário **Ìṣẹ́yìn**, que tem influência em todos os dialetos que institucionalizaram a língua **yorùbá**. Assim sendo, toda a população **yorùbá** utiliza a forma L pensando em **ni**, ou seja, **ki** mais **ní** = o que é. O vocábulo **ní** também é usado como verbo ter. Exemplo:

Mo ní òrẹ́ mẹ́fà
Eu tenho seis amigos

94 | *Introdução ao idioma dos Òrìṣàs*

PARTE II - ASPECTOS GRAMATICAIS

<u>*Verbo NÍ* = ter</u>

<u>*Presente do indicativo*</u>

èmi ní	eu tenho
ìwọ ní	tu tens
òun ní	ele tem
àwa ní	nós temos
ẹ̀yin ní	vós tendes
àwọn ní	eles têm

<u>*Expresão Verbal "ter que" = ní láti*</u>

èmi ní láti	eu tenho que
ìwọ ní láti	tu tens que
òun ní láti	ele tem que
àwa ní láti	nós temos que
ẹ̀yin ní láti	vós tendes que
àwọn ní láti	eles têm que

Vamos falar Yorùbá? | 95

PARTE II - ASPECTOS GRAMATICAIS

Verbo **NÌ** ou **JÉ** = ser

nì	=	definindo coisas, ou seja, sem certeza delas
jé	=	para coisas definidas, com certeza do que se diz

Presente do indicativo

èmi nì (jé)	eu sou
ìwọ nì (jé)	tu és
òun nì (jé)	ele é
àwa nì (jé)	nós somos
ẹyin nì (jé)	vós sois
àwọn nì (jé)	eles são

Verbo **WÀ** = estar

Presente do indicativo

èmi wà	eu estou
ìwọ wà	tu estás
òun wà	ele está
àwa wà	nós estamos
ẹyin wà	vois estais
àwọn wà	eles estão

96 | *Introdução ao idioma dos* Òrìṣàs

PARTE III

VOCABULÁRIO

É indubitável que, ao possuirmos palavras suficientes e adequadas à expressão do pensamento de maneira clara e precisa, temos maiores possibilidades de assimilar conceitos, idéias, de perceber conteúdos, significados, logo, estamos mais aptos para a tarefa primordial da comunicação. Daí, a importância do vocabulário.

PARTE III - VOCABULÁRIO

PORTUGUÊS - YORÙBÁ

Verbos

abaixar	rẹ́ sílẹ̀
abanar, soprar (fogo)	fẹ́
abanar, soprar (vento)	afẹ́fẹ́
abastecer, prover	pèse
abater-se	tẹ́
abençoar	súrè
abraçar	fara ìmọ́ra
abrir a porta (abrir = si)	ṣílẹ̀kùn
abrir, movimentar	ṣí
acaba	ó tán
acabar	ṣe tán
acariciar, acalentar	kẹ́
aceitar	tẹ́wọ́gbà
acender	tan
acender a luz	taniná
acender fogo	taná
achar, encontrar	rí
acordar, aceitar, despertar	jí
acreditar	gbàgbọ́
adaptar, moldar	múyẹ
adiantar	sunsíwájú
adivinhar	àlọ́
administrar, tomar conta	ṣétọ́ju
admirar, surpreender	hà
admitir	gbà jẹ́wọ́
adorar, cultuar, venerar	tè, bọ
afirmar	tẹnumọ́
afligir, apagar, matar	pa
afligir-se, impacientar-se	yọ lẹ́nu, bínú

98 | *Introdução ao idioma dos Òrìṣàs*

PARTE III - VOCABULÁRIO

afrouxar, alargar	tú
afundar	rì
afundar (o pé na lama)	jín sí ẹrẹ̀
agarrar, segurar	dìmú
agradar, elogiar	yẹ́, mọyì, wù
agradecer a deus	dúpẹ́ lọ́wọ́
agrupar, reunir	ipade
agrupar, reunir	pé
ajoelhar, pôr o joelho no chão	kùnlẹ
ajudar, atingir, encontrar, alcançar, perseguir	gbà, bá
ajuntar	kójo
alegrar	ṣe inúdídùn, ṣe ayọ̀, yọ̀
alguém, enganar	ṣìlọ́nà, tàn
alimentar	bọ́
almoçar	jẹun ọ̀sán
amar, querer muito bem	fẹ́
amarrar	dè, dì
amarrar, atar, prender	so
amassar	rún, gún
andar	rìn
apagar a luz	pa iná
apanhar, colher frutos	he
apanhar, pegar	mú
apanhar, surrar alguém	jágbà
apelar, chamar com voz alta, gritar	ké, kígbe
apertar	dè
apoiar, empurrar	ti lẹhin
apossar, invadir	dotí
apreender a lição	kọ́ ẹ̀kọ́
apressar	yára
aprovar	fì ọwọ́ sí, fí àṣẹ sí
arrancar pela raiz, desenterrar	tu ti gbongbo
arrancar, arrebentar, distender	já

Vamos falar Yorùbá? | 99

PARTE III - VOCABULÁRIO

arrastar, puxar	fà
arrepender	pìwada
arrumar	túnṣe
arrumar (ordenar)	to letoleto
assar	sun
assegurar	imu dájú, ṣọdájú
assentar, estabelecer	fikalẹ̀
assinar	fi ọwọ́ sí
assobiar	súfe
assombrar, espantar	hà
assoprar	fẹ́
atacar, investir	kọlù
atear fogo	gbina
atirar, arremessar, jogar	jù
atormentar, doer	dùn
atrapalhar, importunar, provocar	tọ́
atrasar, demorar	pẹ́
avançar	lọsíwajú
balançar	fì, gbọ̀n
baldear água, ser sábio	gbọ́n
bastar	tú
bater	lù
bater (surrar)	nà
bater com a mão, surrar	na pẹlu ọwọ
bater com o dedo, estalar com os dedos	tàka
bater palmas	ìpatẹ́wọ, pawọ́ (= pa + ówó)
bater tambor	sẹ̀
bater, tocar, fazer barulho	lù
beber bebida alcóolica	muti (= mú + ọtí)
beber, ingerir	mi mu
botar ovo	yé
brigar, lutar	jà

100 | Introdução ao idioma dos Òrìṣàs

PARTE III - VOCABULÁRIO

brincar, jogar (fazer brincadeira)	ṣire (= ṣe + iré)
caçar	dẹ
cair (gente, pessoas)	ṣubú
cair (objetos, animais)	bọ́
cair chuva	òjò rọ́
cantar	kọrin
cara a cara	lójúkojú
carregar (carga) na cabeça	rù
carregar (coisas pesadas)	gbé
carregar objeto e levar	gbé ... lọ
catar	ṣà
cativar	gbàláiyà
cavar	gbẹ́
cear	jẹun
cessar, permanecer, ficar	dúró
chamar	pè
chegar	dè
chegar a um fim	de nipari
chegar cedo	títí dè
cheirar mal	rùn
chorar	sọkú
chupar, lamber	lá
circular em volta de, em torno de	yi ka
clarear o dia	mọ́
cobrar	gbà nkan
cobrir, tampar	dé, bò
colar, unir	lẹ̀
colher	já
colher (pegar do chão)	he
colher (substantivo = talher)	síbí
colher (verbo)	ṣíbi
colher folhas	jáwé (= já + ewé)
colher um a um	sa lọkan kan

Vamos falar Yorùbá? | 101

PARTE III - VOCABULÁRIO

colher, pegar no chão	he
colocar, pôr	fi
começar, iniciar	bèrè
comer	jẹ
comer algo	jẹun
cometer pecados	jẹ́wọ́
comparar	fiwé
completar	parí
comprar	rà
comprar, olhar e comprar	rírà
compreender	lóye
comprimir	kì
conceder, permitir	jẹ́
concorrer, competir	dù
conduzir	tù ọkọ
confessar, admitir	jẹ́wọ́
confessar, depor, contar	kà
confiar em, contar com	gbẹ́kèlẹ́
confrontar, juntar, encontrar	kò
confuso, embaraçado	gọ́
conhecer, saber	mọ̀
consentir	fún ni àṣẹ, jẹ́
consertar, retificar	túnṣe
considerar	gbìmọran
construir	kọ́ amọ̀
contar números, calcular, ler	kàiye
contar, numerar	kà
continuar	múra sí
conversar, falar	sòrò (= sọ + òrò)
convidar para comer	pè láti jẹun
convidar, chamar	pè
coordenar	ṣọgbọgba
copiar, imitar	farawé

102 | Introdução ao idioma dos Òrìṣàs

PARTE III - VOCABULÁRIO

correr	sáre
correr atrás	lé
corrigir, repreender	túnṣe, báwì
cortar	gé, ké
cortar fruta, descascar legume	gé eso
cortar o cabelo	gé irun
coser (costurar)	rán
cozer (cozinhar)	sè, sè onjẹ
cozinhar	sè
crer, acreditar	gbàgbọ́
crescer, envelhecer	dàgbà
criar	dá
cultuar	bo, sìn
cumprimentar	kí
curvar	bẹ̀rẹ́
cuspir	tu
dançar	jó
dar	fún
dar bênção	bùkún, súre
dar o nome	darúkọ
dar para (preposição)	fún
deduzir	yọ kúrò
deitar, prostrar-se	dùbúlẹ̀
deixar, permitir	jẹ́kí
deixar, usar, pôr, colocar, oferecer	fi
demorar, atrasar	pẹ́
depilar, raspar	fá
derrubar, tombar	wó
desamarrar	tú
desapertar, desabotoar, tornar macio	joro
desbotar	pa ni awọ̀, wọjì
descarregar, colocar no chão	sọ̀
descascar	bó, hó

Vamos falar Yorùbá? | 103

PARTE III - VOCABULÁRIO

descascar	hó
descer	sòkalè
descobrir, investigar	wádi
desculpar	bè, dáriji
desenhar	yà
desenterrar	tú, wú
desgastar, esfregar	parà
despejar	dànù
despir-se	bó aṣọ
desprezar	kégàn
deter, opor-se	kọjújàsí
deteriorar-se	rà
dever	gbọ́dọ̀
digerir	dà ọnjẹ
dinheiro	owó
dividir	pín
dizer no sentido de relatar	ni
dizer, relatar	só, wí, ni
dobrar	ká
doer o rosto, aparentar tristeza	rojú
doer, ser doce, ser interessante	dùn
dormir	sùn
dormir junto com	básùn
duvidar	ṣiyèméjì
elogiar	gè, yẹ́, yìn
embaraçar, embromar, embrulhar	wé
empacotar	dí sínù àpo
empregar	fi iṣẹ́ fún
emprestar, estar bem	yá
empurrar, apoiar-se	sọ́, tì
encabular, causar perplexidade	gọ́
encarregar, mandar, ajudar	ràn
encontrar (reunir)	pàdé

104 | Introdução ao idioma dos Òrìṣàs

PARTE III - VOCABULÁRIO

encurralar	há
enforcar	sò
enganar, fraudar	tànjẹ, gá
engolir *(ex.: iyámi = mãe que engole)*	mi, gbémi
enjoar, repugnar, entediar	sù, sú ẹni
enriquecer	sọdi ọlọ́rọ̀
enrolar, girar em torno de	yí, ká
ensinar, instruir	kọ́
entender	yé
entortar, torcer	wó, lọ́
entrar	wọ̀
entrar em casa, ser benvindo	ẹ wọ̀lé
entupir, fechar, obstruir	dí
esclarecer	làdí, túmọ̀
escolher	yàn
esconder	ba
esconder	fibò, ba
escorregar	yọ́
escrever	kọ́, kọ́wé
escrever números	kọ́ye
escutar, ouvir	gbọ́, tétisilẹ̀
esforçar-se	dù
esfregar, limpar, raspar	fá
espantar-se, assombrar-se	han
esperar por	retí
espere por mim	dúró dè mi
estar afligindo, estar pegando	nṣe, npa
estar amassando	nrún
estar balançando	ngbòn *(gbọ́nmi = baldear água)*
estar cansado	ó rẹ̀ mi
estar cheio de, estar tomado de	kún
estar com calor	oorú npa, oorú mú

Vamos falar Yorùbá? | 105

PARTE III - VOCABULÁRIO

estar com dor	ndùn
estar com dor de cabeça	nfǫ́, orí nfǫ́ mi
estar com dor de dente	ehín ndùn mi
estar com fome	ebi npa
estar com frio	otutunpa, otutu mú
estar com sede, estar secando	ngbẹ
estar de pé, levantar-se	dìde
estar feliz	yǫ̀
estar fervendo	nhó
estar limpando	nnù
estar presente, presença	ǫ́dǫ
estar quente	gbóná
estar sentado, sentar-se	jókó
estar torcido	nlǫ́
estar triste, estar estragado	bàjẹ́
estar vivo	wa laye
estar, existir, haver	wà
estimar	díyelé
estou com fome (eu)	ebi npa mi
estudar, aula, lição	kǫ́, kǫ́ ẹ̀kǫ́
evitar, afastar	yẹra
expandir	fè
explicar, explicação	yé, aláyé
expulsar (mandar embora)	lè jáde lǫ
expulsar, correr atrás de	lé
falar	sǫ
falar com, dizer	sǫ̀rǫ̀, sǫ
faltam	láti sàìní
fartar (ficar satisfeito ao comer)	yó
fazer a vida, viver	saye (= se + aye)
fazer amor, ter relações sexuais	dó
fazer carinho	wẹ́
fazer silêncio, silêncio	dákẹ

106 | Introdução ao idioma dos Òrìsàs

PARTE III - VOCABULÁRIO

fazer xixi, urinar, querer urinar	fẹtọ (= fẹ̀ + itọ)
fazer, servir, algo está afligindo	ṣe
fechar	tì
ferir com espada	ṣá
ferver	hó
festejar, fazer anos, aniversário	ṣ'ọdún (= ṣe + ọdun)
ficar aborrecido, ficar zangado	bínu
ficar na fila	tò
ficar satisfeito (com comida)	yó
finalizar	òpin
fingir, dissimular	díbọ́n
fritar	dín
fugir	sálọ, sá
fumar	mu tábà
fumar cigarro	mu sìgá
fumar, beber	mu
furar	lu
ganhar, vencer	ṣégún
gastar	ná
gastar (tornar gasto)	lá
gastar dinheiro	náwó (= ná + owó)
gostar (com ardor)	wù
gostar (de alguém)	fẹ́ràn
gostar (de doce)	gbádùn
gritar	kígbè, ké
imitar, copiar	farawé
importunar, atrapalhar, provocar	tọ́
impregnar, sujar	ṣàn
inchar, aumentar	wú
indicar	fihàm
iniciado no culto ao **òrìṣà**	gbà òṣù
insultar	bú
intimidar	dẹ́rùbà

Vamos falar Yorùbá? | 107

PARTE III - VOCABULÁRIO

invadir	gbógun
ir	lọ
jantar	jẹun alẹ́
jogar	ta
jogar alguma coisa em	jù
jogar bola	gbá bọ́ọ̀lù
jogar na loto	ta tẹ́tẹ́
jogar um jogo	ṣere ayọ
juntar, confrontar, encontrar	kò
jurar	búra
lamber, chupar, sonhar	lá
lanchar, comer algo	jẹun
lavar	fọ̀
lavar as mãos	fọ̀wọ́
lavar o rosto	bọ́ju
lembrar	rántí
ler, conhecer	kọ̀wé
ler, escrever, contar	kàwé
levantar-se, levantar o corpo	dìde, gbéara
liderar, guiar	fọ̀nahan
limpar	nù
limpar (o corpo)	wẹ̀mọ́
lisonjear	pọ́n
louvar, saudar	yín, kí
lutar, brigar	jà
mandar ir	rán lọ
mandar, encarregar, ajudar	rán
marcar	ṣe àmi, sàmi sí
matar, afligir	pá
medir	wọ̀n
melhorar	dára sí
mencionar	dárúkọ
mensurar, medir	dìwọ̀n

108 | Introdução ao idioma dos Òrìṣàs

PARTE III - VOCABULÁRIO

mentir	parọ́
mexer, misturar	pò
mexer, misturar	popọ
misturar	lú
moderar	rọjú
moeda	owó fàdákà
moer	lọ̀
mofar	rin
mofar, azedar, estragar	bu, bàjẹ́, dapará
montar	gùn
morar	gbé
morrer, falecer	kú
movimentar-se	ṣí
mudar-se	yípòpadà
nadar	lúwẹ̀
não chegar, não chegou	kò dè
não diz	ma sọ
não é *(frase negativa do verbo jé = ser)*	kìíse
não é, não ser, negar *(frase negativa do verbo nì)*	kọ́
não estar, não existir, não haver	kòsí
não existe, não há *(frase negativa do verbo wà)*	kò sí
não faça	má ṣe
não há ninguém	kò sí ẹnìkan
não matar	ma pa
não ter, não tenha, não tem	kò ní
não vá embora	má lọ
não vá, não virá	má yio ṣe wá
não venha	má ṣe wá
nascer, nascido, nascimento	bí
numerar, enumerar, contar os números	kàiye
ocupar-se de tarefa, fazer algo	fará
ofender, fazer mal	ṣẹ̀
oferecer, usar, colocar, pôr	fi

Vamos falar Yorùbá? | 109

PARTE III - VOCABULÁRIO

olhar	wò
opor-se	ṣe òdi sí
ouvir	gbọ́
parecer (= veredicto), semelhança	jọ
parecer (semelhar)	jọ́
partir	lilọ
passear na praça, andar	rìnkákiri, rìn
pedir desculpas, suplicar	bẹ̀
pedir licença para entrar	ẹ wòlé
pedir para	tọrọ fún
pegar, pegar uma porção	bù
peneirar	jò
pensamento	ìro
pensar	rò
pentear	yarí
perambular	ririnkiri
perder-se	nù, sọnù
perdoar	foriji, dáriji
perguntar	béère, bẹ́rẹ́
permanecer de pé, ficar	dúró dè
persuadir	yílọkànpada
pertence a, é de, ser de	jẹ́
pescar	pẹja (= pa + ẹja)
plantar	gbìn
poder (ser permitido fazer)	lè, kóṣẹ
poder, possibilitar, posso *(frase afirmativa)*	lè
pôr, colocar	fì
pousar (ave)	bà
prender por laços morais, procurar amarrar	so, bá
principiar, iniciar, começar	bẹ̀rẹ̀, bẹ́ẹ̀rẹ̀
procurar, vir	wa
proteger, ajudar	gbà
prover, abastecer	pèse

110 | Introdução ao idioma dos Òrìṣàs

PARTE III - VOCABULÁRIO

pular, saltar	bẹ́
que horas são?	aago méló ni?
quebrar (objetos)	fọ́, dá
quebrar galhos	ṣẹ́gikan
quebrar, dividir, trocar (coisas)	ṣẹ́
queimar, acender	jó, ta
querer, amar	fẹ́
ralar	rin
ralhar, censurar	báwí
rasgar, depilar, raspar	ya, fá
rasgar, separar	fàya, yà
raspar a cabeça, depilar	(= fá + orí) fárí
receber, aceitar	gbà
recusar	kọ̀
reembolsar	san padà
reinar	jọba
representar, desempenhar	ṣe
repugnar, coagular	sù
respeitar	júbà
respirar	mí
responder	dáhùn
responder, fazer algo *(dá + óhùn = responder algo)*	lóhún, dáhùn, f'ẹ̀ṣì
retornar de, voltar	bọ̀
reverenciar	sìn
rezar	gbàdúra
rir	rẹ́rìn
rir assim	bẹ́rìn (bẹ́ẹ̀ + rẹ́rìn)
rodar	yí
rogar bênção	wúre
roubar	jalè
roubar, despertar, acordar	jí
saber, conhecer	mọ̀
sair	jáde

Vamos falar Yorùbá? | 111

PARTE III - VOCABULÁRIO

sair apressado, safar-se	yọ
sangrar	ṣẹjẹ̀
saudar respeitosamente	júbà
secar	gbẹ
seguir (= dar andamento a)	si iwaju
seguir (= para frente, adiantar-se)	lọ síwáju
selar	lè pa, lù ni òntẹ̀
sentar-se	jókó
sentir pena de, estar sentindo pena de	káànú
separar ráfia maríwò	yà
ser	nì, jẹ́
ser alegre, estar alegre	yọ̀
ser alto	ga
ser amado	fẹ́ní (= fẹ́ + ẹni)
ser bom	dára
ser caro (preço alto)	wọ̀n
ser claro (franco)	ṣegaara
ser cumprido	gùn
ser doce, estar doce	dùn
ser fino	tinrín
ser forte, ser duro	líle
ser grande	tóbi
ser limpo, ser puro	mọ́
ser longe	jìnnà
ser pessoa humana	ènia, ẹni
ser pontudo (a)	múnà
ser preto	dúdú ou dú
ser próspero (ter sorte)	rere
ser rico, ter dinheiro	lówó
ser sábio, balançar, baldear água	gbọ́n
ser suspenso	dáduro, sorọ̀, gbéra
simpatizar-se com alguém	bádarò
sobrar	kù

112 | Introdução ao idioma dos Òrìṣàs

PARTE III - VOCABULÁRIO

soltar gás (flatulência)	só
suar	làágùn
subir	gún
subir	gùn, gorí, gokè
subtrair, deduzir, aliviar	yọkúrò
sujar	ṣàn
sujar (fazer sujeira)	ṣe ẹ̀gbin
sumir, perder-se	mù, nù
suplicar, desculpar-se, implorar	bẹ̀, bẹ̀bẹ̀
suplicar, rogar, pedir perdáo, por favor	jọ̀ọ́
suspirar	míkan
sustentar, socorrer, segurar	tìlẹ́hìn
ter	ní
ter beleza	lẹ́wà
ter calor	ní oorú
ter fome	ni ebi
ter frio	ni òtútù
ter medo	ní ẹ̀ru, lẹru
ter ódio	kóríra
ter sede	ni òngbẹ
terminar	pari
tínhamos, temos (verbo)	àwa ní
tirar	bọ́
tirar a roupa	bọ aṣọ
tirar o pó, limpar	nù
tirar penas, depenar	tu
tirar, excluir, fazer surgir	yọ
tirar, puxar ou arrastar	fà
tomar ar, respirar	gbatẹ́gùn, mí
tomar banho	wẹ̀
tomar cuidado	paramọ́
tomar tempo de alguém, ocupar, raspar	fá
tomar, receber	gbà

Vamos falar Yorùbá? | 113

PARTE III - VOCABULÁRIO

tombar, cair acidentalmente	tàkiti
tornar-se, vir a ser	di
trabalhar	ṣiṣẹ́
traduzir	túmọ̀
trair	dà
transportar	rù
trazer (pegar e trazer)	mu...wá
trazer, vir, procurar, dirigir	wá
tremer	gbọ̀n
trocar, dividir	ṣẹ
ultrapassar	tayọ
urinar	tọ̀
usar	lò
vá embora	ma lọ
varrer (*gbá* = *carregar* + *ilè* = *chão*)	gbá ilẹ̀, gbálẹ̀
vender	tà
ver	rí
vestir roupa	wọ̀ aṣọ, wọ̀ṣọ
viajar	rìn ìrìn àjò
vir, procurar	wá
viver	wà
voltar	pádà
voltar, terminar	bọ̀
vomitar	bì
xingar, insultar	bú
zangar, estar triste / aborrecido	bínu

O verbo sentir em yorùbá possui muitas formas:

1) em caso de tristeza:

ó dùn mi púpọ̀
sinto muito; fiquei sentido

114 | Introdução ao idioma dos Òrìṣàs

PARTE III - VOCABULÁRIO

ó dùn mi
sinto a dor; ficar sentido

2) sentir à vontade, sentir desejo

ó wún mi
gostar, querer
ó wún mi láti lo
gosto de ir, sinto vontade de ir

3) sentir a falta, sentir saudade

inúyíyọ́
eu tenho saudade
mo ni ìránti Bọla
eu tenho saudade do Bọla

Numerais

Cardinais

*Acesse a sala de aula online
e ouça ao áudio #09*

Observação: na forma escrita, kọ́ye, usa-se a partícula M como prefixo quando o assunto é especificado.

Por exemplo: eji = 2 – orí méjì = duas cabeças.

Kàye (para contar)			**Kọ́ye** (para escrever)
1	eni	um	ọ̀kan, kan
2	éjì	dois	méjì
3	ẹ́tà	três	mẹ́tà
4	ẹ́rìn	quatro	mẹ́rìn

Vamos falar Yorùbá? | 115

PARTE III - VOCABULÁRIO

5	árún	cinco	márún
6	ẹ́fà	seis	mẹ́fà
7	éje	sete	méje
8	éjo	oito	méjo
9	ẹ́sán	nove	mẹ́sán
10	ẹ̀wá	dez	mẹ́wá
11	ọ́kànlá	onze	mọ́kànlá
12	éjìlá	doze	méjìlá
13	ẹ́tàlá	treze	mẹ́tàlá
14	ẹ́rìnlá	quatorze	mẹ́rìnlá
15	ẹ́dógún	quinze	mẹ́ẹ́dógún
16	ẹ́rìndínlógún	dezesseis	mẹ́rìndínlógún
17	ẹ́tàdínlógún	dezessete	mẹ́tàdínlógún
18	éjìdínlógún	dezoito	méjìdínlógún
19	ọ́kàndínlógún	dezenove	mọ́kàndínlógún
20	ogún	vinte	ogún
21	ọ́kànlélógun	vinte e um	mọ́kànlélógun
22	éjìlélógún	vinte e dois	méjìlélógún
23	ẹ́tàlélógún	vinte e três	mẹ́tàlélógún
24	ẹ́rìnlélógún	vinte e quatro	mẹ́rìnlélógún
25	ẹ́dògbọ̀n	vinte e cinco	mẹ́ẹ́dọ́gbọ̀n
26	ẹ́rìndínlógbọ̀n	vinte e seis	mẹ́rìndínlọ́gbọ̀n
27	ẹ́tàdíngógbọ̀n	vinte e sete	mẹ́tàdínlọ́gbọ̀n
28	éjìdínlógbọ̀n	vinte e oito	méjìdínlọ́gbọ̀n
29	ọ́kàndínlógbọ̀n	vinte e nove	mọ́kàndínlógbón
30	ọgbọ̀n	trinta	ọgbọ̀n
40	ọgójì	quarenta	ọgójì
50	àdọ́tà	cinqüenta	àdọ́tà
60	ọgọ́ta	sessenta	ọgọ́ta

116 | Introdução ao idioma dos Òrìṣàs

PARTE III - VOCABULÁRIO

70	àdọ́rìn	setenta	àdọ́rìn
80	ọgọ́rin	oitenta	ọgọ́rin
90	ádọ́rùn	noventa	ádọ́rùn
100	ọgọ́rùn	cem	ọgọ́rùn
110	àdọ́fà	cento e dez	àdọ́fà
120	ọgọ́fà	cento e vinte	ọgọ́fà
130	àdọ́jẹ	centro e trinta	àdọ́jẹ
140	ogóje	cento e quarenta	ọgọ́jẹ
150	àdọ́jọ	cento e cinqüenta	àdọ́jọ
160	ọgọ́jọ	centro e sessenta	ọgọ́jọ
170	àdọ́sàn	cento e setenta	àdọ́sàn
180	ọ̀gọ́sàn	cento e oitenta	ọ̀gọ́sàn
190	àdọ́wá	cento e noventa	àdọ́wá
200	igba	duzentos	igba
300	òdúnrún	trezentos	òdúnrún
400	irínwó	quatrocentos	irínwó
500	ẹ̀dẹ́gbẹ̀ta	quinhentos	ẹ̀dẹ́gbẹ̀ta
600	ẹgbẹ̀ta	seiscentos	ẹgbẹ̀ta
700	ẹ̀dẹ́gbẹ̀rin	setecentos	ẹ̀dẹ́gbẹ̀rin
800	ẹgbẹ̀rin	oitocentos	ẹgbẹ̀rin
900	ẹ̀dẹ́gbẹ̀rùn	novecentos	ẹ̀dẹ́gbẹ̀rùn
1000	ẹgbẹ̀rùn	mil	ẹgbẹ̀rùn
1100	ẹ̀dẹ́gbẹ̀fà	mil e cem	ẹ̀dẹ́gbẹ̀fà
1200	ẹgbẹ̀fà	mil e duzentos	ẹgbẹ̀fà
1300	ẹ̀dẹ́gbèje	mil e trezentos	ẹ̀dẹ́gbèje
1400	ẹgbéje	mil e quatrocentos	ẹgbéje
1500	ẹ̀dẹ́gbèjo	mil e quinhentos	ẹ̀dẹ́gbèjo
1600	ẹgbéjọ	mil e seiscentos	ẹgbéjọ
1700	ẹ̀dẹ́gbẹ̀sàn	mil e setecentos	ẹ̀dẹ́gbẹ̀sàn

Vamos falar **Yorùbá?** | *117*

PARTE III - VOCABULÁRIO

1800	ẹgbẹ̀sàn	mil e oitocentos	ẹgbẹ̀sàn
1900	ẹ̀dẹ́gbẹ̀wá	mil e novecentos	ẹ̀dẹ́gbẹ̀wá
2000	ẹgbẹ̀wá	dois mil	ẹgbẹ̀wá
3000	ẹdẹ́gbàjí	três mil	ẹdẹ́gbàjí
4000	ẹgbàjì	quatro mil	ẹgbàjì
5000	ẹgbẹ́dọ́gbọ̀n	cinco mil	ẹgbẹ́dọ́gbọ̀n
6000	ẹgbàta	seis mil	ẹgbàta
7000	ẹ̀dẹ́gbàrin	sete mil	ẹ̀dẹ́gbàrin
8000	ẹgbàrin	oito mil	ẹgbàrin
9000	ẹ̀dẹ́gbàrùn	nove mil	ẹ̀dẹ́gbàrùn
10000	ẹgbàrùn	dez mil	ẹgbàrùn
11000	ẹ̀dẹ́gbàfà	onze mil	ẹ̀dẹ́gbàfà
12000	ẹgbàfà	doze mil	ẹgbàfá
13000	ẹ̀dẹ́gbàjẹ	treze mil	ẹ̀dẹ́gbàjẹ

Ordinais

Iye (numeral)	**Kàyè** (nº contado)	**Kóye** (para escrever)
1º primeiro	ikínní	ikínní
2º segundo	ẹ̀ẹ̀kéjì	kéjì
3º terceiro	ẹ̀kẹ́tà	kẹ́tà, mẹ́tẹ́tà
4º quarto	ẹ̀kérin	kẹ́rìn, mẹ́rẹ́rìn
5º quinto	ẹ̀kárún	kárùn, márárùn
6º sexto	ẹ̀kẹfà	kẹ́fà, mẹ́fẹ́fá
7º sétimo	ẹ̀kéje	kéjè, méjéjè
8º oitavo	ẹ̀kéjọ	kéjò, méjọjọ
9º nono	ẹ̀késán	késàn, mésẹ́sàn
10º décimo	ẹ̀kẹ́wàá	wẹ́wà
11º décimo primeiro	ikọ́kànlá	kọ́kànlá
12º décimo segundo	ẹ̀kéjìlá	kejilá

118 | Introdução ao idioma dos Òrìṣàs

PARTE III - VOCABULÁRIO

13º décimo terceiro	ẹ̀kẹtàlá	kẹtàlá
14º décimo quarto	ẹ̀kẹrìnlá	kẹrìnlá
15º décimo quinto	ẹ̀kẹ́ẹ́dógún	kẹ́ẹ́dógún
16º décimo sexto	ẹ̀kẹ́rìndílógún	kẹ́rìndílógún
17º décimo sétimo	ẹ̀kẹ́tàdílógún	kẹ́tàdílógún
18º décimo oitavo	ẹ̀kejìdílógún	kejìdílógún
19º décimo novo	ìkọkàndílógún	kọkàndílógún
20º vigésimo	ogún	ógun

Acesse a sala de aula online e ouça agora mesmo a áudio-aula #10, com a pronunciação dos números ordinais.

Fracionários

metade	ìdájì	1/2
terça parte	ìdáta	1/3
quarta parte	ìdarin	1/4
quinta parte	ìdarun	1/5

Multiplicativos

o dobro, vezes dois	ìlópo méjì
o triplo, vezes três	ìlópo mẹ́tà
o quádruplo, vezes quatro	ìlópo mẹ́rìn
o quíntuplo, vezes cinco	ìlópo márún

Observação: fato interessante a se ressaltar sobre os números é o uso da partícula **lé** usada para adição, e da partícula **dín** ou **dí** usada para subtração, na formação final da palavra que determina os números. Assim, **lé** significa: mais ou sobre, e **dín** significa: menos ou falta.

Vamos falar Yorùbá? | 119

PARTE III - VOCABULÁRIO

ọ̀kàn lélógún (21) = ọ̀kàn (1) + lé + ogún (20)

éjìlélógún (22) = éjì (2) + lé + ogún (20)

Atenção: em geral usa-se a partícula dín a partir dos números naquela dezena, ou seja: 25, 35, 45 (da 5ª dezena em diante, até a dezena 9). Portanto:

25 é árúndínlọ́gbọ̀n *(5 a menos que trinta)*

A partícula ẹẹ́d significa "menos 5". É usada para indicar os números 15 e 25 (somente estes), ou seja: ẹẹ́dogún = 15, ẹ́dọ̀gbọ̀n = 25. Já 35 é àrúndìnlọ́gójì *(5 a menos que quarenta)* e, por exemplo, 45 é àrúndìnládọ́tà *(5 a menos que cinqüenta)*. Fique atento, ainda, pois também é necessária a colocação do L depois da partícula dín e antes do último número.

Moeda

001 cawri	= owó kan — ọwọ́ ẹyọ kan
020 cawris	= ogún owó ẹyọ
040 cawris	= ogójì owò ẹyọ
080 cawris	= ogórin owó ẹyọ
200 cawris	= ìgbà ọwọ́ ẹyọ

A Nigéria opera num sistema monetário decimal. As unidades são o náírà e o kobo. 100 kobos fazem um nàíra. As moedas são de 1/2 kobo, 1 kobo, 5 kobo, 10 kobo e 25 kobo. Há também papel-moeda de 50 kobo, 1 nàíra, 5 nàíra, 10 nàíra, 20 nàíra e 50 náírà.

1 náírà	*= 0,05U$*
10 náírà	*= 0,50U$*
30 náírà	*= 1,00U$*
325 náírà	*= 2,50U$*
50 kobo	*= 50K = 0,50N = 0,025U$*
100 kobo	*= 1,00* náírà *= 1,00N = 0,05U$*

120 | Introdução ao idioma dos Òrìṣàs

PARTE III - VOCABULÁRIO

Sinais aritméticos

igual	ìdógba	(=)
soma	àròpò	(+) (= lé)
subtração	àyokúrò	(-) (= din)
divisão	pinpin	(:)

Tempo

Os dias da semana originais da língua yorùbá

Semana	**Òsè**
domingo *(7º dia da semana)*	ojó aìkú, ójó kéje òsè
segunda-feira *(1º dia da semana)*	ojó ajé, ójó kíní òsè
terça-feira *(2º dia da semana)*	ojó ìségun, ójó kéjì òsè
quarta-feira *(3º dia da semana)*	ojó ru, ójó rírú, ójó kétà òsè
quinta-feira *(4º dia da semana)*	ojó bò, tàbí, àsèsèdáiye, ojó kérin òsè
sexta-feira *(5º dia da semana)*	ojó età, ójó kárún òsè
sábado *(6º dia da semana)*	ojó àbámèta, sàtìde, ojo kéfà òsè

A maneira mais conhecida e usada

domingo	ojó kéje òsè
segunda-feira	ojó kíní òsè
terça-feira	ojó kéjì òsè
quarta-feira	ojó kéta òsè
quinta-feira	ojó kérin òsè
sexta-feira	ojó kárún òsè
sábado	ojó kefà òsè ou sàtìde

Observação: para contar os dias passados, juntam-se as letras **ij** com os numerais. Também usa-se **ójó** mais a letra **k** com os numerais, no caso dos dias futuros, acrescentando-se à segunda fórmula a palavra **òní** ou **èni** = hoje, e **àná** = ontem.

Vamos falar Yorùbá? | *121*

PARTE III - VOCABULÁRIO

anteontem	ìjẹ́tà
4º dia passado	ìjẹ́rìn
5º dia passado	ìjárún
6º dia passado	ìjẹ́fà
7º dia passado	ìjéjè
8º dia passado	ìjéjò
9º dia passado	ìjẹ́sán
10º dia passado	ìjẹ́wá
hoje	òní
amanhã	òlá
depois de amanhã, futuro	òtúnlá
4º dia futuro	ọjọ́ kẹ́rin òní
5º dia futuro	ọjọ́ kárún òní
6º dia futuro	ọjọ́ kẹ́fà òní
7º dia futuro	ọjọ́ kéjè òní
8º dia futuro	ọjọ́ kéjo òní
9º dia futuro	ọjọ́ kẹ́sán òní
10º dia futuro	ọjọ́ kẹ́wá òní

Meses do ano

ano, época	ọdùn
mês	oṣù
o futuro	ẹhin-òla

Os meses do ano na língua yorùbá, da forma usual

janeiro *(1º mês do ano)*	oṣù kínní ọdún
fevereiro *(2º mês do ano)*	oṣù kéjì ọdún
março *(3º mês do ano)*	oṣù kẹ́tà ọdún
abril *(4º mês do ano)*	oṣù kẹ́rin ọdún
maio *(5º mês do ano)*	oṣù kárún ọdún
junho *(6º mês do ano)*	oṣù kẹ́fà ọdún

122 | Introdução ao idioma dos Òrìṣàs

PARTE III - VOCABULÁRIO

julho _(7º mês do ano)_	oṣù kéjè ọdún
agosto _(8º mês do ano)_	oṣù kéjo ọdún
setembro _(9º mês do ano)_	oṣù kẹ́sán ọdún
outubro _(10º mês do ano)_	oṣù kẹ́wá ọdún
novembro _(11º mês do ano)_	oṣù kọ́kánlá ọdún
dezembro _(12º mês do ano)_	oṣù kéjìlá ọdún

Os meses do ano na língua yorùbá, da forma tradicional

janeiro	oṣù ṣẹ̀rẹ́
fevereiro	oṣù èrèlé
março	oṣù ẹ̀rẹ̀nà
abril	oṣù ìgbé
maio	oṣù ẹ̀bìbì
junho	oṣù òkúdu
julho	oṣù agẹmọ
agosto	oṣù ògún
setembro	oṣù òwewe
outubro	oṣù ọ̀wàrà
novembro	oṣù bélú
dezembro	oṣù òpẹ́

Estações do ano

Primavera

tempo da estiagem e flores	àkókò ọ́dá òdodó
tempo das folhas	ìgbà ewé
tempo das primeiras frutas	àsìkò èso kíní

Outono

tempo das folhas caídas	àkókò rúru ewé
tempo de colheita	asiko ikórè

Vamos falar Yorùbá? | 123

PARTE III - VOCABULÁRIO

tempo de fim de colheita	ìgbà ódá
tempo de olhar as folhas	àsìkò wò ewé
tempo seco	àsìkò ẹ̀rùn

Verão

tempo de calor	ìgbà oorú
tempo de indicação	àsìkò óyè
tempo de sol	àkókò ọ̀rún

Inverno

tempo de chuva	àkókò òjò
tempo de frio	àsìkò òtútù
tempo de gripe e resfriado	ìgbà òtútù

Tempo ìgbà

ano que vem	ọdún tó mbọ̀
de manhá	ni + àáro = láàárọ̀
de noite	ni alẹ̀ (ni + alẹ̀ = l'álẹ́)
de tarde	ni ọ̀sán (ni + ọ̀sán = l'ọ́sán)
é hora de	àsìkò fún
está na hora de	àkòkò fún
século (100 anos)	ọgọ́run ọdún
semana que vem	ọ̀sẹ̀ tó mbọ̀
toda hora, todo momento	gbogbo ìgbà
mês que vem	oṣù tó mbọ

Horas aago, ago, agogo

hora	wákàti
meio, meia	àábọ̀
menos ou faltar	kù
minutos	ìṣẹ́jú

124 | _Introdução ao idioma dos Òrìṣàs_

PARTE III - VOCABULÁRIO

passar	kọjá
relógio, sino, hora do dia	agogo
sessenta minutos	ọgọ́ta ìṣẹ́jú

Observação: **wákàti** é usado somente no cálculo dos minutos, horas ou ao se dizer: *quantas horas?* Exemplo:

Wákàti méló? = *Quantas horas?*

Aago méló nì? = *Que horas são?*

<u>*As fases do dia são divididas em cinco:*</u>

madrugada	òru
manhã, até 11 horas	àárọ̀, òwúrọ̀
tarde, até quando o sol desaparece	ọ̀sán
pôr-do-sol avermelhando o céu, anoitecer	ìrọ̀lẹ́
noite	alẹ́

<u>*Para dizer "que horas são", usa-se em yorùbá uma maneira:*</u>

cinco e meia	aago márún à*àbọ̀
cinco horas e quinze minutos	aago márún kọjá ìṣẹ́jú mẹ́ẹ́dógún
doze horas (da madrugada)	aago méjìlá òru
doze horas (da tarde)	aago méjìlá ọ̀sán
que horas são?	aago méló ni?
três horas e cinco minutos	aago mẹ́ta kọjá ìṣẹ́jú márún
uma e meia	aago kan ààbọ̀
uma hora	aago kan

aago méjìká kù ìṣẹ́jú mẹ́ẹ́dógún
faltam quinze minutos para as doze horas

aago kan kù ìṣẹ́jú márún
faltam cinco minutos para uma hora

*Vamos falar **Yorùbá?** | 125*

PARTE III - VOCABULÁRIO

aago kan kù ìṣẹ́jú mẹ́wá
faltam dez minutos para uma hora

aago mẹ́wà kù ìṣẹ́jú mẹ́ẹ́dógún
dez horas menos quinze minutos

aago mẹ́sán kù ìṣẹ́jú mẹ́rìnlélógún
nove horas menos vinte e quatro minutos

Localização
ipo

acima de, sobre	sórì, nípà
além do mar	ìlú òyìnbó, àiyé òyìnbó
além, distante, acolá	lọ́hun
altura, lugar elevado	giga
aqui, neste lugar	níbí
atrás, ré, costas	lẹ́hìn
baixo	kukuru
dentro	inú
direita, lado direito	ọ̀tún, apá ọ̀tún
entre, no meio de	áàrin, lágbedeméjì
esquerda, lado esquerdo	òsì, apá òsì
fora	òde
lá fora	níìta
longe	jìnnà
lugar	ibi
metade, meia(o)	àabọ̀
país, pátria	ìlú
perto	ọ́dọ, jùmọ̀
perto, ao lado	súnmọ ẹ̀gbẹ́

126 | Introdução ao idioma dos Òrìṣàs

PARTE III - VOCABULÁRIO

Pontos cardeais

awọn aaye cardinal

norte	àríwà
sul	gúsù
leste	ìlà òrùn
oeste	ìwọ òrùn

Espaço físico

ti ara aaye

água	omi
água do mar	omi òkin
água do rio ou cachoeira	omi odò
água estragada	omi bàjẹ́
água fresca	omi tútù
água que acalma e apazígüa	omi ẹ̀rọ
água quente	omigbóná
água salgada	omi iyọ̀
céu	òrun, sánmọ̀
cometa	irawọjà
estrela	irawọ
fonte	orísun
ilha	erékùṣù
lago	òsa
lua	òṣupá
lugar elevado, altura	giga, sókè
mar	òkun
mato, floresta	igbó
montanha	òkè
montanhoso	olókè
nebulosa	ẹ̀ẹ́fín
ocidente	yámà
plano, planície	ìtẹ́ju
relâmpago	aará
rio	odò

Vamos falar Yorùbá? | *127*

PARTE III - VOCABULÁRIO

sol	ọ̀ọ̀rùn
terra (planeta, morada do mundo)	ilé àiyé
terra (solo, chão)	ilẹ̀

Espaço social — awujo aaye

caminho	ọ̀na
canal	ọ̀na omi
capital	olú ìlú
capital da cidade	olú ìlú
cidade, pátria, país	ìlú, ìbí, ipò
cidade, sua pátria	ìlú rẹ
encruzilhada, cruzamento de ruas	ìkóríta
fazenda, sítio	oko
fora, periferia	ita, òde
jardim	ọgbà
mata, bosque, floresta	igbó
morada	àwọsùn
passeio, caminho	rìn
rua, estrada	òde, ita
sua cidade	ìlú rẹ

Comidas — ónjẹ

abóbora	elégéde
agrião	ìgbá
aipim	ẹ̀gẹ́
amendoim	ẹ̀pà
arroz	ìrẹsì
bataba-baroa	iṣu-ilẹ̀
batata-doce	òdùnkùn
cana	ìreké
cenoura	karọti
cereal	ọkà

128 | *Introdução ao idioma dos Òrìṣàs*

PARTE III - VOCABULÁRIO

couve	fẹrẹgẹdẹ
ervilha	popondo
espinafre	tẹtẹ
feijão cozido	ẹ̀wà
feijão cru	erèé
feijão-branco cozido	ẹ̀wà funfún
feijão-preto cozido	ẹ̀wà dúdú
fubá	ìgbàdo lílọ̀
inhame	iṣu
legume	ewébẹ̀
mandioca	ẹ̀gẹ́, pákí
milho	àgbàdò, yangan
milho verde	àgbàdo
pepino	apàla
pimenta	ata, atare
pimenta-da-costa	ataré dudu
pimenta-do-reino	ata ìjọba
pimentão	ata nlá
quiabo	ilá
repolho	ewé tutu, ewé jijẹ
tempero misto	ẹ́rù
tomate	tòmáàtì
trigo	ọkà
vagem	ere tutu
vegetal	ewéko
verdura	ẹ̀fọ́

Líquidos

ohun mínu

água	omi
aguardente	ọ̀gọ́gọ́rọ́, ọtí
café, água preta (= café)	kọfí (= omi dúdú)
caldo-de-cana	omi èso ìrèké
cerveja	ọtí bíà

Vamos falar Yorùbá? | 129

PARTE III - VOCABULÁRIO

chá	tíi
fruta	èso
infusão de ervas, banho votivo	àgbo
leite	wàrà
suco de frutas	omi èso *(èsokéso – qualquer fruta)*
sumo de ervas	omi èrọ
vinho de palma	ẹmu
vinho doce	ọtí didùn

Carnes vermelhas, de aves e peixes   ẹran pupa, ẹiyẹ ati ẹja

bacalhau	panla, ẹja gbigbe
camarão	edé
carne	ẹran
carne de coelho	ẹran ehoro
carne de galinha	ẹran adìẹ
carne de porco	ẹran ẹlẹ́dẹ̀
carne de vaca	ẹran màlúù
carne de veado	ẹran àgbọnrín
fígado	èdọ̀
lagosta	edé nlá
língua	ahọ́n
peixe do mar	ẹja òkun
peixe do rio	ẹja odò
pernil, pé de porco	ẹsẹ̀ ẹlẹ́dẹ̀
peru	tòlótòló
toucinho	ẹran ẹlẹ́dẹ̀ oniyọ

Frutas   ẹso ìdun ónjẹ

abacate	èso pià
abacaxi	ọ̀pẹ òyìnbó
ameixa	esò igi ìyeyè
amora	bi obi ẹdun

130 | *Introdução ao idioma dos* Òrìṣàs

PARTE III - VOCABULÁRIO

banana	ògèdè
caju	kajú
carambola	esò ibọn nlá agba
coco	àgbọn
fruta verde	ọdọ èso
goiaba	góba
jabuticaba	esò ọgba dudu
jaca	esò ọkan mu pataki
laranja	ọsàn
limão	ọsàn wẹ́wẹ́, orombo kikan
maçã	esò kan orò òyìnbó
mamão	ìbépẹ
manga	móngòrò
melancia	bàrà
melão	ègúsí
morango	esò koriko gbigbẹ
pêra	esò pià
pêssego	esò iro agogo
romã	àgbá, esò agba
tamarindo	esò awin, esò ajagbọn
tangerina	ọsàn tanjarinni
uva	èso àjàrà

Temperos   ohun ìdun ónje

açúcar	ṣúgà
alho	aayù
azeite doce	epo dídùn
canela	ara ẹsẹ
cebola	àlùbọsà
cebolinha	alùbọ́sà eléwé
compota de frutas	èso ṣísè pẹ̀lú ṣúgà
doces	onjẹ didùn
geléia	omi èso ti a fí ṣúgà sí

Vamos falar Yorùbá? | *131*

PARTE III - VOCABULÁRIO

manteiga	bótà
mel	oyin
molho de tomate	tòmàátì lílò
óleo de dendê	èpò púpà
óleo de soja	òróro èpà
ovo	eyin
pimenta (qualquer)	ata
pimenta branca	ata fúnfún
pimenta-do-reino	ata ìjoba
sal	yiò
salsa	obè
tempero misto	érù
vinagre	vinega, otí kikan

Outros

bala	bebe, dáyá
biscoito	bisikiti
bolacha	àkàrà òyìmbó yíyan gbè
bombom	kòdó ti a pèsè fún ipanu, şokolèti

Casa — ilé

andar térreo	ìsàlè ilé
assoalho, chão, piso	ilè
corredor	òdèdè
cozinha	ilé ìdáná
degraus	atégùn kékeré
dormitório (quarto)	iyàrá
escada interna	atégùn
garagem	ilé okò
janela	fèrèsé
jardim	ogbà
lavanderia	ibi ìfoso

132 | Introdução ao idioma dos Òrìşàs

PARTE III - VOCABULÁRIO

parede	òrìgì
porta	ilèkùn
quadro	àwòrán
quintal	èhinkunlé
sala de jantar	ilé ọ́njẹ, (yàra ọnjẹ)
sala de visitas (de estudar)	ilé ijókó, (yàra ijókó)
terraço	òkè ilé (pátápátá fún aféfẹ́)
teto	àjà
vidraça	dígí fèrèsé

Objetos de casa

ohun elò ilé

agulha	abẹ́rẹ́
banco, baú, caixa, bolso	àpótí
cadeira	àga
cama	íbùsùn
cortina	aṣọ fèrèsé
espelho	dígí
estantes	pẹpẹ
fósforo	íṣáná
lâmpada	gilòbú
lampião	àtùpà
lençóis	aṣọ ìbora
linha	okùn
mesa	tábìlì
panela	ìkòkò
piano	dùrù
poltrona	àga òní tìmùtìmù fún ẹnìkan
quadro	àwòrán
rádio	asọ̀rọ̀ mágbèsì
relógio de parede	aago, aago ògiri
relógio de pulso	aago-ọwọ́, aago ọrùn ọwọ́
sofá	àga òní tìmùtìmù fun ẹ́nìkan
tapete	aṣo títẹ́ sílẹ̀

Vamos falar Yorùbá? | *133*

PARTE III - VOCABULÁRIO

televisão	telifísòn
torneira	èrọ

Objetos de escritório · ohun èlò ibi-iye

borracha	ohun ìpàwérẹ́
cadeira, sofá, poltrona	àga
calendário	ìwé ikaye oṣù
canetas	ohun ìkọ̀wé, kálàmù
cofre	àpóti ìfówó pamọ́ sí
lápis	óhùn ìkọ̀wé
mapas, quadros	àwòrán
máquina de escrever	èrọ ìkọ̀wé
mesa	tábìlì
papel, caderno, livro, revista	ìwé
régua	igi ìfalà
tapete	aṣọ títẹ̀ sílẹ̀
telefone	tẹlifonu
tinteiro	tadáwà

Objetos do banheiro · ohun èlò bàlùwẹ̀

banheira	balùwẹ̀ aláwo
banheiro	balùwẹ̀, tàbí, ilé ìgbẹ́
chuveiro	èrọ̀ ìwẹ aláṣẹ́
creme para fazer barba	ọṣẹ ìfárùgbọ̀n
escova de cabelos	burọṣi
escova de dentes	burọṣi ifo ehín, (pákọ̀)
lata, zinco	tanganran
loção, perfume	òróró ìpara ou lofindá
navalha	abẹ, ọ̀bẹ
papel sanitário	pépà ìnùdí
pente	ìyàrí ou ooya
perfume	òórundídun ou lofinda

PARTE III - VOCABULÁRIO

pia	àwo ìfọwọ́ ni balùwẹ̀
sabão	ọṣẹ ìfọṣọ, ọṣẹ
sabonete	ọṣẹ ìwẹ, ọṣẹ òyìmbó
secador de cabelos	èrọ ìgbẹ omi nínú irun
toalha	aṣọ ìnura
torneira	èrọ
vaso sanitário	ilé ìgbẹ́ aláwo

Objetos de mesa (cozinha)   ohun èlò tábìlì

açucareiro	ìgò ṣúgà
bule	ìgò omi gbígbóná
campainha	aago ìpènìyàn
colher	ṣíbí
concha	ṣíbí gígùn, (ìgbakọ)
copo	ife
faca	ọ̀bẹ
garfo	amúga
garrafa, vidro	ìgò
garrafão	ṣágo
guardanapo	pépà ìnuwọ́
pires	àwo kékeré
prato de ágata	ábọ, àwo abọ
prato de louça	àwo
toalha de mesa	aṣọ tábìlì
travessa	àwo fifẹ̀ nlá

Vestuário masculino   yàrá ìhúra ọkùnrin

bengala	ọ̀pá itilẹ̀
botas (masculinas)	bàtà gígùn (tí ọkùnrin)
calças	ṣòkòtò
camisas	ẹ̀wù
chapéu	fìlà

Vamos falar Yorùbá? | 135

PARTE III - VOCABULÁRIO

chinelos (masculino)	sálúbàtà (okùnrin)
cinto	ìgbànú
colete	èwù kúkúrú tí o dè ìdàdí
cuecas	pátá
meias	ìbòsè
paletó	aso ìlékè
pijama	aso ìwòsùn
sapato	bàtà
traje a rigor	aso àríyá

Vestuário feminino — yàrá ìmúra obìnrin

anágua	yèrì
blusa (feminina)	èwù àwòlékè
calça comprida (feminina)	sòkòtò (obìnrin)
calcinha	pátá obìnrin
camisa	èwù
chapéu (feminino)	fìlà (obìnrin)
chinelos (femininos)	sálúbàtà (obìnrin)
combinação	àgbékó
maiô	aso iwe lókun, (odò)
meias	ìbòsè obìnrin
pijama	aso ìwòsùn
robe	aso ìlékè
saia	èwù obìnrin, ìró
sandálias	sálúbàtà
sapato (feminino)	bàtà (obìnrin)
sutiã	ìkóyàn
traje a rigor (feminino)	aso àríyá obìnrin
vestido	kaba
vestido longo	aso gigun

136 | Introdução ao idioma dos Òrìsàs

PARTE III - VOCABULÁRIO

Cama e mesa

ibùsùn ati tàbìli

cobertor	pòpòkú
colcha	aṣọ ìbora
guardanapo	pépá ìnuwọ́
lençóis	aṣọ ibùsùn
pano de copa ou de prato	aṣọ ínú àwo
toalha de banho	aṣọ ìnura
toalha de mesa, pano de prato	aṣọ tábìlì
toalha de rosto	aṣọ ìnujú
travesseiro	ìrọ̀rí

Aparelhos eletrodomésticos

refiriji

aquecedor elétrico	ìgbómikaná
barbeador	ìfárùngbọ̀n onína
fogão elétrico	ìdáná
geladeira	ibití a nfi ọti sí, kí o lè tutù, (fíríjí),
liquidificador	èrọ ilọta kékeré
máquina de costura	èrọ ìránṣọ
máquina de lavar roupa	èrọ ìfọṣọ (fọ = lavar + aṣọ = roupa)
vassoura	ìgbálẹ̀
ventilador	abẹ̀bẹ̀ onína

Termos diversos

agulha	abẹ́rẹ́
alfinete	abẹ́rẹ́ angbẹ
anel	òruka
bata comprida	agbádá
bata curta, camisa curta	bùbá
bata, camisa para ritual	aṣọ, alufa aṣọ, aláboyún
bica, torneira	èrọ omi
bocal de lâmpada	gilóbù

Vamos falar Yorùbá? | *137*

PARTE III - VOCABULÁRIO

bolsa de mulher	àpo
bolso de roupa	àpo aṣọ
brinquedo	ohun àfiṣirè
cachimbo	ìkokò mu tábà
cadeira	àga
calça comprida	ṣòkòtò
calção (short)	pátá-aṣọ
caneca (vidro), garrafa	ìgò
casa	ilé
colher	ṣíbí
colher de madeira	síbí igi
dedal	kẹnbẹku
enxada	ọkọ́
espelho	dígí
esteira	ẹní
farofa	gaari
garrafa, vidro	ìgò
guarda-chuva	agbòrùn, agbòjò
lâmpada, luz, lamparina	iná, àtùpà
leite	wàrà
lenço	aṣọju, gèlè
luvas	ìbọ́wọ́
luz	iná
machado	àákẹ́
machucado	ẹdùn
mala	àpóti
martelo	oolù
meias	ìbòsẹ̀
mel	oyin
morada, alojamento	àwọ̀sun
morador	alábàgbé
nata (do leite)	ipa, ìpá wàrà
navalha	abẹ fárí

138 | *Introdução ao idioma dos Òrìṣàs*

PARTE III - VOCABULÁRIO

óculos	awò ojú
paletó, casaco	aṣọ ìlékè
panela	ìkòkò
pano, roupa	aṣọ
pedra de raio	ẹdùn-ará
pente	ìyàrí, ooya
pilão	odó
pipoca	dúbúrú, gúgúrú
pirão	ẹbà
piso, assoalho, chão	ilẹ̀
poço, nascente d'água	kànga
pulseira	idẹ
recinto, jardim	ọgbà
relógio (agogô ou sino)	aago, aagogo
relógio de pulso	aagolọ́wọ́
ruína	àlapa
sala	iyàrá
serrote	ayùn
tábua de passar roupa	pátako aṣọ
taça, caneco	kete
tampa de garrafa	ọmọrí (igo)
telefone	tẹlifonu
termos diversos	húnkan orísirísi
toalha de mesa	aṣọ tábìlì
vela	abẹla, fìtilà

Coletividade

Termos do comércio   húnk ìtajà

(em) alta	gbé owó lé ọjà
abastecimento	ìpese sí ọjà
abatimento	owó tí a yọ́da
acionista	ẹniti o nipin ninú ọjà

Vamos falar Yorùbá? | 139

PARTE III - VOCABULÁRIO

agente	aṣojú ẹni
amostra	àpẹrẹ ọjà
anúncio (comercial)	ìkéde ọjà
armazém, casa de secos e molhados	ìṣọ̀, tàbí, ilé iko ẹrù pamọ́
artigos	àwọ́n ọjá, tàbí, ẹrù
assinante	ẹniti o fí orúkọ sílẹ̀ fún ẹrù
assinatura	ìkọ̀wé si ìsàlẹ̀
associado	ba kẹ́gbẹ́, ẹnìkéjì ẹni
balança	owó tí o síkù
balcão	tàbíí onísòwò
bancarrota, falência	ìbàjẹ́ owó
banco	ilé ìfówópamọ́, ilé owó
barato	wọ́pọ̀
bilhete, papel de confissão	ìwé àmì, ìwé ìjẹ́wọ́
bolsa, bolso	apò
câmbio	pásípàárọ
capital	owó tí a fí bẹ̀rẹ̀ ọjà
carimbo	òntẹ̀
carteira	àpò ọnjẹ ìwé kékéré
cheque	ìwé ipásípàárọ owó, iwé owó pépà
cliente	oníbárá
cofre	àpótí ìfowò pamọ́ sí
comércio	ìsòwò
compra	ọjà tí a rà
comprador	olùrajà
comprar, compras	rà ọjà
condições	ipò
conhecimento, entendimento	oyé
consignação	ìfilélọ́wọ́
contabilidade	owò ṣíṣírò
contrabando	fayawo
correspondência, carta	iwé kíkọ̀
costume, tradição	àṣà

140 | Introdução ao idioma dos Òrìṣàs

PARTE III - VOCABULÁRIO

crédito	àwìn
credor	ẹ́ni tí ó bgani láwìn
débito	gbà láwìn
desconto	owó tí a yòda
despesa	ìnáwo
devedor	onígbèsè
dia	ọjó
diário	ìwé óhùn ti a ṣe ní ọjọjúmọ́
dinheiro	owó
direitos	òfin
dívida	gbèsè
embolsar	fí óhùnkóhùn sínú àpò
empregado	òṣìṣẹ́
empréstimo	owó tí a yá
encomenda	ọjà tí a fí rànsẹ́
endereço	iba sòrò
endossante	olùfọwọ́ṣí
endosso	fí ọwọ́ sí
entrega	gbé ọjà fún ni
entregar	ìbgé ọjà fún ni
escolher	ṣà
escritório	ilé iṣẹ́
estampilha, selo	òntẹ̀
estatutos	òfin
exportação	ìfi ọjà ránṣẹ́ síòkè óhùn
exposição	ìfihan
fábrica	ìbí tí a tí nṣe ọjà
fabricante	ẹniti nṣe ọjà títà
falência	ìbàjẹ́ owó
fatura	ìwé èrí
filial	ìka ilé iṣẹ́
fornecimento	ìfún ni ní ọjà
fraude	ayédẹ̀rú

Vamos falar **Yorùbá?** | *141*

PARTE III - VOCABULÁRIO

freguês	oníbara
frete, carregador	ẹrù ọkọ̀
funcionário	òsìsẹ́
fundos	ìkójọpọ̀ owó
greve	dá isẹ́ dúró
guia	iwé ìlànà
hipotecar	fí dọgọ̀
importante	ohun pàtàkì
indenização	ìdáwó padà
informação	iforotoni eti
interesse	anfani
inventário	iwadi, iwari
juros	èlé owó
leilão	gbànjó
letra de câmbio	owó ẹni ní wẹ̀ẹ́ pásípàárọ
liquidação	gbànjó
líquido / lucro real	èrè ọjà
livros	àwọn ìwé
lucro	èrè
mandato	àsẹ, òfin
mão-de-obra, trabalho manual	isẹ́ ọwọ
marca, sinal, mancha	ìsàmì, àmì
memorando	ìwè ìránlétí
mercadoria	ọjà títà
movimento	ìrìn sí ọja
multa	owó èlẹ́
obrigado	ohun áìgbọdọ̀ máse
ofício, trabalho, profissão	isẹ
operação bancária	ètò ilé ìfówó pamó
ordem de pagamento	ètò ìsánwó (asẹ ìsánwó)
ordenado / salário	owó osù
pedido de mercadoria	ìbẹ́rẹ́ ọjà
prazo, período	àsìkò, àkòkò

142 | *Introdução ao idioma dos Òrìsàs*

PARTE III - VOCABULÁRIO

prejuízo	ìbàjé ọjà
prestação, crediário	san díẹ̀ díẹ̀
processo	ètó
procurar mercadoria	wá ọjà
profissão	oníṣẹọwó, oníṣẹówó, owúṣiṣe, òníṣẹ
promessa	ẹ̀jẹ́, iro ẹ̀jẹ́
protesto	ìkìlọ̀
qualidade	agbára
razão, verdade	òtítọ́
recibo	ìwé ẹ̀ri owó
remessa, entrega rápida	rán lọ kíákíá
remetente	olùfiránṣẹ́
representante	asọ́jú
resposta	èsì
saldo	owó tí o ṣẹ́kù
seguro	ìdáàbòbò
sociedade	ẹ̀gbẹ́
sócio	ẹnikéjì, ọmọ ẹ̀gbẹ́
sucursal, parte de um todo	ẹ̀ya
tarifa	owó ọjà rírà
taxa	owó òde
telegrama	teligaramu (waya)
vale postal	ìwé ti o dúró fún owó lati fí ránsé
valores	iyé owó
vencimento	ìparí
venda a prazo	tajà lawín
venda à vista	tajà ni dàálẹ̀
viajante	arínrínajò
volumes	ẹkun, àpò ìwé

Atividades profissionais

oníṣẹ́ ọwọ́

advogado	agbẹjọrọ̀, ámọ̀fin
agricultor	agbé òlúrókò, tàbí, òlúrókò

Vamos falar Yorùbá? | 143

PARTE III - VOCABULÁRIO

alfaiate	áláwọ́, alágbàrán (ẹniti nràn aṣọ)
arquiteto	òga ilé kíkọ́
ator	òṣìré
atriz	òṣìré ọ́bìnrín
barbeiro	onígbajamọ
cabeleireiro	ẹniti ngé irun, (afárun)
cantor ou cantador	akọrin
carcereiro	oluṣo tubu
carpinteiro	gbẹ̀nàgbẹ́nà (fági fági)
carregador	aláàrù
cirurgião	oníṣẹ́ abẹ
comerciante, negociante	oníṣọ́wó
corretor	alágbàtà
cortar o cabelo	gé irun
costureira, modista	aránṣọ́
cozinheira	ìyágbàsè
cozinheiro	ẹniti nṣe ọnjẹ, olónjẹ, alásè
dançarino	oníjo
dentista	oníṣegùn èhín
despachante da alfândega	alagbata kọsitọmu
despachante, policial	oníbodè
doutor herbalista	adáhunṣe
doutor, médico	oníṣègún, dókítà
enfermeira	olùtójú aláàre
engenheiro	ẹlẹ́rọ, ẹlẹkọ́
ferreiro	alágbẹdẹ
físico, curandeiro, químico	oníṣegún, òníṣeòógún
fotógrafo	oní fọ́tò
guarda-livros	ìbí `kọ́wé pahọ́ sí
jurista, advogado	amòfin
lavadeira	alágbafọ, afọṣọ
marceneiro	agbigi, agbegi
médico branco	oníṣegún òyìnbó

144 | *Introdução ao idioma dos* Òrìṣàs

PARTE III - VOCABULÁRIO

mensageiro	òjíṣẹ́
motorista	ọlọ́kọ̀, tàbí, onímọ́tò
músico, cantor	ọlọ́rin, òló orin
negociante	oníṣòwó, oníṣẹ-owó
operário	òṣìṣẹ̀
padeiro	gé búrédí
pastor de ovelhas	aluṣo-àgùtàn
pedreiro	amọlé
peixeiro	atẹ́ja
pescador	onípẹja, apẹja
pintor	akunòdà
professor, mestre	ólùkọ́ni, olùkọ́, ògá
relojoeiro	aláago, alagogo
sapateiro	alátunsè bàtà, oníbàtà
tecelão	oníránṣọ
tijoleiro	ála-làpà
tintureiro	alágbàfọ̀
tradutor	gbẹ́dẹ̀gbẹ́yọ, olutúmọ̀ èdè
vendedor de tecidos	aláṣọ
vidraceiro	ẹniti o ngẹ dígí

Estabelecimentos comerciais — ilé ìtajà kárà ká tá

açougue	ìsọ ẹran
armazém	ilé ìkọ́ ọjà pamọ́ sí, abà
bombonière	ilé dídùn
farmácia	ilé oògùn
feira, mercado	ọjà
hotel	ilé ìtura
lanchonete, restaurante	ilé ònjẹ
loja de souvenirs	ìsọ̀ ẹ̀bùn
loja de tecidos	ìsọ̀ aṣọ
mercado	ọjà
padaria, casa de pães	ilé búrẹ́dì

Vamos falar Yorùbá? | 145

PARTE III - VOCABULÁRIO

peixaria	ìsọ̀ ẹja
relojoaria	ìsọ̀ agogo
sapataria	ìsọ̀ bàtà
supermercado	ọjà nlá

Edifícios públicos — ilé iṣẹ́

aeroporto	ìdí ọkọ̀ òfurufú
alfândega	ilé oníbodè
banco	ilé owó, bànkí
barbearia	ilé onigbajamọ
biblioteca	ilé ìkàwé
cemitério	ilé òkú, (itẹ òkú), (itẹ́kù)
colégio	ilé ẹ̀kọ́ gíga
consulados	asọjú ìlú nibomíràn
delegacia	àgọ́ ọlọpa
embaixadas	asọjú orílẹ̀ èdè giga nibomíràn
escola	ilé ìwé, (ilé ẹ̀kọ́)
estação ferroviária	ìdí ọkọ̀ ojú irin
estação rodoviária	ìdí ọkọ̀ (mọ́tò), ìdí mọ́tò
hospital	ilé iwọsàn
igreja	ilé ọlọ́run, ilé adúrà
palácio do governo	ilé gómìnà
quartel	bárákì ọlọpa
universidade	ilé ẹ̀kọ́ àgbá, yunIfásítì

Na cidade — ní ìlú

avenida	ọ̀na gbòòrò
bairro	àdúgbò
cais	èbúté ọkọ̀ ojú omi
calçada	ọ̀na ẹlẹ́sẹ̀
esquina	ìṣẹpo, (kọnà)
parque	ìbí iṣere

146 | Introdução ao idioma dos Òrìṣàs

PARTE III - VOCABULÁRIO

ponto de ônibus	ìdí ọkọ̀, (ibudo ọkọ̀)
rua	òpópó, ọ̀nalódè, odè, ita
viaduto	afárá

Transportes — ọkọ akérò

avião	ọkọ̀ òfurufú
bicicleta	kẹ́kẹ́ ologere, kẹ́kẹ́, básìkùlú
caminhão, trator	ọkọ̀ ilẹ́, (ọkọ̀ ẹrù)
carros	ọkọ̀ ayọ́kẹ́lẹ́
metrô	ọkọ̀ abẹ́ ilẹ̀
motocicletas	alùpùpù, mọ́ọ̀tó
navio	ọkọ̀ ojú omi
ônibus	ọkọ̀ èro
trem	ọkọ̀ ojú irin

Diversões e passeios — eré àti ìgbádùn

atletismo	eré ṣíṣá
basquete	bọ́ọ̀lù àláfọ́wọ gbà, bọ́ọ̀lù alápẹ̀rẹ̀
boate	ilé ijó
boxe	èsẹ́, ẹsẹ ọwọ
cassino	ilé tẹ́tẹ́
cinema	ilé ifihan awóràn
clube	ilé ìṣeré
corrida de automóvel, autódromo	eré fífi mọ́tò sare
esportes	eré ìdárayá
exposições	ilé ìfi ọjà hán
futebol (clube)	eré bọ́ọ̀lú orí páàpáà
hipismo	eré fífi ẹṣin fò
jardim botânico	ọgbà tí a kọ́ orúkọ àwọn igi sí
jóquei clube, haras	ilé ìfi ẹṣin sáre
museu	ilé akojọpọ (ataiyebaye)
tênis	bọ́ọ̀lù tenis orí kànkéré

Vamos falar Yorùbá? | 147

PARTE III - VOCABULÁRIO

tênis de mesa	bọ́ọ̀lù orí tàbìlì
vôlei	bọ́ọ̀lù afọwọgba
zoológico	ọgba àwọn ẹranko

Instrumentos musicais — ohun èlò orin

flauta	fèrè
guitarra	ohun ọnà orin olókuǹ títa
harpa	harpu
piano	dùrù
pistão	kàkàtì
trombone	fèrè ìpè ògún
violão	óhùn élò orin olókúǹ mẹ́rin

Termos diversos

aluno	ọmọ iléìwé, akẹ́kọ́
as casas	àwọn ilé
aula	èkọ́
batuque, atabaque	ìlú, lú ìlú
bola	bọ́ọ̀lù
caçador	ọdẹ
câmara fotográfica	ẹ̀rọ iyawòrán
candidato	òlujide
canto	kọ̀rọ̀
capela	ilé ìsin kékeré
carro	ọkọ̀
cavaleiro	ẹlẹ́ṣin
cobrador	òkò
colégio, escola	ilé èkọ́
comandante, chefe	balógún
criança	ọmọdè
dança	ìjó
educação, aula	èkọ́

148 | Introdução ao idioma dos Òrìṣàs

PARTE III - VOCABULÁRIO

emigrante	àwọn tóún wọlu, àwọn tóun kúrò nílú
empregado, empregador	ìránṣẹ́, pàtaki
escola	ilé-ẹ̀kọ́, ilékọ́
escravo	ẹrú, ìwọ̀fà
escritório, gabinete	yara iṣẹ́
examinador	onídanwò
exército	ológunjà, ológun
exército, bando, quadrilha	ẹgbẹ́ ogun
exército, teste ou prova	ìdánwò
faculdade (escola superior)	ilé ẹ̀kọ́ gíga
flauta	fèrè
general	ológun, ọpa ológun, kakanfò
guerreiro, soldado	jàgún, jàgúnjàgún
luta	ijà
máe na casa de	àṣẹ ìyáláṣẹ
marinha de guerra	ọlọ́kọ̀ omi jàgún
marinheiro	atukọ̀
mercado, feira	ọjà
música, canção, cantiga	orin
nadador	olúwẹ̀
navio	ọkọ̀ ojú omi
negro, pessoa negra	ẹ̀nia dúdú
patrão, chefe	ọ̀gá, ọ̀gán
plantação, sítio, fazenda	oko
população	ẹ̀nia ìlú
profissão	iṣẹ́ owó
proprietário	onílé, onílẹ̀
rainha	àyaba
rei	ọba
rei (da cidade de Oyo)	aláàáfin, àláfin
rei de Kètú (cidade do Benin)	alákétu
reino	ìjọba
salário, pagamento	owó osù

Vamos falar Yorùbá? | *149*

PARTE III - VOCABULÁRIO

sambista – tocador de samba	oní lù samba
sambista, passista	ajósamba
soldado, guerreiro	jàgúnjàgún
tambor	gángán, ìlù, hun, hunpi, lẹ
táxi	takisi
trabalhador	òṣiṣẹ́
trem	ọkọ̀ oju irin
vara de pesca	òpá ògìgì

Relações interpessoais
àbásepọ̀ òkè okun

Formas de tratamento
bí aṣe

doutor (relativo à saúde)	òógún, dọ́kítà
mestre especializado	Ọ̀jọ̀gbọ́n
senhor, mandatário, ditador	Ọ̀gbẹ́ni
senhora (dona de casa)	ìyá afin

Graus de parentesco
ìwọ̀n lẹ́bí

afilhada	ọmọ ìsàmì ọbìnrin
afilhado	ọmọ ìsàmì ọkùnrin
avó	ìyá-ìyá, ìyá-bàbá
avô	bàbá-bàbá, bàbá-ìyá
bisavô	bàbá bàbá bàbá (tàbí) bàbábá
bisneto	ọmọ ọmọ ọmọ
comadre	ìyá ìsàmì
compadre	bàbá ìsàmì
cunhada	àna ọbìnrin
cunhado	àna ọkúnrin
dama de companhia	alágbàtọ́
desquitada	obìnrin láisi ọkọ
desquitado	ọkùnrin láisi ìyáwò
enteada	ọmọ ọbìnrin ti ìyá, tàbí, bàbá rẹ̀, kú tí o sí nì omíràn

150 | Introdução ao idioma dos Òrìṣàs

PARTE III - VOCABULÁRIO

enteado	ọmọ ọkùnrin tí bàbá, tàbí, ìyá rẹ̀, kú ti o sí nì omíràn
esposa (recém-casada)	ìyàwó
filha (menina)	ọmọde ọbìnrin, ọmọbìnrin
filho (menino)	ọmọde ọkùnrin, ọmọkùnrin
genro	ọkọ ọmọ ẹni
homem casado	ọkùnrin tóní ìyáwò, aláya
irmã mais nova	àbúrò ọbìnrin
irmã mais velha	ẹ̀gbọ́n ọbìnrin, tàbí
irmão mais novo	àbúrò ọkùnrin
irmão mais velho	ẹ̀gbọ́n ọkùnrin, tàbí
madrinha	ìyá ìsàmì bẹ́ẹ̀ bẹ́ẹ̀
mãe, mamãe	ìyá
marido	ọkọ
mulher casada	ọbìnrín tóní ọkọ, abilékọ
neto ou neta	ọmọọmọ, ọmọloju
noiva	ọbìnrin tí o fẹ́ ṣe ìgbéyáwò, ìyàwó afẹ́ṣọnà
noivo	ọkùnrin tí o fẹ́ ṣe ìgbéyáwò, ọkọ àfẹ́ṣọnà
nora	ìyàwó ọmọ ẹni
padrinho	bàbá ìsàmì
pai	bàbá
parente, família	íbátan, aráílé, oobi
prima	ọmọ ẹ̀gbọ́n ìyá, tàbí, bàbá (ọbìnrin)
primo	ọmọ ẹ̀gbọ́n ìyá, tàbí, bàbá (ọbìnrin)
senhora	àya
sobrinha	ọmọ arábìnrin
sobrinho	ọmọ arákùnrin
sogra	ìyá ìyàwó
sogro	bàbá ìyàwó
tia	arábìnrin ìyá
tio	arákùnrin bàbá
viúva	ọbìnrin opó
viúvo	ọkùnrin opó

Vamos falar Yorùbá? | 151

PARTE III - VOCABULÁRIO

Cumprimentos   ìkín

adeus!	ó dìgbà o!
até a noitinha	o di alẹ́ = o dalẹ́
até a próxima semana	o di ọ̀sẹ̀ to mbọ̀
até a volta	o di = (até), abọ̀ = o dábọ̀
até amanhã	o di ọ̀la = o dọ̀la
até amanhã (de manhã)	o dàárọ̀-ọ̀la
até amanhã (despedindo-se)	o dàárọ̀
até amanhã de manhã	o di àárọ̀ ọ̀la = o dàárọ̀la
até logo	o dábọ̀ — o di abọ̀ — o dábọ̀
boa viagem!	ọ̀na rẹ o!
boa-noite	ẹ káalẹ́ o, ẹ kú alẹ́
boa-tarde	ẹ káàsán o, ẹ kú ọ̀sán
bom-dia	ẹ o kú àárọ̀, ẹ káàárọ̀ o
com licença	ẹ dakun, àgo
como vai você ?	ṣe àlàáfíà ni ?
graças a Deus	dúpẹ́ lọ́wọ́ ọlọ́run
passou bem esta noite?, você dormiu bem?	ṣé o sùn dárá dárá?
se Deus quiser	bi Ọlọ́run ba fẹ́
terei muito prazer	
(eu quero cumprimentar você rindo)	mo fẹ̀ kí o wá!
vejo-o à noite	mà á rí ẹ l'alẹ
venha fazer-me uma visita	wà kí mi nilé mi
volto logo	mo nipàdá bọ nísisiyi

Expressões de cortesia   ìfún ní ni ọ̀wọ̀

apresento-lhe meu amigo	èyí ni ọ̀rẹ́ mi
bem-vindo	káàbọ̀ o, ẹ kú abọ̀, ẹ káàbọ̀
com licença	fún mi ni àyè, àgo
dar licença (sair do caminho)	àgo lọ́na
é muita gentileza sua	mo dúpẹ̀ fún ìpe ẹ
muito obrigado	ẹ ṣe púpọ̀, adúpẹ́, ẹ ṣe o!

152 | Introdução ao idioma dos Òrìṣàs

PARTE III - VOCABULÁRIO

muito prazer	o dùn mọ̀ mi láti rí ẹ
não fique bravo	má bínú, daríjì mi
não fique bravo, desculpe-me,	
perdoe-me	má bínú, foríjì mi, darijímì
não há de quê, de nada,	
o prazer é todo meu	kò to pẹ
	èmi ní o yẹ kí ndúpẹ̀
obrigado (agradecimento do ato de ofertar)	adúpé
obrigado(a)!	o ṣe, ẹ ṣe o!
perdoe-me	daríjì mi
por favor	ẹ jọ̀wọ̀
prazer em conhecê-lo	inú mi dùn láti mọ̀ yín
prazer em vê-la	inú mi dùn láti rí yín
sinto muito, desculpe	foríjì mi
você entendeu?	ṣé o yè o?

Observação:

- ❖ di   = *até = retornar*
- ❖ bọ̀   = *retornar*
- ❖ òde   = *lá fora*
- ❖ abò   = *proteção*
- ❖ ẹ kú   = *que você tenha uma vida longa nesta manhã.*
- ❖ ká àárọ̀   = verbo kú + àárọ̀
- ❖ káalẹ́   = verbo kú + alẹ́

Oferecimento e agradecimento   ìfúni àti ìdúpẹ́

eu agradeço!	mo dúpẹ́!
muito obrigado	ẹ ṣe púpọ̀, adúpẹ́
obrigado, você o fez!	ẹ ṣe o!
toma, aceita, recebe	ẹ gbà o!

Termos diversos

(ser) melhor	dárajú

Vamos falar Yorùbá? | *153*

PARTE III - VOCABULÁRIO

a senhora	ara bìnrin
adversário, inimigo	ọ̀tá
afeição, querido	afẹ́
alegria, ultrapassado	ayọ̀, tayọ
alguém, alguma pessoa	ènia
amado, amante	olùfẹ́
amigo	ọ̀rẹ́
amizade	ìbárẹ
amor	ìfẹ́
as crianças	àwọn ọmọde
as filhas	àwọn ọmọbìnrin
atrito, aborrecimento	sisú
barulho, espalhar, grito	pariwo, kígbe
batalha, luta, briga	ìjà, ogun
boa sorte, escrutinador	ìfà
camarada, colega	ẹlẹ́gbẹ́
camaradagem	rírépọ̀
compromisso, fazer uma promessa	ṣe ìlérí
dá um tempo ! (gíria)	lo!
de verdade (expressão de exclamação)	òótọ́!
dívida, obrigação	gbèse
eu abençôo	èmi súre
eu tomo a bênção, meus respeitos	gbá súre, mo júbà
exclamação de surpresa	eepà
expressão de humilhação	tóto
felicidade	àlàáfíà, (tàbí), ìgbádùn
felicidade, alegria	ayọ̀
feliz aniversário	o kú ayọ̀ ti ọjọ́ibí
feliz, estar feliz	yọ̀
franco (ser claro)	túwọka
inquilino	àlábágbè, ẹniti o hayà ile láti gbé
insultar	bú
invadir, conduzir	gbógunlọ

154 | Introdução ao idioma dos Òrìṣàs

licença	àgo
licença (para entrar)	àgo, àgo nilé o
madame, senhora	ìyálé, ìyálóde
mais moço	àbúrò
mais que	jùlọ́, jù ... lọ́
mais velho	ẹ̀gbọ́n
mal	áìseédé, bajẹ bìlìsì
mal, maldade, ruim	búrú, búrúkú
matrona, senhora idosa	ìyá àgbà, ìyálágbà
medo	ẹ̀rubíbà, ẹ̀ru
medo, ciúme	ojo, owú jíjọ
medo, escuridão	ìbẹ̀ru
medroso	afabẹru, adẹrubani
melhor, superioridade	jù
mentira	irọ́
meu prezado amigo	mọyì ọ̀rẹ́ mi
moça	ọ̀dọ́bìnrin
moço	ọ̀dọ́kùnrin
muito bom	dára púpọ̀
muito bom, ok	rere, o dáa
muito obrigado	ẹ ṣe púpọ̀, ẹ ṣe o, adúpẹ́
muito prazer, senhor	inú mi dùn ògá
mulher casada	àya
noiva, esposa, recém-casada	ìyàwó
o que aconteceu?	kiloṣe? kilodé?
o que é ?	kíni?
o que é aquilo?	kíni yẹn?
o que é segredo?	kila fi pa mọ?
o que houve?	kílo ṣẹlẹ̀?
obediente	gbọ́ràn
obrigado (= respondendo, você o fez)	ẹ ṣe o
órfão de mãe	ọmọ ti kò ni ìyá
órfão de pai	ọmọ ti kò ní bàbá

Vamos falar Yorùbá? | 155

PARTE III - VOCABULÁRIO

os dois	éjì
os filhos	àwọn ọmọ'kùnrin
parabéns (saudação), parabenizo você	mo yọ̀ fún ẹ, bàyọ̀
parente	ẹbí, aráilé
parente, família	ará, (tàbí), oobi
pessoa	ẹni, ènia
pessoa branca	ènia òyìmbó, ènia funfun
pessoas, multidão	òṣuṣu
primogênito	ọmọ kínní, akọ́bi
que verdade ?	tòótọ́?
querida, querido	olùfẹ̀
senhor, chefe	ọ̀gá, oní, olú
senhora da alta sociedade	ìyá idẹ, ìyálóde
senhorita	sisi
solteiro	àpọ́n
velho (ancião)	arúgbo, àgba

Natureza

ohun ìṣẹ̀dálẹ̀

O corpo humano

as partes do corpo humano	àwọn ẹ̀ya ara ènia
o corpo humano	ara ènia
barriga	ikùn
cabelo	irun
cavanhaque	irun ẹ̀kẹ
cérebro	ọpọlọ
cicatriz, braço	àmi, apá
cílios	irun, ẹ̀yinjú
cor	àwọ
coração	ọkàn
corpo	ara
corpo humano	ara ènia

156 | *Introdução ao idioma dos Òrìṣàs*

PARTE III - VOCABULÁRIO

costas	ẹ̀hin
costelas, osso	eegun ìha
cotovelo	ìguńpá
coxa	itan
dedo	ìka
dedo polegar, dedão do pé	àtàmpàkò
dente	ehín, eyín
esqueleto	eegun ara
estômago	agbẹ̀dù
fezes, cocô	ìgbẹ́
fígado	ẹ̀dò
garganta	ọ̀fun
gases intestinais	isó
gengivas	erìgì ehín
gogó	gògóngò
hálito	ọ̀ọ́rùn ẹnu
intestino	ìfun
joelho	orúnkún
lábios	ètè
lágrima	ómijé
língua	ahọ́n
mão	ọwọ́
medula	ọ̀rá inú egúngún
membro	ẹya ara
menstruação	nkan oṣù
músculo	iṣan
nádegas, ânus	ìdì
narina, fossas nasais, buraco do nariz	ihọ̀ imú
nariz	imú
nervo	agbára ọgbọ́n
nuca	ìpakọ́
olho	ẹyin, ojú
olho, rosto, face	ojú

Vamos falar Yorùbá? | 157

PARTE III - VOCABULÁRIO

ombro	èjìká
orelha	etí
osso	eegun
paladar	imò ìtówò
palma da mão	àteléwó, àtéwó
pálpebra	ìpénpejú, ìpénpe ojú
pé	esè
pele	awo
pênis	okó
perna	itan
pescoço	òrùn
pessoa	ènia
pulmões	èdòfóró
pulso	òrùn owó
pulsos	ilú kiki okan
queixo	ìjagbon, àgbòn
respiração	èmí
rins	iwe
saliva	ìtò
sangue	èjè
seios (peito de mulher)	omú, oyàn
sinal (pinta), marca, mancha	àmi
sobrancelhas	ìpejú
sola dos pés	àtélesè, àtéle esè
suor, calor, lágrima	aagùn, ooru, omijé
testa	iwájú orí
tórax (peito de homem)	igè, àiya
tornozelo (= pulso do pé)	òrùn esè
umbigo	ìdódó
unha	èèkanná, ìsó
urina, xixi	ìtò
vagina	òbo
veia	ìsan-èjè

158 | *Introdução ao idioma dos Òrìsàs*

PARTE III - VOCABULÁRIO

Pequenos animais e insetos	eran kékeré àti èrà
abelha	agbọ́n
aranha	alántakùn
barata	ayán
bicho-de-pé	jìgá
borboleta	labalábá
caracol (terrestre)	ìgbín, òkotó
cupim	ìkán
formiga	kàríká
formiga saúva (vermelha)	abọ́nlejopọ́n
gafanhoto	ẹlẹ́ngà
grilo	ìrẹ̀ kékeré
lagartixa	ọmọ onílé, àwọnrìnwọn
lagarto	kòkorò
marimbondo	agbón ìgbà
mosca	ẹṣinṣin
mosquito	yànmu yànmù, ẹfọn
percevejo	ìdùn
piolho	iná orí
pulga	iná ajẹ̀niyàn
Aves	ẹiyẹ
águia	ẹiyẹ igún
andorinha	alalapandẹdẹ
avestruz, ema	ẹiyẹ òngòngò
canário	ẹyẹ ìbákà
coruja	òwìwí
falcão	àwodi
fel de galinha	òròró adìẹ
gaivota	adìẹ odò
galinha	adìẹ
galinha d'angola	konken, ẹtù

Vamos falar Yorùbá? | 159

PARTE III - VOCABULÁRIO

galo	àkùkọ
gavião	obikiki, àwodi
papagaio	ẹyẹ ayékòtítọ́, odídẹ
pavão	oduderẹ
perdiz	àpárò awó
pinto	ọmọ adìẹ
pombo	ẹiyẹlé
urubu	ẹyẹ àkàlà

Animais aquáticos — eranko tí inu omi

camarão	edé
caramujo (aquático)	ìgbín òkotó
caramujo (terra e água)	ìgbín
caranguejo, siri	àkàn
crocodilo	òni
jacaré	oníkadá
peixe	ẹja
rã	ópòlọ́, kọnko
sapo	òpòlọ́
tartaruga, cágado	ìjàpá ou àjàpà
tubarão	ekurá

Animais quadrúpedes — eranko ẹlẹ́sẹ̀ mẹ́rin

bode	òbukọ́
boi	akọ màlúù
búfalo	ẹfòn
burro	kẹ́tẹ́kẹ́tẹ́
cabra	ẹwúré, àgbarigba
camelo, dromedário	ràkunmi
carneiro, cordeiro	àgbò
cavalo	ẹṣin
elefante	erin

160 | Introdução ao idioma dos Òrìṣàs

PARTE III - VOCABULÁRIO

girafa	àgùfọn
hipopótamo (elefante d'água)	erin omi
leão	kìnnìún
leopardo	àmọ̀tẹ́kún
lobo	kọ̀lọ́kọ́lọ́
macaco	ọ̀bọ
mula	ìbaka
onça	ológbò ẹhànnà
pantera	àmọ̀ntẹ́kún
tigre	ẹkùn
urso	ẹranko tí o ngbe ilẹ̀ òlútù
vaca	abo màlúù
veado	àgbònrín
zebra	kẹ́tẹ́kẹ́tẹ́ onílà, ẹṣin igbo

Animais diversos — eranko orísirísi

animal, bicho	ẹranko
antílope	egbin
bípede	ẹranko ẹsẹ̀ méjì
caça	ìdẹ̀gbẹ́
cachorro	ajá
cachorro-fêmea	abo ajá
cachorro-macho	akọ ajá
camaleão	agẹmọ
cobra, víbora	ejò, paramọ́lẹ̀
coelho	ehoro
corça, corço	abo agbònrín, ako agbònrín
cordeiro, ovelha (fêmea)	abo ọ́dọ́ àgùtàn
cordeiro, ovelha (macho)	àgbò ọ́dọ́ àgùtàn, akọ ọ́dọ́ àgùtàn
esquilo	òkẹ́rẹ́
esquilo selvagem	òkẹ́rẹ́ ologini
felino, selvagem	ologini, jàgí di jàgan
fera	ìbẹrù

Vamos falar Yorùbá? | 161

PARTE III - VOCABULÁRIO

gata	abo ológbò
gato	akọ ológbò
gazela (fêmea de antílope)	abo egbin
javali	ẹlẹ́dẹ̀ egàn
jibóia	erè, ọká
lebre	ehòrò igbo
ovelha	àgùtàn
pássaro, ave	ẹiyẹ
pata	abo pẹ́pẹ́yẹ
pato	akọ pẹ́pẹ́yẹ
rato ou ratazana	eku

Vegetais — ewébẹ̀

abacate	èso pia
abóbora	ẹlẹ́gẹ́dẹ
agrião	jọ egure to lata, igba
aipim	ègẹ́
alface	letusi
algodáo	òwú
alho	aayù
alho-poró	ẹbi alùbọ́sà
alumá (folha)	ewuro (èwé)
amendoim	ẹ̀pà
amora	bi obi ẹdun
arroz	ìrẹsì
árvore	igi
banana	ògẹ̀dẹ̀
banana-d'água	ògẹ̀dẹ̀ omi
banana-da-terra	ògẹ̀dẹ̀ nílẹ̀
banana-maçá	ògẹ̀dẹ̀ kàn bí orò
banana-nanica	ògẹ̀dẹ̀ were, ògẹ̀dẹ̀ kéré
banana-ouro	ògẹ̀dẹ̀ wúrà
banana-prata	ògẹ̀dẹ̀ fàdákà

162 | Introdução ao idioma dos Òrìṣàs

PARTE III - VOCABULÁRIO

batata-baroa	işu ilẹ̀
batata-doce	kukundúnkun, ọ̀dùnkún
batata-inglesa (ou batata)	pòtétò
café	omi dúdú
cana	ìreké
canela (tempero)	ara ẹ̀sẹ̀
carambola	esò ibọn nlá agba
cebola	àlùbọ́sà
cebolinha	àlùbọ́sà elewé
cenoura	karọti
cereal	ọkà
cereja	esò ọgba igi ẹlesò
colheita	ìkórè, híhe
couve	fẹrẹgẹdẹ
doce	onjẹ didùn
ervilha	popondo
ervilha	popondo, ẹ̀wà tútù
espinafre	ẹ̀fọ́ tètè
feijão cozido	ẹ̀wà
feijão cru	erèé
feijão-branco	ẹ̀wà funfun
feijão-cavalo	ẹ̀wà ẹṣin
feijão-fradinho	ẹ̀wà tìróò
feijão-manteiga	ẹ̀wà bọ́tà
feijão-marrom	ẹ̀wà búráwùn
feijão-preto	ẹ̀wà dúdú
feijão-vermelho	ẹ̀wà púpà
flor	òdodó
folhagem	ewé nilẹ̀
fruta	èso
fruta	esò
fruta verde	èso àiẹ̀dẹ
fumo, tabaco	tábà

Vamos falar Yorùbá? | *163*

PARTE III - VOCABULÁRIO

goiaba	èso góba
goiaba	góba
inhame	iyán, işu, kara
jabuticaba	èso ọgba dudu
jaca	èso ọkan mu pataki
laranja	èso ọsàn
laranja	ọsàn
legume	ewébẹ̀
legume	ewébẹ̀
legume, verdura	èfọ́
limão	èso orombokikan, èso wẹwẹ, èso ọsàn wẹ́wẹ́
mandioca, aipim	ègẹ́
mandioquinha	pákí, ègẹ́ kéré
mel	oyin
melancia	esò omi itakun bàrà
melão	esò ègúsí
milho	àgbàdo, (tàbí), ọ́kà, yangan
morango	esò koriko gbigbẹ
muda de planta	ewé òdòdò tutu
ovò	ẹyin
palmeira	òpẹ̀
pepino	apàla
pimenta (qualquer)	ata
pimenta-da-costa	atare
pimentão	ata nlá
planta	ewekó
quiabo ou marca tribal	ilá
repolho (verdura = efo)	ewé tútù, fún jijẹ
sal	iyọ
salsa	ọbẹ̀
semente de fruta	èso ògbin
tamarindo	esò awin, esò ajagbọn
tangerina	ọsàn tanjarini

164 | Introdução ao idioma dos Òrìṣàs

tomate	tùmáàtì
trigo	ọkà
vagem	ere tútù
verdura	ewéko, ẹfọ

Clima
oju

aragem, viração, estiagem	atẹ́gùn
brisa	afẹfẹ jẹjẹ
calor	oorú
chuva	òjò
época	ìgbà
escuridão	òòkùn
frio	mótutù
fumaça, escuridão, nebulosidade	èéfín
neblina	kukú
nuvens (carregadas, escuras)	àwọ sánmọ̀
orvalho	ìrì
temporal	ójó ọjà

Solos minerais
àwọn ọrọ̀ ajé ti inú ilẹ̀

areia	yanrìn
barro	amọ́
campo	pápa
carvão	edú
charco	adágun
ferro	irin

Termos diversos

bico de ave	ìkó
cárie dentária	kókò-ehín
cauda, rabo	irù
chifre	ìwo

Vamos falar **Yorùbá?** | *165*

PARTE III - VOCABULÁRIO

cor	àwọ
couro, casca, pele	awọ
feto	ọmọ oyún
gravidez	oyún
madeira	igikan
mandíbula	èrẹkẹ́
moela	iwe
ovo	ẹyin
pena (de ave)	iyẹ
pena de papagaio africano	ìkódídẹ
perna	ẹ́sẹ̀ gigan, iga
pés	ẹsẹ̀
quadrúpede (animal irracional)	ẹranko ẹlẹ́sẹ́mẹ́rin
respiração, vida	ẹmí
rosto	ojú
sangue	èjẹ̀
seiva (de caule vegetal)	oje

Religião
èsìn

Adornos e objetos
àwon ohun èlò àm eyo

abano (leque)	abẹ́bẹ̀
arco (do Ọsọ́ọ̀sí)	òfà (do Ọsọ́ọ̀sí)
bracelete de várias voltas (tipo cobra)	ẹ̀gbá-ọwọ́
bracelete usado pelas esposas do chefe	ìbọpá, ìdẹ́
bracelete usado pelas sacerdotisas do mercado	ike, ìdẹ́, kerewú
bracelete usado por princesa	ẹ̀gba, ìdẹ́
brinco ou argola	òruka etí
búzio	owó ẹyọ
cabaça	igbá, àdó
chapéu, cobertura de cabeça	fìlà
chocalho de Ṣàngó	ṣẹ̀rẹ̀
cobertura (de Òṣàlà, branca), lençol	àlà

166 | Introdução ao idioma dos Òrìṣàs

PARTE III - VOCABULÁRIO

coroa	adé
espada, facão	adá
figa	salọ
fundamento	ìdí
insígnia de Nãnã Buruku (cetro)	ìbírí
insígnia de Omôlu (cetro)	ṣàṣàrà
insígnia de Ọsọọsi (cetro)	ìrùẹsin
insígnia de Oya (cetro)	ìrùkéré
insígnia espada de Ògún (cetro)	adá, idá
insígnia, chicote de Ibualamo (cetro)	bílala
machado de Ṣàngó	oṣé
pano que cobre a cabeça	gèlè
pano-da-costa	aṣọ òkè
pó amarelo vegetal	ìyèrọsún
pó azul vegetal	wàji
pó branco mineral	ẹfun
pó vermelho vegetal	osùn
sino duplo	agogo
turbante feminino	gèlè

Pessoas e entidades — ènìyan àm irúnmọlè

adorador de divindade	abọrìṣà
adorador de espíritos, de ancestrais	abọmalẹ
alma, vida	ẹmí
aquele que nasce, morre e torna a nascer	elére, tàbí, abìkú
arco-íris (Òrìṣà)	òṣùmàrè
cadáver	òkú
caveira	eegun
chefe do culto de ẽgúngún	alágbà
cobra	ejò, dan
consultador de Ifá (sacerdote)	adífá (= a + idi + Ifá)
criador, deus supremo, criação	Ẹlédà
criador, feitor da retidão	Òdùduwà

Vamos falar Yorùbá? | *167*

PARTE III - VOCABULÁRIO

deus da adivinhação	Ifá, Orunmila
deus do ferro	bàbá irin, Ògún
deus do mar	Olókun
deus supremo	Ọlọ́run
dia de nascimento, aniversário	ọjọ́ ìbí
dia santificado	jimọ
divindade da rua, mensageiro	Èṣù
divindade, entidade	Òrìṣà
divindade, ou chifre com poderes mágicos	afòṣẹ́, ìwo
espírito, alma, vida	ẹmí
esqueleto	eegun
fantasma	iwin
feiticeira (mãe que engole)	àjẹ́, ìyámi
feiticeiro	oṣó
gêmeos	ibéji
imagem ou estátua	ère
morte	ìkú
morto (a)	òkú
o senhor	ára'kùnrin
Òrìṣà da agricultura	Òrìṣà Oko
Òrìṣà do arco-íris	Òṣùmàrè
Òrìṣà dos caçadores	Ọ̀ṣọ́ọsí, Ọ̀dẹ́
Òrìṣà fúnfún da criação do mundo	Odùdúwà
profeta	wòli
sacerdote do culto a Ifá	bàbáláwo
sacerdote do culto de Ifá	olúwo, adìfá, babalawo
sacerdotisa	ìyá olórìṣà, ìyálórìṣà
sacrificador, chefe	ògá, àṣogún
senhor da existência	olúwa
senhor do poder	ẹlẹ́gbara
senhor do portão	oníbodè
título da divindade de Ifá	àgbón nìrégun
título da divindade de Òbàtàlà	Orìṣànlá, Oríṣàlà, Ọ̀ṣàlà

168 | *Introdução ao idioma dos Òrìṣàs*

PARTE III - VOCABULÁRIO

título de Ifá	èlà
título de Òṣàlà	ebikéjì
título no culto aos Orìṣàs	bàbálórìṣà, ìyálórìṣà

Termos religiosos diversos

ancestral, grupo ou conselho de anciãos	egbẹ́, àtànpàkò
aquele que faz sacrifícios	àṣogún ou obẹran
assim seja (= resposta), poder de realização	áàṣe, àṣe
capela	ilé ẹsin
carrego (parte negativa)	ẹrù
cemitério	ile ìkú, ilé òkú
comunhão	ìdapọ̀
consulta aos deuses	ìdáwọ́
cova, sepultura	ihò ilẹ̀, bojì
culto	èsin
destino (indicação do oráculo de Ifá)	odù
encantamento	ọfọ̀
festa	àríya, ṣiré
festa do inhame	Èla
fundamento de	Òrìṣà ìdí Òrìṣà
história, lenda	ìtàn
jogo de búzios ou consulta a Ifá	ìbò, dá + Ifá = difá
local de adoração, quarto de	Òrìṣà ojúbọ
meu senhor da existência	olúwa mi
natureza, criação	èdá
oferenda, obrigação de Òrìṣà	orò
preparo das folhas (ou das ervas)	àgbo, gbomu
sacrificar	rubọ, pipa
sacrifício à paz	ẹbọ àláàfíà
sacrifício de agradecimento	ẹbọ ópẹ́
sacrifício, oferenda	ẹbọ
sacristia	ọlọ́run ti nṣe isin, ilé kékeré ti ènia
sortilégio, boa sorte	Ifá dùn, iré

Vamos falar Yorùbá? | 169

PARTE III - VOCABULÁRIO

Termos diversos

a partir de	lílo
agradável	siàn, dédé
algo	nkan, ohun
algo com que se brinca	àfişire
algo, alguma coisa	nkan
alguém	ęnìkan
algum, outro	òmíràn
alguma, algum, alguns, pouco	díę̀
alto	giga
amanhã, riqueza, honra	ọ̀la
amarelo	àwọ yę́lò
amargo	kíkórò
antes	tę́lę̀télę̀, tę́lę̀
antigo	àtijọ́
anzol	ògìgì
apagado	ìparę́
apertado, estreito	dídín
após, atrás	lę́hin
aquele que nasceu para o mundo	abí sí àiyé
ardor	ìgbóná ara
arma de fogo (pistola, fuzil etc.)	ìbọn
assemelha, parece	dabí, gę́gę́
assinado	t'ęwọ́ b'ọwe ìfọwọ́sí
atrevido, presunçoso	àfojúdi
autêntico, verdadeiro	gidi, tòótọ́
azul	àwọ ojú ọ̀run, búlúù, arọ́
bamba	olórìpípe
bando, exército	ęgbę́ — ogun
barbeiro	onífári
barril	àgbá omi
beijo	ìfęunkonu
beleza, beldade, belo	ę̀wà

170 | Introdução ao idioma dos Òrìşàs

PARTE III - VOCABULÁRIO

belo, formoso, ter beleza	l'ẹ́wà ou lẹ́wà
bem	dára
bom	dára, dáà, dáadáa
bondade	inú rere, oore
bonito	lẹ́wà, dára
branco	àwọ funfun
branco	funfun
bravo, corajoso	gbóju
brilhante	ìmọ́lẹ̀, títàn
cabine	ilé ìyápá
caminhante	aràjo
capaz, hábito, apto, aptidão	gbígbọ́n
carga, fardo, resistência, carrego	ẹrù
cargo na casa de santo	ipò, oyè
carpinteiro	gbẹ́nà gbẹ́nà, alágbẹ́nà
casamento	ìgbẹ́yàwó
castigo, sofrimento	ìyà
catálogo	àkọ́sílẹ̀ fún lílọ̀ ojóiwaju
cátedra	ólóyè nínú óhùn iṣe
cativeiro (= campo do medo)	oko ẹru
caulim	ẹfun
certeza, lógica	adurofunni
cigarro	tábà, sìgá
cinzento (pardo)	àwọ eléerú
cisco	idọtu
claro, brilhante	ìmọ́lẹ̀
coitado, miserável	tòṣi
começar	bẹ̀rẹ̀
começo	ìbẹrẹ
como, tanto, nascer	bí
contribuição	ìdáwo
coragem	àiya
corajoso	láiyà

Vamos falar Yorùbá? | 171

PARTE III - VOCABULÁRIO

cores	àwọ
costume, hábito	àṣà
culto religioso	èsin
curral	ibùjẹ, ilé ẹṣin
curso, aula, aprendizado	ẹ̀kọ́
curto	kúrú
de volta, retorno, de novo	tún
dedo	ìka
defeito, falta	àbuku
depois	lẹ́hin náà
depósito	àsán sílẹ̀
deveres	ẹ̀tọ́
dia	ọjọ́
diferente, vários	oríṣiríṣi
difícil (vida dura)	lé
diligente, zeloso	làápọn
direito, justiça	jàre
direitos	óhun tẹni
doce	dùn
doença, mal	àrun, àisàn
doente, fraqueza	àìlera
dourado, cor de mel	àwọ bi oyin
duplo	méjìméjì
durante, no tempo de	lásèko
duro, resistente	le
dúvida, suspeita	ìméfò
em cima de	lóri
em torno de, quase	fẹ́rẹ̀
enérgico, duro, viril	lágbára
escasso	hán
escuro	òkunkun, òòkùn
espada, facáo	adá
estampado	àdìrẹ

172 | *Introdução ao idioma dos* Òrìṣàs

estragado, ruim	bàjẹ́
estreito	tóóró
estribo	kẹ́sẹ́
exatamente, mesma quantidade	si, gẹ, gẹ́gẹ́
extremamente, muito	jaí
facultativo	àinira, oṣemọwe
falador	olófofo
falta	aìní
faltoso, ausente	ṣíṣì
febre, calor	ibà
fel, amargo	korò
ferida	ọgbẹ́
ferido	gbọgbẹ́
feroz	ṣoro
fim	ìparí, òpin
final	òpin
finalidade	ìgbẹhìn
fino, delgado	tinrín
firmemente, grande	gangan
flexível, maleável	lẹ̀
folga	ìsínmí
fome	ebi
forte	tóbi, titobí
fósforo	ìṣáná
fraco	òlẹ, láigbara
francês (idioma)	ède faransẹ
fraqueza, doente	àìlera
fugitivo	sálọ
fulano	lágbàjá
fumante	amùkoko
fumo de cigarro, fumar	mu tábà
futuro	ẹ́hìn-òla
gabarito	èsì ìtúmọ̀, èsẹ̀ túmọ̀

PARTE III - VOCABULÁRIO

gabinete (de trabalho)	iyàrá ìṣẹ
garra (animal)	èèkán, èèkanná
gênero	ọ̀mọ̀wé
generosidade	ìtúwọka, àiláhun
ginásio	ilé eré
goela, gogó	gògóngò
golpe	lù, rúgúdù, awò
gordo, gordura	sanrá, ọ̀ra
grande (relacionado a cerimonioso)	tóbi, nlá
grande (relacionado a objetos)	tóbi
gritar, grito	kígbe (= ké + igbe)
grosso	nípọn
guerra	ogun
habitação	ibúgbé
herança	ìjogún
hoje	òní
homem branco (europeu, estrangeiro)	òyìmbó
homem casado	ọkọ
homem de influência, político	gbajúmọ̀
honradez, honestidade	tọlá, iwà
humano	ènia
idolatrado, idolatria	olórìṣà, pọ̀rẹrẹ
imaculado	aláilotọ, alitọ, láilábàwọ́n
impaciente, aflito	kikánjú
incalculável, nº 200 (cardinal)	ìgbà
inglês (idioma)	ède gẹẹsì, ède òyìmbó
inimigo	ọ̀tá
inteiramente	finfin
intenção	àkója
inúmeras	láilèkaye
irregularidade	láidọ́gba
já	ti
jogo ou esporte	eré, ere idaraya

174 | *Introdução ao idioma dos* Òrìṣàs

PARTE III - VOCABULÁRIO

juízo	ìdájọ
justamente, exatamente	gẹ
juventude	èwe, ọdọ́
lento, grande	fá, tóbi
leve	fúyẹ́
liberto	òmìnira
linha	ìlà
livro	ìwé
lógica, certeza	adurofunni
maculado	ọlọ̀tọ̀, lábàwọ́n
maduro	kikó gbígbọ̀
magro	tẹrẹ́
maior, maior que	tóbi, títobi
maneira (de fazer algo), modo	ìbẹ́wosí
marrom (castanho)	àwọ búráwùn
matança	ìtajẹ, pipa
matéria	ohun ìni, lára
material	ohun èlò máà
máximo	òpín óhùn
menor	kékeré
menos que	kò ju ... lọ
mês	oṣù
mesma, mesmo (quantidade)	gẹ́gẹ́, dọgba, dede, ẹ́gbẹ́
mesmo número	iye ká náà
mestre	olóhun
metade, meia(o)	ìdájì, àbọ̀
metal, ferro	irin
metro, cajado, bengala	osùnwọ̀n, ọ̀pá
milha	milì, ibuṣo
mínimo	kékeré, kókòkó
minúsculo	tíntìntín
mistério	àṣiri, awo
misterioso	jínlẹ̀

Vamos falar **Yorùbá?** | *175*

PARTE III - VOCABULÁRIO

moderado, meio, centro	mọníwọ̀n, agbedeméjì, àarin
mola	irin finkinfinkin
monstro	ewèle
muito, muita, muitos, muitas	púpọ̀, nini
mula	ìbaka
multa	owó ìdásílé
nada	kò sí
não	rárá, bẹ́ẹ̀kọ́, ẹ́n ẹ́n
ninguém	kòṣẹnia (kò si ènia)
nível	fàgún
nó	ìdíjú, ojóbó
no seu lugar, onde, outro	níbòmíràn
noite	alẹ́
nome	orúkọ
nome de rapaz	orúkọ ọdọ́'kùnrin
novo, de novo, novamente	titun, tún
núcleo	ìkórijọsí
número	iye
nunca	láilái
o, a, os, as, (de, da, das, dos)	náà, ti
ocasionalmente, às vezes	nílàre
ócio, ocioso, preguiçoso	ọ̀lẹ
ociosidade, preguiça	ìmẹ́lẹ, ìlọ̀ra
ou	tàbí
ouro	wúrà
outro, outra	omíràn
pagamento	si san owó
página	oju iwé
papel	ìwé, pépa
para	sí, láti, fún
parágrafo	ìwé kikọ
paraplégico	yarọ, amọ́kun
paz	àlàáfía

176 | *Introdução ao idioma dos Òrìṣàs*

PARTE III - VOCABULÁRIO

pedra comum e de assentamento	òkúta
perder, custo	ṣòfo
pergunta	ìbere, ìbi
perguntador	oníberè
perguntar	berè
pesca	ìpẹja
pintado (tecido)	àdirẹ (aṣọ)
pobre, pobreza	játijáti
poder (sentir o)	ronú ágbára
poder = força, prestígio	ágbára
ponta	ibi góngo
ponteiro (relógio)	ọwò kékeré, ọwọ́ gigun
por	fí
por favor, sente-se	jòwọ́, ẹ jókó ou jòwọ́ jòkó
português (idioma)	ède potogi
pouco	díẹ̀, ṣàipò̀
povo yorùbá em Abeokuta	ègbá
prata, dinheiro, moeda	fàdákà, owó fàdákà
prazer	fájì, ẹwù
pré-, antecedência	ṣíṣaju, tòsi
precioso, querido	niyebíye, níyelóri
precisamente	gangan, sí
preguiça	ìlòra
presença (sua)	ọdọ rẹ, iwáju, lóju
presente	ẹbun
presente, esta vida, aqui, neste lugar	níbí, ibi
preso	ẹlẹ́wòn
presunçoso	akọ judi, àfojúdi
preto	àwọ dúdú
primário	àkóbẹ̀rẹ̀
primazia, vantagem	jú
prisão	túbu
problema	ìjọ́gbòn, wàhálà

Vamos falar Yorùbá? | 177

PARTE III - VOCABULÁRIO

problemático	wàhálà
programa	èto
próspero	réré ìlọ́rọ̀
prova, ensaio	títọwọ̀, ìdánrawò
próximo	àrọ́wọto
quadrado	igun lọgọ̀gba
quadro-negro	pátákọ dúdú
qual dente?	ehín wo ni?
qual dentre outros?, algo	èwo láàrin?
qualidade (tipo)	irú
qualidade, tipo	ìwà, irú
qualquer coisa	ohunkóhun
qualquer pessoa que o fizer, o faça bem	ẹnikẹni ti o ba ṣe, ṣe ẹ rere
quanto custa?	èló ni?
quanto? (quantidade)	mélé ni?
quase	kùdíẹ̀, fẹ́rẹ̀, léti
quase, em torno de, de perto	fẹ́rẹ̀
que	kí
que é aquilo?	kíniyẹn?
que é?	kíni?
que há?, o que suplica?	kílo dé? kílo mbẹ̀?
que há?, que é que há?	kílo dé?, kílo ṣe?
que houve?, que aconteceu?	kílo ṣẹlẹ̀?
que quer você?	kíni o fẹ́?, kilo fẹ̀?
quem disse a você assim?	tani wí bẹ́ẹ̀ fún ọ?
quem é aquele?	taniyẹn?
quem é?	tani o?
quem está falando?	tani nsọrọ?
quente	gbóná
quentura	gbigbóná
quer comer?	ṣé o fẹ́ jẹun?
rápido (extremamente)	yára kíákíá

178 | *Introdução ao idioma dos* Òrìṣàs

rápido, rapidez, corrido	yára, nsáre
redondo	róboto
remédio	oògùn
renda (salário)	owó ọ̀ya
representante	àṣoju ẹni
resistente a provas	yeye
resposta, réplica	ìdáhùn
reunião	ìpádé
riqueza, honra, glória	ọlà, ọlá
roxo (cor do pássaro **alukọ**)	àwọ ẹlẹ́sẹ̀ àlùkò
ruim, não é bom	kò dára
sabedoria, sábio	ìmòye
sábio	gbọ́n, òye
sábio, hábil	gbọ́n
sanguinário, crueldade, malvadeza	búburu, níkà-nnú
saúde	ìlera, ara lile
saúde, sanidade	ìlera
seco	gbe, àìlomi
segredo	awo, àlámọ̀rí
selvagem	jàgídijàgan
sem graça	tẹ́
sempre	nígbogbo ìgbà
ser longo, ser comprido	gígùn
sexta-feira	jímọ̀
sim	hẹn, bẹ́ẹ̀ni, un-hun
solto	títu, aláidì
sonho (visão)	àlá
sozinho	nìkan
suficiente	tó
suporte, sustento	ìrànlọ́wọ́
tal	irú, báwọnni
tarefa	ìlà isé
teimosia	àiléti, òdí

Vamos falar **Yorùbá?** | *179*

PARTE III - VOCABULÁRIO

testa, frente, início, na frente	níwájú
torquês, pinça	èmú
tosse	ikọ́
total indiferença	afìyànjùṣe àibìkítà
trabalho	iṣẹ
traço	àpá
tradição hereditária	àtọwọ́dọwọ, àṣà
treva	òkunkun, òòkùn
tristeza	ìbànújẹ́, inúbájẹ̀
trováo (som), corpo celeste brilhante	àrá-ọ̀rún
tudo, todos	gbogbo
um, uma	ẹni, kàn, óhùn
único, somente	nkan ṣoṣo
vários, diferente	oriṣiriṣi
velhice, caduquice	bọrọkinni
veneno	ọ́rò
venenoso	ọ̀lọ́rò, ọ̀lọ́ ọ́rò
verdade	otitọ, òótọ
verde (cor da folha)	àwọ ewé, ewékò
vermelho	àwọ pupa, àwọ pupa bi èjẹ̀
vermelho forte, encarnado	àwọ pùpá rúsúrúsú, àwọ èjẹ̀, àwọ osun
vida	iyè, yè, aiyè
vivo	alayè
zeloso	làapọn

180 | *Introdução ao idioma dos Òrìṣàs*

PARTE III - VOCABULÁRIO

<u>ALGUMAS PALAVRAS ADAPTADAS DO INGLÊS PARA O YORÙBÁ</u>

Português	Inglês	Yorùbá
açúcar	sugar	ṣúgà
alface	lettuce	letúsì
batata	potato	pòtátò
café	coffee	kọfi, omi dúdú
cama	bed	béẹ̀di (bẹdi), ìbùsùn
cenoura	carrot	károtì
cobertor	blanket	kùbúsù
escova	brush	burọ̀ṣi
esquina (canto)	corner	kọ́nã
manteiga	beter	bọ́tà
moeda inglesa	shilling	ṣílè
natal	christmas	kérésìmesì
páo	bread	búrẹ́dì
rua	street	títì, ọ̀ná, òde
telefone	telephone	tẹlifọnù

Vamos falar Yorùbá? | 181

PARTE III - VOCABULÁRIO

YORÙBÁ – PORTUGUÊS

a de odo	chegamos ao rio
a dúpẹ́	nós agradecemos
a fíní mọ̀nà, olúmọ̀nà	guia
a fọna han	caminhante
a gun ẹsin	cavaleiro
à ìdógba, pinnu, mọ̀, fi òpin sí	desempate
a ko aṣọ wa	colocamos nossas roupas
a kun le	pintor
a má a	sempre
a wã	procuramos
á yan	esforço, perseverança
a yo	saciamos nossa fome
àà bò	proteção
àà bọ	meio, meia
àà bọ̀	metade
àà bò, ìbora	abrigo
àà bò, ìgbàsílé	acolhimento
àà fin, ilé ọba	palácio
aago ọwọ	relógio de pulso
àà jà	tipo de chocalho usado nas cerimônias rituais, adjá
àá ké	machado
àà là	limite
àà là, ìdínà	barreira
àá lẹ̀	vassoura de folhas de palmeiras
àà lẹ̀	um tipo de lepra
àá rá, mànàmáná	relâmpago
àà rẹ	título official, saudação para oficiais de alta patente
àá ró	ajuda mutual para o cultivo dos campos – àro
àá rò	saudade
àá rọ̀	manhã cedo
àà rò	forno de pedras

182 | Introdução ao idioma dos Òrìṣàs

PARTE III - VOCABULÁRIO

ààrọ̀	de manhã
ààrò, ìdáná	forno
àárù	carrego ẹrù
àatà	tambor para pegar óleo de palmeira
àawẹ̀	jejum
aáyan	força de vontade
aaṣẹ̀	porta larga
aàyè alàyè	vivo (a)
àayò	favorita (pessoa que é)
aayu	alho
àbá, àmọ̀ràn, ìṣíníyè, ìránlétí	sugestão
àbá, ìrò, imọ̀ràn, ìmọ̀	opinião
àbá, ìrò, òye	imaginação
abafu	fortuna
àbàmì	pessoa notável, famosa
àbàtà	pântano
ábẹ, ọ̀bẹ fari	navalha
abẹniwò, olùbẹ̀wò, ìkésí	visita
abẹrẹm	bolo de milho envolto em folha seca de bananeira
abẹ́	baixo
abẹ́	expressão eufemística para os orgãos genitais
abẹ́ obìnrin	vagina
àbẹ̀bẹ̀	leque
abẹ̀bẹ̀ onína	ventilador
àbẹ́là	vela
abẹ́òkútà	nome de uma cidade yorùbá
abẹ́rẹ́	agulha
abiã	são filhos de santo que ainda não se iniciaram
àbíkú	àbí = nascimento ìkú = morte
àbíkú	pessoas que tiveram problemas ao nascerem
abíyá	axilas
abo	fêmea
abo	prefixo ao nome de um animal, significando que este é fêmea

Vamos falar Yorùbá? | 183

PARTE III - VOCABULÁRIO

abọ̀	adorador
ábọ	prato (de ágata)
àbọ̀	a volta, o retorno
àbọ̀	chegada, chegar
abo màlúú	vaca
abo pẹ́pẹ́yẹ́	ganso
àbọ̀, bíbọ̀, dídé, àtidé	vinda
abọrẹ́	auxiliar ou um ídolo do sacerdote
abọrú-boyè ó!	cumprimento ao sacerdote de Ifá
abuka	acompanhar
abuku, ẹgan	jaca
àbùkù, ẹ̀gàn, ẹ̀tẹ́	vergonha
àbùkú, kéré, sí	defeito, menos
àbúrò olúṣó	irmão mais jovem
àbúrò, kékeré, àtẹ̀lé	júnior
aburu	diligente, zeloso
àbùwẹ̀ ọṣẹ ìwè	sabonete
adá	pessoa que causou (algum fato)
àdá	facão, espada
adaá	homem que prova a comida para averiguar se está envenenada
àdàbà	pássaro africano que voa em linha reta e muito rápido
adágún, adágún omi	lago
adajọ	juiz
àdán	morcego
adáwunṣe	médico, quem usa práticas medicinais e mágicas
adẹrubani	medroso
adé	coroa
àdéhùn	compromisso
àdéhùn, ìfinúṣọ̀kan, ìfohùnṣọ̀kan, ìpínhùn	acordo
àdéhùn, ìgbéyàwó, fifẹ́sọ́nà	noivado
àdéhùn, ìmùlẹ̀, ìpinnu	tratado
àdéhùn, ìpínhùn, ìpinnu	contrato
ademu	cabaça com tampa

184 | Introdução ao idioma dos Òriṣàs

PARTE III - VOCABULÁRIO

adikala	pessoa manchada, com cicatrizes
àdìrẹ	tipo de pano tinto por mulheres e homens em padronagens
adití, dití	surda (o)
adìyẹ	galinha
adjá	adijá
ado	comida feita com fubá de milho, mel e azeite de dendê
ado-iran	é uma cabaça de cano longo carregada por èṣù na mão
ãdọ́rin	setenta
ãdọ́run	noventa
ãdọta	cinquenta
adóṣù	pessoa que raspou o **ori** e recebeu o **oṣu**
àdúgbò	rua ou bairro
àdúgbò àti ilé tí ẹnìkan n gbé	endereço
àdúgbò ìlú, sàkání	vizinhança
àdúgbò kan	mesmo bairro, um bairro
adùn	doçura
adúpẹ́, ẹ ṣe o	obrigado
àdúrà	reza, oração
àdúrà, èbẹ̀	prece
afárá afáá	ponte
afárá, ọ̀nà tí a ṣe sórí odò fún rírìn-kọjá	viaduto
àfẹ́	prazer
afẹ́ẹ́fẹ́	vento
àfẹ́ẹ́mójúmọ́, kùtùkùtù	alvorada
afẹ́fẹ́-líle, ìjì	vento
àfẹsọ́nà	noiva
àfín	albino
àfiwé	comparação
afìyèsí	atenção, cuidado, observação
àfojúbà	presença
àfòmọ́	parasita (de planta)
àga ènìyàn púpọ̀	sofá
àga, àga rògbòkú	poltrona

Vamos falar Yorùbá? | 185

PARTE III - VOCABULÁRIO

àgá, ìjókòó	cadeira, ato de sentar-se
àgádá	espada, cimitarra
àgàdágodo	cadeado
Aganjú	filho do rei Àjàká
agbá	barril
àgbá	romã
àgbà	adulto, mais velho
àgbà, àgbàlagbà	adulto
àgbàdo lilò, gbẹrẹfu	fubá
àgbàdo tutu	milho verde
àgbàdo, ọkà	milho, comida feita com farinha de inhame ou mandioca
àgbàlá, ẹhìnkùnlé	pátio
agbara	poder, resistência
agbára	força
agbára, ipá	potência, pontapé
àgbẹ	fazendeiro
àgbébọ, àgbébọ adìyẹ	galinha adulta
àgbẹdẹ	forja
agbedeméjì, ìlàjì, ààbọ, ìdáméjì, ọnà	meio
agbẹdù	estômago (do animal)
agbèdu, ìfun	intestinos
agbègbè, ẹkùn ìlú, ààlà ìlú	região
ágbègbè, ẹkùn, ẹkún	bairro
àgbékọ́	dobradiça
àgbélebu	cruz
agbéraga	orgulhoso
agbére	arrogância, orgulho
àgbèré	prostituta, adúltera, libertina, devassa
agbo	líquido composto por sangue animal e ervas masceradas.
àgbò	carneiro
agbòjò	guarda-sol
agbọ́n	vespa, marimbondo, tipo de abelha

186 | Introdução ao idioma dos Òrìṣàs

PARTE III - VOCABULÁRIO

àgbọn	coco
àgbọ́n	cesta de palha
ẽgbọ̀n, owu	algodáo
agbọnrin	búfalo
àgbọ̀nrín	antílope
agboòrun	guarda-chuva
àgbọ́sọ ọ̀rọ̀ tí ó lè jẹ́ irọ́ tàbí òtítọ́, ìhìn	rumor
agbowo	cobrador
agẹmọ, alágẹmọ, ọ̀gà	camaleáo
agẹrẹ	toque de ọ̀ṣọ́ọ̀sì
àgé	chaleira
agílítí	uma espécie de feiticeiro
aginjù	deserto
aginjù	floresta
àgò	balaio
àgò	pedido de licença
àgọ́	cabana
àgò	roupa característica usada pelo **egúngún**
ago ìpènìyan, agogọ́ ìpènìyàn	campainha
àgọ́, ibùdó, ipò	sítio
ago, ife, ìgò	xícara
agogo	campânulas de ferro, superpostas, uma menor que a outra
agogo	relógio
àgògò	modo pelo qua os devotos de **Ṣàngó** prendem seus cabelos
agolo, tánnganran	lata
ãgùn	suor
àgùnfan	girafa
àgùnfan	grow coroado
àgùntàn	ovelha
àgùntàn	ovelha
ahọ́n, èdè (ìlú)	língua
àì	sem
àidà-ara	bem estar

Vamos falar **Yorùbá?** | *187*

PARTE III - VOCABULÁRIO

àìdan, àrìdan	fava utilizada em diversos rituais e ebu
àìgbó, àìpọ́n, àìdẹ̀, láìpọ́n, láìdẹ̀, àìsè, tí kò jiná	cru, o que não está maduro
àììsàn, àìléra, òkùnrùn	doença, enfermidade
àìléra	fraqueza, enfermidade
aileye	inúmeras
àìmoore, àìlọ́pẹ́, ìwà àìmoore tàbí àìlọ́pẹ́	ingratidão
aini	falta, pobreza
àìní	necessidade
àìní, àìtó, àìpé	faltar
ainiye	muito
àìròtẹ́lẹ̀, láìròtẹ́lẹ̀, lójijì, láìretí, òjijì	súbito
àìsí	nada totalmente
àiya	peito (do animal)
aiye soki	parágrafo
aiṣedede	mal, mistério
àìṣèrú, ìṣedédé, ìwà títọ́, òtítọ́	honestidade
ajá	cachorro
ajá	cão
àjà	varanda, celeiro
ààjà tipo de sineta usada pelos babaloriṣa nas cerimônias religiosas	
àjà	um tipo de vento
àjà ilé	teto
ajabọ̀	comida votiva de Ṣàngó
ajadigi	tronco de árvore firme como rocha
ajadun	sensualidade
àjàgà, àjàgà ọrùn, ìtẹríba, àmì ìsìn ẹrú, àmi ẹ̀wọ̀n jugo	
ajagbula	senhor inflexível e obstinado
àjàkálẹ̀ àrùn	epidemia
àjàkálẹ̀ àrún, ìyọnu	praga
ajaku	guerreiro sanguinário
àjálù, ìjàmbá, wàhálà, òpin ọ̀ràn	catástrofe, conflito mortal
ajambaku	insuficiente, deficiente

188 | *Introdução ao idioma dos Òrìṣàs*

PARTE III - VOCABULÁRIO

ajẹbo	comida oferecida ao Orìṣà Ọbàtálà (ebo)
ajẹbọ́	comida oferecida aos òrìṣà para resolver um compromisso
àjẹ́	feiticeira
ajé owo	dinheiro
Ajé Ṣalúga	Òrìṣà da riqueza e da sorte
ajere, aje	coador, pote perfurado, cuscuzeiro
ajigbèsè	devedor
àjò	meio
àjò, irìn ájò	viagem
àjọ̀dún	festa anual
ajogún, àròlé	herdeiro
àjòjì	estrangeiro
àjọpín	divisão, partilha
àjọyọ̀	celebração, júbilo
àjùlọ, ìjùlọ	superioridade, superior
aka	preguiça
aká	lepra
àká	celeiro
àkààkú, àkààkú baba erin, opósi	caixão de defunto
akàn, alákàn	caranguejo
àkàrà	bolo, acarajé, bolo de feijão, frito
àkàrà	bolo, biscoito
àkàrà dídùn, àkàrà	bolo doce, bolo de feijão
àkàrà jẹ	comer bolo
àkàrà òyìbò, bìsìkítì	biscoito, bolo
àkàrà, bùrẹ́dì, onjẹ	pão
àkẹtẹ̀	chapéu
akẹ́ẹ̀kọ́, ọmọ ilé-ẹ̀kọ́	aluno
akẹ́kòọ́, ọmọ ilé-ẹ̀kọ́	estudante
akíkanjú	bravo, intrépido
akin, akọni	bravo, corajoso
akinkanju	valente
akọ	macho

Vamos falar **Yorùbá?** | *189*

PARTE III - VOCABULÁRIO

akọ	precedendo a palavra forma o masculino de animais
akọ màlú	touro
akọ oyin	abelhão
akọ pẹ́pẹ́yẹ́	pato
akọ, ọkùnrin, ti akọ	varáo
akọba	pré
akọbẹrẹ	primário
àkóbẹ̀rẹ̀, ìbẹ̀rẹ̀ nkan	estréia
àkójọpọ̀ ènìyàn tí yóò ṣe nkan	equipe
àkójọ́pọ̀, ìdìpọ̀, ẹgbẹ́, ìdàpọ̀	grupo
akoko	pote
àkókò	época
àkókò isimi lẹ́hìn iṣẹ́, ìsimi ọlọ́jọ́ pípẹ̀	férias
akókó kan	semestre
àkókò wàhálà tàbí iṣòro, ewu,	
àìbalẹ̀ ọkàn nítorí ọjọ́ iwájú	crise
àkokò, àsìkò	período
àkókò, sáà, ọ̀tẹ̀	tempo
akọni, alágbára	herói
akọni, láyà, gbójú, tí ó ní ìgbóyà tàbí ìgbójú	valente
ákọ́rin	cantor (a)
akoro	capacete, elmo
àkọsẹ̀bá, orí ire àìròtẹ́lẹ̀, èẹ̀ṣì, àrìnnàkò	acaso
akọsilẹ fun lilo ọjọ iwaju	catálogo
àkọ̀tun	fresco(a), novo (a)
àkùkọ adìyẹ	galo
àkùkọ, àkùkọdìyẹ	galo
akùn-yungbà	poetas reais
akúra	impotente
akúùṣẹ́	pobre
àlá	sonho, visão
àlà	pano branco, tipo de roupa branca
aláàbìkítà	ignorante

190 | *Introdução ao idioma dos* Òrìṣàs

PARTE III - VOCABULÁRIO

àlàáfáà, ìfàyàbalè	paz
aláàfin	título do governador de ọ̀yọ́
aláàgbà	mais velho, titular entre os **egúngún**
aláàgbọ́ràn	desobediente
aláàrù	carregador
aláàwè	pessoa em regime (jejum)
àláàwígbọ́	pessoa obediente
aláàwọ̀	colorido
alààyè	pessoa viva
àlàbá	nome
alábàáṣiṣẹ́, alábàápín, ẹnìkejì, ẹlẹ́gbẹ́	sócio
alabagbe	morador
alabalòpọ	camarada
alabaṣẹ	empregado
alabaṣe pọ	camaradagem
alábòójútó, alákòóso, ẹni tí n ṣe ìpínfúnni	administrador
alaboyum	bata
alábùkún fún, ní inúdídùn	abençoado
alábùkúnfún	bem-aventurada (do)
aládé, ọba, ayaba	rei, rainha, pessoa que usa coroa
aládúrà	aquele (pessoa) que reza
aládùúgbò, alábàágbé	vizinho
àláfíà	boa sorte, paz e saúde todas as coisas boas
alága	presidente de uma ocasião
alagbara	pessoa forte, poderosa
alágbára jùlọ, olódùmarè, alágbára àìlópin	todo-poderoso
alágbe, oníbáárà	mendigo
alágbẹ̀dẹ	ferreiro
alai lagbara	fraco
alai rufin	liberto
aláìda	maldoso
aláìládèéhùn, ènìyàn-kénìyàn, alárèékérekè, arẹnijẹ	tratante

Vamos falar Yorùbá? | 191

PARTE III - VOCABULÁRIO

aláìlera, aláìsàn, olókùnrùn, àìsàn, àìlera	doente
aláìlérò	pessoa que não pensa (burro)
alailoto	imaculado
alaimo	burro
aláìmoore, aláìlópé	ingrato
àláìní òbí	orfão
aláìní, abòṣì, tálákà	pobre
aláìnítìjú	sem vergonha
aláìsàn, onísùúrù, onípamóra	paciente
alákàrà	vendedor de bolos, proprietário do àkàrà
alake	o título do rei da cidade de abçokuta
alaketu	título do rei de ketu
àlálá	sonhador
alamoju	sabedoria
alámùn	qualquer feiticeiro
alántakùn eléná	aranha
alápínni	o mais velho titular em todos os cultos de egúngún
aláre	doente
aláre	inocente
alàrùn	doente
alásè	cozinheiro
alásewàn-èdá	pessoa que ostenta – aláṣejù-èdá
alásotélè, aláfòṣe, awomi, alábùso	adivinhador
aláte	proprietário ou pessoa que usa chapéu
aláwo	adivinho
aláṣe	pessoa de autoridade
aláṣe	pessoa de autoridade
alàyè	explicação
alàyè	vivo
aláyé, aláyélúwà	cumprimento aos reis. ior.
aláṣo	proprietário das roupas
Aláṣo Àlà	nome de um Òrìṣà em ìbàdàn associado às mulheres.
álé àna	ontem de noite

192 | Introdução ao idioma dos Òrìṣàs

PARTE III - VOCABULÁRIO

ale	remédio para estéril
alé	entardecer
alé	entardecer
alé	noite
àlé	concubina
àlejò	visitante, visita
àlejò, àlèjì, ará ìlú miràn, ti ìlú m iràn	estrangeiro
àlìkámà, ọkà	trigo
àlọ	a ida
alónilówógbà	trambiqueiro
àlùbọ́sà	cebola
àlùbọ́sà	cebola
àlùbọ́sà eléwé	cebolinha
alubọsa tínrín	alho
alufa aṣẹ	batina de padre
àlùfáà, bàbá	padre
àlùjànún	cultuadores de todos os espíritos (maus espíritos)
àlùjọnnú, àrọni	fada
alúkósó	tocador de kósó, os atabaques que acordam o **aláàfin**.
àlùmóngàjí	tesoura
alupupu, mótọ̀	motocicleta
amala	comida votiva do **Òrìṣà Ṣàngó**
àmi	inspecionar, explorar
àmì	acento, sinal
àmì ohùn ìlú òkèrè tí n han nínú èdè sísọ	sotaque
àmì, ohun pàtàkì	ponto
amọ̀	barro
àmódi	doença – **àìsàn**
àmọ́dún	no próximo ano
amòfin	jurista
amòfin, agbẹjọ́rò, alágbàwí, lọ́yà	advogado (a)
amọ̀nà, alákòóso, awakọ̀	condutor
àmọtẹ́kùn	leopardo

Vamos falar Yorùbá? | 193

PARTE III - VOCABULÁRIO

àmúga ìjẹun, àgúnjẹ, ṣíbí ẹlẹ́gà	garfo
amúga, oníga, ṣíbí oníga	garfo
àna	cunhado (a)
àná	ontem
ànfàní, àunfàní	útil, utilidade
ànfàní, ìrọ̀rùn, àyè èrè	vantagem
ànfàní, kíkàn, ìdùnmọ́, ìní ìfẹ́ sí	interesse
ángẹ́lì, màlékà	anjo
aníyàn	solicitude
àníyàn, aájò, ìtójú, àbójútó	cuidado
ànjànún, àlùjànun	maus espíritos
aọ́n, awọ́n	língua
apá	asa (do animal)
apá	braço
àpá	cicatriz
àpà	pessoa que não dá valor
apá ilẹ̀ tí a lè fi ojú rí, ìwò ilẹ̀	paisagem
apá ọ̀tún, apá l'ọ̀tún	à direita, do lado direito
àpáàrá	raio
apákan, ìpín	parte
apála	pepino
apanijẹ	dança ritual do Òrìṣà Obaluaiye
apànìyàn	assassino
àpárá	zombar, chacotear
àpárá, ẹ̀fẹ̀, ọ̀rọ̀ ẹrín	piada
apárí	careca
àpárí	cabeça de inhame
apẹja	pescador
apẹrẹ	caixa usada para guardar o igbadu
àpẹrẹ	exemplo
àpẹrẹ	retrato
àpẹrẹ	sinal
àpẹrẹ, àwòrán, ìwò, ìrísí, ìrí àmì	figura

194 | Introdução ao idioma dos Òrìṣàs

PARTE III - VOCABULÁRIO

àpẹrẹ, àwòṣe, àwòrán,	
ìdíwọ̀n ohun tí gbogbo ènìyàn f'ohùn sí	padrão
àpèjọ, àpérò, ìjùmọ̀sọ, ìsọ̀rọ̀, ìdánilẹ́kọ̀ọ́	conferência
àpèjó, ìpàdé	reunião
apẹ̀rẹ̀	cesta
ápẹ̀rẹ̀, ágbọ̀n	cesto
apèsè, olùpèsè	abastecedor
àpò	bolsa
àpò	bolsa
àpò	o bolso, a bolsa, o saco, a sacola
àpò ìtọ̀, àpòtọ̀	bexiga
àpòkùn, àpòlúkù	estômago
apolá elgin	mandíbula
àpọ́n, aláìláya, ọkùnrin tí kò tíì gbéyàwó	solteiro
àpọnlé	elogio
àpóti	caixa, cofre, mala
àpótí ìbò, àpótí kékeré	urna
àpótí ìfi aṣọ sí, àpótí aṣọ,	
àpótí ìrín àjò, àpótí ìfi ìwé ránṣẹ́	mala
àpótí ìfowó pampọ́	cofre
àpóti ìjókó	banco para sentar,
àpótí ìwé	estante
àpótí tí a ṣe mọ́ tábìlì nínú èyí tí a n pa	
nkan mọ́ sí	gaveta
àpóti-aṣọ	armário, guarda-roupa, baú de roupas
ara	corpo
ara	pessoa
ará	habitante
àrà	estilo moda
àrà	qualquer coisa nova
ãrá	trovão
ara ẹsẹ	canela
ara ènìà	corpo humano

Vamos falar Yorùbá? | 195

PARTE III - VOCABULÁRIO

ará ìlú, ẹgbẹ́	comunidade
ara lile	saúde
ara, ẹgbẹ́	corpo
àràbà	o mais graduado sacerdote de Ifá
àràbìnrìn	irmá
ará–ilé	parentes, familiares
araku	mortal, ser humano
àrákùnrin	irmão
aránbàtà, ẹni tí n tún bàtà ṣe	sapateiro
aranṣọ, alágbàrán	alfaiate
àre	inocencia
àrékérekè, àrékendá, ọgbọ́nkọ́gbọ́n	astúcia, deslealdade, dissimulação
àrèmọ	filho mais velho
arere, aiyera	tranquilidade, sossego, silêncio
ãrin	meio
arìnnàn àjò, arìnàjò, àrìnrìnàjó	viajante
àríwá	norte
àríya	festa
aro	prato de bateria (percussão)
aró	infusão de indigo para tinturas
aró	tinta tradicional
arò	cantigas ou palavras expressando lamentações
arọ	alejado
arọ́	instrumento de ferro
àró	título de eminência entre os ògbóni – aro onímalẹ̀
ãrọ̀ àna	ontem de manhá
arọ́-àgbẹ̀dẹ	funil
àrọ̀nì	um duende imaginário
arugbá	carregador da cabaça numa procissão
arúgbó	velho (pessoa ou animal)
àrùn	doença
àrùn, ààrùn, márùn	cinco

196 | Introdução ao idioma dos Òrìṣàs

PARTE III - VOCABULÁRIO

arundinlãdọta	quarenta e cinco
arundinlogoji	trinta e cinco
asà, àabò, àpáta	escudo
asán	inútil, inutilidade
asan silẹ	depósito
asán, òfo	vaidade
àṣàrò	meditação
àṣẹ	assim seja (uma ordem)
àṣẹ	força, autoridade
àṣẹ	ordem, comandar, ordenar
àṣẹ, ètò, ẹsẹ	ordem
asè	refeição
asẹ́	coador
àsè	comida para festa
àsè, àpèjẹ, àjọ, àjọdún, àjọyọ̀, àsè àpèjẹ	festa
àṣetò	programado, organizado
àṣeyọrí, òpin, ìyọrísí, ìparí	êxito
àsewàn	ostentação
aṣẹ́wó	prostituta
àsía	bandeira
ásìkí	fama, renome
àsikí	sucesso
àsìkò	tempo, época
asiko iwure	outono
asiko otutu	inverno
asiko ọyẹ	verão
asiko yi	século
aṣọ	roupa
aṣọ àríyá	traje a rigor
àṣọ àwo pépà	guardanapo de papel
aṣọ fèrèsé, ẹnu ònà	cortina
aṣọ gígùn	vestido longo
aṣọ ìbora	cobertor

Vamos falar Yorùbá? | *197*

PARTE III - VOCABULÁRIO

aṣọ ìbora	colcha
aṣọ ìbora, aṣọ àkéte	lençol
aṣọ ìbusùn	lençol
aṣọ ìkélé	cortina
aṣọ ìlékè	paletó
aṣọ ìlékè, aṣọ ìwòsùn	robe
aṣọ ìlékè, ẹwù pénpé	capa
aṣọ ìnu àwo	pano de copa
àṣọ ìnù àwo	pano de prato
aṣọ ìnujú	lenço
aṣọ ìnujú	toalha de rosto
aṣọ ìnura	toalha
aṣọ ìnura	toalha de banho
aṣọ ìrọ̀rí	fronha
aṣọ ìwẹ̀	maiô
aṣọ ìwọ̀sùn	pijama
aṣọ òkè	pano-da-costa
aṣọ ọ̀ṣọ́ ilẹ̀ ilé, aṣọ ibùsùn	tapete
aṣọ tábìlì	toalha de mesa
aṣọ tí a fi òwú hun, owó, èrè àkójọpọ̀ owó ìlú	renda
aṣọ títẹ́ sílẹ̀	tapete
aṣọ wíwọ̀, ẹwù gígùn	vestido
aṣọ ṣẹ́dà	seda
aṣọ, aṣọ tàbí ohun wíwọ̀	roupa
aṣọ, ìlékè, ẹwù àwọlékè	casaco
aṣọ́gbà, ọlọ́gbà, olùṣọ́gbà	jardineiro
aṣojú	agente
aṣojú pessoa representante de uma comunidade (deputado, etc)	
aṣọ–kíko	ato de bordar roupa
aṣọ–kíko	bata
asọ́tẹ́lẹ̀	aviso, profecia
asọtẹ́lẹ̀, ìsọtẹ́lẹ̀, àfọ̀ṣẹ, wíwo omi, àlàmọ̀	adivinhação
ata	pimenta

198 | Introdução ao idioma dos Òrìṣàs

PARTE III - VOCABULÁRIO

àtà	cumieira
ata nlá	pimentáo
ataare	dedáo do pé
atafo ojú	filme
atare	pimenta da costa
àtàrí	coroa
àtàtà	importante (pàtàkì)
ateja	peixeiro
àtelésè	sola dos pés
ate	boné
ate	qualquer chapéu (àketè – fìlà)
até	aplauso, palmas
atégùn	vento (afééfé, efúùfù)
àtègùn kékeré	degraus
àtègùn, àkàsò, àkàbà, àtègùn ilé	escada
àtègùn, ipò, ìgbésè	degrau
àtélesè	planta do pé
àtélesè	planta dos pés
àtélewó	palma da mão
àtélewó, àtéwó	palma da mão
àtijó	tempos passados
àtíjó, tipe	antigo
atogbà	o que é passado de mão em mão
atohunrìnwa	estranho
atohunrìwa	imigrante
àtori	vara
àtorin	vara de ẽgun
àtùpà, fìtílà	lampião, lamparina
aun, awun	tartaruga
àwa	nós
awa ti ni	tivemos
àwààdà	hemorragia, menstruação
áwakò	motorista, piloto

Vamos falar Yorùbá? | 199

PARTE III - VOCABULÁRIO

àwárí, ìwàdì í, wíwá, ìwákiri	busca
awẹdẹ	tipo de ervas usadas na consagração de imagens
àwígbọ́	obediência
àwìn	crédito
awin, ajagbọ̀n	tamarindo
awo	segredo, culto
awò	espetáculo
awò	rede de pesca
awọ	coro
awọ	pele humana
àwo	pires
àwó	prato (de louça)
àwọ́	pele (de ave), couro (4 patas)
àwọ̀	cor
àwọ̀ àlùkò, elésè àlùkò	roxo
awọ ara, èèpo	pele
àwọ̀ ẹlẹ́sẹ àlùkò	roxo
awo ẹpọ̀n	escroto com testículos
àwọ̀ dúdú	preto
àwọ̀ dúdú, dúdú, ènìyàn dúdú, ṣú	negro
àwọ̀ eérú	cinza
àwọ̀ ewé	verde
àwo fifẹ nlá	travessa
àwọ̀ funfun	branco
àwo ìfọwọ́ ní balùwẹ̀	pia
àwo kékeré	pires
awò ojú	óculos
àwọ̀ ojú ọ̀run	azul
àwọ̀ omi ọsàn	laranja
àwọ̀ pákó	marrom
àwo pẹrẹsẹ	prato
àwọ̀ pupa bí èjè	vermelho
àwọ̀ pupa rúsúrúsú	amarelo

200 | *Introdução ao idioma dos* Òrìṣàs

PARTE III - VOCABULÁRIO

awó, ẹtù	galinha d'angola
àwòdì	falcáo
àwòdì	gaviáo
àwòdì	gaviáo
awọ́n	língua
awọ́n	língua
àwọn	eles, elas, os, as
àwọ̀n	rede
àwọn ènìyàn, ènìyan	gente
àwọn tí ó pọ̀ jù, èyí tí ó pọ̀ jù	maioria
awọn toun kuro ni lu	emigrante
awọn toun wọlu	imigrante
àwòrán	mapa
àwòrán	retrato, desenho
àwòrán ara ògíri	quadro
àwòran ẹ̀yà-ara	anatomia
àwòrán, àpẹrẹ, àpèjúwe	desenho
àwòrán, ère, ìrí	imagem
awòran, olùwòran, ònwòran	platéia
àwọsánmà, ojú-ọ̀run,	
ojú-sánmà, òwúsúwusú, ìkúúkùu	nuvem
ayà	tórax
àṣa	pessoa mal comportada
àṣá	gaviáo
aya àfẹ́sọ́nà	noiva
aya nini	coragem
àyà, igbá àyà, ọmú, ọyàn, ìgẹ̀	peito
àṣà, ìwá, ìlò, iṣe	costume
aya, ìyàwó	esposa
àṣà, ìṣẹ̀dálẹ̀, iṣe, ìwà, riro oko, ojú lílà	cultura
àṣà, olopa ẹnu bode	alfândega
ayaba, ọba-bìnrin	rainha
àṣálẹ́, ìkásẹ̀ ọjọ́, àìsùn ọdún, ọjọ́ tí ó ṣáájú ọjọ́ ọdun	véspera

Vamos falar **Yorùbá?** | 201

PARTE III - VOCABULÁRIO

àyán	nome da árvore onde Ṣàngó se enforcou
áyán, aayán	barata
àyànmọ́, àyànmọ́ ìpín, òpin ibi tí a n lọ, òpin èniyàn tàbí nkàn	destino
aye	lugar
àyè	posição
àyè isinni	solto, livre
àyè, àfo, àlàfo, ìrú omi, ìgbì nlá	vaga
ayé, aiyé	terra, mundo
àyè, àsìkò tí ó wọ̀	oportunidade
àyè, fífún ní i bùgbé, ìbámu, ìṣedédé, àtúnṣe	acomodação
aṣẹ̀dá	sacerdote jovem de Ifá (mais novo)
ayédèrú	fraude
àyíká, agbègbè, àdúgbò	ambiente
ayinde (ainde)	reencarnação
àṣìṣe, ìṣìnà, ìṣáko, èèṣì, ẹ̀ṣẹ̀	erro
ayo	intoxicação
ayò	jogo
ayọ, inúdídùn	alegria, feliz, felicidade
àyọ̀, irọra, àlàáfía, orí ire	felicidade
ayun, ayun ilé ẹni, fífà ọkàn sí ilé ẹni	saudade
b'ẹ̀bẹ̀, bẹ̀, tọrọ	implorar
bá	encontrar, alcançar
bà	aceitar a pedra
bá kẹ́gbẹ́, darapọ̀ mọ́	associar
bá làjà, ṣe ìlàjà	reconciliar
bà ní orí jẹ́, sọ di asínwín, di asínwín, di wèrè, mú bínú	adoidar
bà nínú jẹ́, mú kọsẹ̀, ṣẹ́ níṣẹ̀ẹ́, ṣẹ̀	magoar
bá sọ̀rọ̀, addressi	endereço
bá wí, jẹ níyà, tọ́, kọ́, kó (ní ìjànu)	disciplinar
bá, f'ọwọ́ tẹ̀, dé	alcançar

202 | Introdução ao idioma dos Òrìṣàs

PARTE III - VOCABULÁRIO

bàbá	pai
bàbá-kekere	pai pequeno
bàbálawo	sacerdote de Ifá
babálorìṣà	sacerdote de santo
bàbálorìṣà	pai de santo
babalọsanyin	encarregado de colher as folhas para as obrigações
babanla	cargo existente dentro da casa de egun
bajẹ́	mal, triste, ruim
bàjẹ́	estragar
bàjẹ́, rà, burú síwájú	decair
bákannáà	mesmo assim, também
bá-kẹgbẹ	associar-se
balogun	comandante, chefe guerreiro
balùwẹ̀ alawo	banheira
balùwẹ̀, ilé ìgbẹ́	banheiro
bá-mú	encaixar, combinar com
bantẹ	short
banújẹ́, fajúro	triste
banújẹ́, fajúro, rẹ̀wẹ̀sì, doríkọ́	jururu
banújẹ́, kâánú, kẹ́dùn, ṣẹ, èrò, ìmọ̀, ọgbọ́n, ìpinnu, ipa ọnà, ọnà, ìdí, ìtúmọ̀	sentido
bá-pade	encontrar com
bá-pin	dividir com
bàrà	melancia
bá-rìn	andar com
bàtà	bota
bàtà	sapato
bàtà gígùn	botas
bawo?	como?
báwo?, ní ọnà wo? bí	quão
bá-ṣe	fazer com
báyìí, nítorínâ, bí irú èyí	assim
bẹ	sem educação

Vamos falar **Yorùbá?** | 203

PARTE III - VOCABULÁRIO

bẹ	tirar
bẹ ẹlòmíràn láti ṣe tàbí ra nkan, ràn ní iṣẹ́, bẹ̀ ní nkan, fi àṣẹ fún, jẹ èrè	encomendar
bẹẹrẹ	extenso – amplo
bẹ̀	pedir
bẹ́	pular, estoura
bẹ̀, gbàdúrà, tọrọ	rogar
bẹ́, jádìí, ṣẹ́, fọ́, gbiná	explodir
bèbè	beira, ponta
bebe dáyá, aadùn òyìnbó	bala
bẹ̀bẹ̀, béèrè, ṣe ìbéèrè	pedir
bẹ́ẹ̀	assim
bẹ́ẹ̀	também, assim
bẹ́ẹ̀ gẹ́gẹ́	também, bem assim
bẹ́ẹ̀ kọ́ láé, àlá tí kò lè ṣe	nunca
bẹ́ẹ̀kọ́	não
bẹ́ẹ̀kọ́ lái	nuna, jamais
bẹ́ẹ̀ní	sim
bẹ́ẹ́rẹ̀	primeira filha
béèrè, ṣe ìbéèrè	perguntar
berè	pergunta
bẹ̀rẹ̀	começar, abaixar-se
bẹ̀rẹ̀	iniciar
bẹ́rú, fòyà	temer
bí	como
bí	nascer
bì	vomitar
bí (ọmọ), gbèrú, rú jáde, hú jáde, bẹ̀rẹ̀sí, yọ (òòrùn)	nascer
bí àtẹ̀hìnwá, bí ti tẹ́lẹ̀, di bárakú	usual
bí bẹ́ẹ̀ kọ́, bí kò ṣe bẹ́ẹ̀	senão
bi o bá di àlẹ́	mais tarde
bí ó tilẹ̀ jẹ́ pé bí	embora

204 | Introdução ao idioma dos Òrìṣàs

PARTE III - VOCABULÁRIO

bi oyin	com açúcar, açucarado
bí, bí ó bá	se
bíbáyọ̀, yíyọ̀ fún, ìyìn, ìkíni kú orí ire	parabéns
bi-lẽre	perguntar
bí-ninu	ficar aborrecido
bínu	aborrecer-se
bínú	zangado
bínú, bí nínú, yọ lẹ́nu, tọ́, mú bínú	zangar
bì-ṣubu, ṣẹ́gun, parun	derrubar
bó	tirar a casca
bọ	alimentar, adorar
bọ	caiu
bọ	fazer ritual
bọ́	cair
bọ̀	cozinhar
bọ̀	retornar
bọ̀	vir (está vindo)
bó (ní awọ), hó (èèpo), dán (ní orí)	pelar
bọ̀ lọwọ	dar a mão
bọ́ oyè sílẹ̀, ko oyè sílẹ̀	abdicar
bò, dáàbòbò, dé, dí	tapar
bò, dé, dáàbòbò	cobrir
bọ́-aṣọ	despir-se, tirar a roupa
bọjú	lavar o rosto
bojumo	bonito
bojutó	tomar cuidado, atenção
boke boke	calar a boca
bọ̀kọ̀tọ́ọ̀	mocotó
bọ́ọ̀lù	bola
borí	vencer, ultrapassar
bọri	oferenda feita ao **ori**
bọrọkinni	jovem
bọrọkinni	jovem bonito

Vamos falar Yorùbá? | 205

PARTE III - VOCABULÁRIO

bọtà	manteiga
bòtújè	é uma determinada folha
bòtújè	pinháo
bòwọ	respeitar
bòwò fún, bu ọlá fún pè, kà sí, buyìn fún	respeitar
bòwò fún, bu ọlá fún, buyìn fún, sèyẹ fún	honrar
bóyá	talvez
brọọsi	escova de cabelos
brọọsi ìfọ ẹyín, pákò, oun ìfọyín	escova de dentes
bu	apodrecer
bú	xingar
bù	pegar a parte
bù sán, bù jẹ, gé jẹ, gé sí wẹwẹ, ta	picar
bù sán, gé jẹ, bù-jẹ	morder
bú, bá wí, bà lórúkọ jẹ	vituperar
bú, fi ṣe èlẹyà, kégàn, lò nílòkulò, lo ànfàní lọnà tí kò tọ, ṣì lò, lò sódì	abusar
bubu	blusa curta na Nigéria
bupá	vacinar
búra, fi bú láti sọ òtítọ	adjurar
búra, ṣépè, fi èpè búra, ṣe ìtẹnumọ pèlú ìbúra	jurar
burẹwa	feio, feia
burú	é chato
burú si	piorar
burú, àìṣenìyàn, níkà, ìṣìkà	cruel
burú, burú jù	pior, ruim
burú, níkà, léwu, ẹni búburú	mau
burúku	mau, sórdido
bù-ṣan	dar mordida
d'ẹjá	pescar
dá	cessar
dá	cessar
dà	despejar

206 | Introdução ao idioma dos Òrìṣàs

PARTE III - VOCABULÁRIO

dá àbá, dámọ̀ràn	opinar
dà b	trair
dá ẹjọ́	julgar
dá dúró, dá ọ̀rọ̀ mọ́ lẹ́nu, dí lọ́wọ́	interromper
dá dúró, jáfara, fà séhìn, fi falẹ̀, pẹ́ lọ́ra	atrasar
dá ìrúkèrúdò sílẹ̀, dá ariwo sílẹ̀	tumultuar
dá kú, ṣàárẹ̀, ṣojo, jooro, mú ìrẹ̀wẹ̀sì bá	desmaiar
dá láre	justificar
dá lẹ́bi, báwí	culpar
dá lóró, yọ lẹ́nu	torturar
dà lọ́wọ́ délẹ̀, tẹ̀ lórí bà, rẹ̀ sílẹ̀, ṣẹ́gun, ṣe (ìrántí tàbí ìdúpẹ́), jẹ (èrè), so (èso)	render
dà mì, gbé mì, mì	ingerir
dá owó, rànlọ́wọ́, fi fún, dá	contribuir
dá padà, mú padà	devolver
dá sí, gbà lẹ́lẹ̀	salvar
dá sílẹ̀, bá wá, mú ṣe, dà (ọ̀ràn) sílẹ̀	causar
dá sílẹ̀, ràpadà, yọ nínú ewu	resgatar
dá, mọ, ṣe, fi, ọnà ṣe nkan	fabricar
dáàbò	proteger
dáàbò, fi aṣọ bo ara, wọ aṣọ ìgbà òtútù	agasalhar
dáadáa, dáa	muito bom, muito bem
dàbí	parecer
dàbí	parecer
dàbọ̀	até a volta
dábu	cruzar
dádúró, dáró, dádó	parar, prevenir
dàgbà	crescer
dáhùn	responder
dajọ	sentenciar
dájú, gbà (nkan)	certo
dákẹ́, wà ní àìsọ̀rọ̀, m'ẹ́nu mọ́	calar
dá-kọja	passar por cima

Vamos falar **Yorùbá?** | *207*

PARTE III - VOCABULÁRIO

dakun	por favor
dáláṣà, gbọ́dọ̀, dáṣà	atrever-se
dalẹ̀, ṣekú pani, finihàn, ṣọ̀tẹ̀	trair
dámọ̀ràn	sugerir, propor
dán, fi ọ̀rá pa	engraxar
dán, mọ́, tàn, ràn	brilhar
dána	assaltar
dáná	preparar fogo
dandan	obrigatoriamente
dánilágara, lâárẹ̀, mímú bínú, dídálágara	aborrecido
dánwò, tàn ṣe ohun búburú, wọ̀ lójú, gbìyànjú, sapá, dáwọ́lé	tentar
dà-pọ̀	misturar
dàpọ̀ ṣọ̀kan, sopọ̀, kójọ, papọ̀ fi ṣe ọ̀kan	incorporar
dàpò, dìpò	cooperar
dàpò, dìpò	cooperar
dàpọ̀, pòpọ̀, dàlù, pòlù	misturar
dara	estar bem
dára	é bonito
dárà	fazer proeza, inventar
dara fún, wọ̀ lára, mọ́ lára, sọ dàṣà	acostumar
dára jùlọ, suwọ̀n jù	ótimo
dára púpọ̀	muito bom, muito bem
dara, réwà, áréwà	bonita
dáradáa	ser bom, ser bonito
dáradará	ótimo
dáradára	muito bem, muito bom
dáradará, rere	Extremamente bem
dárajùlọ	superior
dáràn	fazer coisa ruim
dariji	perdoar
dárò	considerar
dárò	considerar

208 | Introdução ao idioma dos Òrìṣàs

PARTE III - VOCABULÁRIO

dáwólé, gbà	assumir
dáya	bala, doce
de, dodé, sodé, lé	caçar
de	cobrir, tampar
dè	amarrar
dè	é mole, é burro
dé ní adé, bu olá fún, bu òwò fún, bu iyì fún	coroar
dé, bò	chegar
dé, súnmódò	vir
dè, tú	afrouxar
dékun, dáwó dúró, désè dúró	parar
dérùbà	assustar
dí	tampar
dí	tornar á ser
dì (di erù), ró (aso), bò, fi wé, fi dì, tàn je, ré je	embrulhar
di aro, so di aláilágbára, wà ní àìlóokun, pa ní ara	aleijar
dí lónà, dá dúró, dá lékun, ká ní owó kò	refrear
di, títí di ìgbà, títí di	até
dìbò	votar
die	alguma
dídá ara	saúde
didan	bonito
dídára, suwòn, tí a lè fé, tí ó dára	simpático
dìde, gòkè, lo sókè, gun,pón (igi)	ascender
dìde, gùnkè, pón (igi)	subir
dìde, nàró, dúró	levantar
dídín, díndín	frito
díè	pouco – algum
díè	pouco, um pouco, mínimo
díè jù	excede pouco, pouco mais
díè, díèdíè	pouco, pouquinho
díè, kan, nkan díè, àwon kan	algum

Vamos falar **Yorùbá?** | 209

PARTE III - VOCABULÁRIO

díẹ̀, kékeré	pouco
díẹ̀díẹ̀	pouco, gradualmente, paulatinamente
difá	jogar búzios, fazer o jogo através de Ifá
dìgbolu	enfrentar
dìgbòlù	atacar
dígí ni fèrèsé	vidraça
dígí, awòjìji	espelho
díjú, lólu, ṣòro	complicar
dimu	garra
dì-mú	segurar
dín	fritar
dín, ódín	menos
dingí	espelho
dínkù, kù, kéréjù	menos, menor
dirun	trançar o cabelo
díyelé, níyelórí, yẹ, tó sí, jẹ́	valer
dòdò	banana da terra frita
dógba, tẹ́jú, rírí bákannáà, ti ó bá ara mu, aṣọ ẹgbéjọdá	uniforme
dòjé	foice
dojúkọ	confrontar
dojukọ, dá òrọ̀ sílẹ̀	abordar
dojúkọ, lòdì sí, ṣòdì sí, àìbárẹ́	contra
dójutì	envergonhar
dòtí, fi èérí yí, ní òbùn, ní èérí, ṣe àìmọ́, jẹ́ aláìmọ́	sujar
dù, jà dù, bá dù	competir
dùbúlẹ̀	deitar de bruços – dọbálẹ̀
dùbùlẹ̀, fi ara tí	deitar
dúdú, ṣú, aláwọ̀ dúdú	preto
dùn jùlọ	muito doce
dùn, aadùn	doce, ser doce

210 | *Introdução ao idioma dos Òrìṣàs*

PARTE III - VOCABULÁRIO

dùn, dídùn ní ìtọ́wò, dídùn ní etí tàbí ní wíwò, ẹni jẹ́jẹ́, ẹni pèlẹ́, onjẹ dídùn	doce
dún, ró, lù	soar
dúpẹ, ṣe ìdúpẹ́	agradecer
dúro	fique, pare, espere, aguardar
dúró dè	permanecer de pé
dúró dè, retí, múra sílẹ̀ dè, fi ojú s'ọ́ná fún	aguardar
dúrò pẹ́, pẹ́, fà sẹ́hìn, lọ́ra	tardar
dúró, dá dúró, dúró níbìkan, kù	permanecer
dúró, dá dúró, dúró pẹ́ títí	ficar
dúró, gírí	parar
dúrodè	esperar, aguardar
dùrù	órgão
dùrù	orgão musical
dùrù	piano, órgão
dùùrù, ètò ara ènìyàn, ohun èlò	orgão
ẹ káàbọ	seja bem vindo
ẹ káàbọ̀, kú àbọ̀	bem vindo!
ẹ káalẹ́	boa noite!
ẹ káasán	boa tarde!
ẹ kú aarin dè dewá	nada entre nós
ẹ kú ìyèdún	congratulações pelo seu aniversário!
ẹ wọlé	seja bem vindo, entre na casa
ẹ wọlẹ̀	rastejar no chão
ẹba	pirão de farinha de mandioca
ẹbi	erro, culpa
ẹbí	família, parente
ẹbi alubọ́sa	alho
ẹbọ́	oferenda, sacrifício cruento ou incruento
ẹdá	um tipo de rato
ẹfun	caulim
ẹgbàá	dois mil
ẹgbẹ, àjùmọ̀ṣe, ìdàpọ̀	sociedade

Vamos falar Yorùbá? | 211

PARTE III - VOCABULÁRIO

ęgbę́	nível, perto, companheiro
ęgbę́ ológun, ǫmǫ ogun ęlę́sin tàbi ęlę́sę̀	brigada
ęgbę́, àkójǫpǫ̀, ìdìpǫ̀, ękǫ́	classe
ęgbę̀dógun	três mil
ęgbę̀rún	mil
ęiyę	o pássaro
ęja	peixe
ęja odò	peixe do rio
ęja òkun	peixe do mar
ęjagbę, ęjá gbígbę, panla	bacalhau
ęjǫ́	processo
ękǫ́	àkàsà, papa de milho branco
ękǫ̀	curso, educação
ękùn	leoa
ękùn	leopardo
ęlęda	criador
ęlęjǫ	falador
ęlękarun	em quinto lugar
ęlękęfa	em sexto lugar
ęlękęrin	em quarto lugar
ęlękęsan	em nono lugar
ęlękęta	em terceiro lugar
ęlękęwa	em décimo lugar
ęlękeje	em sétimo lugar
ęlękeji	em segundo lugar
ęlękeji	segundamente
ęlękeni	primeiramente
ęlęmu	vendedor de vinho
ęlęwǫn	preso
ęlę́dę̀	porco
ęlę́dę̀ ęgàn, ęlę́dę̀ ęgàn (igbó) esì	javalí
ęlę́gbárá	título de Èşu
ęlę́rǫ, ęlę́ęrǫ	engenheiro

212 | *Introdução ao idioma dos* Òrìşàs

PARTE III - VOCABULÁRIO

ẹléyà, sísínjẹ, ègàn	mofa
ẹlomiran	outrem
ẹmọ́	um tipo de rato
ẹmu	vinho de palmeira
ẹmu, ọtí beer	cerveja
ẹni	esteira
ẹni iyapa	candidato
ẹni iyi	esta pessoa
ẹni tí a n ṣe ní àlejò, àlejò, àlejò, ẹni tí a gbà sí ilé fún ọjọ́ tàbí ìgbà díẹ̀	hóspede
ẹni tí n fi agbára béèrè nkan	exigente
ẹni tí n jìyà ìpalára, ẹni tí ó farapa	vítima
ẹni tí ó fẹ́ kí gbogbo ará ílú jẹ́ alábàápín nínú ètó àti àṣe ìlu, ẹni tí ó ní ìgbàgbọ́ sí ìjọba àjùmọ̀ṣe	democrata
ẹnibáwí	pessoa
ẹnikan	culpado, delinquente
ẹnikan, èniyàn kan	alguém, qualquer um
ẹnikankan	qualquer pessoa, cada pessoa
ẹnikẹ́ni	ninguém
ẹniti	qualquer pessoa que
ẹnu	boca
ẹnyin	vocês
ẹnyin	vós
ẹpon	testículos (do animal)
ẹran	carne, músculo
ẹran adìyẹ	galinha
ẹran ara	músculo
ẹran ẹlẹ́dẹ̀	carne de porco
ẹran ẹlẹ́dẹ̀ láìsíyọ̀, fi kò ní iyọ̀	toucinho
ẹran ìbaakà	carne de mula
ẹran igbẹ pipa fun jijẹ	carne de caça
ẹran malu	carne de boi

Vamos falar Yorùbá? | 213

PARTE III - VOCABULÁRIO

ẹran, ọ̀sìn	gado
ẹranko	animal
ẹranko àwọ́	animal de couro
ẹranko ẹsẹ ẹiyẹ	animal de penas
ẹranko ẹsẹ mẹrin	animal de 4 patas
ẹranko ẹsẹ méjì	animal de 2 patas
ẹranko olọ̀run	gambá
ẹranko tí ó ngbé ilẹ̀ òtútù	urso
ẹri	prova, ensaio
ẹru	carga, fardo, resistência
ẹru	cauda de animal
ẹru	escravo, carga
ẹrù	bagagem
ẹrù	cargo
ẹrù, èdìdì, ẹrù kékeré, òkétè	pacote
ẹrubiba	medo
ẹsẹ	pés, patas
ẹsẹ̀	pé
ẹsẹ̀	perna
ẹsẹ̀ ẹlẹ́dẹ̀	pernil
ẹsẹ̀ ẹranko, èékánná ẹranko, abo pẹ́pẹ́yẹ	pata
ẹsin oko	zebra
ẹtà	tipo de leopardo que dorme muito
ẹti ọkun	praia
ẹtọ, tàràrà, láìwọ́	direitos
ẹtu	antílope
ẹwa	feijão cozido
ẹwa tutu	ervilha
ẹwà, ọ̀sọ́	beleza
ẹwù	camisa
ẹwù àwọ̀lékè obìnrin	blusa
ẹyẹ	qualquer pássaro
ẹṣẹ	pecado

214 | *Introdução ao idioma dos Òrìṣàs*

PARTE III - VOCABULÁRIO

ẹyẹ àkàlà, ẹyẹ igún	urubú
ẹyẹ ayékòtítọ́, ayẹkootọ	pássaro
ẹyẹ ìbákà	canário
ẹyẹ igún, àgbígbò	águia
ẹyẹ ògòngó, ògòngò bàbá ẹyẹ	avestruz
ẹyẹ, abìyẹ́	ave
ẹyẹlé	pombo
ẹyẹ́, àbìyẹ́	passarinho
ẹṣí	espécie
ẹyin	ovo
ẹṣin	cavalo
ẹyin ẹsẹ	calcanhar
ẹyinju	globo ocular
ẹṣó	decoração, enfeite
ẹyọ kọkan	um de cada
èbà	pirão de farinha
ẹ̀bá, lẹ́ẹ̀bá, lẹ́bá	perto
ebè	montinho de terra
èbẹ̀, ibéèrè	abaixo-assinado
ebi	fome
èbi, èbi-ẹ̀ṣẹ̀, ìbáwí, ẹ̀gàn, ẹ̀ṣẹ̀	culpa
ẹ̀bùn	dádiva
ẹ̀bùn, ọrẹ	oferta
ẹ̀bùn, tálẹ́ntì, ẹ̀bùn ọlọ́run, ọgbọ́n, òyẹ	talento
èbúte	o porto
ẹ̀da	criação, povo, plantas, natureza
ẹ̀dá	ser humano
ẹ̀dà	um tipo de doença
edé	camarão
èdè	língua (idioma-cultura)
èdè	língua, dialeto
ede ai yede	atrito, confusão
edè faransẹ	francês

Vamos falar Yorùbá? | *215*

PARTE III - VOCABULÁRIO

edé nlá	lagosta
èdè pọtoki	português
èdè, ìsọ̀rọ̀, ọ̀nà tí a fi nlo ọ̀rọ̀	idioma
èdè, ọ̀rọ̀, ohùn, ọ̀rọ̀ sísọ	linguagem
edi	ânus
ẹ̀dọ, ẹ̀dọkì	fígado
ẹ̀dọ̀fóró, fùkù-fùkù, fùkù	pulmão
ẹ̀dun	dor, aflição
èébì	faminto
èébì	vômito
èébú	ofensa
ẹ̀ẹ̀dógún, mẹ́ẹ̀dógún	quinze
èédú, ẹyìn iná	carvão
èéfín	fumaça
èègbọn	carrapato
èégun	osso
èégun ìba	costelas, osso esterno (do animal)
eegun, egigun, egungun	esqueleto
èèjìdínlógún, méjìdínlógún	dezoito
èékanná, èékáná	unha
èèlò	ingrediente
èémi	respiração
èémí	fôlego
èémí, atẹ́gùn	bafo
èèpo	casca
èèra, èèrun, ìjàlọ	formiga
ẹ̀ẹ̀rìndínlógún, mẹ́rìndínlógún	dezesseis
ẹ̀ẹ̀tàdínlógún, mẹ́tàdínlógún	dezessete
eéwo	furúnculo
èèwo	tabu, impedimento
èéṣe, kí/kín ni	por que?
èèṣì, àgbákò, jàmbá	acidente
ẹ̀fà, ẹ̀ẹ́fà, mẹ́fà	seis

216 | Introdução ao idioma dos Òrìṣàs

ẹ̀fẹ̀, àpárá, ọ̀rọ̀ ẹ̀fẹ̀, inúdídùn	humor
ẹ̀fọ	verdura
ẹ̀fọ́ tètè	espinafre
ẹ̀fọ́n	mosquito
ẹ̀gàn, sínsín jẹ, ìfi ṣ'ẹ̀sín, ìfi ṣ'ẹléyà	zombaria
ẹ̀gbá	pessoa que nasceu em **Abeokuta**
ẹ̀gbà	pusera
ẹ̀gbẹ́	lado
ẹ̀gbẹ́, ìgé, ègé, èbú	fatia
egbére, kúrekùré	fada
ẹ̀gbin, ohun ìríra	abominação
egbò	ferida
ègbo	manjar branco
ẹ̀gbó	milho branco, canjica
ẹ̀gbọn	irmão (a) mais velho de idade
ẹ̀gé, pákí, gbágùda	mandioca
egun	alma
egungun	alma, caveira, cadáver, esqueleto
egúngun	antepassado
ègungun ihà	costelas
ẹ̀gúsí	melão
ehín, eyín	dente
ẹ̀hínkùnlẹ́, ọgbà	quintal
èjé	promessa
ẹ̀jẹ̀	sangue
ẹ̀jẹ́	compromisso
èje, èèje, méje	sete
èjì, èèjì, méjì	dois
èjigbo	uma cidade na Nigéria
ejìká	ombro
èjìká	espádua
éjìlàá, èéjìlà, méjìlàlá	doze
ejò	cobra

Vamos falar Yorùbá? | *217*

PARTE III - VOCABULÁRIO

ejò	serpente
èjó	fofoca, briga, desavença
èjo, èèjo, méjo	oito
èka	filial de uma firma
èka	galho de árvore
èka, èyà	ramo
èkę	bochecha
èkó	lagos
èko	lição, educação, doutrina
èkó	acassa
èkó	ensino
èkó, èkó kíkà, àpęrę, ìbáwí	lição
èkó, ìpàdé, ì énilékòó, ęgbę́, yàrá ìkówèé	aula
èkó, ìtó (omodé)	educação
èkú, èkúté	rato
ékún, igbe	choro
élé	aumento
elegede	abóbora
elégédé	abóbora
elépo	fabricante de azeite
eleyi	este, esta
èló	quanto?
èló	quantos
èló?, mélòó?	quanto
èmí	espírito
èmí	vida
èmí	vida
emi ati orę mi	eu e meu amigo
èmi fęran	eu gosto
èmi, okàn	alma
èmú	pinça, torquês
èmú	objeto para pegar material
eni	hoje

218 | *Introdução ao idioma dos* Òrìṣàs

ẹni	pessoa (diminutivo de enia)
enia	humana, pessoa
ènia	humano
enia dudu	pessoa negra
enití	quem
ènìyàn lásán, kò sí ẹnìkan	ninguém
ènìyàn, ará	povo
ènìyàn, olúwarẹ̀, ẹnìkan, ẹni	pessoa
èpa	remédio contra veneno
èpà	amendoim
ẹ́pá	burro
èpè	praga
èpó	óleo, azeite
èpó dídún	azeite doce
èpó pupá	azeite de dendê
èpó, òróró, ọ̀rá	azeite
epoyinbo, kerosinni	querosene
eré	ópera
ère	estátua
èré	santo
èrè	lucro
eré ìdárayá iṣé, ìdáneawò	exercício
eré orin, ìbárẹ́, ìrépọ̀, iṣedédé	concerto
ere tútù, erèé	vagem
eré, ẹ̀wọ̀	brincadeira
eré, iré, eré ṣíṣe, ìṣiré, tẹ́tẹ́	jogo
eré-alwòrán, sinima	cinema, filme
erèé	feijáo crú
erékùṣù	ilha
èrín	rir, sorrir
èrín	riso
erin òkè, àjànàkú	elefante
erin omi, erinmi	hipopótamo

Vamos falar **Yorùbá?** | *219*

PARTE III - VOCABULÁRIO

èrìn, ẹ̀ẹ̀rìn, mẹ́rìn	quatro
èrín, èrín àrín tàkìtì	gargalhada
ẹ́rìnlàlá, ẹ̀ẹ̀rìnlàá, mẹ́rìnlàá	quatorze
èrò	pensamento, opinião
èrò	povo
èrọ	máquina
èrọ	motor
èrọ̀	calmante
èrọ amóhùn-máwòrán, tẹlifíṣàn	televisão
èrọ aṣọ, oun iranṣọ	máquina de costura
èrọ gboùn-gboùn, èrọ a sọ̀rọ̀ mágbèsì	rádio
èrọ ìfọṣọ	máquina de lavar
èrọ ìkòwé kékeré	máquina de escrever
èrọ ìlọta kékeré	liquidificador
èrọ ìsọ̀rọ̀, ibani sọ̀rọ̀	telefone
èrọ ìwẹ̀ alásẹ́	chuveiro
èrọ omi	torneira
èrọ tí n mú nkan tutù	geladeira
èrò, arìnnà ajò	passageiro
èrò, arìnnà àjò	viajante
èrò, ohun tí a n lépa, ohun àfojúsí	propósito
èròjà, ohun èlò	igrediente
èrò-ọ́kọ̀	passageiro
èrọ-omi, èrọ-iponmi	bica
erù	carrêgo de Òrìṣà
èrù	medo
erù ọkọ̀	frete
érùpẹ̀	areia
erùpẹ̀, iyẹpẹ̀, ẹtù, ekuru	pó
erùpẹ̀, iyẹpẹ̀, ekuru	poeira
esi	gabarito
èsìn, ìsin	religião (qualquer religião)
èsò	fruta

220 | *Introdução ao idioma dos Òrìṣàs*

PARTE III - VOCABULÁRIO

èso àjàrà	uva
èsọ àsogbó	fruta madura
èso igi ìyeyè	ameixa
èso ìtàkùn	melão
èso kajú	cajú
èso kan bí òro òyìnbó	maçã
èso pia	abacate
èso pia	pêra
èso síṣé pèlú ṣúgà	compota de frutas
èsọ̀n, èèsàn, mẹ́sàn	nove
èsùn, ìfisùn, ìkà sí lọ́rùn, ìfi ọ̀ràn sùn	acusação
èsùn, irohin	dado
èta, èẹ̀ta, mẹ́ta	três
ẹ̀tàlàlá, èẹ̀talà, mẹ́tàlàlá	treze
ẹ̀tàn, ìdánwò	tentação
ẹ̀tanú	raiva
etè	programa
ète	tentação
ètè	lábio
ẹ̀tẹ̀	lepra
ẹ̀tẹ́	ficar sem graça
etí	orelha
etí odò, ẹ̀bá òkun	litoral
etí, bèbè	aba
etí, ìgbọ́ràn, ìgbọ́	ouvido
etò	programa
ẹ̀tọ́	direito
étò ìsúná, ìwé ìròhìn owó, ètò ìnáwó ìlú	orçamento
ẹ̀tù	um tipo de pano, ave da Guiné, galinha de Angola
ẹ̀tù	pólvora
ètùtù	ritual
ẹ̀wà	feijão
ẹ̀wà ẹwẹ	feijão mulatinho

Vamos falar Yorùbá? | 221

PARTE III - VOCABULÁRIO

ẹwà dúdú	feijáo preto
ẹwà funfun	feijáo branco
ẹwà púpà	feijáo vermelho
ẹwà tiro	feijáo fradinho
ẹwàá, ẹ̀ẹ̀wà, mẹ́wàá	dez
ewe	página, folha
ewé	folha
èwe	juventude
èwẹ̀	também
ewé oyin	abelha-flor
ewé tábà, tábà	tabaco
ewe tutu	repolho, folha fresca
éwébẹ̀	legumes
ewébẹ̀, ewéko, ohun ọ̀gbìn	verdura
ewébẹ̀, ewéko, híhù, ìdàgbà ewéko tàbí ewébẹ̀	vegetação
ewéko	planta
ewéko, ewé-egbògi	erva
ewì	poema
èwo?	qual?
èwo? èyí tí	qual
eworo	coelho
ewu	perigo
ewú	cabelo branco
ẹ̀wù àwọtẹ́lẹ̀	camisa
ẹ̀wù aṣọ, ohun wíwọ̀	traje
ẹ̀wù kúkúrú	colete
ẹ̀wù obìnrin, etí aṣọ	saia
ewure	folha amarga
ewúrẹ́	cabra
ẹya	família de
ẹyà	um tipo
ẹyà abo òun akọ	sexo
ẹyá ara	membro

222 | Introdução ao idioma dos Òrìṣàs

PARTE III - VOCABULÁRIO

ẹ̀ṣẹ́, ìkúùkù, ẹ̀kẹ̀ṣẹ́	punho
èyí náà, irú	tal
èyí tí ó kọjá, ìgbà àtijọ́, ti ìgbà àtijọ́	passado
éyigá	lugar elevado, altura, céu
èyíkéyìí	qualquer
èyìn	após (atrás – costas)
ẹ̀yìn	costas
eyín èrìgì	gengivas
eyin ojú, eyinjú, ojú	olho
eṣinṣin, eeṣin	mosca
èṣù, iwin, ànjọ̀nú, ẹ̀mí èṣù	demônio
f'ọkàn sí, fi ojú sọ́nà fún, dúró dè	esperar
fá	raspar
fà	empurrar
fa ilà sí abẹ́	sublinhar
fà ro	esticar
fà sẹ́hìn, ta kété,	
dá ara dúró, mú ara ró, kó ara ẹni ni ìjánu	abster-se
fà yà	rasgar, dividir
fà, fà jáde, mú jáde, gbà, dá sí, tú sílẹ̀, ṣe ẹ̀dà (ìwé)	tirar
fà, wọ́, falẹ̀	puxar
fàájì inú dídùn	prazer
fàdákà	prata
fáfá	inteligente
fãgùn	prolongar
fàiyakò	abraçar
fà-mu	absorver, sugar
fà-mu, lá, mì, mután	absolver
fà-mu, mú ọmu, múnyọ̀n, mú ọ́yọ̀n	mamar
fáráhàn	aparecer
farahàn, yọ jáde, yọjú	comparecer
fárí	raspar a cabeça
fẹnukò	beijar

Vamos falar **Yorùbá?** | *223*

PARTE III - VOCABULÁRIO

fè	expandir
fẹ́ (ara tàbí iná), fi abẹ̀bẹ̀ fẹ́, ju ọwọ́ sí (èniyàn)	abanar
fẹ́ (atẹ́gùn tàbí afẹ́rẹ́)	ventar
fẹ́ (gẹ́gẹ́bí afẹ́fẹ́), fun (ìpè), mí kánkán, rú ọkàn sókè	soprar
fẹ́ jùlọ, bu iyìn fún, fi sípò, fi ṣáájú, yàn	preferir
fẹ́ sọ́nà	namorar
fẹ́, dùnmọ́, ní ìkẹ́, ní ìfẹ́, ní inúdídùn sí, fẹ́ràn	gostar
fẹ́, fẹ́ẹ̀ràn	amar, gostar, querer
fẹ́, fẹ́ràn, ni ifẹ́ sí, ṣe inúdídùn sí	amar
fẹ́, nílò, ṣe àìní	necessitar
fẹ́, ṣe àìní, níláti	precisar
fẹ́kù, pàdánù	perder
fẹ́ràn, fẹ́	desejar
fèrè	apito
fèrè	balão
fere ge	correr
fẹ́rẹ̀	quase
fèrẹ̀	deliciosamente, alegremente
feregèdè	couve
fèrèsé, ojú afẹ́fẹ́	janela
fèsì, gbè, gbè orin	responder
fì	balançar
fi agbára béèrè, fi dandan lé	exigir
fi agbára mú ṣe, o ṣeun, ẹ ṣeun	obrigado
fi ara mọ́, lẹ̀ mọ́, sọ dọmọ́	aderir
fi ẹnu fà mu, mu, jò mu	chupar
fi ẹnu kò lẹ́nu, fi ẹnu ko ẹnu	beijar
fi ẹsẹ̀ tẹ̀ mọ́lẹ̀, ra mọ́lẹ̀, palára	pisar
fi dípò, mú padà sípò, san padà	repor
fi egbòògi fún, ṣe ìtójú (aláìsàn), bá gbìrò, hùwà sí, bá ṣe, bá lò, lò	tratar
fi fún, fi bùn, jìn	doar

224 | *Introdução ao idioma dos Òrìṣàs*

PARTE III - VOCABULÁRIO

fi fún, fi lọ̀, rú (ẹbọ)	oferecer
fi fúnni, mú kún, fi kún dípò	suprir
fi gbóná, fi lọ́ná, mú gbóná, yáná	esquentar
fi gbóná, mú gbóná, fi lọ́na	aquecer
fi ìgúnpá gbún, mì, gbọ̀n kúró (lọ́wọ́ ènìyàn)	cutucar
fi ipá gbà, gbà láìtọ́sí	usurpar
fi iṣẹ́ fún, gbà sí iṣẹ́	empregar
fi lé lọ́wọ́, yọ̀ọ̀da, fún, jọ̀ lọ́wọ́	entregar
fi lélẹ̀, dá sílẹ̀, fi kalẹ̀, fi sórí oyè, fi sípò oyè	instalar
fi ojú parẹ́, ṣe àìkàsí, f'ojú fò dá, ṣe àìfiyèsí	ignorar
fi ọ̀nà hàn, ṣamọ̀nà, tọ́ sí ọ̀nà, mú lọ	encaminhar
fi òórùn dídùn kún	perfumar
fi òpin sí, parí, pin, yọrí	terminar
fi òróró yàn, fi òróró pa, ta òróró sí	ungir
fi orúkọ sílẹ̀, kọ nkan sínú ìwé ìrántí	registrar
fi orúkọ sílẹ̀, kọ sínú ìwé ìrántí, kọ sórí	inscrever
fi ọwọ́ gbá mú, hán, gán, dá dúró, dìmú	apanhar
fi rẹ́rìn-ín, fi ṣe ẹléyà, ju, hu olú, bu, bàjẹ́	mofar
fi sẹ àpẹrẹ, tẹlé, f'ara wé, ṣe àfarawé	imitar
fi sí ètó, múra gírí	arrumar
fi sí, fi kún, rò pọ̀	adicionar
fi sí, fi kún, sọ di púpọ, mú pọ̀ si	acrescentar
fi sí, fi lé, gbékalẹ̀, yé (ẹyin), wọ̀ (aṣọ)	pôr
fi sílẹ̀, kọ̀sílẹ̀, fi gbà, gbà fún	deixar
fi w'ewu, wu l'éwu,	
ṣe onígbọ̀wọ́ fún, ṣe àdéhùn	comprometer
fi ṣẹ̀sín, fi rẹ́rìn-ín, sín jẹ, fi ṣe ẹléyà	zombar
fifa	fumo
fífún, jìn, fi bùn, lò, wúlò,	
wà ní àrọ́wọ́tó láti ṣe ìrànlọ́ fún ẹlòmíràn	prestar
fifún, kà sí lọ́rùn, kà sí	atribuir
fi-hàn	mostrar, revelar
fihàn, làdí	demonstrar

Vamos falar Yorùbá? | 225

PARTE III - VOCABULÁRIO

fihàn, pàdé, mú mò	deparar
fijì, dá sí, ṣe gáfárà fún, yàgò	perdoar
fìlà	chapéu
fíríjí, oun amo mi tútù	geladeira
fi-si	botar, colocar em
fi-silẹ̀	deixar, largar
fitila	vela
fìtílà àfọwọ́kọ́	lampião
fìtílà, àtùpà	lâmpada
fiyèsí, fojúsí, dúrótì	atender
fò	pular
fò	voar
fọ́	quebrar
fọ̀	falar
fọ ẹja	escovar dentes
fò lọ, rìn kánkán, sáré kánkán	voar
fọ̀ mọ́, nù, wẹ mọ́, sọ di mímọ́, gbá (ilẹ̀), parẹ́, fá	limpar
fò, bẹ́, fò sókè	saltar
fọ̀, wẹ	lavar
fọ̀fo	espuma
fohùn ṣọ̀kan, dà pọ̀, bá mu, rẹ́ pọ̀	combinar
fọ́jú, afọ́jú	cego
fọkànsíbìkan, rò jinlẹ̀	concentrar
fọnahàn	liderar, guiar
fọ̀nàwàn, fi ọ̀nà wàn	guiar
fọọ	quebrá-lo
fòsóke	pular alto
fọwọ́ sí, ṣe àpẹrẹ, ṣe ààmì sí	assinar
fọwọ́ sọ àyà, pinnu ròpin	determinar
fọwọ́kàn, fọwọ́bà, tọ́, gbẹ́nulé, sọ, lù (ilù)	tocar
fúkùfúkù	respiração
fun	para (preposição usada referindo-se a pessoas)
fún	dar (verbo)

226 | Introdução ao idioma dos Òrìṣàs

PARTE III - VOCABULÁRIO

fún àpéré	por exemplo
fun ibẹrẹ	parágrafo
fun jijẹ	repolho
fún káàkiri, sọ fún, rán láti ibì kan sí ìkejì	transmitir
fún láyè, fún ní ibùgbé, túnṣe, bámu, ṣe dédé, bá rẹ́	acomodar
fún, fifun, fi bun, jínkí	dar
funfun, òyìnbó	branco
fún-lãyè	dar espaço, permitir
fún-pá	esrangular
fura sí, ṣe àìgbékẹ̀lé, ní iyèméjì nípa ẹlòmíràn, ro èrò sí láìní ẹrí	desconfiar
fúyẹ́, fẹ́rẹ̀, yára, gbéra, kán	leve
gà	enganar
ga sókè	acima de, sobre
ga, gùn, gíga	alto
gádà	ponte
gáfara	licença
gàrí	farinha de mandioca
gbá	bater
gbà	jogar, chutar
gbà	quando
gbà	tomar, tirar
gbá (ilẹ̀ ilé), fi ọwọ̀ tàbí ohun míràn gbálẹ̀	varrer
gba àwìn, fún ènìyàn láṣẹ láti ṣe aṣojú	acreditar
gba àwìn, fún ènìyàn láṣẹ láti ṣe aṣojú orílẹ̀-èdè	acreditar
gba ẹmí ara ẹni, pa ara ẹni	suicidar-se
gbà fún, finúṣọ̀kan, fohùnṣọ̀kan	concordar
gbà láàwìn	débito
gbà láyè, gbà fún jẹ́kí	permitir
gbá mú, dì mú, lẹ̀ mọ́, fi agbára gbà	pegar
gbá mú, dìmú	agarrar
gbà ní ẹmí, parun, lù pa	matar

Vamos falar Yorùbá? | 227

PARTE III - VOCABULÁRIO

gbà ní ọkàn, rí ojú rere, gbà ní àyé	cativar
gbà níyànjú, dámọ̀ràn, bá dàmọ̀ràn	aconselhar
gbà níyànjú, mú lọ́kàn le, kì láyà, sọjí	animar
gbà sílé, bò, dáàbòbò, ràdọ̀bò	abrigar
gbà sínú, fi pẹ̀lú, ní nínú, kà mọ́	conter
gbà sínú, yẹ, tọ́ sí, ní àyè fún	caber
gbà wí, lọ́yà, gba ẹjọ́ rò	advogar
gbà, dáàbòbò, ràdọ̀bò, gbà sílé	acolher
gbà, fifún, fi jínkí, gbà, jẹ́kí, gbà láìjiyàn	conceder
gbà, gbà sílé, jẹ́wọ́	admitir
gbà, rígbà, tẹ́wọ́gbà, gbà (sí ilé)	receber
gbà, tẹ́wọ́gbà	aceitar
gba...gbọ	crer
gbádùn	divertir
gbádùn, jẹ ayé, jẹ ìfà, ní inúdídùn	desfrutar
gbàdúrà	rezar
gbàdúrà, bẹ̀bẹ̀, tọrọ	orar
gbafẹ́fẹ́, rìn káàkiri	passear
gbàgbé, fi ojú fò dá, gbójúfò, ṣe àìbìkítà	esquecer
gbàgede	muro
gbáguda	aipim
gbàjámọ̀	navalha (abẹ)
gbajanla, ajaṣẹ	vitorioso
gbà-là	salvar
gbàlẹ̀	varrer
gbígbóná	quente
gbaradì láti ṣe nkan, mú yé, fi àṣẹ fún	habilitar
gbatẹ́gùn	divertir, tomar ar
gbàwà	herdar
gbàyẹ̀wò	considerar algo
gbẹ	secar
gbẹ, gbẹrẹfu, rù, joro, ẹni tí kò ní ọ̀yàyà	seco
gbẹkẹle	confiar em

228 | *Introdução ao idioma dos Òrìṣàs*

PARTE III - VOCABULÁRIO

gbękęle	confirmem, contar com
gbé	levar, tomar, carregar, conduzir, guiar
gbé	viver, morar
gbè	estragar, apodrecer
gbẹ́	cavar
gbé sókè, gbé dúró, kọ́ (ilé), gbé ga, dúró gangan	erguer
gbé, gbé pọ̀, bá kẹ́gbẹ́, bá rìn	conviver
gbé, kó, mú, mú lọ	levar
gbé, ní (ibùgbé), tẹ̀dó, jókòó	morar
gbé, tẹ̀dó	habitar
gbé, wà, jókòó	residir
gbèjà	comprar briga de alguém
gbélékè, gbéga, yìn	exaltar
gbélọ	levar embora
gbénà-gbénà, gbénàgbénà	carpinteiro
gbéra	levantar-se
gbẹ́rẹ́	incisão feita na pele (o que chamam de cura)
gbéró	decidir, dar suporte
gbé-ro	erguer, levantar
gbèrú, mú sàn, lọ síwájú, dàgbà, hù, pọ̀ si	desenvolver
gbèsan, kọ̀yà, ya oró	vingar
gbèsè	dívida
gbé-wá	trazer
gbéyàwó	casar
gbígba oyè ní ilé ẹ̀kọ́ gíga, ìparí ẹ̀kọ́	graduação
gbígbà, ìkí ayọ̀ fún àlejò	recepção
gbigbẹ	magro
gbígbẹ	seco
gbigbe	morada
gbigbo	maduro
gbígbòòrò, ìbú	largura
gbilẹ̀	prosperar
gbin	respirar forte

Vamos falar Yorùbá? | 229

PARTE III - VOCABULÁRIO

gbìn	plantar
gbó	envelhecer
gbó	esfregar, quinar
gbó	latir
gbò	mexer
gbó, darúgbó	velho(a)
gbọ, fi etí gbọ́	ouvir
gbọ́, fi etí sílẹ̀, tẹ́ etí sílẹ̀	escutar
gbọdọ	pode, possível
gbòdògì	um tipo de folha grande
gbogbo	tudo, todo, toda, todos, todas
gbógun si	invadir, apossar
gbohùngbohùn	eco
gbójúlé, gbẹ́kẹ̀lé, gbáralé	depender
gbolóhùn-ọrọ	frase
gbólóhùn-òrọ̀	sílaba
gbọ́n	ser inteligente, esperto
gbọ̀n nítorí òtútù, wárírí	arrepiar
gboná	quente
gbóná	ser, estar quente
gbòngbò	raiz
gbọọrọgbọọrọ	muito
gbọ́ràn	ser inteligente
gbọ́wọ́	confirmar, ordenar (religiosamente)
gbọwọ́, dúró fúnni	afiançar
gẹ irun	cortar o cabelo
gẹ, gẹ kalẹ̀, gẹ sílẹ̀	sentar confortavelmente
gẹ̀	elogiar
gẹ̀	mimar, acariciar
géègún	praguejar, praga, espraguejar
gẹ̀ẹ́sì, èdè gẹsi, ọmọ gẹ̀ẹ́sì	inglês
gègé	caneta
gègèlèté	plataforma de barro para guardar pratos

230 | Introdução ao idioma dos Òrìṣàs

PARTE III - VOCABULÁRIO

gèlè	turbante, torso
gèlẹdẹ́	tipo de sociedade
gèrẹgèrẹ-ilé	ladeira
gìgísẹ̀, egísẹ̀	calcanhar
gigun	lento
gigun, gún	longo, comprido
gíláàsi	espelho – dígí
girọba	goiaba
gọ	estúpido
gọ	se esconder
gọ̀	ser burro
góba, goaba	goiaba
gogongo	moela, garganta
gògóngò	gogó
gòkè	subir, trepar
gọ́n	isso
guguru	pipoca
gún	injetar
gún	socar
gùn, pẹ́	longo
gúnlẹ̀, sọ̀kalẹ̀ láti inú ọkọ̀	desembarcar
gúúsù, ìhà, ìsàlẹ̀	sul
háà	chique, elegante
hàn, fi ara hàn, yọjú, yọ jáde	aparecer
hán, gán, dawọ́bò, gba (ipò), mu (omi tàbí ọtí)	tomar
hanrun	roncar
hausa	a língua e o povo hausa do norte da Nigéria
háyà, gba ọ̀yà nkan, gbà àwìn	alugar
hihá, tóóró, há	estreito
hù	brotar, germinar
hun	tecelar
hun	tecer
hùnkọ́	quarto de recolhimento de ìyáwò

Vamos falar **Yorùbá?** | *231*

PARTE III - VOCABULÁRIO

hùwà, gbà, faradà, hùwà tí ó bá ojú mu	comportar
iara minu ile	câmara
iba	tinha, tivesse, teria
ibà	febre, calor
ìba	quantidade
ìbà	benção
ìbádù, ìdíje	rivalidade
ibáka	camelo
ìbanújẹ́	tristeza
ìbànújẹ́, ìfajúro	tristeza
ìbátan	família
ibẹrẹ	começar, primeiro
ibẹru	fera, monstro
ibẹ̀	ali, lá
ibẹ̀	lá
ibẹ̀, níbẹ̀, mbẹ̀, òun	lá, alí
ibéjì	divindades gêmeas
ìbejì	gêmeos
ìbejì, èjìrẹ́, ọmọ méjì	gêmeo
ibẹ́pẹ	mamão
ìbẹ̀rẹ̀, ìpilẹ̀lẹ̀ṣẹ̀	início
ìbẹ̀rẹ̀, ìpilẹ̀ṣẹ̀, ìṣẹ̀dálẹ̀	origem
ìbẹ̀rẹ̀, ìṣẹ̀dálẹ̀, ìpilẹ̀ṣẹ̀, àkọ́bẹ̀rẹ̀, àtétèkọ́ṣe	primórdio
ìbẹ̀rù, ìbẹ̀rùbojo, ominú, èrù ìjáyà, ìfòyà	temor
ìbẹ̀wò	exame
ibẹ̀yẹn	acolá
ibi	maldade
ibi	nascimento, nascido, nato
ibi	onde
ibi gongo	ponteiro, ponta
ibi ìdájó	tribunal
ibi ìdáná, yàrá ìdáná	cozinhar
ibi iṣẹ́	escritório

232 | *Introdução ao idioma dos* Òrìṣàs

ibi, ayè, ipò	lugar, cidade
ibí, ìhín	aqui
ibi, ipò, ààyè	lugar
ibi, jàmbá, bìlísì, burú, àìsàn, àrùn	mal
ìbìlẹ̀	tradicional, tradição
ibiṣẹ́	local de trabalho
ibo	caída de jogo de adivinhação (cauris)
ibo	onde?
ibò	grupo étnico
ibo, ní ibo, níbo	onde?
ibojì, isà òkú, sàréè	túmulo
ìbòjú, ìkèlé	véu
ìbọn	arma de fogo
ibọn nlá agba	carambola
ìbọpá	bracelete
ìbòsẹ̀	meias
ìbòsí	gritar por ajuda
ìbọwọ́	luva
ibú	leito do rio
ibú	profundo
ìbú	horizontal
ìbú	lado
ibùdó, àgọ́	acampamento
ibugbe	habitante, habitação
ìbùgbé	moradia, domicílio
ìbúlẹ̀	lugar onde alguém deita
ibupá	vacina
ìbúra, ìfibú láti sọ òtítọ́	adjuração
ibùsọ̀, ibi ìdúró, ipò	etapa
ìbùsùn	cama
ìbùsùn, àkéte	cama
ìbùṣán, gígéjẹ, ìbùjẹ, ìkéwẹ́wẹ́	picada
idà	espada

Vamos falar **Yorùbá?** | *233*

PARTE III - VOCABULÁRIO

ìda	massa de vidro
ìdà	parafuso
ìdádúró	parada, demissão
ìdágaara, ìmótótó, ìfínjú	nitidez
ìdáhún, èsì, ègbè (orin)	resposta
idaji	metade
idaji	metade
ìdajì	madrugada, de manhã cedo
ìdájó	julgamento
idajo fun aisedede	multa
ìdájó, ètó, òdodo	justiça
ìdájó, ogbón, òye	juízo
ìdálè	outra cidade
ìdàlè, ìfinihàn, ìsekúpani	traição
ìdálóró, ìyolénu	tortura
ìdáná	fogão
ìdánìkanwà, ìdágbé, ìse eni nìkan, ànìkàngbé	solidão
ìdánilékòó, àròyé, òrò síso	palestra
ìdánilójú	certeza
idanwo	provas
ìdánwò	teste
ìdánwò ìwádìí	exame
ìdàrúdàpò	confusão
ìdasílè	invenção, criação
ìdáwó	contribuir, contribuição
ìdáwó, ìrànlówó	contribuição
idè	bronze, latão
idè	pulseira
ideruba	fantasma
ìdí	nádegas
ìdì	feixe
ìdí, èrèdí, èrò, ìpìlè	razão
ìdìbò, ìbò	votação

234 | *Introdução ao idioma dos* Òrìsàs

ìdíje, eré ìje, ìjàdù, ìbánidù	competição
ìdíkọ̀	rodoviária
ìdílé clá, grupo familiar, descendentes de ancestral na linha paterna	
ìdin	larva, taturana
ìdíwọ́, ìfàsẹ́hìn, ìmófo	contratempo
idọ	clitóris
ìdódó	umbigo
ìdọ́gba, dọ́gba	igualdade, identidade
ìdòrò	uma planta
ìdọti	sujeira
idọtu	cisco
ìdun	percevejo
ìdùnmọ́, inúdídùn	agrado
idunnu	alegre
Ifá o deus da adivinhação (também chamado Ọ̀rúnmìlà)	
ìfà	de graça
ìfamọ́ra, òòfà, ìwuni	atração
ìfaramọ́, ìsọdọmọ, lílẹ̀mọ́	aderência
ìfárùngbọ̀n onína	barbeador
ifẹ pelu ọkan	afeição
ìfẹ, olùfẹ́	amor
ífẹnukonu	beijo
ife	taça
ifẹ̀	cidade ao nordeste de ìbàdàn
ìfẹ́	desejo
ífe, ago	copo
ìfẹ́, ìfẹ́ gbígbóná	paixão
ìfẹ́, ìfẹ́ inú	vontade
ìfẹ́ni, ìyìn, ìjọlójú, ìyàlẹ́nu	admiração
ìfẹ̀ràn, inúdídùn, ìtọ́wò, adùn	gosto
ìfi agbára béèrè, ìfi dandan lé	exigência
ìfi àgbèrè àti pañṣágà ṣe òwò ṣe, iṣẹ́ aṣẹ́wó	prostituição
ìfi òróró yàn, ìtòrórósí, ìpara, òróró	unção

Vamos falar Yorùbá? | 235

PARTE III - VOCABULÁRIO

ìfikún, ìfisí, ìbísi, àsunkún	acréscimo
ìfikún, ìròpò̩, ìròlù	adição
ìfójú, àìríran	cegueira
ifokan si ayo̩	próspero
ifó̩n	cidade de Ifon
ifò̩n	espinho
ìforíbálè̩	prosta-se humildemente
ìfun, sàki	intestinos (do animal)
ìfún-káàkiri	transmissão
ìfúnpá	contra-egun
ifurugbin	plantar
iga	ferrão
ìgà	vila, casa grande para a família
igalà	cervo
ìgalà	veado
ìgànná, ògiri	muro
igba	agrião
igba	cabaça
igba	duzentos
igba	muitas
igbá	cuia
igbà	corda para subir na palmeira
ìgbá	jiló
ìgbà	época, tempo, estação, período
ìgbà è̩rùn	verão
ìgbà ò̩dó̩, ìgbà èwe	adolescência
ìgbà rírú ewé	primavera
ìgbà tàbí ipò ogbó, ogbó	velhice
ìgbà, àsìkò, àyè	vez
ìgbafé̩fé̩, ìrìnkiri	passeio
ìgbàgbó̩, ìgbé̩kè̩lé, ìsò̩tító̩	fé
igbakigba	qualquer
ìgbáko̩, kórè, kójo̩	colher

236 | Introdução ao idioma dos Òrìsàs

PARTE III - VOCABULÁRIO

ìgbálẹ̀	vassoura
ìgbàlẹ̀	casa dos eguns
ìgbálẹ̀, ọwọ̀	vassoura
ìgbànú	cinto
ìgbàsọ, ìgbàwí	advocacia
igbe	grito
ìgbẹ́	fezes, côcô
ìgbẹ̀hìn	término (completamente)
ìgbẹ́kẹ̀lé, ìfọkàntán	confiança
ìgbẹ́kẹ̀lé, ìgbáralé, ìgbójúlé	dependência
ìgbépọ̀, ìbágbé, ìbákẹ́gbẹ́	convivência
ìgbéraga	orgulho
ìgbèrú, mú sàn, lọ síwájú, dàgbà, ìbísi	desenvolvimento
igbèsè	dívida
igbèsè	obrigação
ìgbẹ́sẹ̀, ìṣísẹ̀/ìrìn ẹsẹ̀	passo
igbeyawo	casamenteiro, casamento
ìgbì omi, ìrú omi, ìbìlù omi	onda
ìgbimọtẹ́lẹ̀	planejamento
ìgbimọtẹ́lẹ̀, asọ́tẹ́lẹ̀	dica
ìgbin	caramujo
ìgbìyànjú, àbá, ìsapá, ìdánwò	tentativa
ìgbìyànjú, ìjàkadì, ìparun, ìbìṣubú, ìṣẹ́gun, ipa ọ̀nà	rota
igbo	mato
igbo	tipo de vegetação, floresta
ìgbójú, ìgbóyà, ìláyà	ousadia
ìgbómikaná	aquecedor
ìgbọ́nwọ́, ìgunpa	cotovelos
ìgbọ́wọ́lélórí	cerimônia de confirmação, ordenação
ìgbóyà, ìgbójú, ìlọ́kàn	coragem
ìgbóyà, ìgbójú, ìwà akọni	valentia
ìgè	nome
ìgẹ̀	elogio

Vamos falar Yorùbá? | 237

PARTE III - VOCABULÁRIO

igẹ̀, àyà	peito
igi	árvore, madeira
ìgi ìfalà	régua
igi ìyeyè	cajá
igi kan ìdáná	lenha de fogão
igi ọpẹ	coqueiro, dendezeiro
igi òròmbó kíkan	limoeiro
igi ọsàn	laranjeira
igi ṣèso, igi eléèso	árvore frutífera
igi-dúdu, etìnrin	ébano
ìgò	garrafa, vidro
ìgò omi dúdú, gbigbóná	bule
igo ṣúgà	açucareiro
ìgò ṣúgà	acúcareiro
igun ẹsẹ̀, igunsẹ̀	perna
igun mẹ́rin lógbọọgba, àwòrán, àpẹrẹ, pátákó, ìkọ̀wé	quadro
igún, gúnnugún	urubu
íhà	costelas
ìhà, ipa ọ̀nà	rumo
ìhìn, àfiyèsí, ìkìlọ̀, ìwífún	notícia
ìhìn, iṣẹ́ rírán, ọ̀rọ̀	recado
ihò ehoro tàbí òkété, ìsà, ihò, kòtò, ibi ìsádi, ààbò	toca
iho ilẹ	sepultura
ìhò imu	narina
ìhó ìyìn, ìyìn, ìkíni	aclamação
ìhòhò	nudez
ìjà	carangueijo
ìjà, ìjagun	briga
ìjà, ogun	luta
ìjádelọ, ojú ibi tí nkan ti ṣàn jáde, ọ̀nà, ilẹ̀kùn	saída
ìjàdù, ìje, ìbánidù, ìdíje	concursoó
ìjàmbá	acidente

238 | Introdução ao idioma dos Òrìṣàs

ìjánjá, èbù, ìrépé, ègé, díẹ̀	peça
ìjáyà, ẹ̀rù, ìfòyà	susto
ìjẹta	anteontem
ìjẹsa	povo de Ilẹ̀sà
ìje, ìjeje cerimônia realizada no sétimo dia do funeral do egúngún	
Ìjẹ̀bu	uma cidade
Ìjẹ̀ṣà a secçáo do povo yorùbá cuja capital é ìlẹ̀ṣà	
ìjì	vento forte
ìjì, ẹ̀fúùfù, líle, ẹ̀fúùfù nlá	tempestade
ìjìyà, ìṣẹ́níṣẹ́ẹ́, àánú, ìyọ́nú	pena
ijó	a dança
ìjọ onígbàgbọ́, àpéjọpọ̀ ọmọlẹ́hìn kristi	igreja
ìjọba	reino
ìjọ́ba	reinado
ìjọba àpapọ̀	governo federal
ìjọba àjùmọ̀ṣe, ìjọba tí ó fi àyè gba ará ìlú láti ní ìpín nínú ètò ìlú	democracia
ìjọba, agbára nlá ti ìlú, ipò ọba, àṣẹ	soberania
ìjọ́ba, àkọ́so, ìlú, ìtọ́nà, ìfọ̀nàhàn	governo
ijọgbọn	problema
ìjóko	banco para sentar
ìjóko	poltrona
ìjókòó, ibùjókòó	assento
ijọmarun	cinco dias depois
ijọmẹfa	seis dias depois
ijọmerin	quatro dias depois
ijoye	o chefe após o rei, ministro
ìjoyè	ministro do rei, chefe do palácio
iju	mata, floresta
ìjúbà	reverência, reza
ìjúbà, ìyìn lógo, ìbu ọlá fún	adoração
ikà	sanguinário
ìka	dedo

Vamos falar Yorùbá? | 239

PARTE III - VOCABULÁRIO

ìkà	maldoso
ìka ẹsẹ̀, ìkasẹ̀, ọmọ ìka ẹsẹ̀	dedos do pé
ìka, ìka ọwọ́, tàbí ti ẹsẹ̀	dedo
ikán	formiga branca
ikàn	vara de marmelo
ikan njẹ	um chama-se
ìkandù	tipo de formiga
ìkannáà	o mesmo
ikarhun	concha do mar
ìkawọ́, ìka ọwọ́, ọmọ ìka ọwọ́	dedos da mão
ìkẹfà	sexto
ikẹhin	final, fim
ikẹrin	quarta, quarto
ìkẹsàn-án	nono
ìkẹwàá	décimo
ìkẹ́, ìgẹ̀, ìkẹ́ra, ìfẹ́, ìfà ọkàn	carinho
ìkéde, ìpolówó, ìsọfún, ìròhìn	anúncio
ìkeje	sétimo
ìkejì	segundo
ìkìlọ̀, ìbáwí, ìṣílétí	advertência
iko	palha da costa
ikọ́	tosse
ìkó òdídẹ, ìkóódẹ	penas vermelhas do papagaio odídẹ
ikojade kuro nile	muda
ìkójọpọ̀ owó, jinlẹ̀, ìsàlẹ̀, ìpilẹ̀, ìdí	fundo
ìkójọpọ̀, àdàlé, àkànmọ́	acumulação
ikoko	panela
ìkoko	pote de barro
ikọlù	atacar, investir
ìkookò, kòríkò	lobo
ìkórè	ceifa
ìkórè	colheita
ìkọsẹ̀, ohun ìbàníjújẹ́, ohun ìdìgbòlù, ẹṣẹ̀	ofensa

240 | *Introdução ao idioma dos* Òrìṣàs

PARTE III - VOCABULÁRIO

ìkọsẹ̀bá, àgbákò, ìpín, ewu, irú, ọ̀nà, oríire	sorte
ìkóyàn, kóyàn	soutien
ìkóṣẹ́	aprendizagem
ikú	morte
ìkún omi	enchente
ikùn, àpòlúkù	abdome
ikun, kẹ̀lẹ̀bẹ̀	catarro
ilá	quiabo
ilá	um a cidade
ilà	padráo em listras das marcas tribais, feitas no rosto
ìlà	crescente aparecimento
ìlà oòrùn	leste
ilà tínrín, àwòrán tín a fi ọwọ́ yà, ewu	risco
ilà, ọ̀wọ́	fila
ilà, ọ̀wọ́, okùn tínrín, òwú, àlà	linha
ìlàjì, ààbọ̀, ìdáméjì	metade
ilẹ niọ	primavera
ilẹ nṣu	a noite está chegando
ilẹilẹ	piso
ilẹkẹ	rosário de contas
ìlẹkẹ̀	colar
ilẹpa	barro vermelho
ilé	casa
ilẹ̀	terra, cháo, assoalho
ìlé	mostruário
ilé àkójọpọ̀ àwọn ohun pàtàkì gẹ́gẹ́bí àwọn ohun ìṣẹ̀dálẹ̀ àti ohun láéláé	museu
ilé àrà, arailé	a família, clã
ilé ayé, erùpẹ̀, ilẹ̀ ibi ẹni, ìlú	terra
ile ẹkọ giga	faculdade
ilé ẹ̀kọ́ gíga	academia
ilé èrò	hotel
ile ìdáná	cozinha

Vamos falar Yorùbá? | 241

PARTE III - VOCABULÁRIO

ilé ìfìwé ránṣẹ́	correio
ilé ìfowó pamọ́, ilé owó	banco comercial
ilé ìfọṣọ	área de serviço
ilé igbẹ́ alawo	vaso sanitário
ilé ijo	baile, boate
ilẹ̀ ilè, ohun tí a dúró lé lórí, ìdí, ìpìlẹ̀	chão
ile isin si awọn Òrìṣà kekere	capela
ilé ìtọ́jú àwọn aláìsàn, ilé-ìwòsàn	hospital
ile iwe	escolar
ilé ìwé, yàrá ìkàwé, ibi tí a ti n yá ìwé	biblioteca
ile iyapa	cabine
ilé iṣẹ	escritório
ilé ìṣọ́ gíga, ilé ìṣọ́	torre
ilé ìṣọnà, ibi iṣẹ́	oficina
ile kekere ti enia	sacristia
ilé nlá	prédio
ilé ọjà, ọjà	loja
ilé ọkọ̀	garagem
ilé ọlẹ̀, apò tí ọmọ n wà iinú aboyún	útero
ile ọlọrun	igreja
ilé onjẹ	restaurante
ile ọrẹ mi	casa do meu amigo
ilẹ̀, érùpẹ̀, yẹpẹ̀	solo
ilé, ilé tí a kọ́ pẹ̀lú ọpọ̀lọ́pọ̀, igbùgbá fún ènìyàn púpọ̀	edifício
ilé-bodè, ibodè	alfândega
ile-ẹlẹdẹ	chiqueiro
ile-ẹṣin	estábulo
ilé-ẹ̀kọ́	escola
ìlẹ̀kẹ̀	qualquer colar de contas ou miçangas
ílẹ̀kùn	porta

242 | *Introdução ao idioma dos Òrìṣàs*

PARTE III - VOCABULÁRIO

ilèkùn pàtàkì ní ibùgbé àwọn tí n gbaradì láti	
şe işé ọlọrun, òfin ìjọba,	
yàrá nlá ní ilé-işé fún gbígba àlejò	portaria
ilé-Òrìşà	casa de santo
ilera	saúde, sanidade
ìlérí	promessa
ìletò, abúlé	aldeia
iléşà	cidade nigeriana
ìlò, àşà, ìwà, ìşe, bárakú, ìwọşọ	uso
ìlóhùn sí, yíyàn, ìbò	voto
ìlòkulò, èébú, ìkégàn	abuso
ìlọsíwájú, ìtèsíwájú, ìmúsàn,	
owó àgbàsílè, sísan owó silè	adiantamento
ìlu	furador
ìlú	cidade
ìlú	cidade – pátria
ìlù	qualquer tipo de tambor
ìlú, orílè-èdè, ilè ìbí ẹni	país
ilu-okere	país estrangeiro
imalè, malè	espíritos da terra
ìmélé	preguiça
imí	fezes – **igbẹ**
ìmò	conhecimento
ìmò	sabedoria
imò òpẹ	folhas de palmeiras
imò, òye, ìmòye	compreensáo
imolẹ	claro
imọle	brilhante
ìmólè, ìmò	luz
ìmólè, iriràn, fitílà	luz
ìmòtélè, ìrítélè, ìsọtélè	previsáo
ìmótótó, ìsọdimímó, ìwèmó	limpeza
imú	nariz

Vamos falar **Yorùbá?** | *243*

PARTE III - VOCABULÁRIO

ìmúyẹ, ìmúbádọ́gba, àtúnṣe	adaptação
iná	fogo, luz
iná ajẹ̀nìyàn	pulga
ina iriran	luz
iná orí, inán orí	piolho
ìnáwo, iye tí ohun tí a rà jẹ́	despesa
inira	garra
ìnórá, ẹdun	dor, aflição
inu	núcleo
inú	ventre (interior)
inú dídùn	felicidade
inu rere	bondade, favor
inú, ikùn, apolukù	barriga
inú, nínú	dentro
inùn mi dùn	sinto-me contente (feliz, satisfeito)
ipa	através de
ipa	nata
ipa	testículo aumentado por doença (hernia)
ipá	força
ipà	terreno ou área úmida
ipa ọnà, eré ìje, ìfiyèsí, ṣíṣe àṣàrò	curso
ipá, agbára, agbára òfin	validade
ìpadà, àbọ̀, yíyí	volta
ìpàdé, ìfarakanra	contato
ìpàkọ́	nuca
ipanujẹ	segredo
iparẹ	apagado
ìparẹ́, ìsodasán, ìsọdòfo, àìsímọ́	abolição
ìpárí ọsẹ̀	fim de semana
ìparí, ìgbẹ̀hìn, òpin, ìdí	finalidade
ìpàrọ̀, àyídà, àyípadà, ìṣípòpadà	muda
ìparọ́rọ́, ìdákẹ́jẹ́, ìtúnínú, ìpẹtùsí	sossego
iparun, ìbìṣubú, ìṣẹ́gun	derrota

244 | Introdução ao idioma dos Òrìṣàs

PARTE III - VOCABULÁRIO

ìpatéwó, ìpaté	aplauso
ìpè	chamada
ìpè	escamas de peixe
ìpè, ìrò	convite
ipénpéjú	pálpebra
ìpèsè sílè, ìmúrasílè, ìpalèmó, ìgbaradì	preparo
ìpìlè irú, àto	esperma
ipin enia	caminho
ìpín, apákan	parcela
ìpinnu	promessa
ipò, ibùsò, igbà, àkókò	estação
ìpòngbe, fífé tokàn-tokàn	anseio
ìpónjú, ìjìyà, ìdálóró, ìyonu	aflição
ìpónjú, wàhálà, ìsé, jàmbá	adversidade
irá	a cidade onde Oya entrou no cháo
ìran	família
ìran	show
irànlówo	supor, sustento
irànlówó, ìtìléhìn, ìgbàsílè, ìgbàlà, yíyo, ènìyàn nínú ewu	socorro
iranti	lembrança
ìránsé	estafeta, emissário
ìránsé, òjísé	mensageiro
ìràwo	estrela
irawo já	cometa
ìràwò, alásìkí ènìyàn lâárìn egbé	estrela
ire	boa
ire	bondade, sorte
ire	feliz, felicidade
ìré	cidade de Ìré na Nigéria
ìrè	grilo
ìre (sure)	bença
ìrè kékeré	grilo

PARTE III - VOCABULÁRIO

ire, eré, aré	brincadeira
ìrèkè	cana de açúcar
ìrèlè, ìpamóra	humildade
ìrépò, ìdàpò, ìsopò, ìsòkan, ìgbéyàwó, ìgbépò	união
ìrépò, ìsedẽde, ìbáré	harmonia
ìrésì	arroz
ìrètí, ìfojúsónà	esperança
iri	brisa
ìríbákannáà, ìjora, ìrí, àfarawé, jíjo	semelhança
irin	ferro
ìrìn	andamento
irin finkinfink	mola
irin ìsé, ohun èlò	ferragem
irin wéwé	ferramenta de Ògún
irin, èro, ìloso tí a fi n lo aso	ferro
ìrìn, ìrékojá sí ìhà míràn	trânsito
ìrí-ojú, ìran, ìriran	vista
ìríra, kèéta, ìkórìíra	ódio
ìrò	cidade perto de Abéokuta
ìró	o som
ìrò agogo	pêssego
ìró aso	saia
ìró, ariwo, òkìkí	barulho
ìró, ariwo, òkìkí	ruído
ìrò, ìsebí	conceito
ìrohin	notícia, reportagem
ìròhìn, ìhìn	relatório
ìroko	gameleira branca
ìrolé	tarde, tardinha
ìrolé	tardinha
iromi adie	pinto
ìrora, ìwàyá ìjà, ìnira	agonia
ìròrí	travesseiro

246 | *Introdução ao idioma dos Òrìsàs*

PARTE III - VOCABULÁRIO

ìròrí, tìmtìm	almofada
iru	cauda, rabo
iru	que tipo?
irú	semente para temperar molho
ìrù ẹṣin	rabo de cavalo
irú, òwó, ẹgbẹ́	espécie
irubọ	sacrifício, oferenda
irun	cabelo
irun abẹ	pelo que protege os orgãos sexuais
irun ẹ́yinjú	cílios
irun imu	bigode, buço
irun ojú	pestana
irun -pelo	
irungbọ̀n, irun àgbọ̀n	barba
isà	buraco, túmulo
isa oku	capela, igreja
isagídi	teimosia
ìsalẹ	em baixo, a base
ìsàlẹ̀	baixo
ìsàlẹ̀ ilé	andar térreo
ìsàlẹ̀ ilé	térreo
ìsánsá, alárìnkiri, aláìnípò	vagabundo
ìsapá, ipá, ìfi agbára ṣe, ìrójú	esforço
ìsasùn	panela de barro
ìsè	cozido
ìsé, onini ẹ̀wù	botão
isesi	maneira, costume
isian	paz
ìsimi, ìsimi ọlójọ́ díẹ̀	feriado
ìsìn	religião
ìsìn, ìrántí, ìjọ́sìn, ìtẹríba, òwọ̀	homenagem
ìsìnkú	enterro
isinmi	folga

Vamos falar **Yorùbá?** | *247*

PARTE III - VOCABULÁRIO

ìsínmí	férias
ìsìnsìn yìí	agora (no tempo presente)
ìsìpè fún, ìrèlékún, ìtùnú, ìgbàníyànjú	consolação
isó	gases do intestino, peido, traque
ìso	ponto para amarrar animal
ìsò	a loja
ìsò	banca
ìsò, ilé iko èrù pamó	armazém
ìsodomo	adoção
ìsòfintótó, ègàn, ìse ìdájó, wíwádìí	crítica
ìsojú eni	agência
ìsopò, ìfikún, ìforúkosílè gégébí omo egbé	afiliação
isunmo	próximo
ita	fora
ìtá	fora
ita bi ata	ardor
ìta, ònà ìgboro ìlú, òpópó, ojúde	rua
ìtakété, ààwè, ìfàséhìn, ìsé eni	abstinência
itan	mito, lenda, história
ìtán	perna, coxa
ìtàn àheso, ìtàn lásán, ìtàn ìfé,	
ìròhìn tòótó tàbí ti àsodùn tí ó banilérù	romance
ìtànje, ètàn	decepção
iteju	plano, planície
ìtenúmo	afirmação
ìté	ninho, trono
ìté eye	ninho
ìté omo, owó, ibùsùn omodé	berço
ité, ité òkú	cemitério
ìtèsíwájú, ìlosíwájú, ìwà híhù	procedimento
ìtéwógbà, ìdùnmo, nini inu didun sí	aceitação
ìtì	tronco
ìtì	um tipo de planta

248 | Introdução ao idioma dos Òrìsàs

ìtìjú, ojútì	vergonha
itọ́	saliva
ìtọ̀	urina, xixi
ítọn	coxa
ìtọrọ àforíjì, ẹ̀bẹ̀, ìpẹ̀, ìṣe àwáwí	desculpa
ìtọrọ, ẹ̀bẹ̀, gbólóhùn ọ̀rọ̀ kan	oração
itosi	perto
ìtọ́wò	paladar
itú	coisa estranha
ìtu	saída de emergência para animais
ìtú sí wẹ́wẹ́, ìtúká sí kélekèle	análise
itumọ́	significado
itunmo	gabarito
ìtúra	paz
ìtura, ohun tútù fún mímu	refresco
itúwọka	generosidade
iwà	característica
ìwà	caráter
ìwà àlèébu, ẹ̀ṣẹ̀, ìwà búburú	vício
ìwà òmùgọ̀, ìwà wèrè, ọ̀rọ̀ ìsọkúsọ	tolice
ìwà rere, ìwà ọ̀run, ìwà bí ọlọ́run, àṣẹ	virtude
ìwà, ìrí, ipò	qualidade
ìwà, ìṣe, bárakú	hábito
ìwà, ọ̀nà, irú, ìṣe, ìtẹ̀sí, òye, ọgbọ́n	jeito
ìwàásù, ìkìlọ̀, ìbáwí, ọ̀rọ̀ ìyànjú	sermão
iwadi	pesquisa
ìwádìí, ìbéèrè	pesquisa
iwájú	fente
iwájú	frente
iwájú orí, irun ojú	sobrancelhas
iwájú orí, iwájú	testa
ìwàkiwà, rírú òfin, ẹ̀ṣẹ̀, ìwà búburú	crime
iwárápá	epilepsia

Vamos falar Yorùbá? | 249

PARTE III - VOCABULÁRIO

ìwárìrì, gbígbọ̀n, mímì	ttremor
iwe	livro, papel
iwe	moela
ìwé	livro
ìwé	papel
ìwẹ̀	banho
ìwé àkójọ orúkọ, ìwé ìrántí	pauta
ìwé àṣẹ, ànfàní, gáfárà	licença
ìwé ìfiyèsí, ìwé ìrántí, ìwé	caderno
ìwé ìjẹ́wọ́ gbígba nkan, ìgba nkan lọ́wọ́ ẹlòmíràn	recibo
ìwé ìjẹ́wọ́, ìwé àmì, ìwé kúkurú	bilhete
ìwé ikajọ oṣù, iwé ika jọ́ oṣù	calendário
ìwé ìpàṣípààrọ̀ owó	cheque
ìwé ìrín-àjò,	
ìwé ìrìnnà nínú èyí tí a n gba àṣẹ láti jáde	
tàbí wọ inú ìlú mìíràn	passaporte
ìwé ìròhìn, àwòká, ìfojusí, ìbojúwò	revista
ìwé ìròhìn, owó ọ̀yà	jornal
iwe kewa	ginásio
ìwé kúkurú, àmi, àpẹrẹ	nota
ìwé owó, ìwé iye tí nkan jẹ́	conta
ìwé tí a kọ àwọn nkan tí a ó ṣe sí,	
ohun tí a ó ṣe	agenda
iwe, kíndìn, kíndìnrín	rim
ìwífún	informação
iwin	fantasma, espírito
ìwọ	você
ìwọ́	chifre
ìwọ́	umbigo
ìwò oòrùn	oeste
iwọfa	servente, serviçal
ìwọ̀n	medida, quantia, quantidade
ìwọ̀n òtútù tàbí ooru, ìgbóná ara	temperatura

250 | *Introdução ao idioma dos* **Òrìṣàs**

PARTE III - VOCABULÁRIO

ìwọ̀n, ìtóbi	tamanho
iwure	colher
ìwúrí, ìfà ọkàn, ìfẹ́	afeto
ìyà	punição
ìyà	sofrimento, castigo
ìyá à\u00e0fin	madame, a senhora do palácio
ìyá ẹgbẹ́	mulher presidente de uma sociedade de mulheres ou de um clube feminino
ìyá màpó	Òrìṣà feminino
iyá rẹ	mãe dele
ìyá, abiyamọ	mãe
iṣà, ọtí waini	vinho
ìyá-à\u00e0fin-ikú	assistente da Ìyá-nàsó
ìyá-àfin, ìyá-ilé	senhora
ìyá-àgbà	mãe grande
ìyá-àgbà	mãe grande, vóvó
ìyáalé-odùduwà	é a chefe dos adoradores de Odùduwà.
ìyábọ̀	a mãe voltou
ìyá-bọ̀	nome de menina que acredita-se, ser a avó reencarnada – a mãe que retornou.
ìyá-kékere	mãe pequena
ìyá-kéré	aquela que coloca a coroa na cabeça do rei no ritual da coroação ela também desfruta da regalia real.
iṣàkóso, ìbójútó, ìpínfúnni	administração
ìyálé esposa	mais antiga, quando um homem tem várias esposas as demais são chamadas de Ìyàwó em contraste com a Ìyálé
ìyálé-àgbo, ìyá alágbo	tem o encargo do Agúnmun (pó colocado em bebidas para efeitos medicinais) e do Àgbo (infusão de ervas) para usos medicinais.

Vamos falar **Yorùbá?** | *251*

PARTE III - VOCABULÁRIO

ìyálémọlẹ̀, ìyá onímalẹ̀	é a chefe dos Bàbáláwò na cidade, ela é quem mantém e zela pela imagem de Ifá do Ọba.
ìyálé-orí, ìyálórí, yelórí	é a sacerdotisa de Orí e de manter o igbá orí do rei em seu lugar de culto particular.
iyalode	líder comunitário
Ìyálóde	entre os ẹ̀gbá, todos os municípios têm sua ìyálóde da sociedade local, a ìyálóde é a mulher cabeça daquele município, sendo este um título cívico – primeira dama
ìyálorìṣà	mãe de santo
ìyá-mọdẹ̀	é uma espécie de "madre superiora" das celibatárias no bàrà, também é chamada de bàbá(pai).
iyan	inhame cozido e pilado
iyàn	argumento
iṣan	artéria
iṣan	músculo (do animal)
ìṣan	vara que controla os egungun
iṣan ara	nervo
iṣan, iṣan èjẹ̀	veia
ìṣáná	fósforo
ìyá-nàsó	é a responsável pelo culto de Ṣàngó, a Ìyá-mọ̀nàri é sua assistente e é quem estrangulava um devoto de Ṣàngó condenado à morte.
iyanrìn	areia
ìyanu, ìyàlẹ́nu	surpresa
ìyá-ọba	era mulher apontada para subistituir a mãe real do Aláàfin, que morreu
ìyá-ọga	mãe superior (madre superiora) e a Ìyá-mọndé são raspadas
ìyá-olọ́sún	sacerdotisa de Ọ̀ṣún
ìyá-Òrìṣànlá	sacerdotisa de Òrìṣànlá
ìyàrá àléjò	sala de visitas

252 | *Introdução ao idioma dos Òrìṣàs*

PARTE III - VOCABULÁRIO

ìyàrá ìjókó	sala de estar
iyará isẹ	gabinete
ìyàrá ounjẹ	sala de jantar
ìyàrá, yàrá	dormitório
ìyàrí	pente
iyatọ	diferente
ìyàwó	esposa
ìyàwó àfésọ́nà	namorada
ìyàwó Ifá	esposa de alguém cujo casamento foi recomendado por Ifá
ìyá-yemọja	sacerdotisa de Yemọja
iyẹ	pena (de ave)
íṣẹ	trabalha
ìṣẹ	pobreza
iṣẹ, ìsìnrú	trabalho
ìyẹn kọ	isso não
iyẹn, yẹn	aquele, aquela, aquilo
iṣẹ́	emprego
iṣẹ́	tarefa
iye enia ìlú	população
iye èníyàn inú ìlú	população
iye nkan, owó ọjà rírà	tarifa
iye owó nkan, iye, iyì, rírì	valor
iye tí nkàn jẹ́, iye owó ọjà, ìmọ rírì, ìkúnlójú	preço
ìṣe tímọ́tímọ́, ìbádána	afinidade
ìṣe, àṣà, àṣà ìgbàlódé	moda
ìṣe, ìmúṣẹ, ìṣe ojú fún'ni, ìdúró nípò ẹlòmíràn	desempenho
ìṣe, ìpèléjó, ẹ̀sùn nípa òfin, ìwà	ação
iṣẹ́, ìrú, iṣẹ́ ilé kíkọ́, ohun tí a dáwọ́lé	obra
iṣẹ́, ìsìn	serviço
iye, iye tí nkan jẹ́, ìnáwó	custo
iye, nọ́mbà, ònkà	número
ìṣe, ọ̀nà, ìwà, àṣà	maneira

Vamos falar Yorùbá? | 253

PARTE III - VOCABULÁRIO

iye, owó-òde, owó-orí, owó-òyà	taxa
ìyè, wíwà láàyè, ìgbésí ayé, ayé	vida
iyebiye	valoroso
ìṣedẽdé	honestidade, precisão, exatidão
ìṣẹ́gun, ìborí	vitória
ìṣéjú, kéré púpọ̀ jù, kéékèèkéé	minuto
ìṣèlẹ̀, ohun tí ó ṣẹlẹ̀	acontecimento
iyèméjì, àìdánilójú, ìméfò, àní-àní	dúvida
ìṣẹ́yún, ìṣẹ́nú	aborto
ìṣíkù, ìyókù, owó tàbí ohun tí ó ṣẹ́kù	saldo
iyin	louvor, glória
ìyín	aquí
ìyìn	elogiar
ìṣípò-padà, ìmúkúrò	afastamento
ìṣiré, ìdárayá, fàájì	passatempo
ìṣísílẹ̀, ìbẹ̀rẹ̀, ihò, àfo	abertura
iyọ̀	sal
ìṣó	prego
iyọ̀ ìrèkè, iyọ̀ òyìnbó	açúcar
ìṣọ̀fọ̀, ìdárò	luto
ìṣọgbọọgba, ìṣedédé, irúkannáà, ohun tí o bá ara wọn mu	par
ìyọnu, àánú, ìbákẹ́dùn	dó
ìyọ́nú, ìbákẹ́dùn, àánú, ìbánikẹ́dùn	compaixão
ìṣọ́ra, àkíyèsi, ìwòye, ìkìlọ̀	cautela
ìyọrísí, àbájáde, àbáyọrí, èrè, èso iṣẹ́	efeito
iṣotitọ	honradez, honestidade
ìṣòwó	comércio
iṣu	inhame
ìṣu	farinha feita de batata
ìṣù erùpẹ̀, ilẹ̀ gbígbẹ, ìlú	torrão
ìṣubú, ìparun, ìwó, ìkọsẹ̀	queda
iyùn	coral

254 | Introdução ao idioma dos Òriṣàs

PARTE III - VOCABULÁRIO

ìṣúná, mímọ, owó tójú, ètò ìṣúná	economia
j'ọgá	chefiar
já	lutar, brigar
já	pegar (folha etc)
já, gẹ	arrancar
jà, ja ogun, gbìyànjú	luta
jà, jagun, dù, ṣe làálàá	pelejar
jáde	sair
jáde ẹ̀kọ	graduar, formar
jáde lọ́	ir embora
jáde wá, jáde lọ, lọ kúrò	sair
jáfara, pẹ́, fi falẹ̀	demorar
jágbọ́n	descobrir
jagun	guerrear
jagun	guerreiro, soldado
jagun, jà, dojú ìjà kọ	guerrear
jánà	entrar no caminho
jare	direito, justiça
járọ́	descobrir a mentira
játọ, wátọ, dátọ	babar
jáwé	arrancar folha
jẹ	pertencer a
jẹ	ser
jẹ (èrè ọjà), ṣẹ́gun, borí, pa(láyo)	ganhar
jẹ díẹ̀díẹ̀, fi ehín gé, jẹ run, parun	roer
jẹ èrè, jẹ ànfàní, jẹ ìfà	aproveitar
jẹ gbèsè, ní láti, gbọ́dọ̀	dever
jẹ ìgbádùn, jẹ ìfà, jẹ ayé	usufruir
jẹ ìrọra, ní ìnira	agonizar
jẹ ní ìyà, ṣẹ́ ní ìṣẹ́, pọ́n ní ojú	castigar
jẹ onjẹ alẹ́	jantar
jẹ, jẹun	comer
jẹki	permita, deixe, vamos

Vamos falar Yorùbá? | 255

PARTE III - VOCABULÁRIO

jẹ-nigbèsè	endividar, dever
jẹun	comida
jẹun òsán	almoçar
jẹ́	ser, responder
jẹ́ olóríkunkun, ṣe àìgbọ́ràn, ṣe agídí, wa ọrùn kì	teimar
jẹ́, wà, mbẹ	ser
jẹ́, ṣòro, le	custar
jèbi	culpado
jéèjẹ́	comprometer
jeki	deixar
jẹ́wọ́	falar verdade
jí	acordar
jí, jalè, kó (ilé), ṣe ìgárá	roubar
jí, ṣe àìsùn, tají, fínúṣọ̀kan, ṣàdéhùn, fohùnṣọ́kan, gbà	acordar
jíjẹ́wọ́, gbígbà	admissáo
jìn	ser profundo
jìn, jìnnà	longe
jìnà si	longe de
jìnnà	longe
jìnnà, mímú kúrò, ṣíṣí nídìí	afastado
jiyàn	argumentar, debater
jiyàn	discutir
jiyàn, sọ́ àsọyé pọ̀	debater
jjà, jagun	brigar
jó	bailar
jó	dançar
jó	queimar
jò	iluminado
jò	vazar
jọ	aparecer
jọ	assemelhar, semelhante, parecer
jọ́	implorar, suplicar

256 | *Introdução ao idioma dos Òrìṣàs*

PARTE III - VOCABULÁRIO

jò	peneirar
jọ pín, ṣe àjọpín, pín	compartilhar
jọba	reinar
jọjọ	excessivamente, extremamente
jóko	sentar, abaixar
jókó	sentar
jókòó, kalẹ̀, simi, mú ìjókòó, fi bò, fà so	sentar
jókòó, ṣe àtìpó, fi ìdí kalẹ̀	assentar
jòmu, fi ẹnu fàmu, mu (ọyàn)	sugar
jóná	queimar
joró	estar em agonia
joró, jìyà	sofrer
jòwọ́	por favor
jòwọ́, dákun, jàre	faça o favor
ju	mais que
jù	jogar for a
jù	também
ju gbogbo rẹ̀ lọ, aṣọ àwọ́lékè	sobretudo
júbà	demonstrar respeitos (humildemente)
júbà	reverênciar, estimar
júba, bu ọlá fún, yìn lógo	adorar
julọ	mais do que
jùlọ	mais que, maior, mais velho que
jùmọ̀, pẹ̀lú, ní ẹgbẹ́, ní àkópọ̀	junto
ka	em volta de, em círculo
ká	recolher
kà	ler, contar
ka ìwé	ler livro
kà mọ́, fi pẹ̀lú, gbà sínú	abranger
kà, ṣírò, rò, rò pọ̀, sọ (ìtan), ròhìn	contar
káárí, tẹ́rùn, tó fún, pọ̀, pọ̀ púpọ̀	bastante
káàrò	bom dia!
kaba	vestido

Vamos falar **Yorùbá**? | 257

PARTE III - VOCABULÁRIO

kálàmù	caneta
kaluku	cada
kan	alguma coisa
kan	azedo
kàn	bater
kàn nípá, kà sí lọ́rùn, fi mọ́	impor
kán òrò oyinbo	maçã
kàn, mú lọ́kàn, wú lórí	afetar
kànga	poço
kangaru	canguru
karọti	cenoura
kataba	charuto
kàwé	ler, estudar
kàwé, kà	ler
kawuri	búzio
kẹkẹ	bicicleta
ké	chorar
ké	gritar
kẹ́	elogiar
kẹ́	mimar
ké kúrú, dínkù, fà kúrú, sọ di kúkurú, ké sí, bẹ̀ wò, kí	visitar
kẹ́, fi ọwọ pa lára, gbàmọ́ra, fàmọ́ra	acariciar
ké, gé, ṣá, ké kúrò	cortar
kéède	anúncio
kẹ́ẹ́dùn	condoer-se, condolências
keke	medida
kẹ̀kẹ́, àyíká, ọgbà (ìṣiré)	roda
kékeré	pequeno, pequenino
kékeré, díẹ̀	pequeno
kékeré, díẹ̀, wẹ́wẹ́	miúdo
kẹ́kọ	estudar
kéré	pequeno

258 | *Introdução ao idioma dos Òrìṣàs*

PARTE III - VOCABULÁRIO

kéré jùlọ, láìlójọ́ lórí	menor
kèrègbè	cabaça
kété	cedo
kẹ́tẹ́kẹ́tẹ́	burro
kẹ́tẹ́kẹ́tẹ́ onílà	zebra
kétu	cidade nigeriana
ki	grosso
ki	qualquer, que
kí	cumprimentar
kí	cumprimentar (kú – cumprimentar, derivado de kí)
kì	apertar
kì í	nem
kí tó, kí...tó	antes de...
kí, bá yọ̀, yọ̀ fún, yọ̀ mọ́	cumprimentar
kíákíá	rapidamente
kígbe	gritar
kígbe, sọkún, damijé	chorar
kìí	náo ter
kíkan, mímú	acidez
kíkan, mímú, rorò	ácido
kikere	menor
kíkí	o ato de cumprimentar humildemente
kìkì, níkan, ṣá, péré, ọkan-ṣoṣo, nìkan wà, nìkan-ṣoṣo	só
kìki, ṣa, là	simplesmente
kiko	maduro
kíkọ	escrito
kìlọ̀, bá wí, ṣí létí	advertir
kílo, òṣùwọ̀n	quilo
kini	o que é
kíní	o quê?, o quê é?
kínkín	uma pequena quantidade
kinni	primeiro
kìnnìún, ẹkùn	leáo

Vamos falar Yorùbá? | 259

PARTE III - VOCABULÁRIO

kiyesi	perceber, observar
kíyèsi, rò, gbéyẹ̀wò, rò wò, gbà rò	considerar
kíyèsi, sààmì sí, fi òòtẹ̀ tẹ̀	marcar
kó	pegar (plural)
kọ	aprender
kọ	cantar
kọ́	aprender
kọ́	ensina, lecionar
kọ́	estudar, construir
kọ́	não ser
kọ̀	negar
kọ̀	recusar
ko daju	dúvida
ko dara	ruim
kọ ẹ̀kọ́	ensinar, educar
kọ́ ilé, kọ́, f'ẹsẹ̀múlẹ̀	edificar
kọ́ ìwé	escrever no papel
kọ ìwé ìhágún, kọ ìwé májẹ̀mú, dán-wò	testar
kó jáde (nínú ilé), lọ kúrò, wà lá ìsịsẹ́	desocupar
kó jọ, dà lé, kàn pọ̀	acumular
kọ́ ní ẹ̀kọ́, sí níyè	ensinar
kọ́ ní ìríra, dá lágara, sú, mú bínú	aborrecer
kọ orin	cantar
ko senia kọka	ninguém
kò sí	não há, não tem, não estar
kò títì	ainda não
kò to pẹ̀	de nada, não há de que
ko tobi	pequeno
kọ́, kà, fiyèsí, ṣe àṣàrò, tú sí wẹ́wẹ́, yẹ̀wò	estudar
kọ, kọ̀wé	escrever
kọ́, mọ̀, dì mú, gbá mú	apreender
kọ́, tọ́, kọ́ ní ẹ̀kọ́	educar
kọ̀, ṣá tì, ṣe lòdì sí	recurso

260 | *Introdução ao idioma dos* **Òrìṣàs**

PARTE III - VOCABULÁRIO

kọ́, ṣe, kàn, mọ, kọ́ (ilé), mọ (ilé)	construir
kọfi, omi dúdú	café
kòì	ainda não
kójá	tirar, levar para fora
kọjá	passado
kọjá	passado
kọjá	passado
kọjá, yege (nínú ìdánwò)	passar
kojọ	juntar
kójọpọ̀, dìpọ̀, gbárajọ, dàpọ̀	grupar
kọjujasi	deter, opor-se
kòkó	cacau
kòkó, ṣokolati	bombom, chocolate
koko-ọ̀rọ̀	palavra chave
kòkòrò	inseto
kọkọrọ́	chave
kòkòrò oyin	abelha
kọ̀lọ̀kọ̀lọ̀	lobo
kondo	cassetete
kóòtu	paletó, tribunal
kòpa	matança
kóre	recolher
kórè, ṣà, ká	ceifar
koríko	capim, grama
koríko	gramado
koriko gbigbẹ	morango
koríko, pápá oko tútù, onjẹ ẹranko	pastagem
kọrin	canto destinado ao Òrìṣà de cada pessoa
koríra	odiar, abominar, detestar
koro	fel
korò	amargo
kóro	não desenvolver
kóró	semente

Vamos falar Yorùbá? | 261

PARTE III - VOCABULÁRIO

kóró, wórópọ̀n, kórópọ̀n	testículos
kosẹni	nada
kosi	nada
kọsile	deserto, ermo
kóso	governar
kósó, bàtá a-koto	tambor usado pelos gẹ̀lẹ̀dẹ́
kòtò, ihò	buraco
kristi	cristo
ku	cortar animal em pedaços
kù	menos ou faltar
kú, ṣe aláìsí, di òkú	morrer
kù, ṣékù	sobrar
kúkúrú, ṣẹ́kí, kíún	breve
kùmọ̀	bengala, cajado
kun	esculpir
kún	cheio
kùn, fi ọ̀dà tàbí tìróò kùn	pintar
kùn, kùn sínú	murmurar
kún, tẹ́lọ́rùn	encher
kúnlẹ̀	ajoelhar
kúra	ficar impotente
kúrekùré	anão
kuro	mudar
kúrò	sair do lugar
kúrò	tirar
kuru	longe
kúrú	curto
kutu	cedo
kùtùkùtù	cedo
kùtùkùtù, àfẹ́mọ́júmọ́, ojúmọ́, kùtùkùtù òwúrọ̀	madrugada
l'oju ọna	indo para casa
l'òsí, lósì, ní apá òsì	à esquerda, do lado esquerdo

262 | *Introdução ao idioma dos Òrìṣàs*

lá	lamber
lá	sonhar
là	abrir, partir
lá (àlà), lálàá	sonhar
làágùn, ṣe làálàá, ṣe iṣẹ́	suar
lâárín, nínú	entre
laba-lábá	borboleta
lábẹ́	em baixo de, abaixo de
labọ	até a volta
làdí, dánwò	provar
làdí, túmọ̀, ƒiyé, wíyé, sọyé	explicar
lafojude	atrevido, presunçoso
lágbájá	fulano
lágbájá, lámọrín	fulano, beltrano, etc.
lagbara	enérgico
lágbára, le, llera, nípá	forte
lagbedemeji	entre, no meio de
lai	sem
láìdájú, tí ó yípadà	vário(a)
lái-lái	para sempre
láìlera, láìlágbára, láìlẹ́sẹ̀ nílẹ̀	fraco
laípẹ́	cedo
láìpẹ́, nísisìyí, kété, lógán, ní kété, lójúkannáà	logo
láìròtẹ́lẹ̀, lójìjì, láìretí, àkọsẹ̀bá	acidental
láìsí	sem
láìwọ bàtà, lẹ́sẹ̀ òƒìfo, lẹ́sẹ̀ lásán	descalço
láìṣòro, rọrùn, tí kò ṣòro	fácil
lãkàyè	senso comum
lákopọ̀	em geral
lala	baba de saliva
làlálàá	esforço
lámùrín	camundongo do mato
lana	ontem

Vamos falar **Yorùbá?** | *263*

PARTE III - VOCABULÁRIO

lãpon	zeloso
larin	moderado
lárìnká	camundongo
lásán, lófo, gbéregbère, láìnílárí	vão
láti	de (preposição)
láti	desde
lati dide	levantar
lati dinu	agarrar
lati fọ	lavar
lati gbe	morar
láti ibo?	de onde?
lati jade	mudar, sair
lati kuro	mudar
lati mọ	saber
lẹgbẹ	no lado
lẹmi	forte
lẹwa	elegante
lẹwa	formosa
le	é fraco
lé	mais, sobra
lé	mandar, correr atrás
lé	sobre, acima
lé	ter a mais
lè	colar
lè	poder
lè	possibilidade
lẹ	bonita
lé lọ, dáyà fò, dẹrùbà, yà lẹnu	espantar
lẹ mọ, fara mọ, so mọ	apegar
le, lágbára, dúró şinşin	sólido
lẹ̀ẹìn, lẹ́in	depois
lẹ̀ẹìnnáà	depois disso, disto, desse, daquilo
lẹ̀ẹìntí	depois de

264 | *Introdução ao idioma dos* **Òrìşàs**

léèkan si, léèkejì, èwè, tún	novamente
lègbé	ao lado de
légbé	ter companheiro
lehin	após, ré
léhìn, séhìn	atrás
lé-jáde	mandar fora
lé-kúrò	mandar embora
lélo	mandar embora
lera, pé, lágbára, yè	sadio
lérò	ter pensamento
lérò wipe	pensar que
léròwípe	achar
lésè	no pé
létà, ìwé (tí a ko sí ènìyàn)	carta
letusi	alface
léwà, dára	formoso
léwà, dára	lindo
léwu, láìdánilójú, láìlègbékèlé, níyèméjì, sàìdájú	precário
lèse	capaz, hábil, apto
lí	ter
li ojú rè	presença (sua)
lile	feroz
líle	duro, forte, resistente
lilo	partir
ló	entortar
ló	ir
lo déédéé fún, se rere, se oríire, se aásìkí	prosperar
lo kúrò, kú, pín, pínyà	partir
lò ní ìfékúfèé, fi àgbèrè àti pañságà se òwò se	prostituir
ló titi	por muito tempo
lò, fi	usar

Vamos falar Yorùbá? | 265

PARTE III - VOCABULÁRIO

ló, ló pò, yí po, wé pò, ṣe kóró, tè, wó, tì lẹ́hìn dárayá	torcer
lò, mú lò	utilizar
lọ, rìn nṣó	ir
lò, wò	usar
lòdì sí, lòdì, yàtò	adverso
lódò	perto de (pessoa)
lọgun, hó yè, kébòsí, pariwo	gritar
lọhùn	distante, aquele, acolá, além
lóhùn-ún, níbẹ̀ yẹn, ibẹ̀	lá
lójijì, láìròtẹ́lẹ̀, láìrẹtí	imprevisto
lóju ọná	indo para casa
lókè, lórí, ga jùlọ, pò jùlọ	acima
lómi, tutù, rin	molhar
lóra, falè, fà pé	devagar
lori	em cima, sobre
lórí	ter cabeça
lówó	na mão, ter a mão
lówólówó, nísisìyí, lójúkojú, ọrẹ, ẹ̀bùn	presente
lowurọ	cedo, de manhã
lu	furar
lú	golpe
lù bí agogo, mú dún, jẹ́ kí ó dún, jẹ́ kí ó ró	badalar
lú, bàjé, ṣe dàrúdàpò, bùlà, ṣe pañṣágà	adulterar
lú, borí, fi nkan lù	bater
lúwè	mergulhar
lúwẹ́ẹ́, léfòó, fó lójú omi	nadar
má	não
má lọ!	não venha
mã nṣiṣẹ	acostumarmos a trabalhar
màẽkà	anjo
májèlé	veneno
mãlu ẹran	mula

266 | *Introdução ao idioma dos Òrìṣàs*

PARTE III - VOCABULÁRIO

màlúù akọ	boi
màlúù, màû	boi
mànàmáná, ààrá	relâmpago
màpó, mànpó	nome de uma montanha em Ìbàdàn
màriwo	folha da palmeira
márùn-dín-lógún	quinze
mbẹ	estão
mbo..sọ	falar com, dizer
mẹtamẹta	detrês em três
mẹtẹta	três vezes
méjèèjì	ambos
mejeji	duas vezes
méjì	duas
méjìlá	dúzia
mejimeji	dois a dois
mekan	uma vez
mekunnu	moço
méló	quantos? (perguntando a quantidade)
mẹnukàn, tọ́ka sí, ròhìn, sọ, wí	referir
mèrò	sensível, sisibilidade
mi	meu, minha
mí	respiração
mí	respirar
mì	mexer
mì, dámì, gbémi	engolir
mì, gbọ̀n, rú	sacudir
mì, rú sókè	agitar
mili	milha
mímì, ìrúsókè	agitação
mímọ́	divinas
mímọ̀	santo
mímọ, mọ	limpo
miran	outro, outra

Vamos falar **Yorùbá?** | *267*

PARTE III - VOCABULÁRIO

mọ	moldar
mọ̀	saber, conhecer
mọ̀ yàtọ̀, yà sọ́tọ̀, sàamì sí lọ́tọ̀	distinguir
mo yọ funọ	parabéns
mọ́, dá ṣáká mọ́jú, láìlábùkù	puro
mo, èmi	eu
mọ̀, fọwọ́kàn, mọ̀ láraa, forítì, rọ́jú, pamọ́ra, kábàámọ̀, bà nínú jẹ́, jìyà, joró	sentir
mọ̀, yé, gbọ́ (èdè)	compreender
mọ́lẹ̀, mọ́ tótó, dá ṣáká, láìlábùkù	claro
mongòrò	manga
mọ́ngòrò	manga
mòòkùn, bẹ́ sínú odò tàbí òkun	mergulhar
mótò-ọkọ̀, akọyanrin, akọyọyọ	automóvel
moyé	ter percepção
moyi	agradar
mu	beber
mu	beber
mú	pegar, tomar
mú	pegar, tomar
mù	fumar
mù	sumir
mù (ìkòkò tàbí tábà), fín, rú (èéfín)	fumar
mú dájú, sọ dájú, ṣe dájú	assegurar
mú dákẹ́, kẹ́, f'ọwọpa lára, rọ (ọmọ tẹ́), di (ẹrù)	embalar
mú dára si, mú sàn, sàn nínú àrùn tàbí àìsàn	melhorar
mú dẹra, mú rò, sọ di aláìlera, sọ di aláìlágbára	débil
mú dùn	adoçar
mú ìdógba kúrò (nínú ìbò tàbí ayò)	desempatar
mú jáde, so, hù, dá sílẹ̀	produzir
mú kúrò, yọ kúrò, fà jáde, ṣí ipò padà	abstrair
mú lára dá, pa l'ẹ́rìn-ín, bá ṣiré	divertir
mú láraa yá, pa'ni l'ẹ́rìn-ín, dàámú, sọ di asínwín	distrair

268 | *Introdução ao idioma dos Òrìṣàs*

PARTE III - VOCABULÁRIO

mú mọ̀, fihàn, fi 'ni mọ'ni	apresentar
mú nípá, fi agbára mú ṣe	obrigar
mu omi	tomar água
mu ọtí	tomar bebida
mú wá, fà wá, gbé, rù, kó	trazer
mú yára, mú lọ síwájú, fi sáré	acelerar
mú yẹ, mú bá dọ́gba, túnṣe	adaptar
mú ṣe nkan, gbà láyà, kàn	influir
mú yé, fún lágbára, fi àṣẹ fún	qualificar
mú ṣe, ṣe àpṣepé, ṣe parí	cumprir
mu-duró	fazer ficar em pé ou esperar
mu-jáde	levar fora, tirar fora
múlọ	levar embora
muna	ser comprido
múra sílẹ̀, múra tẹ́lẹ̀, pèsè, palẹ̀mọ́, gbaradì	preparar
muyàn	mamar
mu-yará	apressar
nà	bater
ná ọjà	negociar, pechinchar
ná, ná owó, mú kúrò nínú àpò	desembolsar
ná, náwò, run, jẹrun, lò tán, ṣá, lògbó	gastar
nà, nọ̀gà, fàgùn, tàn kálẹ̀	estender
naa	gastá-lo
náà	aquele (a)
náà	também
nàngúdù	calça comprida tipo aladim
nascer	bí
nfẹ	querendo
ngbadura	contrito
ngbẹ	morando
ní	em
ní	ter
ní	ter, ser, estar, haver (espécie de verbo auxiliar **yorùbá**)

*Vamos falar **Yorùbá?** | 269*

PARTE III - VOCABULÁRIO

ní àárín, láárín	no meio
ní abẹ́	em baixo
ní abẹ́, nísàlẹ̀	debaixo
ní àkókò, ní ìgba	durante
ni álẹ	de noite
ni ãrọ kùtùkùtù	hoje cedo
ni ãrọ̀ òni	hoje de manhá
ni asiko onjẹ	na hora da comida
ní ẹgbẹ́, légbẹ́, l'ẹgbẹ́	ao lado
ni dakeji awẹ	além
ní ẹ̀bá, lẹ́ẹ̀bá	perto
ní ẹ̀yìn, léyìn	atrás
ní ibẹ̀, níbẹ̀	lá
ní ibí, níbí	aquí
ní ìfẹ́ gbígbóná sí	apaixonar
ní ìgbà náà, ní àkókò náà, ní ìgba nì, njẹ́	então
ni ijẹjọ	oito dias passados
ni ijeje	sete dias passados
ní inúdídùn, ní ayọ̀	feliz
ní irú ipò, ní irú ìrí, ní irú	táo
ní ìsàlẹ̀, ní abẹ́	abaixo
ní kánjúkánjú, tí a gbọ́dọ̀ ṣe kíákíá,	
tí a kò gbódọ̀ fi falẹ̀, sún láti ṣe nkan kíákíá	urgente
ni kùtùkùtù, ní ìbẹ̀rẹ̀, tètè	cedo
ni lati	ter que
ní ohùn kan, ti ìṣọ̀kan	unânime
ni ọjọ kan	era uma vez, um dia
ní orí	em cima de, sobre
ní orí ire, ṣe orí ire	afortunado
ni òru	de madrugada
ní ọ̀tún, l'ọ̀tún	à direita, do lado direito
ní ọ̀ún, l'ọ̀ún	ali
ní tòsí, lẹ́bàá, súnmọ́	perto

270 | Introdução ao idioma dos Òrìṣàs

PARTE III - VOCABULÁRIO

ní tòsí, ní àyíká, bí (iye nkan)	cerca de
níbẹ̀ náà, lọ́hùn-ún, níbẹ̀ yẹn	aí, alí, acolá
nibi, ibi	presente, esta vida, aqui, neste lugar
nibiyi	aqui
nibo	aonde
nibomiran	no seu lugar
nidaidai, nigbami	ocasionalmente, as vezes
nígbàgbógbó	sempre
nígbàná	entáo
nígbàtí	quando...
nígbàwo	quando?
nigbawo?	quando?
nigbẹ̀hìn, lẹ́hìn náà, tí ó bá yá, lẹ́hìn	depois
níhìn-ín, níbí	cá
níhòhò	nu
níhòhò	pelado
nikan	somente
nìkan, péré, ṣá	apenas
níkanṣóṣó	simplesmente, somente
nikanṣoṣo, okanṣoṣo, pere ògéde	só
ninu	dentro de
ninu	em, durante
nínú èyí	nisso, nisto
nipa	sobre, a cerca de, a respeito de
nípa ti, nípasẹ̀, ga jùlọ, pọ̀ jùlọ, sórí	sobre
nípa, láti ìhà kan sí èkejì, nípasẹ̀	através
nípa, nípasẹ̀, fún, ní	por
nípari	enfim
níparíirẹ̀, ní iparí rẹ̀	finalmente
nípaṣè, nípa	mediante
nipẹ	de tarde
nípọn	grosso
nírẹ̀lẹ̀, onípamọ́ra	humilde

Vamos falar **Yorùbá?** | *271*

PARTE III - VOCABULÁRIO

nísàlẹ̀, lábẹ́	sob
nísisìyí	agora
nísisìyí, kíákíá, ní àkókò yìí, lógán	já
nitẹriba	obediente
nítorí	por que
nítorí	porque...
nítorí ìdí eyí, nítorí náà	portanto
nítorí pé	porque
nítorí, nítorí tí, gẹ́gẹ́ bí	pois
nitorina	por isso, por causa disso
nítorípé	por quê?
nítòsí, súnmọ́ra, ti tòsí, èkejì, ẹnìkejì	próximo
níwájú	adiante
níwájú	ante
níwájú	em frente, na frente
níwájú, níhà ọ̀hún, ní ìkọjá	além
niyebiye, niyelori	precioso, querido
njẹ	tomara, será
njẹun	comendo
nkan oṣu	menstruação
nkan ṣoṣo	único
nkan, ohun	coisa
nkankan	nada
nlá	está lambendo
nlà	está rachando
nlá, títóbi, gbórín, tóbi púpọ̀	enorme
nlọ	indo
nmú	bebendo
now	olhando
nsun	dormindo
nu	sumir
nù	limpar
nù (nu omi), fà mu, fa (omi kúrò), mú gbẹ	enxugar

272 | Introdução ao idioma dos Òrìṣàs

PARTE III - VOCABULÁRIO

nún	perder
nwẹ	nadando
nwọn	eles (as)
ó dàbọ̀	adeus, tchau, até logo
ó dàbọ̀, ó dìgbóṣe, ó di gbéré	adeus
ó dáfá, ó dífá, onífá	pessoa que consulta o oráculo de Ifá
o daju	lógica
o di ãrọ̀	até amanhã de manhã
o dìgbà	até logo
ó nfẹfá	ele está adivinhando
ó tí, ndao, àgbẹdọ̀	náo
ó tó, ó ti tó	basta
ó, òun	ele ou ela
ọbà	nome do rio que leva o nome da Òrìṣà Ọbà
Ọbà	um Òrìṣà
ọ́ba	rei
ọba-gùntẹ́	representa o rei na casa Ògbóni
Ọbàtálà	o Òrìṣà da criaçáo
òbẹ	faca
òbẹ igi	faca de madeira
òbẹ irin	faca de aço
òbẹ kàn	faca afiada
òbẹ kere	faca pequena
òbẹ muna	faca comprida
òbẹ tóbi	faca grande, facáo
ọbẹ́	sopa, ensopado
ọ́bẹ̀	molho
òbẹ̀	salsa
ọbẹ̀, omi ẹran	caldo
obí	fêmea
obì	fruta
obì	noz de cola
òbi	pais

Vamos falar Yorùbá? | 273

PARTE III - VOCABULÁRIO

òbí	parente
òbí	um cargo de Òrìṣà
obìnrin	mulher
obìnrin, ọdọ́mọbìnrin	moça
òbò	vagina
òbò	vagina
ọbọ́	ânus
ọbọ, ẹdun, lágídò, àáyá	macaco
ọbọ, ọbọ lágídò	macaco
ọbọ̀rọ́, téjú, dè, dẹra, dẹjú, rọ̀, níwà pèlẹ́, ṣe jẹ́jẹ́	suave
obúkọ	bode
òbúkọ	bode
ọdá	ato de castrar animais domésticos
ọdá	época de seca
ọdàlẹ̀, ẹlẹ́tàn, oníkúpani, afinihàn, ọlọ̀tẹ̀	traidor
ọdàn	o campo
ọdẹ	caçador
odẹdẹ	corredor
òde	fora
òdè	rua, avenida, portáo
òdẹ̀	bobo, burro
òde, l'òde	fora
òdẹ̀dẹ̀	assoalho
odi	surdo
òdì	contrário, avesso
odi ẹyìn	caixote de fruta de dendê
odi ìlú	for a ou limited a cidade
odi, ẹni tí kò lè sọ̀rọ̀ tàbí tí kò sọ̀rọ̀	mudo
odidẹrẹ	paváo
odidi, gbogbo, tí ó pé, ní dídá ara	inteiro
odindi	completo
odò	rio
òdó	pilão

274 | Introdução ao idioma dos Òrìṣàs

ọdọ	juventude
òdọ	cordeiro
òdọ́	pessoa jovem
òdò̞	perto de (pessoa)
òdọ́, èwe	adolescente
òdọ́, òdọ́mọdé, èwe, òpé̞è̞rè̞	jovem
òdo, òfo	zero
ododo tutu	muda
òdòdó, ìtànná ewéko	flor
ọdọdun	anualmente
odofin	bofe, pulmão (do animal)
ọdọfin	título
òdòrò	flor
odù	destino
odù	estrofe de Ifá
oduduwa	progenitor do povo yorùbá
ọdún	ano, festa, festividade
odun kan	um ano
ódùn látijẹ, ó dùn jẹ	tem gosto doce
odun tọ kọja	o ano passado
odun tọ mbọ	próximo ano
ọdún, oṣù méjìlá	ano
òdùnkún, ànàmọ́, kúkúndùnkún	batata
òdúnkún, kúkúndùkú, òdókún, ànònmọ	batata doce
ọfà	arco e flecha
ọfà	arco e flexa
òfà	cidade da Nigéria
ọfẹ	força sobre natural
òfé̞	de graça
òfin	direitos
òfin, ìlànà	norma
òfin, ìlànà, àṣẹ	lei
òfò	desperdício

Vamos falar Yorùbá? | 275

PARTE III - VOCABULÁRIO

ọfọ̀	encantamento
òfọ̀	má notícia
òfọ̀	prejuízo, perdas
òfo, àìsí, àìwà, àìnílárí, asán	nada
òfo, àlàfo, asán, láìnípá	nulo
òfo, asán, ṣófo, wà lásán	vazio
òfófó	bisbilhotice, fofoca, tagarelice, mexerico
òfun, ọ̀nà ọfun	garganta
ọga	patrão
òggá	chefe
òggá ilé kíkọ́	arquiteto
òggànjọ́ òru, aago méjìlá òru	meia-noite
ọgbà	jardim
ọgba dudu	jabuticaba
ọgbà nlá, ọjà	praça
ọgbà, ògiri	cerca
ọgbẹ	ferida
òggbélẹ̀, ìyàn	seca
òggbéni, alàgbà, òggá, olúwa	senhor
òggbẹ̀rì	quem não tem conhecimento
ogbigbo	gavião
ọgbón	inteligência, sabedoria
ọgẹdẹ fadaka	banana prata
ọgẹdẹ kan bi òrò oyinbo	banana maçã
ọgẹdẹ omi	banana d'água
ọgẹdẹ were	banana nanica
ọgẹdẹ wura	banana ouro
òggẹ̀dẹ̀ àgbàgbà	banana da terra
òggẹ̀dẹ̀, òggẹ̀dẹ̀ wẹwẹ	banana
òggèyì	doença
ògì	pasta branca de milho
ògírí, ìgànná	parede
ogo	respeito

276 | *Introdução ao idioma dos Òrìṣàs*

PARTE III - VOCABULÁRIO

ògo	a graça
ògó	glória
ògọ	marreta
ògogóro	cachaça
ògógóró	pinga nigeriana
ogójì, ogún méjì	quarenta
ogòngò	avestruz
ọgọrun ọdun	século
ọgọrùn-ún ọdún	século
ọgọ́ta (ogún mẹ́ta)	sessenta
ọgọ́ta ìsẹ́jú	sessenta minutos
ogun	o rio ògún
ógun	guerra
ògún	divindade
ògùn	feitiço
ogun, ìjà, ìjagun	guerra
ogún, ìní, ìjogún	herança
ogún, okòó	vinte
ògúnlógọ́ ènia	povo
óhùn	voz
ohun àlùmọ́nì	diamante
ohun ẹsọ́	coisa de decoração
ohun elo	material
ohun èlò ogun, ohun ìjà	arma
ohun èlò tí a fi n sí agolo	abre-latas
ohun èlò, ìmúra, ìselọ́sọ̀ọ́	aparelho
ohun gbogbo, gbogbo rè/ẹ̀	tudo
ohun idáná	fogão
ohun ini	matéria
ohun ìyanu nlá, ìwà akọni, isẹ́ agbára, isẹ́ àrà	façanha
ohun ìsiré, sírésiré	brinquedo
ohun kan, nkankan	algo
ohun mimo se	campo

Vamos falar Yorùbá? | 277

PARTE III - VOCABULÁRIO

ohun mímu tí a fi èso oríṣiríṣi ṣe, wàrà tútù, tí ó kún fún èso	sorvete
ohun ọgbin	planta (semente)
óhùn rará	voz alta
ohun tàbí èyí tí ó tẹlé nkan, ti ìtòsí	seguinte
ohun tẹni	direitos
ohun tí a ṣe láìròtẹ́lẹ̀, ohun tí o ṣẹlẹ̀ lójijì	repente
ọ́jà	feira, mercado, mercadoria
òjá	cinto
òjá	pano que cobre a cabeça, torço
ọjà, ohun tí a rà	compra
òjé	solda do ferro
oje igi	líquido que sai da árvore
òjìji	alma
ojo	medroso
òjo	nome
òjò	chuva
ọjọ́	dia
ọjọ́ bí ayọ̀	dia do aniversário (parabéns pra você)
ọjọ́ ìbí kristi, kérésìmesì	natal
ọjọ́ karùn-ún òṣẹ	quinta-feira
ọjọ́ kẹfà òṣẹ, ọjọ́ àbámẹ́ta	sábado
ọjọ́ kẹfà òṣẹ, ọjọ́ ẹtì	sexta-feira
ọjọ́ kẹrin òṣẹ	quarta-feira
ọjọ́ kejì òṣẹ, ọjọ́ ajé	segunda-feira
òjò wínníwínní, òwúsúwusù	garoa
ọjọ̀jọ̀	bolinho de inhame
ojojumọ	todos os dias
ọjọjumọ	dia a dia, diariamente
ojọkeji	dia seguinte, amanhã
ọjọ́-orí, ìgbà, àsìkò, àkókò	idade
òjóró	malandragem
ojú	cara

278 | *Introdução ao idioma dos Òrìṣàs*

PARTE III - VOCABULÁRIO

ojú kòkòrò	inveja, ciúme, olho grande
oju ọna	caminho
ojú, iwájú	rosto
ojúbọ	assentamento coletivo
ojúbọ bàbá	local da casa onde os ancestrais são cultuados
ojugun	joelho
ojukoju	cara a cara
ojúlé	porta da casa que dá para a rua
ojúlówó	valioso
ojúlówó, dájú, `tòótọ́, lódodo	real
ojúlùmọ̀	conhecido
ojúlùmọ̀	pessoa conhecida
ojúrere, ìṣeun, ààbò, ìrànlọ́wọ́	favor
ọka	cobra
ọká	um tipo de cobra
ọkà	pirão de mandioca, milho
ọkà alikama	trigo
ọkàn	coração
ọkan nínú méjì	um dos dois
òkan, kan	um, uma
ókan, kan, oókan	um (numeral)
ọkanfẹ̀	idolatrar, adorar
òkanṣoṣo, nìkanṣoṣo, láìlẹ́gbẹ́, láìlẹ́nìkejì	único (a)
òkàwé, ẹni tí n kàwé, ònkàwé	leitor
òkè	alto, montanha, em cima
òkè	lugar alto
òkẹ́	saco de palhas
òkè ilé	terraço
òkè òkun, ìkọjá òkun	além-mar
òkẹ́, àpò nlá	saco
òkè, òkè kékeré	morro
òkè, orí òkè	cima
òkèrè	distância, longe

Vamos falar **Yorùbá?** | *279*

PARTE III - VOCABULÁRIO

òkèrè	distância, longe
òkẹ́rẹ́	esquilo
òkété	rato gigante
òkìkí	fama
òkìkí, ìyìn, ọlá, orúkọ rere	renome
oko	barco
okó	pênis
okó	pênis
óko	sítio, fazenda
òkò	pedra
òkò	pedra para aceitar
ọkọ	marido
ọkọ́	enxada
ọkọ̀	automóvel, barco
òkò	lança de ômôlú
ọkọ àfẹ́sọ́nà	noivo
ọkọ̀ akérò	ônibus
ọkọ̀ ayọ́kẹ́lẹ́	carro
òkò gíga	montanha
ọkọ̀ ilẹ̀, ọkọ̀ rélùwéè	trem
óko ìrèké	canavial
ọkọ̀ òfurufú, bààlúù	avião
ọkọ oju omi	navio
oko, aṣọ híhun	fazenda
oko, ìroko, oko ríro, ìṣàgbẹ̀, ìrolẹ̀	lavoura
ọkọ̀, ohun ìkẹ́rù, kẹ̀kẹ́	veículo
ọkọ, ọkọlóbìrin	esposo
òkóbó	impotente
oko-ẹru	cativeiro
òkọ̀kán	cada
ókọ̀nlàá, óókanlà, mókọ̀nlàá	onze
ọkọọkan	certo (a)
oku	corpo

280 | Introdução ao idioma dos Òrìṣàs

PARTE III - VOCABULÁRIO

oku	morto
òkú	cadáver
òkú, ẹni tí kò ẹ̀mí, ṣe àìsí, pa ẹ̀hìn dà	morto
okùn	corda
okùn	linha
òkun	praia
ọkùn, omi oníyọ̀	mar
okunkun	trevas, escuro
ọkùnrin, ẹdá, ènìyàn	homem
ọkùnrin, òdọ́mọkùnrin	moço
okuta	montanha
òkúta iyebíye	diamante
òkúta, òkúta wẹ́wẹ́	pedra
ọ́là	riqueza
òla, ní ọ́la	amanhã
olẹ	fraco
olẹ	ócio
òlẹ	preguiçoso
olẹ̀	embrião
olè, ọlọ́ṣà, jàgùdà	ladra/ladrão
ọlọ	moedor de pedra
olódùmarè, edùmarè	deus onipotente, deus supremo
olófofo	fofoqueiro, falador
ológbò	gato, gata
ológbò ẹ̀annà, ológbò igbó	onça
ológbò, olè, aláréèkérekè ènìyàn, ẹni tí ó yára	gato
ologini	felino
ologun	exército
ológun	soldado
olojukokoro	aquele que tem olho grande
oloke	montanhoso
olokiki	valente
olokọ	sabedoria

Vamos falar Yorùbá? | *281*

PARTE III - VOCABULÁRIO

ọlọkọ omi	marinheiro, marinha
olokun	deus da lagoa, oceano
olóògùn	curandeiro
olóòóre	senhor da bondade
oloore	senhor bondoso
oloótọ́, ẹni tí kì í ṣe èrú	honesto
ọlọpa	polícia
ọlọra	gorduroso
olorì	título da esposa do rei (da rainha)
olórí	chefe, senhor, dono da cabeça
olórì	esposa do rei
olórí, àlábòójútó	gerente
olorin	cantor
olórin, akọrin, aludùùrù, ẹni tí ó mọ ohun èlò orin lò	músico
oloripipe	bamba, sábio
olóró	venenoso
ọlọ́rọ̀, lówó, lọ́rọ̀	rico
olórúkọ ẹni	xará
ọlọrun	deus
olorun ti nṣe tsin	sacristia
ọlọsa	deusa da lagoa
oloto	maculado
olowó	rico, aquele que tem dinheiro
oloye hinu ohun iṣe	cátedra
oloṣi	pobre, misarável
oloyin	tangerina
olú	cogumelo
òlu	furador
olú áwo, olúwo, olórí	chefe (cabeça dos **bàbàláwo**)
olùdarí	diretor
olúfán	senhor de Ifán, título do rei de ifön
olùfẹ́, àlè	amante

282 | Introdução ao idioma dos Òrìṣàs

PARTE III - VOCABULÁRIO

olùfẹ́,	
ọ̀rẹ́-bìnrin (feminino),	
ọ̀rẹ́-kùnrin (masculino)	namorada (do)
olùfẹ́ni, ayin'ni, ẹni tí a jọ lójú	admirador
olùfọkànsìn, ẹlẹ́sìn	religioso
olugbe	habitante, residente
olukaluku, olukuluku	cada
ólùkọ́	professor
olùkọ́ni	professor
olukuluku	cada um
olúkúlùkù, olúkúlùkù ènìyàn	toda
olùràjà	comprador
olùtọ́jú	enfermeiro
olùtọ́jú aláboyún tí n rọbí	parteira
olùtọ́jú, olùṣọ́	tutor
olúwa	deus
olúwa, ẹni tí ó ni nkan	dono
oluwẹ	nadador
ólùṣèwé	autoria
òlùṣọ́, alábòójútó, olùtọ́jú	zelador
omi	água
omi ẹran	sopa
omi èso	suco de frutas
omi èso ti a fí ṣúgà sí	geléia
omi gbígbọ́ná	chá
omi iyọ̀ òyìnbó, òògùn olómi	xarope
omi-ẹ̀rọ̀, àgbo	infusáo de ervas consagradas para Ọsányìn
omijé	lágrima
omimi	aguado
òmìnira	liberdade
òmìníra	independência
òmìnira, ìjọlá ìlú, ìdásílẹ̀, àyè	liberdade
ominran	um outro

Vamos falar Yorùbá? | 283

PARTE III - VOCABULÁRIO

omiran	monstro
òmíràn	outro
òmìrán	gigante
ọmọ	filho(a)
ọmọ adìyẹ	frango
ọmọ ẹ̀gbọ́n tàbí àbúrò bàbá tàbí ìyá ẹni	primo
ọmọ ẹ̀gbọ́n tàbí àbúrò ẹni	sobrinho
ọmọ ẹ̀kọ́	estudante
ọmọ ile leé	alunos
ọmọ ìlú, ará ìlú	cidadão
ọmọ obinrin	filha
ọmọ ọdọ	empregado
ọmọ ọkunrin	filho
ọmọ ọwọ́, ọmọ jòlòló	bebê
ọmọ ti o ni baba ati iya	orfáo
ọmọ ti ọmọ bi	bisneto
ọmọbìnrin	menina
ọmọ-bìnrin ọba, ọmọ-aládé, ọmọ-ọba	princesa
ọmọde, ọmọ, èwe	criança
ọmọdebìnrin	moça
ọmọdekùnrin	moço
ọmọ-ẹ̀hìn kristi, onígbàgbọ́, ọmọlẹ́hin kristi	cristáo
ọmọkùnrin	menino
ọmọ-kùnrin	rapaz
ọmọ-kùnrin ọba, ọmọ-ọba, ọmọ-aládé	príncipe
ọmọnílé	lagartixa
ọmọ-ọdọ̀, ìránṣẹ́	criado
ọmọ-ọmọ	neto
ọmọ-Òrìṣà	filho de santo
omowe	gênero
ọmu	fumante
ọmú	seio feminino
ọnà	artesáo

284 | *Introdução ao idioma dos Òrìṣàs*

PARTE III - VOCABULÁRIO

ọ̀nà	caminho, estrada
ọ̀nà gbòòrò, ojú ọ̀nà, òpópó	avenida
ọ̀nà ọ̀fun	esôfago
ọna sịṣe nkan	maneira, modo
ọna ti a gbẹ fun omi idoti	canal
ọ̀nà, ojú ọ̀nà, àbáwọlé, ìwọlé, ilẹ̀kùn	entrada
ọ̀nà, òpópó, ọ̀nà gbangba, ọ̀nà òpópó	estrada
ọ̀nà, ọ̀rọ̀ tí ó tọ́ka sí ohun pàtàkì nínú ìwé	passagem
òngbẹ	sede
ọ̀ní	o título do rei da cidde de ifê
oni lu samba	sambista
ọ̀ni, alégbà, ẹlẹgugu	jacaré
òní, lóní	hoje
òní, ọjọ́ òní	hoje
oníbàárà	freguês
onibanujẹ	misterioso
oníbárà	cliente
onibẹru	medroso, temeroso
onibere	perguntador
onídajọ	juiz
onidaru	feroz
oníde	feito de latão
onifẹsi	respondedor
onífọ́tò	fotógrafo
onígbàjámọ̀	barbeiro
onígbàjámọ̀n, onífárun, onídirí	cabeleireiro
onígbèsè	devedor
onijo	dançarino
onijó	dançarino
oníjọ̀ngbọ̀n	intrigante
oníjọ̀ngbọ̀n	pessoa mal humorada, briguento
onijún	quadrado
onílà	pessoa que tem marcas tribais, homem circuncisado

Vamos falar Yorùbá? | 285

PARTE III - VOCABULÁRIO

onílé	o dono da casa
onílé	senhor da casa
onílẹ̀	senhor da terra
onílù	atabaqueiro
onílù	tocador de atabaque
onimọ	sábio
oniranu	algum
onirin ajò	viajante
oniruru	vários, diferentes
onírúurú, ọ̀pọ̀lọpọ̀, oríṣìíríṣìí	diverso
onísẹ́ ọwọ́	artesanato
oniwá tútù, ẹni a bí re, ọkùnrin jẹ́jẹ́	cavalheiro
oníṣẹ́ abẹ	cirurgião
ọniye biye	abacate
oníṣègùn ehín, oníṣègùn eyín	dentista
oníṣègùn, oníṣègùn	físico
oníṣègùn, oníṣègùn	médico
oníṣọna aṣọ wíwọ̀	alfaiate
oníṣòwò	comerciante
oníṣòwò, ọlọ́jà, onífàyàwọ́	traficante
onjẹ alẹ́	janta
onjẹ arọ̀	café da manhã
onjẹ òsan	almoço
onjẹ, ìyẹ̀fun	refeição
onjẹ, ounjẹ	comida
onto	rá
ònwòran, olùwòran	espectador(a)
oọ̀gùn	magia (trabalho no sentido do culto – remédio)
òògùn, egbògi	medicamento
òògùn, egbògi, àtúnṣe, ìrànlọ́wọ́	remédio
òógùn, ìlàágun, iṣẹ́, làálàá	suor
oókan àyà, ìgẹ̀	seio
óokàndínlógún, mókàndílógún	dezenove

286 | Introdução ao idioma dos Òrìṣàs

PARTE III - VOCABULÁRIO

ọ̀ọ̀kùn	centopeia
ọ̀ọ̀lẹ̀	tipo de comida igual vatapá
òòlọ̀	afiador
òòlọ̀, ọlọ ata	moedor
oore	bondade, benevolência
òòró	vertical
ooru	calor
òórùn	cheiro
òórùn ẹnu, èémí	hálito da boca
òórùn dídùn	perfume
òòrùn, oòrùn	sol
òòtẹ̀ tí a fi sínú ìwé ìrìn-àjò, àṣẹ láti wọ ìlú àjèjì	visto
òótọ́, otítọ́	verdade
òòyà, ìyarun	pente
òòyì ojú	tontura
ọpa	tronco das folhas
ọ̀pá ìtilẹ̀	bengala
ọpẹ òyìnbó	abacaxi
ọpẹ yinbo	abacate
òpè	pessoa que não tem conhecimento de causa
ọpẹ́	graças, agradecimento
ọ̀pẹ́	palmeira
opin	máximo, acabar, último, final, finalizar
opin asiko	semestre
òpin, àlà	término
òpin, ìyọrísí, ìparí	fim
opó	viúva, viúvo
òpó	pilastra
òpó	poste vertical, pilar central do barracão (terreiro)
ọpọ	muito
òpọ̀	barato
ọ̀pọ̀, ọ̀pọ̀lọ́òpọ̀	abundância, abundante

Vamos falar Yorùbá? | 287

PARTE III - VOCABULÁRIO

opó'bìnrin, obìnrin tí ọkọ rẹ̀ ṣe àìsí	viúva
opó'kùnrin, ọkùnrin tí aya rẹ̀ kú	viúvo
opobirin	viúva
opokunrin	viúvo
ọpọlọ	cérebro
ọ̀pọ̀lọ́	sapo
ọ̀pọ̀lọ̀	sapo
ọpọlọ, mùdùnmúdùn	miolo
ọ̀pọ̀lọ́ọ̀pọ̀ ìgbà	frequentemente
ọpọlọpọ	muitos
ọpọlọpọ	vários, numeroso, abundante, profuso
ọ̀pọ̀lọpọ̀	bastante
ọ̀pọ̀lọ́sẹ̀, isu ẹ̀sẹ̀	barriga de perna
ọ̀pọ̀tọ́	figo
ọra	gordura
ọ̀rá inú egungun	medula
orẹ	tatu
ọrẹ	doação
ọrẹ, ẹ̀bùn	brinde
ore	ajuda
ọ̀rẹ́, àwé, olùkù	amigo
ore-ọ̀fẹ́, ojú rere	graça
òrí	banha de òrí
òrí	pomada
orí òké ilé	telhado
orí, aṣáájú, olórí	cabeça
òrí, òrí àmọ́	manteiga
orígun, igun, kọ̀rọ̀, kọ́lọ́fín	esquina
oríkì nome expressando o que se espera que uma criança se tornará	
órílẹ̀-èdè	nação
orin	cação
orin	canção, cânticos, cantigas
orin	música

288 | *Introdução ao idioma dos Òrìṣàs*

PARTE III - VOCABULÁRIO

orín	escova de madeira
orísun, ìsun, orísun omi, ibi pàtàkì	fonte
orísun, ohun ìgbékèlé, ònà ìrànlọ́wọ́, ìpèléjọ́	recurso
Òrìṣà	santo
orìṣirìṣi	vários, várias
oró	veneno
orò	culto, fundamento
orò	um Òrìṣà
òro	uma fruta
ọrọ̀	riqueza
òrọ̀	caso
òrọ̀ aṣoyé lâârín ènìyàn méjì tàbí jù bẹ́ẹ̀ lọ	diálogo
òrọ̀ eyi	desta palavra
òrọ̀ ìpilẹ̀, òrọ̀ àkọlé, gbòngbò, òrọ̀ sísọ	tema
òrọ̀ iṣe, òrọ̀ tí n sọ nípa ṣíṣe tàbí wíwà	verbo
òrọ̀, ìfifún, ìkọ̀wé	comunicação
òrọ̀, ohun tí ó ní ìtúmọ̀, gbólóhùn kan	palavra
orobo	feto
orógbó	falsa noz de kola
orombo	mamão
orombó	laranja lima
òròmbó kíkan	limão
òrọ̀mọdìyẹ	pintinho
òròmọdìyẹ, ọmọ adìyẹ	pintinho
òróòró	fel
òróró	óleo
òróró ìpara	loção, perfume
orù	garrafa de barro
òru	madrugada
òrùká	anel
orúkọ	nome
orúkọ àpèlé, orúkọ idílé	sobrenome
orúkọ, àpèlé, orúkọ ìdílé ìnagijẹ	apelido

Vamos falar Yorùbá? | 289

PARTE III - VOCABULÁRIO

orun	sono
ọrùn	pescoço
ọ́rùn	pescoço
ọ̀run	abóboda celeste
ọ̀rún	céu
ọ́rùn ẹ́sẹ̀	tornozelo
ọrùn ọwọ́	pulsos
ọ̀run, òkè ọ̀run, ọ̀run rere	céu
orúnkún, èkún, ókún, orókún	joelho
ọ̀sà	lagoa
ọ̀sán	tarde
ọ̀san àna	ontem de tarde
ọ̀sán gangan, ọjọ́-kanrí, ìdajì ọjọ́, aago méjìlá ọ̀sán	meio-dia
ọ̀san oni	hoje de tarde
ọsàn wẹ́wẹ́, orombó wẹ́wẹ́	limão
ọsàn, orombó nlá	laranja
ọsanyin	deus da folha
ọ̀sányìn	divindade ósányìn
ọsẹ kán	uma semana
ọ̀sẹ̀	semana
òsì	esquerda
ọ̀sìṣẹ́, oníṣẹ́	trabalhador
ọsọọsẹ	semanalmente
òsúkè, súkè-súkè	soluço
ọta	pedra
ọ́ta	pedra de raios
ọ̀tá	inimigo, adversário
ọ̀tà	cidade
ọ̀tá, alátakò, oníkèéta	inimigo
ọ̀tá, aṣòdì, alátakò	adversário
ọ̀tá, oníja, alátakò	antagonista
otan	nada

290 | *Introdução ao idioma dos* Òrìṣàs

PARTE III - VOCABULÁRIO

ọ̀tẹ̀	conspiração
ọtí èso àjàrà, wáìnì	vinho
ọti funfun	vinho branco
ọti irẹkẹ	vinho licoroso
ọti kikan	vinagre
ọti ọ̀dá	vinho do porto (velho fermentado)
ọti olójé, ọti jíní	gin
ọti púpà	vinho tinto
ọti yangan	cerveja de milho
ọti ṣẹkẹtẹ	meladinha (bebida)
ọ́ti, ẹmu	bebida alcoólica
ọti, ògógóró	aguardente
otita	cadeira pequena, cadeirinha
òtítọ́, ìṣe, ohun tí ó dájú gangan, nkan tí ó ṣẹlẹ̀	fato
òtítọ́, koko-ọ̀rọ̀, òdódó	fato
òtítọ́, òdodo	verdade
ọ̀tọ̀	separado
ọ̀tọ̀ọ̀tọ̀	separação
òtu	bobo
ọ̀tun	novo
ọ̀tún	direita
ọ̀tun, ìròhìn titun	novidade
ọ̀túnla	depois de amanhã
òtútú	frio
òtútù, àmódi	gripe
òtútù, dágunlá, ẹni tí kò ní aájò tàbí ìfẹ́	frio
òùka etí, yẹrí	brinco
ọ̀un	alí
oun èlò ìkọ̀wé	lápis
oun ìkọ̀wé, gègé	caneta
oun ìpawérẹ́	borracha
òun níkan	sozinha (o)
oùn tí	o que, o que é

Vamos falar Yorùbá? | *291*

PARTE III - VOCABULÁRIO

oúnje alé olúwa, ìdàpò, ìsòkan	comunhão
ounje dídùn	doces
oúnje òsán	almoço
owá	título do rei de ijexa
òwè	pedido de ajuda
òwe, òrò àwon àgbà, òrò láéláé	provérbio
òwìwí	coruja
owo	respeito
owó	dinheiro
owo	respeitar
owó	máo
òwò	cidade
òwò erú, oko erú	escravatura
owó òde, owó orí, owó ibodè	imposto
owó tí a yá, owó yíyá	empréstimo
owó sísírò, sísírò	contabilidade
òwò, ìsòwò, àjà, ojà, títà, ajàpá	tráfico
òwò, ojà títà, ìsòwò	comércio
owó, olú-ìlú	capital
owó, owó nínà,	
owó tí a fí ide se fún níná lâárín ìlú	moeda
owó-eyo	búzios
òwón, àìpò, àìní	escassez
owú	ciúme
owú	material de ferreiro
òwu	bairro de abçokuta
òwu	inveja
òwú, irun àgùntàn	lá
òwú, okùn, tínrín	fio
owuro	madrugada
òwúrò, àárò	manhã
òyà	animal
oyan, omú, àyà	seio

292 | Introdução ao idioma dos Òrìsàs

PARTE III - VOCABULÁRIO

òyàyà	alegria, jovialidade, animação
ọṣẹ	sabáo
ọṣẹ àwẹ̀dá	sabáo
ọ́ṣẹ dudu	sabáo da costa
ọṣẹ ìfárùngbọ̀n	crème de barbear
ọṣẹ ìfọṣọ́	sabáo
ọṣẹ, ọṣẹ ìwẹ̀	sabonete
oyè	título ou posição oficial dado a uma pessoa
oṣé	machado de **Ṣango**
oṣé	força de **Ṣàngó**
oṣè	uma árvore
òye	inteligência
ọyẹ́	vento seco
òyẹ̀kú	sinal de **Ifá**
ọṣemọwe	facultativo
ọṣesin	cavaleiro
òyì	tontura
oyin	mel
òyìnbó	homem branco (estrangeiro)
òṣìré obìnrin, oṣeré obìnrin	atriz
òṣìré, oṣeré	ator
òṣìṣẹ́	empregado
òṣiṣẹ́	funcionário
òṣìṣẹ́	operário
òyọ	uma cidade nigeriana
òṣọ́	adorno
oṣó, òjè	feiticeiro
Oṣogbo	cidade de **Oṣogbo** na Nigéria
Oṣogiyan	divindade **Oṣogiyan** em **Ejigbo**
oṣọṣu	mensalmente
oṣu	mês
òṣù	tapete
oṣu kan	um mês

Vamos falar Yorùbá? | 293

PARTE III - VOCABULÁRIO

oṣu karun ti ọdun	maio
oṣu kẹfa ti ọdun	junho
oṣu kẹjẹ ti ọdun	julho
oṣu kẹjọ ti ọdun	agosto
oṣu kẹsan ti ọdun	setembro
oṣu kẹta ti ọdun	março
oṣu kẹwa ti ọdun	outubro
oṣu keji ti ọdun	fevereiro
oṣu kejila ti ọdun	dezembro
oṣu kerin ti ọdun	abril
oṣu kini ti ọdun	janeiro
oṣu kọkanla ti ọdun	novembro
Ọṣun	nome do rio que passa através da província de Ìbàdàn
Ọ̀ṣún	divindade
oyún, ìlóyún	gravidez
òṣùpá	lua
oṣupa aran mọju	lua cheia
òṣuwọn	medida, peso
pá	desviar
pá	matar
pa (iná), parẹ́, nù	apagar
pa (iná), pín níyà, yọ kúrò, yà sọ́tọ̀, yà ní ipa	desligar
pa àgọ́, tẹ ibùdó	acampar
pa lára, ṣá lógbẹ́, ṣe lósẹ́	ferir
pa mọ́, tójú, ṣọ́, dáàbòbò	guardar
pa mọ́, ṣe ìtọ́jú	conservar
pa rẹ́, mú kúró, sọ di òfo	anular
pa rọ́rọ́, dákẹ́, pẹtù sí	sossegar
pa rọ́rọ́, rọlẹ̀, dákẹ́, tù, rọ̀, pẹtù sí	acalmar
pàápàá, gangan, ọ̀kannáà	mesmo
padà	voltar
padà, mú padà	voltar
padà, mú padà, yí padà, mú sọjí, mú yè, paradà	tornar

294 | Introdução ao idioma dos Òrìṣàs

PARTE III - VOCABULÁRIO

pádàbọ̀	voltar, retornar
pàdé	encontrar
pákó, pátákó, àga tábìlì	tábua
pá-kú	matar, destruir
pàkúté	ratoeira
pamọ́ra, rójú, faradà, jìyà, joró, forítì, fọkànrán	padecer
pangólo	lata
pañşagà, ìwà pañşágà	adultério
pápá	mato seco
pápá, ìgbẹ́	campo
pápá, ìşiré, ibi ìşiré	estádio
pãpã, páàpáà	também
párádà	disfarçar, mudar corpo ou posição
parẹ́, mú kúrò, tì jáde	eliminar
parẹ́, sọ dasán, sọ dòfo, mú kúrò	abolir
párì	queixo
páriwo	fazer barulho
parọ́	mentir
pàrọ	trocar
pàrọ̀, yí padà, şe ségesège	variar
pàrọ̀, yípadà, şe pàşípàrọ̀, şe àtúnşe	mudar
pá-run	arruinar
pátá	cuecas
pátá obìnrin	calcinha
pàtàkì, olú, olórí	principal
patako	importante
patako	pata
patapata	mínimo
patapata	todos
pátápátá	completamente
patẹ́wọ́, pate	aplaudir
páwọ́dà	mudar sistema
pawọ́pẹ	algema

Vamos falar **Yorùbá?** | *295*

PARTE III - VOCABULÁRIO

pàṣán, òpá, ẹgba, igi, iṣé adájó	vara
pẹja	pesca
pẹlẹpẹlẹ	cuidadosamente
pẹpẹ	altar
pẹpẹ	estante
pẹpẹ, pákó tí a tẹ́ fún dídúrólé, orí ìtàgé	palco
pẹrán	matar animal, caçar
pé	dizer
pé	estar completo
pe (àpékọ), sọ pàṣẹ	ditar
pẹ́ sílẹ̀	desviar
pé, èyí, ohun tí, tí	que
pẹ́, lọ́ra	tarde
pè, nahùn	chamar
pé, parí, ṣetán, yọrí	completar
pè, rò, fi ìwé pè	convidar
pẹ̀hinda	voltar atrás
pejọ	congregar
péjú	comparecer
pẹ́kùn	ao fim de, fim
pẹ̀lú ìwọ, pẹ̀lú ẹ	contigo
pẹ̀lú, pẹ̀lú-pẹ̀lú	com, também
pépà ìnùdí	papel higiênico
pépà ìnuwọ	guardanapo
pèpè	plataforma localizada em local baixo
pẹ̀pẹ̀	plataforma localizada em local alto, prateleira
pẹ̀pé	um espeto da folha de palmeira
pèpèlè, peji	altar com imagens católicas
péré, òkanṣoṣo	somente
perí	promessa
pèsè, pèsè sílẹ̀	abastecer
pẹ́tẹ́lẹ́	íngua
pilẹ̀	começar

296 | Introdução ao idioma dos Òrìṣàs

PARTE III - VOCABULÁRIO

pín	distribuir
pín fún, sanwó fún, dá sí, tú sílẹ̀, túká, fúnká	dispensar
pín, fi-fún, pín ní déédé	repartir
pín, yà nípa, là, là wẹ́wẹ́	dividir
pinnu	prometer
pinnu	resolver, determinar
pinnu, fi òpin sí, ṣe ìlérí	decidir
pinnu, gbèrò, béèrè fún ẹ̀tọ́ ẹni, fẹ́, bẹ̀, tọrọ	pretender
pipa	matança
pípa ara ẹni, gbígba ẹ̀mí ara ẹni	suicídio
pípé, pé, ànítán	perfeito
pò	misturar, mexer
pọ̀	bastante
pọ̀	é muito, vomitar
pọ̀ báyìí, irú púpọ̀ bẹ́ẹ̀	tanto
pọ̀ si, gbilẹ̀, dàgbà	aumentar
pọ̀ wọ́pọ̀, tí kò wọ́n, ohun tí kò ní owó lórí	barato
pọ̀, di púpọ̀, kún	abundar
pọ̀jù	é demais
pọ́n	amolar
pọ́n lójú, jẹ níyà, yọ lẹ́nu	afligir
pọ́n lójú, wàhálà	oprimir
pọ́n, dàgbà	amadurecer
pọ́n, lọ, gbẹ́ ṣoṣoro	afiar
pọ́n, pọ́ncé, ẹ̀pọ́n	lisongear
pọ́n, pọ́nle	lisongear, elogiar
pò-pọ̀	misturar junto
pòpòkí, blankẹti	cobertor
pòpòndó ewé	ervilha
pọ̀pù, onje-ọmọde	papa
posi	caixão
pòtétò	batata
poun	curral

Vamos falar Yorùbá? | 297

PARTE III - VOCABULÁRIO

pupa ẹyin	gema
pupa rúsúrúsú	amarelo
pupa, pọ́n	vermelho
púpọ̀	muito
púpọ̀, pípọ̀	muito, tanto
purọ́, ṣèké	mentir
ra	comprar, aquisição
rá	engatinhar
rà	apodrecer
rá ọjà	comprar
rà, díbàjẹ́	podre
rà, ra (ọjà)	comprar
ràá	comprá-lo
ráhùn, ṣe àròyé, ṣòdì sí, kọ̀, takò	reclamar
ràkunmí	camelo
rán	mandar
rán (ní iṣẹ́), pa (àṣẹ), ṣe (àkóso), fi (àṣẹ fún), rán lọ, fi ránṣẹ́	mandar
rán lọ, rán níṣẹ́, fi ránṣẹ́	enviar
rán lọ, yọ kúrò, ṣe ìpínyà, dágbére, yọ (ní iṣẹ́)	despedir
ràn lọ́wọ́, gbè, tì lẹ́hìn, gbà lẹ́sẹ̀	sustentar
rán(aṣọ), kó(aṣọ)	costurar
rán-letí	lembrar a, fazer
rán-lọ́	mandar ir
rànlọ́wọ́, fojúsí	assistir
rànlọ́wọ́, ṣe ìrànlọ́wọ́ fún	ajuda
ránsé	mandar
ranti	festejar
rántí, níran	lembrar
rántil	lembrar-se de, recordar-se de
ránṣẹ́	mandar
rará	alta
rárá	não

298 | *Introdução ao idioma dos Òrìṣàs*

PARTE III - VOCABULÁRIO

rárá, àgbẹdọ̀, bẹ́ẹ̀ kọ́	jamais
rẹpẹtẹ	muito, bastante
re	ir
re	quebrar
rẹ́	cortar
rẹ́ mọ́, dàpọ̀, ṣọ̀kan, parapọ̀	reunir
rẹ̀ sìlẹ̀	baixar
rẹ̀ sílẹ̀, dínku, bù kù, tẹ̀, lósòó	abaixar
rẹ̀, sú, dá lágara	cansar
rédíò	rádio
rekẹte	muito
rékọjá ààlà, ju bẹ́ẹ̀ lọ	demais
rekọjá, dábùú, dákọjá	atravessar
rẹ̀pẹ̀tẹ̀	muito gordo
rere	bem, bom
rere	muito bem
rèrè	próspero
rerin	rir
rẹ́rìn-ín	rir
rẹ̀-sílẹ̀, tẹ̀ lórí ba	humilhar
retí	esperar, aguardar
ri	achar
rí	ver
rí gbà, jèrè	adquirir
rí gbà, ní, gbà	conseguir
rì sínú omi, kú sínú odò	afogar
rí, kíyèsi, wòye, mọ̀, yé	perceber
rí, kò lójú	encontrar
rì, mù, wọ̀	afundar
ribiti	redonda
rin	passeio, caminhada
rin	ralar
rín	rir

Vamos falar **Yorùbá?** | 299

PARTE III - VOCABULÁRIO

rìn	andar
rìn	caminhar
rin ìrìn-ajò	viajar
rìn, fi ẹsẹ̀ rìn	andar
rin, tutù, l'ómi	úmido
rìnrìnajo	viajar
ro	cortar o mato
ro	doer
rò	mexer a comida
rò	persuadir
rọ	colocar líquido na garrafa
rọ́	andar com elegância
rọ̀	pensar, julgar
rò, gbèrò, wòye	imaginar
rọ, òjó rọ̀	chover
rò, wádìí	ponderar
róbó	acarajé de semente de melão
róbótó	redondo
rodo	um tipo de pinta
rọ̀fọ̀rọ̀fọ̀	lama
ronú, gbìrò, ṣe àṣàrò	meditar
ronú, wòye	pensar
ronúpìwàdà, kâánú, kábàámọ̀, rántí pẹ̀lú ẹ̀dùn	arrepender-se
rọ́pò	trocar, substituir
rọ́rùn	agradável
rò-wípe	pensar, achar que
ru	escravizar
ru	transporte
rù	carrego
rù	transportar
rú jáde, sún jáde, hù jáde, yọ jáde, farahàn, yọjú	surgir
rún	esmagar, amassar

300 | *Introdução ao idioma dos* **Òrìṣàs**

PARTE III - VOCABULÁRIO

rún	mastigar
rún (awọ), fi oòrùn jó, joró, jìyà, jẹ ìgbádùn	curtir
run, fọ́ tútú, bàjẹ́, wó lulẹ̀	demolir
rún, lọ̀	moer
rùn, ni òórùn, gbọ́ òórùn	cheirar
rúwé	florescer
sà	alamar
sá eré, sáré	correr
sá, sá lọ	fugir
sààmì sí, fi òòtẹ̀ tẹ̀	carimbar
sààmì sí, juwọ́ sí ìwé, dúró ṣinṣin, fi ẹsẹ̀ múlẹ̀	firmar
sààmì sí, kọ sínú ìwé, ṣe àkíyèsi	notar
sábà	hábito de se fazer algo, surpreender
sàkání, agbègbè	âmbito
salọ	fuga, fugitivo
sálúbàtà	chinelos
sálúbàtà obìnrin	sandálias
san	pagamento, salário
san (owó), san (gbèsè), san padà	pagar
san padà	reembolsar
san padà fún, san fún, ṣe àtúnṣe	compensar
sánma	espaço
sanra	engordar
sanra, lẹ́ran, lára	gordo
sápamọ	esconder
sare	rápido
sàrótù, tábà tí a fi ewé wé	cigarro
sè	cozer
sẹ́	peneirar
sé (etí aso)	abainhar
se onjẹ	preparar a comida
sẹ́, kọ̀ fún, ṣe àìjẹ́wọ́, kọ̀ sílẹ̀, ṣá tì	negar
sẹ́, kọ̀ sílẹ̀	renunciar

Vamos falar **Yorùbá?** | *301*

PARTE III - VOCABULÁRIO

sè, se(ohun jíjẹ)	cozinhar
sé, tì, dènà, nù kúrò, parẹ́	trancar
sẹ́, yọ́	coar
sẹ́yún, sẹ́nú, bàjẹ́, di asán	abortar
si	existir
sí	para
sì	ademais, além disso
síbẹ	para ali, para lá
síbẹ̀	para lá
síbẹ̀síbẹ̀, bí ó tilẹ̀ rí bẹ́ẹ̀	ainda
síbẹ̀síbẹ̀, sùgbọ́n	contudo
síbí	para aqui, para cá
síbo	para onde
sìgá, taba	cigarro
simi, dákẹ́, kú, sùn	descansar
simi, tú sílẹ̀, dẹ̀, yọ̀	folgar
sìn	cultuar
sin (òkú), bò mọ́lẹ̀	sepultar
sìn, se ìránsẹ́, se isẹ́ fún, wúlò, bá mu, tọ́	servir
sinmin	descançar
sisi	expôs
sísi	seis pences
sísi	seis pences
sísọ di ọgba, wíwà bákannáà	empate
sísún	assado
síwaju	em frente, para frente
sìwajú	rosto, face
só	empurrar
só	soltar gás
sọ̀	descarregar
sọ àsọtẹ́lẹ̀, sọ tẹ́lẹ̀, rò sọ	adivinhar
sọ àsọyé	dialogar
sọ di ọgbọọgba, mú rí bákannáà	empatar

302 | *Introdução ao idioma dos Òrìṣàs*

PARTE III - VOCABULÁRIO

sọ di ọ̀kan, sọ di líle	consolidar
sọ di ọmọ, gbà, fi ṣọmọ	adotar
sọ do ìlópo méjì, ṣépo, ká, dì tẹ́	dobrar
sọ fún, fifún, kọ̀wé	comunicar
sọ iye, dáwó òde, dẹrùpa, díyelé	taxar
sọ jù, fi sọ̀'kò, ṣe (ìwé tàbí ohun mìíran fún títà)	lançar
so mọ́, fi kún, dàpọ̀, fi inú ṣọ̀kan, rẹ́mọ́	unir
so pọ̀ mọ́, fikún, so mọ́, di ọmọ ẹgbẹ́	afiliar
so pọ̀, dì lókùn, so lókùn, so, dì mú, bù so, gbá mú	prender
só rọ̀, fi kọ	pendurar
so, dì	amarrar
sọ, jù	atirar
sọ́da	atravessar
sọ̀kálẹ̀, rẹ̀ sílẹ̀, dínkù, bù kù	descer
sókè	para cima, para o alto
sókè	voz alta (gritando)
so-kinnikinni	explicar
sọ́nù	perder, perder-se
sọ́-nù	jogar fora
soro	falhar
sọ̀rọ̀ ìwúrí lórí tábìlì lẹ́hìn oúnjẹ àpèjẹ	brindar
sọ̀rọ̀, bá sọ̀rọ̀	conversar
sọ̀rọ̀, wí, ṣe ìtẹnumọ́	expressar
sú	enjoar
súfèé	assobiar
súmọ	perto de
sun	dormir
sun	queimar
sùn, rẹjú	dormir
sùn, rẹjú, ní ojú oorun	adormecer
sun, yan, dín gbẹ	assar
súrè	abençoar

Vamos falar Yorùbá? | 303

PARTE III - VOCABULÁRIO

sùúrù, ìrójú, ìpamóra	paciência
ṣ'ọdẹ, d'ọdẹ	caçar
ṣá	catar
ṣá	ferir
ṣaájò, ṣàníyàn	ansioso
ṣade	nome yorùbá, aquela que faz reino
ṣágo	garrafão
ṣàìdéra, búburú, rà	ruim
ṣaìgbàgbọ́	desacreditar
ṣaìkàkún	fazer pouco caso
ṣaini	faltar
ṣàkíyèsi, fiyèsí	atentar
ṣàlàyé, ménukàn, tọ́ka sí, ṣe ìtúmọ̀	expor
ṣàríyá	fazer festa
ṣaworo	chocalho, guizo, conjunto de sininhos, sininho
ṣaye	viver
ṣẹ	praga, profecia, etc
ṣẹ	ser cumprido, realizado
ṣe	representar
ṣe	seiva
ṣe àárẹ̀, rẹ̀, ní ìrúyà èébì nínú ọkọ̀ ojú omi, dá l'ágara	enjoar
ṣe àbàwọ́n sí, sọ di à ìmọ́, fi èérí yí	poluir
ṣe àbójútó, ṣe àkóso, kápá, káwọ́	manejar
ṣe àfiwé, fi wé, fi wéra	comparar
ṣe àìsàn, ṣe àmódi, ṣe àárẹ̀	adoecer
ṣe àjọpín, pín, bá pín	partilhar
ṣe àjọyọ̀, ṣe ìrántí, ṣe ọdún	celebrar
ṣe àníyàn, ṣe aájò, ṣe ìtọ́jú, bójútó, bìkítà	cuidar
ṣe àpẹrẹ, ṣe àpèjúwe, júwe, sọ bí nkan ti rí, fi ọ̀rọ̀ ṣe àpẹrẹ	descrever
ṣe àtúnṣe, bá wí, túnṣe, tọ́	corrigir
ṣe àwòtán, wòsàn, múláradá	curar

304 | *Introdução ao idioma dos Òrìṣàs*

PARTE III - VOCABULÁRIO

şe bi	achar que
şe dédé, dára, gbà, bà, tọ́, yẹ	acertar
şe eré, şe iré, gbá (bọ́ọ̀lù), ta (ayò tàbí tẹ́tẹ́)	jogar
şe fẹrẹdẹ	moderar
şe ìbẹ̀wó nígbàgbogbo, lọ nígbàgbogbo	frequentar
şe ìgbéyà, fẹ́ ọkọ, fẹ́ ìyàwó	casar
şe ìpẹ̀, tọrọ àforíjì, bẹ̀bẹ̀, şe àwáwí, dáríjì, fìjì	desculpar
şe ìpínfúnni, şe àkóso, şe àbójútó	administrar
şe ìtọjú	tomar conta de
şe kèéta	odiar
şe lọ́ṣọ́ọ́, wẹ̀, dá ní ọlá, kọ́ àkọ́sórí,	
gbìyànjú láti fi ohun tí a kà sí ọkàn	decorar
şe ní ọ̀ṣọ́, şe lẹ́wà	adornar
şe ní ọ̀ṣọ́	ornar
şe òdì sí, takò, dojú ìjà kọ	opor
şe pàtàkì, ní ìrònú, wúwo, léwu, ní ọ̀wọ̀	sério
şe pàṣípàrọ̀, paradà	trocar
şe rere	fazer bondade
şe tán, múra tán, kánkán, yára	pronto
şe wàhálà, dá lágara, şe làálàá, tọ́	preocupar
şe ṣáájú àkókò, mú dára si, túnşe, mú sàn,	
san àsantẹ́lẹ̀, tẹ̀ síwájú	adiantar
şẹ̀, bà nínú jẹ́, mú kọsẹ̀, şe níwòsí	ofender
şe, dá, fi lélẹ̀, gbé kalẹ̀, kọ́ ilé	instituir
şe, dá, mú jáde	criar
şẹ́, dá, rún, gé	quebrar
şe, mọ, dá	fazer
şe, mú şe, dúró nípò ẹlòmíràn,	
şe aşojú fún'ni	desempenhar
şe, mú şe	realizar
şẹ̀, şẹlẹ̀	acontecer
şẹ́gun, dà lọ́wọ́ délẹ̀	vencer
şẹ̀kẹ̀rẹ̀	afoxé

Vamos falar Yorùbá? | 305

PARTE III - VOCABULÁRIO

ṣèkèrè	cabaça tocada coberta por cauris amarrados com barbantes
ṣèkètẹ́	bebida de milho
ṣèkètẹ́, ọtí àgbàdo, ọtí sísè	cerveja
ṣèpade	fazer reunião
ṣere ayo	jogar o jogo de adivinhação ayo
ṣeré lọ	passear
ṣetan	terminar, acabar, finalizar, acabar de fazer
ṣetọjú	cuidar de
ṣẹ́wó	trocar dinheiro
ṣèṣè	logo, agora (logo agora)
ṣẹ́ṣẹ́ dé	acabar de chegar
ṣí	abrir
ṣí	movimentar, andar
ṣi níyè, dábàá, rán létí	sugerir
ṣi ọ̀nà	se confundir o caminho
ṣi ori	abrir a cabeça
ṣí sílẹ̀, yà, tú, ṣípayá	abrir
ṣibi	colher
ṣíbí	colher
ṣíbí gígùn, ṣíbí ìrobẹ	concha
ṣíbí onídẹ	colher de bronze ou de latão
ṣìgìdì	mensageiro de um babalawo
ṣíjú	abrir olhos
ṣilè	xelim
ṣìnà, ṣáko, ṣì rò, ṣì rò, ṣì mú, ṣe àṣìṣe	errar
ṣípò padà, mú kúrò, ṣí nídìí	afastar
ṣíra	andar logo
ṣíra	levantar, mover
ṣire	festa, festejo
ṣire	festejar
ṣiré, ṣeré	brincar, jogar
ṣiri	abrir a cabeça de alguma coisa
ṣírò, díyelé	avaliar

306 | *Introdução ao idioma dos Òrìṣàs*

PARTE III - VOCABULÁRIO

şírò, kà	calcular
şíwájú, tẹ́lẹ̀	antes
şiwèrè	ficar louco
şiwọ́	parar, terminar
şişẹ, sìnrú	trabalhar
şíşe àìbìkítà, ìşáko ọkàn, ìdárayá, ìhùwà gẹ́gẹ́bí asínwín: ìmúlárayá	distração
şişẹ́, rìn, rìn dáradára	funcionar
şişé, şe aápọn, gba (ìní), gbé (ilé)	ocupar
şiyèméjì	duvidar
şiyèméjì, m'éfò, şe àní–àní	duvidar
şiyèméjì, wòye, şe tìkọ̀	hesitar
şişi	expor, abrir
şíşí sílẹ̀, láìláàbò, gbòòrò	aberto
şó	tomar
şò	muito larga
şọ́, dáàbòbò, tọ́jú	zelar
şòdì sí, kọ̀, şe ọwọ́ òdì sí	objetar
şọdún	fazer festa
şọdún nkan, se àsè àpèjẹ, şe àjọ̀dún	festejar
şòfintótó, gàn, wádìí, şe ìdájọ́, şe ìwádìí	criticar
şófò	perder, custar
şófo, fi àyè sílẹ̀, fi ipò sílẹ̀, şí kiri, şe àìdúró níbìkan	vagar
şófo, şí sílẹ̀, láìní olùgbé, láìlẹ́sẹ̀ nílẹ̀, şí kiri, láìdúró níbìkan	vago
şojú fún ẹlòmíràn, şojú ẹní	agenciar
şókótó	cidade da Nigéria
şòkòtò gígùn, şòkòtò gbọọrọ	calças
şòkòtò pénpé	calção
şòkòtò, nàgúdù	calças, bombacha
şónşó, ténté, òpin	ponta
şọ́ra	tomar cuidado

Vamos falar **Yorùbá?** | 307

PARTE III - VOCABULÁRIO

ṣòrá	gorduroso
ṣórò	fazer o culto, fazer o fundamento
ṣòró	fazer ritual de oro
ṣòro, le nira	difícil
ṣòro, le, nira, búburú	duro
ṣòwò, taijà, rajà, ṣe fàyàwọ́	traficar
ṣu	driblar
ṣù	moldar
ṣú, ṣókùnkùn, farasin, bíbanújẹ́	escuro
ṣúbú, bẹ́ sílẹ̀, wó, wó lulẹ̀, ṣubù lu'lẹ̀	cair
ṣúgà	açúcar
ṣugbọn	mas
ṣùgbọ́n, àmọ́, síbẹ̀síbẹ̀, pẹ̀lúpẹ̀lú	porém
ṣùgbọ́n, bí ó ti wù kí ó rí, síbẹ̀síbẹ̀, pẹ̀lúpẹ̀lù	ora
tá	atirar
tà	vender
ta ni? ẹni tí	quem
ta yọ, rékọjá, ṣáájú, lọ ṣáájú	preceder
tà, ta nkan	vender
táákà	exibir
tàbí	ou
tábìlì, àga tábìlì	mesa
tàbùkù, fi ìwọ̀sí lọ, yájú sí, ṣe àfojúdi sí	xingar
tàdáà	tinta para escrever
tadáwà	tinteiro
tàdáwà, ọ̀dà, tìróò, èsè	tinta
táfàtáfà	arqueiro
táge	namorar, paquerar
tàgìírì	uma fruta
tagìrì	assustado
tají	acordar assustado
takú	náo aceitar
tan	finalmente, acabar

PARTE III - VOCABULÁRIO

tàn	enganar, espalhar
tàn (tan iná), fi mó, so mó, so pò, fi ara kóra, dà pò	ligar
tàn jẹ, sì lọ́nà, rẹ́ jẹ, tàn	enganar
tàn, tan iná, ti iná bọ	acender
táni	quem?, quem é?
tani yẹn	quem é
tànjàrín, ọsàn tànjàrín	tangerina
tànmãn	idéia
tàpá sí, takò, kọjú ìjà sí, dojúkọ, faradà, forítì, rójú, pamọ́ra	resistir
tata	gafanhoto
tata kekere	grilo
tàtàṣé	pimentáo
táyà	pneu
tayò	jogar
tẹ	preparar, fazer
tẹfá	jogar Ifá
tẹin, tẹyin	vosso
tẹlifisọnnu, èrọ igboun safẹ́fẹ	televisáo
tẹnúmọ	afirmar
tẹnumọ́, kíyèsi	salientar
tẹríba, gbọ́ràn	obedecer
tẹwọ bọwe	assinado
tẹ̀	apertar
tẹ́	sem graça, desapertado
tẹ̀ láago, bá ènìyàn sọ̀rọ̀ pẹlú èrọ ìsọ̀rọ̀ ní òkèrè	telefonar
tẹ̀ síwájú, bá nṣó, wà títí, pé, dúró pẹ́	continuar
tẹ̀ síwájú, lọ síwájú, hu ìwà	proceder
tẹ́, wọ́	curvar
téhìn	último
téjú, dógba, ohun èlò tí n fihan bóyá ilẹ̀ téjú tàbí kò téjú	nível

Vamos falar Yorùbá? | 309

PARTE III - VOCABULÁRIO

tèlé, sí, bá lọ, bá rìn, bá kégbé, fọkàn sí, fojú	acompanhar
tèlé, tọ̀ léhìn	seguir
télètélè	antes
télètélè	antigamente
télọ́rùn, wù, ṣe inúdídùn sí, wú'ni lórí, dùnmọ́	contentar
temi	meu, minha
tè-ré	pisar
tete	coice
tete	rapidamente
tètè	depressa, logo
tètè	verdura
tété	jogo, loto, loteria
tí	já
tí a kò lè kà, láìlónkà	inúmero
ti gbogbo ẹdá, tí ó wọ́pọ̀, ti àgbáyé, ti gbogbo ayé	universal
ti ilé ayé, ti ilè, ti erùpẹ̀, ilè tí a lè kọ́lé sí	terreno
ti ilé èkọ́ gíga, ẹgbé tàbí ọmọ ilé èkọ́ gíga, gíga	acadêmico
ti ìwà rere, èkọ́ ìwà rere, ti ìwà ọmọlúàbí	moral
tí kò lè kùnà, tí ó dájú, láìlè ṣìṣe, láìlè ṣìnà	infalível
tí ó gbèhìn, tí ó kéhìn, ti ìgbèhìn, ti ìparí, ti ìkẹhìn	ultimo
tí ó jé tẹ'ni, pàápàá, gan-an, tí ó lajú, tí ó ní èkọ́, ìsín	culto
tí ó lè rìn, tí ó lè yí síhìn-ín yí sọ́hùn-ún	móvel
tí ó n ṣíṣé lọ́wọ́, tí kò ráyè	ocupado
tí ó pọ̀ jù lọ, tí ó rékọjá	mais
tí ó rẹlè, tí kò ga, kúrú	baixo
tí ó ṣe fiyèsí, tí ó níyì, tí ó lókìkí	notável
ti ohùn, tí ó ní ohùn, tí a fi ohùn sọ	vocal
ti oko, ti igbó	rural

310 | Introdução ao idioma dos Òrìṣàs

PARTE III - VOCABULÁRIO

ti orin	musical
ti tani	de quem é
tì, sé, padé, dí	fechar
tiẹ	teu, tua
tifẹ tifẹ	amizade
tíì, ewé igi wẹ́wẹ́ tí a sè fún mímu	chá
tìjólò	tijolo
tìmutìmun	almofada
tínrín	fino
tínrín, rù, fẹ́lẹ́fẹ́lẹ́, joro, fọn	magro
tiọn	seu, sua
tirẹ	seu (a), teu (a)
tìrẹ, tirẹ̀	seu, sua
tìróò, ọ̀dà	pintura
títàn, dídàn, ríràn	brilho
títẹ́wọ́gbà, gbígbà, àrúdà	aceito
títí	sem parar
títì	rua asfaltada
títí dí, títí dé	até
títí lái, maa	sempre
títo ẹranko tàbí ewéko légbẹẹgbẹ́, ìmọ abo àti akọ yàtọ̀	gênero
titobi	maior, forte
titun	novo
titun, àkọ̀tun, ti ìgbàlódé	novo
tiwa	nosso
tiwọn	sua, seu
tìṣáájú, èyí tí ó ṣíwájú	anterior
tó	suficiente
tò	arrumar
tò	ficar na fila
tọ́	alguma coisa, urinar
tọ́	arrancar verdura

Vamos falar Yorùbá? | 311

PARTE III - VOCABULÁRIO

tọ́ (sí ọ̀nà), ṣe (amọ̀nà), wa (ọkọ̀), tukọ̀	guiar
tò jọ, ṣà jọ, ṣe ìpílẹ̀ ìwé tàbí orin	compor
tò lẹ́sẹẹsẹ, fi ètò sí, fi àṣẹ fún, pàṣẹ fún	ordenar
tò lẹ́sẹẹsẹ, fi sí ètò, pèsè, rí (iṣẹ́)	arranjar
tò lẹ́sẹẹsẹ, fi sí ètò, ṣe dédé, rẹ̀pọ̀	concertar
tò lẹ́sẹẹsẹ, ṣe fínnífínni, ṣe pẹ̀lú aápọn	elaborar
tò lẹ́sẹẹsẹẹ, túnṣe, fi sábẹ́ òfin, déédéé, wọ́pọ̀	regular
tọ́ sí, ṣe t'ẹni, jẹ́ ti	pertencer
tọ́, olódodo, olótìítọ́, àláìṣègbè, ṣe àfojúdi sí, yájú sí	afrontar
tó, tẹ́lọ́rùn	bastar
tóbi	grande, forte
tóbi	ser grande
tóbi jù	maior
tóbi, gbòòrò, pọ̀	amplo
tóbi, gbórín, nlá, pọ̀	grande
tọ̀hún	outro
tọju	conservar
tọjú	cuidar, tomar conta
tójú, ṣọ́, fi pamọ́, fi sin	velar
t'ó lẹ̀érí, dídọ̀tí, ti kò mọ́, tí ó légàn, rírí	suja
tòlọ	vai encontrar
tòlótòló	peru
tori	por isso, por isto
tọrọ	pedir
tótó	atenção
toun	seu, sua
ttùmáàtí lílọ̀	molho de tomate
tu	tirar penas
tú	desenterrar, arrancar, com raiz
tu (ọkọ̀ ojú omi), wà-jẹ̀	remar
tù nínú	agradar
tù nínú, dẹ̀ lára, ṣẹ̀pẹ̀ fún, tù lójúká, tújúká	confortar

312 | Introdução ao idioma dos Òrìṣàs

PARTE III - VOCABULÁRIO

tù nínú, ṣìpẹ̀ fún, gbà níyànjú, pẹtù sí	consolar
tú sí, jọ̀ lọ́wọ́ lọ, tú sílẹ̀, dá sílẹ̀	soltar
tú, dẹ̀, tú sílẹ̀, dá nídè	desamarrar
tù, rọ̀, pẹtù sí	pacificar
tubọ̀, túnbọ̀	mais além, além do mais, mais ainda
túbọ̀mun, irun ètè	bigode
túbú, ilé ẹ̀wọ̀n	cadeia
tukọ̀, darí, fi ọ̀nà hàn, ṣe amọ̀nà, tọ́ka sí, júwe, bá (sọ ọ̀rọ̀)	dirigir
tùmáàtí	tomate
tùmọ́	traduzir
túmọ̀, làdí, yanjú (ìṣòro tàbí wàhálà), mọ̀, pinnu	resolver
tún	retorno, de volta
tún ọ̀rọ̀ ẹlòmírtàn sọ, kọ àkọsílẹ̀, tọ́ka sí ohun tí a kà nínú ìwé ẹlòmíràn	citar
tún wí, tún sọ, tún ṣe	repetir
tunse	repetir
tuntun, titun, àkọtun, ọ̀tun	nova
tunù	cuspir
tún-ṣe	consertar, refazer
túnṣe, mú bọ̀, sípò, mú sàn, mú dára si	reparar
túnṣe, tún fi sí ipò	consertar
tùrarí	incenso
tutọ́, wọ́tọ́	cuspir
tutu	fresco, frio
tutù ní ọkàn, ní ìwà pẹ̀lẹ́, ṣe jẹ́jẹ́, jẹ́jẹ́	manso
tutù nini, tútù	gelado
tútù, àìpọ́n, àìdẹ̀	verde
tútù, parọ́rọ́, pẹ̀lẹ́	pacífico
tutù, titun	fresco
tuúlu	enxaqueca
wà	estar, procurar
wà	existir, tem

Vamos falar Yorùbá? | *313*

PARTE III - VOCABULÁRIO

wà	vir, nosso
wá kiri	explorar
wà láàyè	viva
wà láàyè, wà lâyè lẹ́hìn ikú ẹlòmíràn, yọ nínú ewu	sobreviver
wà lãyè	estar vivo
wà ní òmìnira, sọ di òminira, tú sílẹ̀, gba òmìnira	livre
wà, mbẹ	existir
wà, mbẹ, ni	estar
wà, mbẹ, ṣẹlẹ̀, wáyé	haver
wá, wá kiri	procurar
wá, wákiri, wádìí	buscar
wáàsí	campanha
wádìí, béèrè	pesquisar
wàhálà	problema
wákàti	o segundo
wákàti	segundo
wakati kan	uma hora
wákàtí, àkókò, aago	hora
wàláà	tábua de escrever dos muçulmanos
walẹ̀, wádìí	cavar
wàrà	queijo
wara ọmu	leite materno
wàrà, mìlìkì	leite
wàràkàsì	queijo
wárìrì, gbọ̀n, mì	tremer
wáyà, ìhìn tí ó wá láti òkèrè nípa ẹrọ wáyà	telegrama
wàyí, ìsisìyí	agora
wẹẹrẹ	pequeno, em pedaços
wé	amarrar
wé	comparar
wé	embrulhar
wẹ	banhar, nadar

314 | Introdução ao idioma dos Òrìṣàs

wẹ̀	tomar banho, banhar
wẹ́	moer
wẹ̀, lúwẹ̀ẹ́	banhar
wèrè	louco (a)
wèrè	maluco
wẹ́rẹ́	de repente
wẹ́wẹ́	pequenos
wẹ́wẹ́	pequenos fragmentos de ferro
wì	engolir
wí fún, sọ fún tẹ́lẹ̀, kọ́ lẹ́kọ̀ọ́, sí níyè, fọnàhàn	avisar
wí, fọhùn, sọ̀rọ̀, sọ	falar
wí, sọ, ní	dizer
wín, tọrọ, yá	emprestar
winega	vinagre
wipe	assim, que, da seguinte
wipe	que
wípé	dizer que, que
wípé	quê?
wo	princípio, primórdio
wo	sua, seu
wó	derrubar
wó	ver
wò	entortar
wò	olhar
wọ	vestir
wọ (ilé), wọ (inú)	entrar
wọ́ aṣọ	vestir roupa
wọ bàtà, bọ bàtà	calçar
wọ̀ láṣọ, nà bò, fi bò	vestir
wọ ọkọ̀	pegar ônibus
wọ ọkọ̀, fi sínú ọkọ́	embarque
wọ̀ sí, fi wọ̀, gbà (ní àlejò), gbà (sí ilé)	hospedar
wọ́, fà falẹ̀	arrastar

Vamos falar Yorùbá? | *315*

PARTE III - VOCABULÁRIO

wò, wọnú, wọlé	ingressar
wọlé	entrar em casa
wóle	entrar
wọn	seu (s), sua (s)
wòn	medir, mediu
wòn lògbọọgba, mì gbòn	balançar
wọn pò	são muitos, numerosos
wòn, fi òṣùwòn wòn, gbéyèwò, rò wò	pesar
wòn, rò, gbèrò, wádìí	medir
wón, sòwón	caro (ra)
wọnú	entrar dentro de
wonyen	aqueles, aquelas
wọnyi	este, esta, estes, estas
wópò	barato
wópò, ti gbogbo ènìyàn	comum
wórókó	maneira de torcer
wu	desenterrar
wú	inchar
wù	gostar
wù, ṣe inú dídùn sí, dùnmó, wú 'ni lóri	agradar
wúkó	tossir
wúlò, nílárí lérè, ṣànfànì	útil
wùn	gostar
wun ni	gostar
wúndíá, ọmọbìnrin tí kò ì tí ṣe ìgbéyàwó, aláìlókọ	solteira
wúndíá, ọmọge	virgem
wúrà	ouro
wuwo	ser, estar pesado (a)
wúwo, yigbì	pesado
yà	desenhar
ya àwòrán, se àpẹrẹ, ṣe àpèjúwe	desenhar
yà lénu, bá lójijì, bá láìròtélè	surpreender

316 | Introdução ao idioma dos Òrìṣàs

PARTE III - VOCABULÁRIO

ya ọ̀lẹ, jáfara, ní ìmẹ́lẹ́, lọ́ra, ọ̀lẹ	preguiçoso
yà sọ́tọ̀, kọ̀ sílẹ̀, dá gbé, dádó	isolar
yà sọ́tọ̀, mú kúrò, tẹnumọ́	destacar
ya, là	rasgar
yago	licença
yàgò fún, yẹra fún, ṣe gáfárà fún	evitar
yán	espreguiçar
yàn sílẹ̀, fi lé lọ́wọ́, yàn fún, pinnu, pín, fi fún	destinar
yàn, lóhùn sí	votar
yan, sun, dín gbẹ, dín	torrar
yàn, ṣà	escolher
yàn, ṣà	optar
yàn, ṣà, ṣàyàn	eleger
yanjú	resolver
yànmù yànmù	mosquito
yánribo	fêmea de tartaruga
yánribo, ìjàpá, àjàpá	tartaruga
yara	partir
yára	ligeiro
yára	rápido
yàrá	sala
yàrá ní ilé ẹ̀wọ̀n, túbú, ẹ̀wọ̀n, ibojì, ihò	cela
yara to tobi	sala
yára, gbéra, kán	ágil
yàrá, iyàrá	quarto
yára, kánjú, ta ṣàṣà	apressar-se
yára, wàràwàrà, kíákíá, yárayára	depressa
yaro	ficar alejado
yẹ, múra, tọ́, gbaradì	apto
yẹ, tọ́, nítòyè	digno
yẹlo	amarelo
yẹrí	desviar a cabeça
ye	agradável

Vamos falar Yorùbá? | *317*

PARTE III - VOCABULÁRIO

yé	bater ovo
yé	compreender
yẹ́	agradar
yẹ́	elogiar
yẹ sí àkókò míràn, dá dúró, fà sẹ́hìn, yẹ sẹ́hìn	adiar
yé, mọ̀	entender
yè, wà láàyè	viver
yẹ̀rì	anágua
yẹ̀rì	saia
yẹ̀wò	examinar
yeye	mãe
yẹ̀yẹ́	gozação
yi	este, esta
yí	rodar
yí lọ́kàn padà, yípadá	converter
yí, ṣẹ́rí padà	virar
yin	vosso
yín	debulhar milho
yín	seus, suas
yìn	admirar, reverenciar
yìn	louvar, glorificar, saudar
yìn, jọ'ni lójú, ya'ni lẹ́nu	admirar
yìn, pòkìkí, yẹ́ sí	elogiar
yìn, yìn nípa pípa àtẹ́wọ́, kí	aclamar
yìnyìn	gelo
yìnyín, òjò dídì, ìrì dídì	neve
yípadà	transformar
yí-pádà	mudar, virar
yirá	lama
yó	ficar satisfeito
yò	estar feliz
yọ	sair
yọ̀	escorregar

318 | Introdução ao idioma dos Òrìṣàs

PARTE III - VOCABULÁRIO

yọ kúrò, ṣẹ́ kù, kéré sí, kéré sí, kéré níye	menos
yọ lẹ́nu, mú ìyọnu bá, pọ́n lójú, mú bínú	incomodar
yọ lẹ́nu, tọ́, mú bínú, bí nínú, bà nínú jẹ́, pọ́n lójú	vexar
yọ̀, mú yọ̀, mú ní inú dùn, ní inúdídùn	alegrar, alegrar-se
yọda	permitir
yọ́-kúrò	subtrair, tirar de, extrair
yorùbá	a língua e povo yorùbá
yùn	serrar, cortar
yunIfásitì, ilé-ẹ̀kọ́ gíga níbi tí àwọn akẹ́kọ̀ ti lè gba oyè gíga jùlọ	universidade

Vamos falar Yorùbá? | 319

PARTE III - VOCABULÁRIO

DIÁLOGOS EM YORÙBÁ

Boa noite? Boa noite!
Ẹ káàlẹ? Ẹ káàlẹ o!

Entre!
Ẹ wọlélékọ!

Sente-se lá naquela cadeira.
Ẹ jokòó nibẹ aga niyẹn.

Qual é o seu nome? Quem é você? Eu sou o aluno.
Kini orúkọ? Tani o? Emi nì akekọ.

Levante-se e fale alto seu nome
Didèé àti sọ soke orúkọ rẹ
para todos aqui ouvirem.
láti gbogbo gbọ̀ nibi.

Como vão seus familiares? Eles vão bem?
Báwò ni araile wọn? Wọn wa dara?

O que você vai fazer?
Kini iwọ ba lọ ṣe? *ou* Kilo ba lọ ṣe?

Eu vou sair.
Mo lọ jade.

Para onde você vai?
Nibo ni iwọ lọ? *ou* Nibo lo lọ?

Você vai ao mercado?
Ṣé o lọ sí ọja?

320 | Introdução ao idioma dos Òrìṣàs

PARTE III - VOCABULÁRIO

Sim eu estou indo ao mercado.
Bẹ́ẹ̀ni mo nlọ sọja

Não, eu não estou indo ao mercado.
Bẹ́ẹ̀kọ èmi kò nlọ sọja.

O que você vai comprar?
Kini ìwọ lọ rà? *ou* Kilo lọ rà?

Eu vou comprar bichos.
Mo lọ rà àwọn ẹranko

Para fazer o que?
Láti ṣe kini?

Para fazer a obrigação do meu santo.
Láti ṣe orò lórìṣà mi.

Qual é o nome do seu santo?
Wo ni orúkọ Òrìṣà rẹ̀?

O nome do meu santo é Xangô.
Lórúkọ lórìṣà mi ni Ṣàngó.

Ele come o que?
Ó jẹ̀ kini?

Ele come amalá com quiabo.
Óun jẹ àmàlà pẹ̀lú ilà. *ou* Ó jàmàlà pẹ̀lú ilà.

Você sabe o significado desta palavra?
Ṣé iwọ mọ̀ itumọ ọrọ yí?

Vamos falar **Yorùbá?** | *321*

PARTE III - VOCABULÁRIO

Como vai você?
Ṣé àlàáfíà ni?

Eu vou bem, obrigado.
Àlàáfíà ni adúpé.

Tudo bem?
Ṣé dada ni?

Tudo bem, obrigado.
Dáda ni adúpé.

E o sr./e a sra.?
Ẹ̀yin nkọ́?

Nós agradecemos.
A dupẹ.

Eu agradeço.
Mo dúpé.

Tudo bem.
O dáa.

Com licença.
Ẹ dakun.

Como vão as coisas?
Kíni nkan?

Aceite minhas condolências.
Ẹ kú irọju o.

322 | *Introdução ao idioma dos* Òrìṣàs

PARTE III - VOCABULÁRIO

Saudação pelo nascimento de um bebê.
Ẹ kú ewu ọmọ o.

Adeus.
O digba o.

Boa viagem.
Ọ̀na re o.

Oi! Alô!
Ẹpẹlẹ o.

Obrigado.
Ẹ ṣe e o.

Você entendeu?
Ṣé o ye ọ?

Peço licença para entrar.
Àgo nílé o!

Entre, seja bem-vindo.
Àgo yà. Ẹ wolé. Ẹ kàábọ̀.

Venha e sente-se.
Ẹ wá jókòó.

E seus familiares?
Àwọn arailé nkọ́?

Eles estão bem graças a Deus
Wọn wà lọ́wọ́ Ọlọ́run

Vamos falar Yorùbá? | *323*

PARTE III - VOCABULÁRIO

Mais ou menos
Kò buru

Você está bem? (de saúde)
Şé ara rę yá?

Eu estou bem, graças a Deus.
Ara mi yá, ògo fún Olódùmarè.

Minha mãe, sua benção.
Ìyá mi, sure fún mi.

Oxalá lhe abençõe.
Òşàlá sure fún ọ.

Que você tenha boa sorte.
Kí o şe oríre.

Meus respeitos, meu pai.
Mo juba bàbá mi.

Oxalá peça por você.
Òşàlá bę ọ.

Que deus esteja com você.
Ki Ọlọ́run wà pèlú ę.

Se deus quiser.
Bi Ọlọ́run ba fę́.

É com paz que eu cheguei.
Pèlú àlàáfíà ni mo dé.

324 | *Introdução ao idioma dos* Òrìşàs

PARTE III - VOCABULÁRIO

Obrigado pela visita.
Ẹ kú ìkésí.

Até outro dia.
O di ọjọ́ míràn.

O axogun está matando um galo para Ogun.
Àṣogún npa àkùkọ fun Ògún.

Onde está o axogun?
Nibo ni àṣogún wà?

Ìyàwó, pegue a galinha e traga para mim.
Ìyàwó, mu adìẹ wá fún mi.

O ìyàwó está acendendo vela para o Orixá dela(e).
Ìyàwó nta fitila Òrìṣà rẹ.

O ìyàwó está lavando cabelo com sabão da costa.
Ìyàwó nfọ irun pẹ̀lú ọṣẹ dudu.

Ele(a) não está lavando cabelo com sabão da costa.
Òun kò nfọ irun pẹ̀lú ọṣẹ dudu.

Eu não tenho babalorixá, mas tenho ialorixá.
Emi kò ní bábàlorìṣà, ṣugbọn emi ní iyalorìṣà.

Eu não sou ìyàwó, mas eu sou ekedi.
Emi kọ́ ìyàwó, ṣugbọn nì ekedi.

Eu não sou ekedi.
Emi kọ́ ekedi.

Vamos falar Yorùbá? | 325

PARTE III - VOCABULÁRIO

Xangô come orobô, mas não come obi.
Ṣàngó jẹ orogbo, ṣugbọn kò jẹ obi.

Não existe orixá que não tenha kizila.
Kò sí Òrìṣà ti kò ní èwọ̀.

Você comprou esteira?
Iwọ rà ẹní?

Sim, eu comprei esteira mas, não comprei igbín.
Bẹ́ẹ̀ni mo rà ẹní ṣugbọn, kò rà ìgbín.

Por quê?
Nitori kini?

Porque é kizila do meu orixá.
Nitori pe ni ewọ Òrìṣà mi.

Isto é um carneiro?
Ṣé àgbò ni yí?

Sim, é um carneiro.
Bẹ́ẹ̀ni àgbò ni.

O que é isto? É um porco?
Kil' èyí? Ṣé ẹlẹ́dẹ̀ ni?

Não, não é um porco. É um galo.
Rárá o ẹlẹ́dẹ̀ kọ́. Àkùkọ ni.

Você tem carro?
Ṣé o ní okọ̀?

Introdução ao idioma dos Òrìṣàs

Não, eu não tenho carro, mas eu tenho bicicleta.
Béèkó, emi ni kò, ṣùgbón mo ni kèké.

Qual o Orixá que come amalá?
Òrìṣà wo ni jàmàlà?

É Xangô.
Ṣàngó ni.

Qual é o Orixá que come ipeté?
Òrìṣà wo ni jẹ ipẹtẹ?

É oxum.
Òṣun ni.

É água que você quer beber?
Ṣé omi ni fẹ́ mu?

Não, não é água que eu quero beber.
Rárá, omi kọ́ ni emi fẹ mu.

A ìyàwó está ajudando o ogan a cantar.
ìyàwó mbá ògá kọrin.

A ìyàwó está ajudando a iyalorixá a fazer a obrigação do bori.
ìyàwó mbá ìyálórìṣà ṣe oro bọri.

Você usou minha roupa?
Ṣé o lò aṣọ mi?

Eu usei-a.
Mo lò ó.

Vamos falar Yorùbá? | 327

Parte III - Vocabulário

Você cumprimentou meu amigo.
Şé o kí òrẹ́ mi?

Eu cumprimentei-o.
Mo ki i.

Não existe peixe que não possa nadar.
Kò sí ẹja ti kò lò wẹ.

Não existe pessoa que não tenha defeitos.
Kò sí ẹnia ti kò ní àbùkù tirẹ.

Não existe Orixá que não tenha vindo da África.
Kò sí Òrìṣà ti kò ní Áfirika wá.

De quem vocês estão falando?
Ti tani ẹyin nsọrọ?

Nós estamos falando sobre Orixá.
Àwa nsọrọ nípa Òrìṣà.

Qual é o nome do Orixá das folhas?
Kini orúkọ Òrìṣà ewe?

O nome do Orixá das folhas é Ossãe.
Orúkọ Òrìṣà ewe ni Osanyin.

A faca do papai caiu.
Òbẹ bàbá bọ́.

Ela atingiu o macaco do rei.
Ó bá òbọ ọba.

328 | *Introdução ao idioma dos Òrìṣàs*

Nós ajudaremos papai a pedir desculpas ao rei.
A ó ba bàbá bẹ̀ ọba.

Papai está alimentando o macaco do rei.
Bàbá nbọ́ ọ̀bọ ọba.

Nós vamos ajudar papai a alimentar o macaco do rei.
A ó bá bàbá bọ́ ọ̀bọ ọba.

Ela está usando coroa.
Ó nlò idẹ̀.

Vocês estão usando turbante.
Ẹ nlò gele.

Eles estão usando pano da costa.
Wọn nlò aṣọ òkè.

No sábado a noite eu costumo sair para visitar meus familiares.
Ni ọjọ́ abamẹta alẹ́ emi máa lọ sí kí awọn oobi mi.

Qual o nome desta folha?
Kini orúkọ ewé yí?

É Peregun o nome desta folha.
Peregun ni orúkọ ewé yí.

Qual a folha que serve para este Orixá?
Iru ewé wo ni o ṣe iṣẹ fún Òrìṣà yí?

O abiã está varrendo a cozinha.
Abiyan nigbálẹ̀ ilé ìdáná.

PARTE III - VOCABULÁRIO

Vamos acender uma vela para nosso santo.
Jẹ ka lọ tana abẹla kan fún Òrìṣà wa.

Vamos bater cabeça na casa de Xangô.
Jẹ ka lọ foribalẹ nílé Ṣàngó.

Eu dei um presente para Iansã.
Èmi fún Ọya ni ẹbun.

Eu dei cachaça para Exu.
Èmi fún Èṣù ni ọti.

Eu e ele fomos ao candomblé ontem.
Èmi àti òun lọ ilé Òrìṣà lána.

Que horas são?
Aago melo ni?

São 3 horas da tarde.
Aago mẹta ọsan.

Eu trabalhei muito hoje.
Èmi ti ṣiṣẹ púpọ̀ lóní.

Eu não estava trabalhando ontem.
Èmi kò ti nṣiṣẹ lána.

Nós costumamos cantar para o Orixá.
Àwa máa kọrin fún Òrìṣà.

Vamos cantar para todos Orixá.
Ẹ jẹ ka lọ kọrin fún gbogbo Òrìṣà.

330 | Introdução ao idioma dos Òrìṣàs

Eu o tenho visto diariamente.
Mo ti rí I lojojumọ.

Eu quero dançar com você.
Èmi fẹ́ jo pẹlu ẹ/ọ.

Vamos passear?
Ẹ jẹ ka lọ rìnkákiri?

Não, eu estou cansado.
Rárá ó rẹ̀ mi.

De quem é esta roupa?
Ti tani aṣọ yí?

Esta roupa é minha.
Èyí aṣọ mi ni.

Seu corpo é bonito.
Ara rẹ lẹ́wà.

Seus cabelos são bonitos.
Irun yin lẹ́wà.

Seus cabelos são da cor do fogo.
Irun yin ni àwọ ina.

Você tem trabalho?
Ṣé ìwọ ni iṣẹ?

Eu não tenho trabalho.
Emi kò niṣẹ.

Vamos falar **Yorùbá?** | *331*

PARTE III - VOCABULÁRIO

O que ele comprou?
Kiló rà?

Ele comprou muitas coisas.
Ó rà nkan púpọ̀.

O que Ayô fez ontem?
Kini ayọ ṣe láná?

Ayô foi para biblioteca.
Ayọ lọ sílé ìwé.

O dinheiro está dentro do bolso.
Owó wà nínú apo.

O passáro está em cima da árvore.
Ẹiyẹ wà lórí igi.

A comida está em cima da mesa.
Onjẹ wà lórí tabili.

O sapato está em baixo da cama.
Bàtà wà lábẹ́ ibusun.

O gato está debaixo da mesa.
Òlógbò wà lábẹ́ tabili.

A chave está debaixo da esteira.
Kọ́kọ́rọ́ wà lábẹ́ ẹni.

Ele falou muitas coisas de amor para mim.
Òun sọ nkan ifẹ́ púpọ̀ fún mi.

332 | Introdução ao idioma dos Òrìṣàs

Ele cantou para mim.
Òun korin fún mi.

Você já aprendeu as cantigas do ritual ipade?
Sé ìwo ti ko àwon orin ni orò ipade?

Sim eu já aprendi.
Béèni mo ti ko.

Ele está comendo.
Ó njeun.

O que ele está comendo?
Kiló nje?

Ele está comendo carne.
Ó nje éran.

Você tem muitos filho?
Sìwo ní omo púpò?

Nós somos ricos?
Se àwa ní olówó

Nós vamos poder sair da cidade em nossas férias?
Se a lè jade ìlú ní ìnsinmi wa?

Você chega depois de amanhã?
Njé ìwo yóò dé l'òtunla?

Sua casa é exatamente igual a minha?
Ilé rè sé gégé ilé mi. (Gégé = Exatamente igual)

*Vamos falar **Yorùbá?** | 333*

PARTE III - VOCABULÁRIO

É exatamente assim como falo a vocês.
Bẹ́ẹ̀ gẹ́gẹ́ ní mo sọ̀rọ̀ ẹnyin. (Bẹ́ẹ̀ gẹ́gẹ́ = *Exatamente assim*)

De acordo com meu hábito usual.
Gẹ́gẹ́ bí iṣẹ́ èmi — Iṣẹ́'mi. (Gẹ́gẹ́ bí = De acordo com)

De acordo com os costumes yorùbá.
Gẹ́gẹ́ bí àṣà yorùbá.

Não foi bem exatamente como você disse que era.
Kò dára gẹ́gẹ́ bí o ti wí.

Délé é o mais inteligente dos alunos da escola.
Délé gbọ́n jùlọ ọmọ iléẹ̀kọ́.

Mas, seu irmão mais novo é o mais ignorante de todos eles.
Ṣùgbọ́n àbúrò rẹ̀ jẹ́ onígọ̀ jùlọ gbogbo wọn.

Ele me deu dinheiro.
Ó fun mi lówó.

Ele é bastante pequeno.
Ó ní kéré púpọ̀.

Sacrifícios e Oferendas

O axogun está tirando as penas da galinha.
Àṣogún ntu iyẹ ara adìẹ.

Ele matou e jogou o sangue no chão.
Oun pa ati tà èjẹ̀ sìlẹ̀.

Oxun não come pato e nem caramujo. É kizila.
Ọ̀ṣún kò jẹ pẹ́pẹ́iyẹ atí ìgbín. Ewọ̀ ni.

334 | Introdução ao idioma dos Òrìṣàs

Ele fez uma oferenda de agradecimento.
Ó ṣe ẹbọ ọpẹ́.

Por favor, não conversem.
Ẹ jòwó, má nsọrọ.

Nós estamos cantando cânticos de fundamento.
Awa nkọrin ìdí Òrìṣà.

O que o ogan segura na mão?
Kíni ògá mú lọ́wọ́ dani?

É uma faca.
Òbẹ ni.

Manifestando o Òrìṣà

Tire o sapato. Troque a roupa dele.
Bọ́ ni bàtà. Parò aṣọ rẹ̀.

Por favor, vista a roupa para o Orixá entrar.
Ẹ jòwó, wòṣọ Òrìṣà wọ.

Amarre o tecido no peito do Orixá.
Gba òjà mọ́ àiya Òrìṣà.

Arregaçe as calças.
Ká ṣòkòtò soke.

Coloque o ôja na cabeça da ìyàwó.
Sán òjà ni orí ìyàwó.

Segure o oxê com a mão direita.
Gbà oṣé mu lọ́wọ́ òtún.

PARTE III - VOCABULÁRIO

Ele recebeu o "santo". (wara – entrar no corpo)
Òrìṣà wara rẹ̀.

Ele está dançando a roda de Xangô.
Ó njó ninú agbo Ṣàngó.

Coloque a coroa em Xangô.
Dé Ṣàngó ni adé.

A Iyaloriṣà está dançando ao lado de Xangô.
Ìyálorìṣà njó ni ẹ̀gbẹ́ Òrìṣà Ṣàngó.

Ela está agitando o xére.
Ó ngbón ṣẹ̀rẹ̀.

Saída de ìyàwó

Hoje é dia da cerimonia de nome de ìyàwó.
Òní nì orò isọmọ l'orúkọ́ ìyàwó.

Esta é a primeira saída.
Èyí ni ìjáde kínni.

*A mãe-criadeira está carregando a esteira
para a ìyàwó bater palmas.*
Ajíbọ́na ngbé ẹní wà fún ìyàwó láti pawọ.

A mãe-pequena está agitando a sineta.
Ìyá kékéré ngbọ́n àjà.

Na primeira saída a ìyàwó recebeu o Orixá dela.
Ni ìjáde kínni ìyàwó gbá Òrìṣà rẹ̀.

PARTE III - VOCABULÁRIO

Na terceira saída o Orixá veio vestido e deu o nome.
Ni ìjáde kẹta Òrìṣà wá wòṣọ ó sí yọ orúkọ.

Quem tirou o nome da ìyàwó? (yọ – fazer surgir)
Tani yọ orúkọ ìyàwó?

Vocês ouviram o nome dele?
Ṣé ẹ gbọ́ orúkọ rẹ̀?

Fale alto para que todos lhe ouçam.
Sòrọ sókè fún gbogbo ènia gbọ́ ọ.

A iniciação é sagrada aos olhos de Deus.
Ìbẹ̀rẹ̀ jẹ́ ìṣètò mimọ́ ọlọ́wọ́ ni ojú Ọlọ́run.

Ìyàwó, hoje é um dia importante para você.
Ìyàwó, ọjọ́ òní jẹ́ pátáki fún ọ.

Jogo de Búzios

O babalorixá está jogando com dezesseis búzios.
Bàbáláwo ndifá pẹ̀lú owó ẹyọ mẹ́rindílógún.

Eu não jogo búzios às sextas-feiras.
Èmi kò dà owó ẹyọ ni ọjọ́ ẹtì.

Quem responde no Odù Òfún?
Tani ndáhùn ni odù òfún?

É Oxalá.
Òṣàlá ni.

Hoje, eu não estou vendo nada.
Lóní, emi kò nwò nkankan.

Vamos falar Yorùbá? | 337

PARTE III - VOCABULÁRIO

Qual o nome do seu Orixá?
Kíni orúkọ Òrìṣà rẹ?

Eu não sei. Eu não joguei para saber.
Emi kò mọ̀. Emi kò dà láti mọ̀.

O búzio caiu no chão e quebrou.
Owó ẹyọ bọ́ lù ilẹ̀ ati fọ.

Meu zelador joga búzios muito bem.
Bàbálórìṣà mi dà owó ẹyọ, dára púpọ̀.

Ossáe é o Orixá de todas as folhas.
Ọ̀sányìn jẹ́ Òrìṣà gbogbo ewé.

Órúnmila é o pai de Ifá.
Ọ̀rúnmìlà bàbá Ifá.

Compras no Mercado

Vamos ao mercado?
Jẹkalọ sí ọjà?

Eu vou comprar obì, orogbo e uma esteira.
Emi lọọ rà obì, orógbó àti ẹní kan.

Olôsanyin esta comprando folhas para fazer infusão de ervas.
Ọlọ́sanyin nrà awọn ewé láti ṣe àgbo.

Quanto custa esta roupa?
Elo ni aṣọ yí?

Não, está muito cara.
Rárá, èyí wọ̀n púpọ̀.

338 | *Introdução ao idioma dos* Òrìṣàs

Posso usar o telefone?
Mo lèè lò tẹlifonu bi?

Você tem cigarro?
Iwọ ní taba bí?

Cigarro não é bom para a saúde.
Taba kò rere sí ìlera.

*Eu quero comprar palha-da-costa para fazer
minha obrigação de santo.*
Mo fẹ́ẹ́ rá ìko láti ṣe orò Òrìṣà mi.

Eu quero pagar à vista.
Mo fẹ́ sánwó nísisìyí.

Eu não tenho dinheiro mas eu tenho cheque.
Emi kò ní owó ṣùgbọ́n mo ní ìwé-owó.

Uma festa de Candomblé

Eu recebi um convite para a festa de Xangô.
Mo gbà ìpe fún àríya Ṣàngó.

Como você achou a festa?
Báwo ni o ṣe rí àríya?

Muito boa. Havia muita gente.
Dára púpọ̀. Enia wà púpọ̀.

Vamos até lá. Ele fica perto daqui.
Ẹ jẹkalọ. Ó wa nítòsí.

Vamos falar Yorùbá? | *339*

PARTE III - VOCABULÁRIO

A que horas a festa começou?
Agogo mélo ni àráya bẹ̀rẹ̀?

Exatamente às 23 horas.
Agogo mọkànlá alẹ́ si.

É verdade? Não acredito!
Òótọ́ ni? Mi ò gbagbọ́!

O ogan rufou o atabaque para mim quando eu cheguei.
Ọ̀gá ṣèlu fún mi, nígbàtí mo dè.

Este lugar é meu!
Àyè mi ni yí!

Eu quero ir ao banheiro.
Mo fẹ́ lọ sí baluwẹ̀.

Eu gosto de ouvir o Luis Bangbala cantar.
Mo fẹ́ràn gbọ́ Bangbala kọrin púpọ̀.

Frases Diversas

Religião não se discute.
Ìsìn orò àìgbọ dòṣọ.

Não existe Bàbálórìṣà que não tenha axé.
Kò sí bàbálórìṣà ti kò ní àṣẹ.

Qualquer coisa não me agrada.
Ohunkohun kò wù mi.

Você é a chave do meu coração.
Ìwọ ni kọ́kọ́rọ́ ọkàn mi.

340 | *Introdução ao idioma dos Òrìṣàs*

Eu quero dar um presente para Oxum.
Mo nfẹ́ẹ́ fún Ọ̀ṣun ni èbun.

Ele não está com nada. Ele quebrou a cara.
Kò sí nkankan. Ó ṣẹ́ ojú orí.

Ele falou mal de mim pelas costas.
O sòrò sí mi buburú lẹ́hin mi.

Cuidado com as compras a crédito.
Ṣọra fun àwin.

Você esta ajudando seu filho a se decidir pela nossa religião?
Iwọ ha nràn ọmọ rẹ lọ́wọ́ láti yan èsin wa bi?

Tenha dinheiro ou não, eu farei sua obrigação.
Ẹ lọ́wọ́ ẹ ò, emi yio ṣe orò rẹ.

Confie a luta a seu Orixá e se tranquilize.
Fí ìjà fún Òrìṣà rẹ jà fi ọwọ l'ẹ́rán.

Eu gosto de estudar língua yorùbá.
Ẹmi fẹran kọ́ ede yorùbá.

Eu gosto da religião do Orixá.
Ẹmi fẹran ẹsin Òrìṣà.

Eu gosto da minha ialorixá e do meu Orixá.
Mo fẹran Iyalorìṣà mi ati Òrìṣà.

Eu quero comer alguma coisa.
Ẹmi fẹ́ jẹun.

Vamos falar Yorùbá? | *341*

PARTE III - VOCABULÁRIO

Eu posso comer carne de galinha,
Ẹmi lè jẹ ẹran adiẹ̀,
mas não posso comer carne de pato.
ṣugbọn kò lè jẹ́ ẹran pẹ́pẹ́iyẹ.

Eu quero comer arroz e feijão
Ẹmi fẹ́ jẹ̀ ìrẹsì àti ẹ̀wà.
com carne de porco.
pẹlù ẹran èlẹ̀dẹ̀.

Eu quero comer ensopado
Mo fẹ jẹ ọbẹ̀
de quiabo com cerveja.
ilà pẹlú oti bía.

Deus lhe abençoa.
Ọlọrun bukun fun ọ.

Oxalá suplica por você.
Oṣala bẹ̀ ó.

As cadeiras estão aqui e as mesas estão ali.
Awọn aga wà níbi àti awọn tabili wà nibẹ̀.

Eu e você juntos para sempre.
Emi àti òun titi lailai.

Ela é a primeira ìyàwó da minha casa.
Òun nì ìyàwó kinni ilé mi.

Ele é homem.
Ó jẹ́ ọkùnrin.

342 | Introdução ao idioma dos Òrìṣàs

PARTE III - VOCABULÁRIO

Ele é menino.
Ó jẹ́ ọmọdékùnrin.

Eu falo yorùbá.
Èmi nsọ èdè yorùbá.

Eu falo português.
Èmi nsọ èdè potógí.

Nós chegaremos amanhã.
Àwa yóò dé ní òla.

Nós iremos amanhã.
Àwa má lọ ní òla.

Vocês voltarão amanhã.
Ẹnyin yóò padà ní òla.

Eu trabalhei até as quatro horas.
Mo ṣíṣẹ́ títí di aago mẹ́ẹ̀rin.

Papai leu até tarde.
Bàbá kàwé títí dí òsán.

Eu andei até minha casa.
Mo rìn dé ilé mi.

Eu li até a página vinte.
Mo kàwé títí dé ojú awẹ ogún.

Délé está indo para casa com seu amigo.
Délé nlọ si ilé pẹ̀lú òrẹ́ rẹ̀.

Vamos falar **Yorùbá?** | 343

PARTE III - VOCABULÁRIO

Ògundélé está fazendo o trabalho de casa com o pai.
Ògúndélé pèlú bàbá nṣíṣẹ́ ní ilé.

Este trabalho é contra lei.
Ìṣẹ́ yìí kèìn sí òfin.

Eu estou contra o que ele disse.
Mo wà kèìn sí òun sọ̀rọ̀.

Eu venho de São Paulo.
Mo wà láti São Paulo.

Mamãe chegou da fazenda.
Ìyá dé láti oko.

Meu irmão mais novo leu a história daquele livro.
Àbúrò mi kà ìtàn láti ìwé náà.

Papai comprou sapatos para dar a seu amigo.
Bàbá rà bàtà fun ọ̀rẹ́ rẹ̀.

Nós voltamos para casa cedo ontem.
Àwa padà sí ilé kùtù láná.

Eu recebi dinheiro para minha família.
Mo gbà owó fun ibílé mi.

Ele olhou para mim.
Ó wò (sí) mi.

Ele deu para nós.
Ó ní fun wa.

344 | *Introdução ao idioma dos Òrìṣàs*

PARTE III - VOCABULÁRIO

PROVÉRBIOS YORÙBÁ, VERDADEIRAS FONTES DO SABER

O provérbio, sem dúvida, independetemente de onde venha, é um fabuloso método pedagógico da antiguidade, que utilizando linguagem poética, paralelismo, rima e oliteração fazem com que os mesmos se convertam em grandes recursos que transladam o indivíduo à experiência e o conhecimento acumulado por uma sociedade.

Na África, esta forma de fazer serve de cátedra ao homem comum, trazendo um tesouro de grande sabedoria que ainda se mantém vigente. É através deste fio condutor que estes povos de tradição oral conservam a história e cultura dos mesmos. A cultura e religião **yorùbá**, depositária desta riqueza intelectual, possui segundo historiadores, antropólogos e sociólogos sérios, mais de vinte mil provérbios, embora o número exato não importe: o que se quer, de fato, é recorrer a uma mensagem potente e universal em que todos possam refletir.

Entre os **Yorùbá**, é muito comum o uso de provérbios e refrões. O certo, é que geralmente, nas conversas populares, se acode à este número de provérbios, para quantificar a variedade de situações e expressar um conselho ou uma advertência ou uma insinuação. Certamente, a razão dos provérbios tem um sentido educativo e moral.

A mulher de Ajíbàjí

> *O esposo de **Ajíbàjí** acordou bem cedo pela manhã e quando estava se preparando para ir ao mercado chamou sua esposa, para que preparasse o café da manhã. **Ajíbàjí** respondeu:*

> *- Èmi ajíbàjí ngò má raiye tirẹ nisísíyí.*
> *Eu Ajíbàjí, estou ocupada, não tenho tempo para ti agora.*

> *- Emimọ́ nkan gbò lọ́run jú onjẹ lọ.*
> *Tenho muitas coisas para providenciar, à parte em parar para fazer comida.*

Vamos falar Yorùbá? | *345*

PARTE III - VOCABULÁRIO

Esta resposta, por parte de sua esposa, conduziu uma violenta discussão, cheia de insultos e impropérios. Incapaz de continuar com a guerra de palavras, o esposo de **Ajíbàjí** pega um bastão de pau e avança sobre sua esposa. Ela grita e chegam os vizinhos para acalmar os ânimos.

O sogro de **Ajíbàjí**, na intenção de resolver a questão, de maneira tradicional, manda chamar alguns vizinhos anciãos, detentores de respeito e autoridade. Porém, antes da chegada dos convocados, aparece inesperadamente a mãe de **Ajíbàjí** que, da boca da filha ouviu o ocorrido. Em seguida, chegaram os anciãos chamados pelo sogro, reunindo-se à um grupo de amigos do casal e de vizinhos próximos, onde, finalmente, o problema foi resolvido amigavelmente, de maneira fraternal.

Neste citado relato, as expressões proverbiais, são claras e concisas. Por exemplo: em um momento da reunião pacificadora, a mãe de **Ajíbàjí**, adverte sua filha, que se mantenha firme em sua casa. Esta atitude, fortalece a suposição de ser um provérbio, quando se diz: "**ibi ti a ba nì yọ sí iyọ ṣọmọ si**" (*o sal nunca sai de onde tu colocas, até que caia na água*).

Este breve provérbio, é intenso em sua mensagem, é mordaz e de profundo significado. Portanto, continuando a análise, o provérbio inicial diz que **Ajíbàjí**, viverá para ser avó e morrerá na casa de seu esposo. A sogra, por sua vez, aconselha também ao esposo de sua filha, que seja mais paciente, dizendo-lhe o seguinte: "**òníṣúrù nì jọba àláwúṣà**" (*é o competidor paciente, quem sobe ao trono de* **Àláwúṣà**) e, quando triunfante a sogra finalizou dizendo: "**àgbà ti kò bínú ní ọmọ rẹ yí pò**" (*os mais tolerantes, quase sempre, tem mais filhos*).

Com estas palavras, estava pedindo ao esposo de sua filha, que não arrume encrenca e de que não duvide do cansaço da esposa com as tarefas domésticas, como se fosse má-vontade ou pouco caso para com ele. Esta é, aliás, uma maneira muito tradicional entre os **Yorùbá**, de dizer ao homem, que ele não é culpado pela briga; pelo menos em parte. Eis aqui a seguir, uma breve seleção de provérbios **Yorùbá** de uso popular, muito comum nos mercados **Yorùbá**:

*346 | Introdução ao idioma dos **Òrìṣàs***

PARTE III - VOCABULÁRIO

1. Ajá ni làiyá bi ailówó lówó ailówó ijàiyá
    Quando um tem sangue negro não se cospe saliva branca

Em Yorùbá, a expressão "sangue negro" significa "ódio". É melhor falar ou expressar o sentimento, o que sente por dentro, do que esconder a razão de sua raiva. Não é bom fingir que queremos bem à alguém quando realmente a odiamos.

2. A kígbè odò jíyàn bi osę ho tàbí kò ho
    Ao lado de um arroio (riacho) ninguém pode discutir se o sabão faz espuma ou não; pois há água para prová-lo.

Não existe necessidade de se discutir quando existe uma maneira de se explicar o assunto. É melhor demonstrar a verdade sobre uma situação que poderia se criar polêmica sobre ela.

3. Aki inú ęrin lórí kia má fí ęsę tán iho iré
    Quando alguém leva carne de elefante sobre sua cabeça não deve remexer em um ferrão de um grilo com o pé.

Não se deve arriscar perder algo importante por algo que não é.

4. Aki isǫ pè a ó bę ęnikan lórí loju ǫmǫde lórun ni imã wò òlúwàrę
    Na presença de uma criança não se comenta que alguém vai ser de-capitado: quando essa criança vê uma pessoa neste estado, a primeira coisa que faz é voltar os olhos para o céu.

É melhor não repetir rumores sobre uma pessoa, já que aqueles que ou-vem o que foi falado começam a olhar a pessoa com desdém.

5. Abíyàmo ǫta agan ęni nşişę olè
    A pessoa que trabalha muito ganha a antipatia ou inimizade do vagabundo ou ladrão.

Vamos falar Yorùbá? | 347

PARTE III - VOCABULÁRIO

O vagabundo, o preguiçoso, nunca deseja bem a pessoa trabalhadora. O homem que ocupa uma posição pequena tem inveja daquele que ocupa uma posição melhor ou mais alta.

6. **Ajéjé ọwó kan kò gbè ìgbá dé orí**
Somente com uma das mãos não se pode levantar um vaso sobre a cabeça.

Ao realizar uma tarefa, não se pode executá-la usando apenas uma das mãos. Uma sempre ajuda a outra. Existem muitas coisas que as pessoas podem fazer melhor com ajuda de outrem do que fazê-las sozinhas: isto, particularmente, é mais adequado às crianças, onde a criação das mesmas requer intensa cooperação do pai e da mãe.

7. **Alè ti kò ti oju ẹni lè a ki imọ okunkun rẹ irin**
Quando a noite cai fazendo presença diante de alguém é difícil caminhar sob sua escuridão. Somente alguém pode caminhar facilmente em um caminho escuro quando for ajudado pela claridade da lua ou de uma tocha de fogo, podendo seguir pela claridade.

Ninguém deve se intrometer em um assunto sem conhecer seus detalhes.

8. **Àárin gbẹrẹ ni yio um oyé dèlé, asaretẹtẹ kọba oyé jẹ́**
Aquele que caminha lentamente, atua inteligentemente, levando um título para casa. O que corre, atua descuidadamente, perdendo a oportunidade de desfrutar do título.

É pouco sábio tomar decisões apressadas em assuntos de importância. Antes de atuar deverá pensar com clareza e avaliar as consequências, antes que seja tarde demais. Não se toma uma atitude sem pensar no que ela poderá resultar; uma vez que as pessoas são imprevisíveis ao reagir à um ato considerado provocativo.

348 | Introdução ao idioma dos Òrìṣàs

PARTE III - VOCABULÁRIO

9. Aró ki ijò lasan; ọmọ-araye ni ifọnna sí yí

   A chaminé não trabalha por si só; é preciso colocar fogo na madeira ou no carvão para ela funcionar.

Deves ter cuidado quando teus assuntos tomam um caminho não favorável. Pode ser que haja alguém trabalhando secretamente contra ti.

10. Aṣẹṣẹyọ ọgọmọ nì ọn yio kan òrun, àwọn asiwaju rẹ ni àwọn náà ṣe bẹ́ rí

    Quando, pela primeira vez, apareceu o broto de uma folha de palmeira jovem, se diz que: seu objetivo era chegar ao céu.

Isto se diz referindo-se aos jovens que, devido à sua inexperiência, não deixem de se acautelar com suas limitações e não prestem atenção aos conselhos dos mais velhos. Para se atingir a maturidade é necessário não ser afoito e não pretender ir além daquilo que lhe é possível. Os idosos, pela sua vivência, conhecem bem o limite das coisas.

11. Aṣoko fun adiẹ ìgbà okó ni isso titi fí nṣu

    Aquele que quiser atirar pedras em 200 galinhas ficará atirando pedras até que a noite caia.

Não se deve limitar suas atividades nem seus objetivos para fazer quantas coisas forem necessárias; desde que as faça bem feitas, uma de cada vez. Não é bom ser um aprendiz de tudo e ser um mestre em nada.

12. Asọrọkẹlẹ bòjú wò igbè, igbè ki irọ, ẹniti a ba sọ ni iṣe ikú pa ní

    Aquele que cochicha, murmura, olhando distraído até o bosque, não encontra guarida. Porém, o bosque não retruca, não faz mexericos. Aquele que discute teus segredos é traidor.

Não revele muitas coisas sobre teus negócios às pessoas. Um segredo compartilhado deixa de ser segredo e tu poderás ser roubado nos teus intentos ou projetos. Poderás ser traído pela cobiça do teu ouvinte.

Vamos falar Yorùbá? | *349*

PARTE III - VOCABULÁRIO

13. **Bi ajá wò àgbádà ìnã, ti amὸtέkun wò ẹwu ẹjẹ, ti oliginni sán akiṣà mὸ idi, ẹgbẹ apérànjẹ́ nì iṣe**
    O cachorro utiliza uma vestimenta de fogo, o leopardo utiliza uma vestimenta de sangue, o gato utiliza somente um trapo de pano em seu corpo. Porém, todos são animais de uma mesma espécie que matam e comem os outros animais.

As aparências às vezes enganam. Não se deve julgar as coisas pelas aparências e sim pelo que realmente são. Não se deve privar à um homem de seus direitos; somente por causa de sua aparência. O homem não vale pelo que possui más sim pelo que é capaz de produzir ou de realizar.

14. **Bi igi báwò lú igi, èyíti o wà lókè ní a nkὸ kẹ́**
    Se uma árvore cai sobre outra, fazendo barulho, se deve salvar a que não caiu cortando a que caiu por cima dela.

Quando existem muitos assuntos que requerem sua atenção ao mesmo tempo é necessário ordená-los por sua urgência e importância; de forma que não criem confusão, um mal entendido, ou se percam pelo esquecimento de cuidá-los em tempo hábil.

15. **Bi òní ti rí ὸla kí iri bẹ́ ni imu bàbáláwò difá ὸrunrún**
    É pouco provável que as coisas desta manhã sejam iguais às de ontem; É por isso que o bàbáláwò consulta o oráculo a cada cinco dias.

As pessoas devem estar preparadas para as mudanças do mundo.

16. **Bi ọmọdé ṣubu wò iwaju, bi àgbálágbá ṣubu awò ẹhin**
    Quando uma criança cai olhando para frente ou quando um ancião cai olhando para trás, se diz que foram imprudentes.

Quando um jovem fracassa em seu empenho deve olhar para trás, como o ancião, para encontrar a cauda de seu fracasso. O jovem olha para

350 | Introdução ao idioma dos Òrìṣàs

PARTE III - VOCABULÁRIO

frente porque ele é o futuro e o ancião olha para trás porque ele representa o passado, quando um dia também foi jovem. O ato de olhar o tempo e os acontecimentos é a capacidade que o ser humano tem.

17. Bi ọwọ́ kò sín ilé ti kò sín ẹnu, bi o ba ṣẹ òlúwàrẹ́ yio yọ

Se a mão não deixa de ir, continuamente, do prato a boca, no final terminará satisfeita, não importa o quanto pequeno seja o bocado, a porção.

Não ignore as coisas pequenas. Cada gota de água enche um tanque. Cada grão de areia pode formar uma montanha. Através de pequenas tarefas, no compto geral, é que obtemos grandes resultados. A paciência e a persistência são os ingredientes do sucesso.

18. Gbà mi l'asiko òjò kingbà o l'asiko ẹrún

Ajuda-me durante a estação das chuvas, o outono, que eu te ajudarei na estação das secas, no verão.

As pessoas deviam se brindar com a ajuda mútua. Aquele que ajuda à outrem sempre receberá ajuda. A união faz a força!

19. Ẹni ti nwálé ni nsínkú ẹni nsúnkún nparíwò

O homem que cava a fossa somente para enterrar o cadáver tem em comum a mesma propriedade do homem que chora pelo morto. Ambos fazem ruídos.

Aqueles, que apesar das circunstâncias desfavoráveis, podem controlar seus sentimentos e fazer as coisas essenciais enquanto os outros estão cheios de pânico são os que brindam a sociedade com o melhor serviço. Podemos dizer que pertencem à uma classe especial, dos que são úteis à essência de Deus.

Vamos falar Yorùbá? | 351

PARTE III - VOCABULÁRIO

20. Ẹniti o jìn sí koto kò ara ẹhin lógbọ́n adaniloro fí agbàra k'ó ní
Aquele que cai em um buraco ensina aos que vem depois à terem cuidado aonde pisam.

Todos devem aprender com as desgraças dos outros. Elas servem de exemplo e de ensinamento de que: Se respeitarmos aonde o perigo habita seremos salvos de sermos abraçados por ele. Os descrentes e os imprudentes, fatalmente, seráo punidos por ele (o perigo).

21. Ẹniti yio lá oyin inú apata kò ní wò ojú akẹ
Aquele que quiser comer mel de uma rocha não se importará ao que se suceder à folha ao fio de seu machado.

Quando uma pessoa quiser algo deverá pagar um preço por ele. Tudo na vida, para ser conquistado, requer uma quota sacrifício como pagamento sobre a razáo de seu desejo.

22. Ibínú kò ṣe nkan ṣuru nì bàbá ìwà
A ira não logra nada. A paciência é a principal virtude do caráter.

A pessoa que se encoleriza facilmente deve tratar de dominar seu gênio; é muito provável que busque problemas para si por náo ser paciente em circunstâncias nas quais deveria ser.

23. Ìwà nì òrìṣà: bi a bà ti hú ù sí ni ifí gbé nì
O caráter é como um Deus: Este te apoiará de acordo com teu comportamento.

Se uma pessoa tiver um "bom caráter", recolherá o que semear. Somos donos dos nossos atos e, obviamente, responsáveis com o resultado sobre nossas atitudes.

352 | Introdução ao idioma dos Òrìṣàs

PARTE III - VOCABULÁRIO

24. Iwọn nì ẹni ti o gún ẹlẹdẹ yọ́ mọ̀; ẹni ti o gún
ẹṣin papa ilé ní yio hekin si

*Quem monta no lombo de um porco não deve se sentir muito alegre;
Inclusive aquele que monta o cavalo não se sente alegre ao apear-se
dele.*

Não se exalte em demasiado com seu êxito, pois ele pode ser passageiro.
Este provérbio é usado, as vezes, por pessoas que obtiveram o sucesso,
mas o querem minimizá-lo entre os demais para não parecer insuportável
perante aqueles que o invejam. É necessário não esmorecer e continuar
trabalhando para conservar o sucesso alcançado.

25. Òrìṣà ti ngbé olè kò sí nitori pè apa ẹni nì igbẹ ní

*Não existe um só Deus que apoie um homem em sua vagabundagem,
em sua preguiça. O maior apoio que um homem de bem pode ter
está contido em seu próprio braço.*

Não existe sentido sentar-se e esperar a ajuda dos outros. O homem deve
trabalhar para lograr obter sucesso de seus objetivos. Não devemos,
nunca, esperar pelos outros para iniciar uma tarefa. Quem sabe faz a
hora, não espera acontecer!

26. A kí ijè ókèlé l'órí ókèlé a kí ifí náà s'órí orúlé
sùn

*Depois de estar satisfeito, ninguém continua comendo. Ninguém vai
pra cama dormir com o candeeiro aceso no teto.*

Quando existe uma situação tensa é melhor lidar com ela, de uma vez
por todas, no lugar de fingir que o problema não existe. Se assim se comportar, fatalmente perderá a causa. Se enfrentar a situação, um dia aca-
bará vencendo.

27. Abata takẹtẹ hi ẹni pè bá odò tán

*O pântano se mantém à margem do rio como se estivesse empare-
lhado com ele.*

Vamos falar Yorùbá? | 353

PARTE III - VOCABULÁRIO

Este comentário é utilizado em referencia às pessoas que devem se inteirar de algo, mas preferem ignorar a situação ou se negam à aceitar, pelo menos em parte, que o resultado é de sua responsabilidade.

28. **Adàn dòríkòdò o nwò iṣe gbogbo ẹiyẹ**
   O morcego se lança de cabeça imitando o que fazem os pássaros.

Este provérbio se refere à quem observa uma situação e tomam seu tempo como estivessem se preparando, tomando coragem, olhando antes de saltar. Diante de uma situação complicada é necessário observar, racionar no que é melhor fazer e esperar o tempo ideal para finalmente tomar uma atitude e entrar em ação. O apressado come cru!

29. **Afọ́mọ kò ní egbo gbogbo igi nì ìbà tán**
   A trepadeira, o parasita, não tem raízes. São parentes das árvores; sem elas não se sustentam.

Este provérbio se refere às pessoas que se aproximam das outras ou à elas se associam para desfrutar apenas de sua melhor posição. São os parasitas. Uns o fazem por necessidade, outros simplesmente por absoluta falta de caráter; por puro oportunismo.

30. **Àgàdàgòdò kò mọ̀ inú ara wọn**
   O cadeado não conhece como é a construção de cada parte dele no seu interior.

Este provérbio é mencionado quando se esta diante de um mal-entendido entre personalidades das quais se espera que se entendam mutuamente. Quando não existe entendimento mútuo a causa é o desconhecimento de seus motivos e na relutância de se ponderar.

31. **Aitọ ehin kà ní a nfí ọwọ́ bò o**
   Quando, ainda assim, sem ser muito velho e perdemos os dentes, tapamos a boca com as mãos.

354 | *Introdução ao idioma dos Òrìṣàs*

PARTE III - VOCABULÁRIO

Uma pessoa que não é capaz de fazer algo com êxito esconde o que está fazendo omitindo ou mentindo. Aquele que está seguro de si e do que faz nunca terá motivo de manter seu sucesso em segredo.

32. Aiye l'ọkun ẹnia l'ọsá aiwòwẹ̀ kò lè gbàdún aiye

O mundo é um oceano cercado de pessoas. Estas se tornam lagunas se não souberem nadar. Ou seja, sem entender a profundidade das pessoas no mundo nunca se poderá desfrutar da vida. Ou morrerá afogado, por incompetência, ou ficará aprisionado, pressionado por sua incompreensão.

É importante que todos estudem tanto o comportamento das pessoas quanto as situações antes de empreender uma ação em particular. Cada pessoa deve ter tato e cuidado em saber como se deve tratar com todo e qualquer tipo de gente. Para cada tipo temos que ter uma atitude diferente, sem perder a personalidade.

33. Aṣapẹ fún wèrè jò ọn àti wèrè ọkanna

Aquele que planeja uma mudança maluca é tão insano quanto o próprio louco.

As pessoas que escondem suas culpas e erros dos outros é porque realmente são culpadas por seus atos insanos ou inconsequentes.

34. Akọ́ni kò ní asika bi a kò nika nínú; tani nkọ́ ni ki a tó ṣe rere

Um mestre não nos ensina a fazer o mal; ele é praticado quando a maldade já tem moradia no interior da gente. Afinal, quem nos aconselha a praticarmos o bem, a não ser um mestre? Porém, o bem só é praticado quando ele tem moradia, no interior da gente.

Este provérbio é um comentário satírico referente às pessoas que tentam justificar algo mal feito; dizendo que alguém o levou à fazê-lo. Ninguém induz à outrem a praticar o mal. Somos donos de nossos atos. O bem ou o mal residem em nosso caráter. O mal é uma distorção da ambição

Vamos falar Yorùbá? | *355*

PARTE III - VOCABULÁRIO

humana, que não tem medidas para obter o que se deseja. A falta de medida ou limite é o fio da navalha para a consecução do mal.

35. Aṣọrọ kọ́kọ́ ṣẹbi ti ọn lá nwí aṣẹbuburu o kú ara ifú
O encrenqueiro sempre pensa ou suspeita que as pessoas estão falando ou julgando mal dele.

Aquele que está acostumado a praticar o mal sempre suspeita dos outros, achando que todos agem como ele. Quem desconfia dos outros não é merecedor de confiança.

36. Gudugudu l'oju jò esúrú béní kò ṣe jẹ
Gudugudu se assemelha ao esúrú, porém, não se deve comê-lo. Esúrú é uma espécie de inhame. O gudugudu é venenoso.

Nem tudo que parece ser bom tem qualidade; como nem tudo que brilha e ouro.

37. Atámpakò nì òníkímí ìká ọmọ kú ọmọ dẹyọ
O dedão, o dedo gordo, é o mais forte dentre todos os dedos. Quando morre o pai, os filhos choram.

Quando morre alguém querido os que o amavam se lamentam. Igual ao provérbio acima, que fala dos dedos. Eles são inúteis quando são perdidos. Principalmente, no caso dos dedos da mão, o que mais faz falta é justamente o dedo gordo que, por ser o mais forte, é o que dá sustentação e apoio aos outros dedos. Assim é o caso do pai quando morre. Os filhos perdem quem os sustentam e os apoia e eles se tornam inúteis.

38. Àyé kí iha adiẹ ki o máà dè idi abà rẹ
Não importa o quanto seja difícil o caminho no mundo. A galinha sempre encontra seus ovos.

Este provérbio se refere a um ditado popular: querer é poder. Nada é

356 | Introdução ao idioma dos Òrìṣàs

PARTE III - VOCABULÁRIO

impossível quando se há determinação, que impulsiona a vontade; aliada à paciência e a persistência, se tornam no enigma do sucesso. Um exemplo que caracteriza este provérbio é o amor de mãe. Sua força é inquebrantável, irremovível.

39. Bi ajá r'òjú ẹkun a paroro

Quando o cachorro se depara cara a cara com um leopardo, fica quieto.

Sérbio se refere a quando uma pessoa está na presença de seus superiores, ela é cuidadosa em seu comportamento, temendo ser mal interpretado.

40. Ẹ̀gbẹ́ ẹja nì ẹja nwẹ̀ tọ́

Os peixes de um mesmo tipo nadam juntos, um atrás dos outros.

As pessoas que têm interesses comuns procuram estar sempre juntas. As pessoas de caráter semelhante procuram usufruir de suas companhias. Este provérbio reproduz o ditado popular: diz-me com quem andas que, dir-te-ei quem és.

41. Ẹnu aimẹnu ẹ́tẹ́ aimẹ́tẹ́ ní ikọ òran bà ẹ́rẹ́kẹ́

A boca que não se cala e os lábios que não deixam de se mover, somente causam problemas.

Aquele que fala demais, acaba morto. Este provérbio reproduz o ditado popular: em boca fechada não entra mosca.

42. Ẹni sùn ni a jí, a ki iji apiroro

Quem desperta, sem querer, aquele que está dormindo para evitar discussão, finge que está dormindo.

Quando alguém finge algo o melhor que se faz é ignorá-lo, fingindo que não sabe de suas faltas. Não vale a pena criar confusão por bobagens. Ao se ignorar o fingido, talvez ele desista de tal prática, pois não terá para quem exibir sua deformidade de caráter.

Vamos falar Yorùbá? | *357*

PARTE III - VOCABULÁRIO

43. **Ẹnu kí iriri èlẹ́nú máà lè fí jẹun**
A boca não pode ser tão obscena, desonesta, gulosa, que seu dono não possa comer com ela.

É difícil admitir nossas próprias debilidades. Ao nossos olhos tudo que possuímos é bom.

44. **Gbangba di ẹkun, kidẹrẹ bẹ́ ẹ̀ wò**
Quando o leopardo anda solto, todo mundo o vê.

Por mais que se disfarce, todo mundo já sabe o que houve, pois, uma coisa agressiva passa de boca em boca.

45. **Ijò mbẹ́ nínú arọ, ẹsẹ nì kò ní**
O coxo sabe dançar, porém, não tem pernas saudáveis.

Este provérbio é citado a uma pessoa a quem não se tem dado uma oportunidade para que possa demonstrar sua capacidade. O fato de uma pessoa ser portadora de deficiência física não faz dela um incapaz.

46. **Ìwa rere ni esò ẹnia ehin fúnfún nì esò ogé**
Uns dizem que o bom caráter é o adorno do homem. Dentes brancos são o adorno da mulher.

Este provérbio é um comentário sobre a importância de um bom caráter. Ele é o fruto suculento do homem.

47. **Ìwakìwa jò ìwa ni ije ọ̀rẹ́**
Características semelhantes são o caráter da estirpe da amizade.

Duas pessoas não podem ser amigas a menos que tenham muitas coisas em comum. Diga-me com quem andas e eu te direi quem és.

358 | Introdução ao idioma dos Òrìṣàs

PARTE III - VOCABULÁRIO

48. Ohunkohun ti o wò mikọ́, ọ a jẹun wá látótó

O que eu desejo para comer, tu não queres comer, portanto nós devemos comer em separado.

Quando duas pessoas discordam devem viver separadas.

49. Ikú ẹja ni imú ẹja mọ́ ilú

A morte do pescador que trazia o peixe pescado para o povoado causou a morte do hábito da oferta do peixe.

Se refere quando as circunstâncias forçam alguém à fazer algo que normalmente não o faria. Se diz que foi vítima do destino e, quando isto acontece todos, de alguma forma, saem prejudicados em consequência.

50. Òníṣàngó ti ójò kọ́ tapa, abàkú ararẹnì

O adorador de Ṣàngó quando dança não mantém o ar, prejudica à ele mesmo.

Conservar o fôlego é parte dos dançarinos adoradores de Òrìṣà. Somente os praticantes conseguem dançar bem, adorando seu Òrìṣà.

51. Ologini rẹ ajò, ilé di ilé ẹkútẹ

Quando o gato sai à vagar, de férias, a casa da lugar as ratazanas.

Quando a responsabilidade ou a autoridade acaba, seus subordinados fazem o que lhes dão vontade. Quando os gatos estão fora, as ratazanas podem traquinar a vontade.

52. Ọ̀tun wẹ̀ òsí, òsí wẹ̀ ọ̀tun, nì ọwọ́ méjéjì nmọ́

Quando a mão direita lava a esquerda e a esquerda lava a direita, ambas as mãos ficam limpas.

A ajuda mutua é beneficiosa a todas as partes envolvidas.

Vamos falar Yorùbá? | 359

PARTE III - VOCABULÁRIO

53. Ọdun òní ó kú m'ẹrin, èmi o kú m'ẹfọn, ọdun
mẹ́tà òní o kú nì ọba nrẹ́ nwáàju tàbí ọ̀la nrẹhin?
Este ano tu matas um elefante, no ano seguinte matas um búfalo.
Porém, no terceiro ano, matas uma ratazana. Estarás conquistando
honra como fazes ora em diante ou como fazias outrora?

Este provérbio é dito quando alguém não está progredindo no trabalho
ou nos estudos. O que estaria acontecendo? Investigue o que fazias antes
e tinha glórias para entender o motivo de seu fracasso.

54. Kokoro nì idi labalaba. ẹyin ni idi akukọ
É a larva que se converte em borboleta. É o ovo que produz o galo.

Não se deve subestimar uma criança pequena, porque ela crescerá e se
converterá em um homem e, talvez, em uma homem de alta posição.
Não deprecies os pequenos principiantes.

55. Jò mi, jò mi, òkú, ọ̀n ròrò ni isọ dà
Se for como eu, se for como eu, estas palavras fazem, uma a uma,
um mestre sério.

Por meio deste provérbio se aconselha a família em permitir que as crianças sigam sua vocação e não forçá-la a adotar uma profissão ou atividade imitando seus pais contra a vontade delas.

56. Inú ẹni ní orúkọ ti a sọ ọmọ ẹni igbè
O nome que daremos a nossos filhos permanece dentro de nós e não
é revelado. O nome que se dá a criança, ao nascer, é algo especial-
mente importante para os yorùbá, pois este nome que não é reve-
lado é o nome ligado a sua família ancestral.

É razoável manter certas coisas em segredo até que chegue o tempo apro-
priado para ser revelado.

360 | Introdução ao idioma dos Òrìṣàs

PARTE III - VOCABULÁRIO

57. Odò ki ikun bò ẹja l'oju

O rio nunca está tão cheio a ponto de cobrir os olhos do peixe.

É o provérbio usado como uma reprovação a alguém que bajula seu chefe superior, mas deseja imediatamente ocupar seu posto, passando por cima dele. Quando um homem é um verdadeiro amigo pode conhecer teus segredos, pois ele não te atraiçoará. O bajulador é aquele que procura agradar, mas por trás disso há a intenção de trair.

58. A kí ígbà akáká l'ọ́wọ́ akiti; akí ígbà bàbá ilé ẹni l'ọ́wọ́ ẹni

Você não pode fazer do macaco um homem; porém, tampouco deve duvidar que o homem descenda do macaco

Uma pessoa não pode transformar seu caráter. O leopardo não pode mudar suas pintas. Porém, qualquer pessoa pode melhorar, desde queira deixar de se comportar como um ser primitivo.

59. Bi a l'ógún ẹru bi a l'ógbón iwọfa, ọmọ ẹni ní ọmọ èmi

Se um homem tiver vinte carregadores, se um homem tiver trinta escravos, ainda assim seu filho será seu filho. Um "Iwọfa" é um seviçal doméstico. Um "Ẹru", é um serviçal de trabalho braçal.

Não obstante todo interesse que um homem puder ter por seus escravos ou peões, o interesse por seu filho sempre será maior. Diz o provérbio: o sangue é mais espesso que a água.

Vamos falar Yorùbá? | *361*

PARTE III - VOCABULÁRIO

POESIAS EM YORÙBÁ

Assim como nos provérbios, também na poesia os Yorùbá procuram transmitir a experiência dos mais velhos e dar conselhos.

Hiroshima

Acesse a sala de aula online e ouça ao áudio #11

Poema de Selene de Medeiros

Texto getilmente traduzido para o yorùbá por Michael Kayode Owolabi.

Cada verso em yorùbá corresponde ao verso em português.

Eu vi a semente mortífera baixando	Èmi rí irugbín apáni ti njabọ
Como uma lágrima cristalina	Gẹgẹbi omijẹ didan
Bomba	Bọmbù
Bomba	Bọmbù
Bomba	Bọmbù
Eu vi a mão trágica	Èmi rí ọwọ́ oloro
E a terra fervendo como uma caldeira enorme	Àti ilè gbigbona gẹgẹbi ágabada títobi kan
Bomba	Bọmbù
Ventres maternos explodindo	Àpò igbọmọ ti ọbinrin nbẹ́
Bomba	
Como tensos balões de lama pútrida	Bọmbù
	Gẹgẹbi fèrè ti o kún fun erè bíbàjẹ
A maldição das mães	Èpè ti àwọn abiyamọ
Que concebendo não legaram vida	Ti nwọn lóyun kò kúrò l'aiye
Bomba	Bọmbù

362 | Introdução ao idioma dos Òrìṣàs

PARTE III - VOCABULÁRIO

Bomba	Bọmbù
Bomba	Bọmbù
Eu vi a mão trágica	Èmi ti rí ọwọ oloro
Vi o menino sustendo ainda nos dedos	Èmi ti rí ọmọde ti o ṣì nmu ìka
O lápis do desenho colorido	Gẹ̀gẹ́ ìyaworán alaràbárà
A adolescente no espelho	Ọdọmọde nínú digi
A semente pacífica brotando	Irúgbìn ẹlẹrọ̀ ti nhù
Bomba	Bọmbù
Bomba	Bọmbù
Vi o primeiro sonho mutilado	Èmi ti rí ìgédànù àlá àkoko
Vi o primeiro beijo interrompido	Èmi ti rí idáduro ìfẹnúkọnu àkoko
A mulher – alimento e matriz –	Ọbinrin — ọnjẹ ati ipilẹ̀sẹ
Morta, sem tempo pra ser feliz	Wọn párun, laìsí àsiko fun ìdunnu
Bomba	Bọmbù
O ancião	Àwọn arúgbo
Sem direito ao seu tempo de morrer	Laìní ẹ̀tọ àsiko tirẹ̀ láti kú
Bomba	Bọmbù
O homem no fumo, as mãos espalmadas no ar	Àwọn ẹnia nínú èfin, àwọn ọwọ́ njanpata l'òkè
Bomba	Bọmbù
A flor que abria as primeiras pétalas	Òdodo ti o ṣiju àwọn ewé àkoko
O jovem que abraçava a primeira mulher	Opèrè ti o faiyakọ ọbinrin àkoko
A criança já morta e não nascida	Ọmọ ti o ti kú, ti dò ní ìbí
Bomba	Bọmbù
Bomba	Bọmbù
Bomba	Bọmbù

Vamos falar Yorùbá? | 363

PARTE III - VOCABULÁRIO

O sol manchado	Òrùn dí álabàwón
A água prostituída	Omí dí aiyedérù
O poema inacabado	Ìwé ákewì ti kò l'opin
Bomba	Bọmbù
A agonia do boi, do cão	Irora màlù, ti aja
A dispersão das borboletas	Itúká ti àwọn labalaba
Dos peixes inocentes	Ti àwọn ẹja alaìmọkan
Das plantas inocentes	Ti àwọn eweko alaìmọkan
Das aves inocentes	Ti àwọn ẹiyẹ alaìmọkan
A inocência punida como um crime	Aìmọkan dí ìjéniyà gẹgẹbi ẹsẹ
A floração punida como um crime	Ìdagbasókè dí ìjéniyà gẹgẹbi ẹsẹ
A alegria punida como um crime	Idunnu dí ìjéniyà gẹgẹbi ẹsẹ
E as carnes derretendo como cera	Àti wipe àwọn ẹran nyó gẹgẹbi òrí
E o brado desumano de pavor	Igbe ẹniakẹnia pẹlu ibẹrubojo nkọ
E a terra contorcida	Àti ìdarúdàpọ ilẹ
Bomba	Bọmbù
Bomba	Bọmbù
Bomba	Bọmbù
Bomba	Bọmbù
Parindo sangue, lágrimas, detritos,	Nbí ẹjẹ, àwọn omijẹ, pantiri
Seios e lama, gritos, sexos, árvores,	Óyọn ati pẹtepẹte, igbe, akọ àti abo, àwọn igi
Bomba	Bọmbù
Bomba	Bọmbù
Bomba	Bọmbù
Casas e bichos, excrementos e mais	Àwọn ilẹ àti awọn ẹranko, àwọn ígbẹ àti bẹ ló

364 | Introdução ao idioma dos Òrìṣàs

PARTE III - VOCABULÁRIO

Bomba	Bọmbù
Bomba	Bọmbù
E parindo miasmas	Nbí àwọn aìsan
Bomba	Bọmbù
E parindo o silêncio...	Àti wipe a nbí
	ìdákẹrọrọ...
Hiroshima Hiroshima	Hiroshima Hiroshima
Como quando	Báwò Nígbàwo
Bomba não	Bọmbù rara
Bomba não	Bọmbù rara
Bomba não	Bọmbù rara
Poderá novamente dar a vida?	Njẹ o tun lè rá ẹmí pádà?
Hiroshima	Hiroshima
Hiroshima	Hiroshima
Como quando	Báwò Nígbàwo
Não mais bomba	Rara sí bọmbù
Não mais bomba	Rara sí bọmbù
Não mais bomba	Rara sí bọmbù
Poderá novamente	Njẹ o tun lè
Nunca mais bomba	Lailai Bọmbù
Nunca mais bomba	Lailai bọmbù
Dar o amor?	Njẹ o nfún ifẹ?
Nunca mais...	Lailai...

Vamos falar **Yorùbá?** | 365

PARTE III - VOCABULÁRIO

Tornar-se Negro

"...o meu canto / é o grito de uma raça / em plena liberdade"
Solano Trindade

Recomendo como análise deste poema a leitura do livro "Tornar-se Negro", da psicanalista Dra. Neusa Souza Santos, no mais fica por conta da história numa versão poética dos supostamente vencidos.

Tornar-se Negro
É saber de onde viemos
É compreender como aqui chegamos
É refletir para onde vamos

E qual rumo seguir?
Tornar-se Negro
Porque nossos antepassados africanos
Não admitem que embranqueçamos
Viemos na Diáspora...
Porque fomos sequestrados, escravizados, assassinados
Em nome da expansão marítima comercial
Em nome da real nobreza eurocêntrica
Em nome do Cristianismo
Em nome do Colonialismo

Lati di enia dudu
Ni lati mọ ibiti a ti wà
Ni lati moye gegebi a ti de ibiyi
Ni lati ronu jinle ibiti awa nlọ

Ati pe ọnà w oni lati to?
Di enia dudu
Nitorìpe awọn babanlá nilẹ afirika
Kò gbà ki a di ẹni funfun

Awa wá pẹlu ipinya
Nitorìpe nwọn ji awa gbe, nwọn sọ awa di ẹru, nwọn pa awa
Lorukọ itanka ọkọ òwò-ẹru

Lorukọ ijọba ilẹ̀ gẹsì

Lorukọ ẹsìn igbàgbọ́ kristi
Lorukọ ijoba afigboju-gbalẹ̀

366 | Introdução ao idioma dos Òrìṣàs

PARTE III - VOCABULÁRIO

Cuide de suas maneiras

Cuide de suas maneiras, meu
amigo!

A honra as vezes abandona nossas casas

E a beleza as vezes acaba

O rico de hoje, pode ser
o pobre de amanhã

Honra é como o mar, a onda
da riqueza é como o mar

Pode escapar de nossas casas

Mas as boas maneiras
acompanham-nos até o
túmulo.

O dinheiro não significa nada
para a humanidade.

As maneiras são a beleza
da humanidade.

Se você tem dinheiro mas
não tem bons modos,

Quem confiará em você?

Ou se você é uma mulher
muito linda,

Mas não se comporta como
as pessoas gostam,

Quem a levará para sua casa
como esposa?

Ou se você engana as pessoas,
e você é muito educado,

Tójú ìwà rẹ, òrẹ́ mi!

Ọlá a ma ṣi lọ n'ílé ẹni

Ẹwà a sì ma ṣi l'ára enia,

Olówó òní ndi ọlòṣì b'ó
d'ọla

Òkun l'ọ́la, òkun n'ìgbì
ọrọ,

Gbogbo wọn l'ó nṣí lọ
n'ílé ẹni

Ṣùgbọ́n ìwà ni mbá'ni dé
sàrẹ́ẹ́,

Owó kò jẹ́ nkan fún 'ni,

Ìwà l'ẹwà l'ọmọ enia,

Bí o l'ówó bí o kò ní 'wà
nkọ́,

Taní jẹ́ f'inú tán ọ bá
ṣ'ohun rere?

Tàbí bí o sì ṣe obìrin
rògbòdò,

Bí o bá jìnà sí 'wà tí ẹdá
nfẹ́,

Taní jẹ́ fẹ́ ọ s' ílé bí aya?

Tàbí bí o jẹ́ oníjìbìtì enia,
bí a tilẹ̀ mọ ìwé
àmòdájú,

Vamos falar Yorùbá? | *367*

PARTE III - VOCABULÁRIO

Quem confiará em você
  para negócios de dinheiro?
Cuide de suas maneiras,
  meu amigo
Sem bons modos, a educação
  não tem valor,
Todos amam uma pessoa que
  sabe se comportar.

Taní jẹ́ gbé 'ṣẹ́ aje fún ọ
  ṣe?
Tójú ìwà rẹ 'ọ̀rẹ́ mi

Ìwà kò sí, ẹ̀kọ́ d 'ẹ̀gbé,

Gbogbo aiye ni nfẹ́ 'ni t'ó
  jẹ́ rere.

368 | Introdução ao idioma dos Òrìṣàs

PARTE IV

EXERCÍCIOS DE YORÙBÁ

Exercício Nᵒ 01

a) Escreva o alfabeto yorùbá nas linhas abaixo, por três vezes, praticando a pronúncia de cada letra:

_____

_____

b) Decore as vogais e suas variações tonais com acentuação:

_____

_____

c) Escreva consoantes e vogais, procurando dar sentido à formação de palavras:

_____

_____

d) Forme frases em **yorùbá**, com as palavras:

- ❖ **ìyá** = mãe
- ❖ **ìyà** = sofrimento, humilhação, castigo
- ❖ **yá** = estar bem, emprestar
- ❖ **ya** = rasgar, separar
- ❖ **yà** = sofrer, castigar, humilhar
- ❖ **àbúrò** = irmão mais novo, irmã mais nova
- ❖ **ẹ̀gbọ́n** = irmão mais velho, irmã mais velha

_____

_____

_____

_____

PARTE IV - EXERCÍCIOS DE YORÙBÁ

Respostas do Exercício Nº 01

= (yá = estar bem, yà = castigar, sofrer, emprestar)

Meu pai está bem
Bàbá mi wa dada

Eu estou sofrendo muito
Èmi njẹ ìyà púpọ̀

Agora ela vai castigar você
Nísisiyi, òun yiolọọ yà ọ

= (Abúrò = Irmão mais novo, irmã mais nova)

Meu irmãozinho é aquele ali
Abúrò mi nì yẹn nibẹ.

Quem de vocês tem irmão mais novo?
Tani ninu yin to ni abúrò?

Aquela ali é minha irmã mais velha.
E yi ti owa nibe yen ni ẹgbọ́n ni agba.

= (Êgbön = irmão mais velho, irmã mais velha)

Iaô, quem é seu irmão mais velho?
Ìyáwò tani ẹgbọ́n rẹ?

Aperte a mão do meu irmão mais velho
Mo gba ẹgbọ́n mi lọ́wọ́

Vamos falar Yorùbá? | *371*

PARTE IV - EXERCÍCIOS DE YORÙBÁ

EXERCÍCIO Nº 02

Itúmọ̀ Àwọn ọ̀rọ wọnyí Ní èdè potogí:
Traduzir as frases para o português:

Acesse a sala de aula online e ouça ao áudio #12

a) Ìwọ fi aṣọ bù láti fo.
b) Òun gbé búrẹ̀dí àbọ̀ sórí tabili.
c) Èmi lò fi aṣọ púpà.
d) Wọ́n ǹsọ̀rọ̀ púpọ̀ nípá aṣọ fúnfún jù nílẹ̀.
e) Àwa bò ibùsùn pẹ̀lú aṣọ ìbora.
f) Ẹ̀yin fẹ́ràn láti jòkóò lori apoti.
g) Òun na n`jòkó ni àga.
h) Ṣé iwọ ti nú àga Vera?
i) Njẹ́ àwọn fẹ́ràn èdè tí wọn nkọ́?

a) _____
b) _____
c) _____
d) _____
e) _____
f) _____
g) _____
h) _____
i) _____

PARTE IV - EXERCÍCIOS DE YORÙBÁ

Respostas do Exercício Nº 02

a) Você usa roupa modelada para aparecer.
faṣọ = usar roupa / bu = modelada, modelar / fo = vir à tona, aparecer

b) Ela traz metade do pão para cima da mesa.
gbe = trazer / abọ = meio, metade

c) Eu posso usar roupa vermelha.
púpà = vermelho, vermelha

d) Estão falando muito sobre roupas brancas jogadas no cháo.
inù = dentro / jù = atirar, lançar, jogar, exceder

e) Nós cobrimos a cama com o lençol / colcha.
ibora = cobertura, cobertor, colcha, capa

f) Vocês gostam de sentar em banco.
apoti = banco

g) Ela está bem sentada na cadeira.
àga = cadeira

h) Você já limpou a cadeira da Vera.
nú = limpar, ocupar, preencher

i) Vocês gostam da língua que estão aprendendo?
njẹ́? = palavra interrogativa, usada no início da frase, que substitui a palavra "ṣé", também interrogativa, usada no início da frase.

Vamos falar Yorùbá? | 373

PARTE IV - EXERCÍCIOS DE YORÙBÁ

EXERCÍCIO Nº 03

Itúmọ̀ òrọ wọnyí ni ède yorùbá:
Traduzir as frases para o yorùbá:

a) Pai e mãe.
b) Irmão mais novo e irmão mais velho.
c) A criança dorme na cama.
d) Você gosta de bebida?
e) A garrafa está sobre a mesa.
f) O copo está em cima da mesa.

a) _____

b) _____

c) _____

d) _____

e) _____

f) _____

Respostas do Exercício Nº 03

a) Bàbá àti ìyá.

b) Abúrò àti ègbọ́n.

c) Ọmọdè sùn ni ìbùsùn.

d) Ṣé ìwọ fẹ́ràn ọti / imu?

e) Igo wà lórí tabili.

f) Ife wà lórí tabili.

374 | Introdução ao idioma dos Òrìṣàs

PARTE IV - EXERCÍCIOS DE YORÙBÁ

EXERCÍCIO N° 04

Dáhùn àwọn ibèèrè ndọ̀ ni yorùbá: Àti tumọ̀ nipadà ni ọ̀rọ ibèere, àti dáhùn láti èdè potogí

Responda as perguntas em yorùbá e traduza, em seguida, as perguntas e respostas para o português.

Acesse a sala de aula online e ouça ao áudio #13

a) Nibo ni ọmọdè máà sùn si?

b) Kíni ohun ti ìwọ féràn jù?

c) Nibo ni ìgo yẹ̀ri wà?

d) Ṣé ìwọ mọ̀ itúmọ̀ ọ̀rọ àgbálágbá?

e) Njẹ́ ìwọ nì ọbìnrin tàbí ọkùnrin?

f) Ṣé ìwọ nì ọmọde tàbí àgbá?

g) Kini orúkọ rẹ?

h) Nibo ni ìwọ ngbè?

a) _____

b) _____

c) _____

d) _____

e) _____

f) _____

g) _____

h) _____

Vamos falar Yorùbá? | *375*

PARTE IV - EXERCÍCIOS DE YORÙBÁ

Respostas do Exercício Nº 04

Observação: ìbèèrè = pergunta
ìtúmọ̀ = tradução (da pergunta ou da resposta)
dáhùn = resposta

a) Dáhún = Ọmọdè sùn ni ìbùsùn.

Itúmọ̀ ìbèèrè = Onde a criança costuma dormir exatamente?
Itúmọ̀ dáhún = A criança dorme na cama.

b) Dáhùn = Owó nì mo fẹ́ ju.

Itúmọ̀ ìbèèrè = Que coisa você quer mais?
Itúmọ̀ dáhùn = É dinheiro que eu mais quero.

c) Dáhùn = Igo yẹri wà nílé iṣẹ.

Itúmọ̀ ìbéèrè = Onde o copo cintilante está?
Itúmọ̀ dáhùn = O copo cintilante está no escritório.

yẹri = Cintilante, brilhante (= yẹ̀riyẹ́ri)

d) Dáhun = Bẹ̀ẹni èmi mọ̀. Itúmọ̀ ọrọ àgbálágbá nì
ìmòye.

Itúmọ̀ ìbéèrè = Você sabe o significado da palavra maturidade?
Itúmọ̀ dáhùn = Sim, eu sei. O significado da palavra maturi-
dade é sabedoria.

àgbálágbá = maturidade / ìmòye = sabedoria

e-1) Dáhùn = Obìnrin nì.

Itúmọ̀ Ìbèèrè = Você é mulher ou homem?
Itúmọ̀ Dáhùn = Sou homem.

376 | *Introdução ao idioma dos Òrìṣàs*

PARTE IV - EXERCÍCIOS DE YORÙBÁ

e-2) Dáhùn = Ọkùnrin nì.

Itúmọ̀ ìbèèrè = *Você é mulher ou homem?*
Itúmọ̀ dáhùn = *Sou mulher.*

f-1) Dáhùn = Ọmọdè nì. Èmi nì ọmọdè.

Itúmọ̀ ìbèèrè = *Você é criança ou ancião?*
Itúmọ̀ dáhùn = *Sou criança. Eu sou criança.*

f-2) Dáhùn = Àgbá nì. Èmi nì àgbá.

Itúmọ̀ ìbèèrè = *Você é criança ou ancião?*
Itúmọ̀ dáhùn = *Sou ancião. Eu sou ancião.*

g) Dáhùn = Orúkọ mi `ni Fernandez Portugal Filho

Itúmọ̀ ìbèèrè = *Qual é o seu nome?*
Itúmọ̀ dáhùn = *Meu nome é Fernandez Portugal Filho.*

h) Dáhùn = Mo ngbè ni Ipanema.

Itúmọ̀ ìbèèrè = *Onde você está morando?*
Itúmọ̀ dáhùn = *Eu estou morando em Ipanema.*

ATENÇÃO

Quando se usa wọnyí (= *estas*), a partícula indicativa de plural "àwọn" não é usada.

Também para indicar plural, usa-se àwọn ọrọ yí, que é o mesmo ọrọ wọnyí (= *estas palavras*), ou, então, usa-se uma expressão ou outra.

Nunca as duas expressões, simultaneamente, porque não soa bem. É redundante e desnecessário.

Vamos falar Yorùbá? | *377*

Parte IV - Exercícios de Yorùbá

Exercício Nº 05

a) Ká àwọn nọmba de 40 a 69 fi kùn lé àti dín:
Escrever os números de 40 a 69, usando as partículas LÉ e DÍN:

40:

_____ / _____
_____ / _____
_____ / _____
_____ / _____
_____ / _____

50:

_____ / _____
_____ / _____
_____ / _____
_____ / _____
_____ / _____

60:

_____ / _____
_____ / _____
_____ / _____
_____ / _____
_____ / _____

b) Túmọ̀ sí yorùbá àwọn ọ̀rọ wọ̀nyí:
Traduzir para o yorùbá as palavras na seguinte leitura das frases:

b.1) Minha criança é mais velha que a sua.

_____
_____
_____

b.2) O filho deles.

_____
_____

378 | Introdução ao idioma dos Òrìṣàs

PARTE IV - EXERCÍCIOS DE YORÙBÁ

b.3) A filha de vocês.

b.4) Eu tenho duas casas com muitas roupas e muitos enfeites decorativos.

b.5) Pela manhã eu desperto e me preparo para o trabalho.

b.6) Eu, você e meus pais iremos ao sítio à tarde.

b.7) Por causa da chuva nos acostumamos a trabalhar muito.

b.8) Todos os dias farei vários trabalhos também.

b.9) Minha mãe falou que o trabalho é remédio da pobreza.

Vamos falar Yorùbá? | *379*

PARTE IV - EXERCÍCIOS DE YORÙBÁ

b.10) Eles têm tempo para brincadeiras.

_____

_____

_____

b.11) Você e ele são filhos de Ṣàngó.

_____

_____

_____

b.12) Nós falamos em voz alta.

_____

_____

_____

380 | Introdução ao idioma dos Òrìṣàs

PARTE IV - EXERCÍCIOS DE YORÙBÁ

Respostas do Exercício Nº 05-A

<u>ATENÇÃO</u>
lé = mais (usado de 01 até 04);
dín ou dí = menos (usado de 05 até 09):

40 = ọgọ́jì
42 = méjìkélọ́gọ́jì *(= 40 + 02)*
44 = mẹ́rìnlélọ́gọ́jì *(= 40 + 04)*
46 = mẹ́rìndíládọ́ta *(= 50 – 04)*
48 = méjìdíládọ́ta *(= 50 - 02)*

41 = mọkanlélọ́gọ́jì *(= 40 + 01)*
43 = mẹ́tàlélọ́gọ́jì *(= 40 + 03)*
45 = márùndíládọ́ta *(= 50 - 05)*
47 = marundinladota *(= 50 - 03)*
49 = ọkandíládọ́ta *(= 50 - 01)*
       mọkandíládọ́ta *(= 50 - 01)*

Atenção: observe a diferença do nº 49 para o nº 51

50 = àdọ́ta
52 = méjìléládọ́ta *(= 50 + 02)*
54 = mẹ́rìnléládọ́ta *(= 50 + 04)*
56 = mẹ́rìndílọ́gọ́ta *(= 60 – 04)*
58 = méjìdìlọ́gọ́ta *(= 60 – 02)*

51 = ọkanléládọ́ta *(= 50 + 01)*
53 = mẹ́tàléládọ́ta *(= 50 + 03)*
55 = márùndílọ́gọ́ta *(= 60 - 05)*
57 = mẹtàdílọ́gọ́ta *(= 60 - 03)*
59 = mọkandílọ́gọ́ta *(= 60 - 01)*

60 = ọgọ́ta
62 = méjìlélọ́gọ́ta *(= 60 + 02)*
64 = mẹ́rìnlélọ́gọ́ta *(= 60 + 04)*
66 = mẹ́rindíládọ́rín *(= 70 – 04)*
68 = méjìdíládọ́rín *(= 70 – 02)*

61 = mọkanlélọ́gọ́ta *(= 60 + 01)*
63 = mẹ́tàlélọ́gọ́ta *(= 60 + 03)*
65 = márùndíládọ́rín *(= 70 - 05)*
67 = mẹ́tàdíládọ́rín *(= 70 - 03)*
69 = mokandíládọ́rín *(= 70 - 01)*

Respostas do Exercício Nº 05-B

b.01) Ọmọdè mi dàgba ju rẹ lọ.

b.02) Ọmọdè wọn.

b.03) Ọmọdèbìnrin yín.

Vamos falar Yorùbá? | *381*

PARTE IV - EXERCÍCIOS DE YORÙBÁ

b.04) Mo ní ilé méjì pèlú aṣọ púpọ̀ àti óhùn ọṣọ púpọ̀.

óhùn ọṣọ = enfeite decorativo

b.05) Ọpọn àárọ èmi taji àti pèse mi láti ṣiṣẹ.

ọpọn = panela, gamela, tina
pèse = preparar, abastecer, prover
taji = despertar, acordar repentinamente
ji = acordar

b.06) Èmi, ìwọ àti àwọn bàbá mi, yio lọ ókò l'ọ́sàn.

b.07) Nitori òjo mọ̀lara ṣiṣẹ púpọ̀.

òjo, winniwinni = chuva
nitori = por causa, porquanto, porque
daṣà, mọ̀lara = acostumar

b.08) Gbogbo òní máa ṣe oriṣiriṣi iṣẹ náà

b.09) Ìyá mi sọrọ ki iṣẹ nì oògun loṣi.

oṣi = pobreza, miséria / òní aini = pessoa que não tem nada

b.10) Àwọn ní ìgbá láti ṣire.

b.11) Ìwọ àti òun nì àwọn ọmọ Ṣàngó.

b.12) Àwa sọ l'ohùn sókè.

ohùn = voz

382 | *Introdução ao idioma dos* Òrìṣàs

PARTE IV - EXERCÍCIOS DE YORÙBÁ

EXERCÍCIO Nº 06

Túmò ko si dáhùn àwon ìbéèrè ni yorùbá:
Traduzir e responder as perguntas em yorùbá:

a) Quem é você?

b) Qual é o seu nome?

c) Quantas casas você tem?

d) O que você irá fazer amanhã?

e) O que você costuma fazer todos os dias?

f) Qual é o Òrìṣà que você tem?

Vamos falar Yorùbá? | 383

PARTE IV - EXERCÍCIOS DE YORÙBÁ

g) Qual a sua religião?

_____

_____

_____

h) Como é que nós falamos isto?

_____

_____

_____

i) De qual maneira nós devemos falar?

_____

_____

_____

PARTE IV - EXERCÍCIOS DE YORÙBÁ

Respostas do Exercício Nº 06

a) Tani ẹ? Tani o?

b) Kini orúkọ rẹ?

c) Àwọn ilé wo ni ìwọ ní?

d) Kini ìwọ yio ṣe lọ́lá?

e) Kini ìwọ máà ṣe ọjọ́ gbogbo?

f) Oriṣa wo ni iwọ ní?

g) Kini ẹsìn rẹ?

h) Báwò nì ti àwa sọ yí?

i) Ìbẹ́wosí wo ni ti wa máa sọ.

Vamos falar Yorùbá? | *385*

PARTE IV - EXERCÍCIOS DE YORÙBÁ

EXERCÍCIO Nº 07

Túmọ̀ sí èdè potogi:
Traduzir para a língua portuguesa:

Acesse a sala de aula online e ouça ao áudio #14

a) Mo ní ọmọ kékeré dára.
b) Bàbá mi féràn àgbálágbá.
c) Ìwọ yio padà sílé l'álẹ.
d) Èmi yio wó ẹ̀gbẹ̀ ọdún to mbọ̀, láti sọrọ akọko.
e) Ìwọ sọ̀rọ̀ púpọ̀ ìgbà.
f) Fèrèsè láti asiko adedoyin ọ̀la.

g) Èmi nlọ sí Maceió láti ṣe orò ibọri.
h) Ni àárọ́ óní èmi yio lọ sílé tìrẹ.
i) Àwọn yio sọrọ nípà ibọri ni oṣù to mbọ̀.
j) Àwọn yio lọ síle rẹ lọsan lóla.
k) Èmi féràn lọ sí ìbùsùn nípè l'ọ́jọ́ asiko iré.
l) Síbẹ̀síbẹ̀ mo rà ìrẹ̀sì pẹ̀lú ẹ̀wa.
m) Ṣùgbọ́n Eniyénia kò ní nrà ìrẹ̀sì àti ẹ̀wa ọ̀pọ̀lọ́pọ̀.
n) Èmi ní ilé púpọ̀.
o) Ìwọ sọrọ búrúkú.
p) Àwa sọrọ púpọ̀ pẹ̀lú àràìlé wa.
q) Èmi sọrọ páàpáà.
r) Òun ti ṣetán ni iṣẹ.
s) Ilé aiyè odára!
t) Ọmọ ènia mi nsọrọ nìbòdè.
u) Òlúkọ́ nkọ́ pẹ̀lú ìwé.
v) Olúkọ́ kọ́ ìwé yí.
w) Àwọn akẹkọ́ gbọ́ ọrọ olúkọ́.

386 | Introdução ao idioma dos Òrìṣàs

Parte IV - Exercícios de Yorùbá

a) _____

_____

b) _____

_____

c) _____

_____

d) _____

_____

e) _____

_____

f) _____

_____

g) _____

_____

h) _____

_____

i) _____

_____

j) _____

_____

k) _____

_____

l) _____

_____

m) _____

_____

Parte IV - Exercícios de Yorùbá

n) _____

_____

o) _____

_____

p) _____

_____

q) _____

_____

r) _____

_____

s) _____

_____

t) _____

_____

u) _____

_____

v) _____

_____

w) _____

PARTE IV - EXERCÍCIOS DE YORÙBÁ

Respostas do Exercício Nº 07

a) Eu tenho um filhinho que é lindo.

b) Meu pai gosta da maturidade.

c) Você voltará para casa à noite.
d) Eu visitarei o conselho ano que vem, para conversa miúda.

> *padà = voltar, retornar, alterar, mudar, trocar*
> *wò = observar, olhar, pagar visita*
> *òkòkò = miúda, miúdo*
> *òkòkòkó = pequeno, pequena*

e) Você conversou muito tempo.

> *ìgbà = tempo, período*

f) Janela para a sublime prosperidade.

> *asiko, asiki = prosperidade, sucesso, fortuna, tempo, período.*

g) Eu estou indo para Maceió para fazer obrigação de *bọrí.*

h) Na manhã de hoje eu irei para tua casa.

> *lọ = ir*
> *fọ̀ = quebrar, lavar, esfregar*

i) Nós conversaremos sobre o *bọrí* mês que vem.

j) Nós iremos para tua casa amanhã de tarde.

k) Eu gosto de ir para cama tarde, em dia de boa sorte.

Vamos falar Yorùbá? | *389*

PARTE IV - EXERCÍCIOS DE YORÙBÁ

l)   Ainda eu compro arroz com feijão.

síbèsíbè = ainda, do mesmo modo

m) Porém, Vossa Alteza não tem comprado arroz e feijão abundan-
temente.

òpòlópò = profuso, numeroso, abundante, muito

n)   Eu tenho muitas casas.

o)   Você conversa mal.

p)   Nós conversamos muito com nossos familiares / parentes.

q)   Eu converso num instante.

r)   Ela já acabou de fazer o trabalho.

se = fazer
tán = terminar, chegar ao fim

s)   O mundo é belo / bom!

òdàrà = ser bom, ser belo, ser gostoso

t)   Algum filho meu está conversando lá fora.

u)   O professor ensina com o livro.

kó = aprender, ensinar, construir, aconselhar.

v)   O professor aconselha este livro / apostila.

w) Os alunos ouvem a palavra do mestre / professor.

390 | Introdução ao idioma dos Òrìsàs

PARTE IV - EXERCÍCIOS DE YORÙBÁ

EXERCÍCIO Nº 08

Túmọ̀ sí yorùbá:
Traduzir para o yorùbá:

a) Meu filho tem que acordar cedo, porque tem que ir à igreja.

b) Quando eu voltar tenho que limpar a casa.

c) No sítio do meu pai temos galinhas, que compramos para os Pais do Segredo.

d) Minha mãe-de-santo diz: "vamos respeitar as religiões, porque são coisas divinas."

Vamos falar Yorùbá? | *391*

PARTE IV - EXERCÍCIOS DE YORÙBÁ

Respostas do Exercício Nº 08

a) Ọmọ mi ma ji láipẹ̀, tori pè o lọ sí ilé ẹsìn.

b) Nígbàti èmi padà mo ní ki nú ilé.

> *padà = voltar*
> *nú = limpar*
> *mọ́ = ser limpo, limpar-se*

c) Lókó bàbá mi àwa ní àwọn adiẹ̀, ti wa rà fún àwọn bàbáláwò.

d) Ìyálórìṣà mi sọrọ: Ẹ jẹ ka lọ júbà àwọn ẹsìn, nitori wọn óhùn Olúwà.

392 | Introdução ao idioma dos Òrìṣàs

PARTE IV - EXERCÍCIOS DE YORÙBÁ

EXERCÍCIO Nº 09

Túmò sí èlde potogi:
Traduza para a língua portuguesa:

a) Mo ní owó. Mo l'ówó.

b) Èmi lọ gbé ibẹ.

c) Mo fẹ́ràn lati lọ si ilé èsìn.

d) Mo fẹ́ràn aṣọ tómọ́.

e) Èmi ti fọ aṣọ.

f) Emi tí fọ náà.

g) Mo l'ówó náà.

Vamos falar Yorùbá? | 393

PARTE IV - EXERCÍCIOS DE YORÙBÁ

h) Èmi ti kà ìwé. Mo nkàwé.

i) Èmi ní ibọn ọdẹ.

j) Èmi rí ibọn ọ̀dẹ̀.

k) Èmi ní nfọ̀.

l) Òun ti nfò náà.

m) Àwọn ọmọ Òrìṣà ní aṣọ fúnfún.

n) Ṣùgbọ́n bàbá Òrìṣà kò sí nílé àṣẹ.

o) Lójọ́ òní nì ọ̀jọ́ rọ.

394 | *Introdução ao idioma dos Òrìṣàs*

PARTE IV - EXERCÍCIOS DE YORÙBÁ

p) Òní ni òjò rò.

_____

_____

q) Lójọ́ òní omi rọ́ sórì nílẹ̀.

_____

_____

_____

r) Abúrò mi sare sílé-ẹ̀kọ́ lójojúmọ́.

_____

_____

_____

Vamos falar **Yorùbá?** | _395_

PARTE IV - EXERCÍCIOS DE YORÙBÁ

Respostas do Exercício Nº 09

a)   Eu tenho dinheiro.

b)   Eu vou à igreja.

> *gbé* = *morar, morada*
> *ibẹ́* = *súplica*
> *gbe ibẹ́, ilé ẹsìn* = *igreja*

c)   Eu gosto de ir à igreja.

d)   Eu gosto de roupa limpa.

e)   Eu tenho lavado a roupa.

f)   Eu tenho lavado também.

g)   Eu tenho dinheiro também.

h)   Eu tenho lido um livro. Eu estou lendo um livro.

i)   Eu tenho uma arma de caçador / de caça.

j)   Eu vi uma arma de caça.

k)   Eu tenho seguido adiante.

> *fò* = *seguir adiante, pular*

l)   Ela tem seguido adiante também.

m) Os filhos-de-santo têm roupas brancas.

n)   Porém o Orixá não está no terreiro.

396 | Introdução ao idioma dos Òrìṣàs

PARTE IV - EXERCÍCIOS DE YORÙBÁ

o) Hoje é dia de armar armadilhas.

rọ = armar armadilhas

p) Hoje a chuva caiu.

rọ̀ = cair chuva, chover

q) Hoje a água jorrou sobre a terra.

rọ́ = jorrar

r) Meu irmão mais novo corre para sala de aula diariamente.

lójójúmọ́ = diariamente

PARTE IV - EXERCÍCIOS DE YORÙBÁ

EXERCÍCIO Nº 10

Itúmọ̀ sí potogi àwọn ese òrò wònyí:
Traduzir para o português as palavras na seguinte leitura das frases:

a) Ni áàrọ́ èmi yio lọ sílé ẹ̀kọ́.

_____

_____

_____

b) Bàbá mi yio lọ sí ìbíṣẹ rẹ.

_____

_____

_____

c) Bàbá wa wà nílé iṣẹ.

_____

_____

_____

d) Àwọn bàbá wọn yio lọ sí iyara ìwé.

_____

_____

_____

e) Àwọn ẹ̀gbọ́n àti abúrò mi, yio páàpáà lọ sílé ẹ̀kọ́, níkàn, ọ̀túnla.

_____

_____

_____

f) Ìyá wa yio lọ sílé ẹ̀kọ́ lọ́lá.

_____

_____

_____

398 | Introdução ao idioma dos Òrìṣàs

PARTE IV - EXERCÍCIOS DE YORÙBÁ

g) Ìyá wa lọ sójà nísísíyí.

_____

_____

_____

h) Gbogbo ọsàn bábà wa padà sílé rẹ̀.

_____

_____

_____

i) Àfi bàbá wa lọ níkàn, lójojúmọ́, sí ibiṣẹ rẹ̀.

_____

_____

_____

j) Òun ba ti ní irọlẹ̀ ọ̀sẹ̀ kọja.

_____

_____

_____

k) Ṣùgbọ́n àwa yani lẹnu bàbá wa pẹ̀lú iṣẹ rẹ̀.

_____

_____

_____

l) Bàbá wa titi láilái padà sílé rẹ̀ agara púpọ̀.

_____

_____

_____

m) Ni áàrọ́ titi di alẹ́, a fi yọ arẹ̀ ni ara bàbá mi.

_____

_____

_____

Vamos falar Yorùbá? | 399

PARTE IV - EXERCÍCIOS DE YORÙBÁ

n) Bàbá mi ti kúrẹ́.

o) Èbi npa mi púpọ̀.

p) Mo fẹ́ràn jẹ ọnjẹ gbòna.

q) Kó sí ìjà láàrin wa.

r) Mo dúpẹ̀ lọ́wọ́ Ọlọ́run!

s) Ọ̀gá ti nsọ ni ògo tirẹ̀.

t) Ó ti nkẹbi ògo.

400 | *Introdução ao idioma dos* Òrìṣàs

PARTE IV - EXERCÍCIOS DE YORÙBÁ

u) Mo dúpẹ̀ lọ́wọ́ Ọlọ́run, ọ̀gá ọ̀gọ́, nsọ àwọn ẹbi mi.

—————————————————————————————
—————————————————————————————
—————————————————————————————

PARTE IV - EXERCÍCIOS DE YORÙBÁ

Respostas do Exercício Nº 10

a) De manhã eu irei à sala de aula / ao colégio.

b) Meu pai irá para seu escritório.

c) Nosso pai está no escritório.

d) Os pais deles irão à biblioteca.

e) Meus irmãos mais velhos e meus irmãos mais novos irão de uma vez ao colégio, sozinhos, depois de amanhã.

> *páàpáà = de uma vez*
> *níkàn = sozinho, sozinhos, sozinha, sozinhas*
> *ọtúnlà = depois de amanhã, daqui a dois dias*

f) Nossa mãe irá ao colégio amanhã.

g) Nossa mãe vai ao mercado agora.

h) Todas as tardes nosso pai retorna para a casa dele.

i) Somente nosso pai vai sozinho, diariamente, ao escritório dele.

j) Ele teve noite de serão semana passada.

k) Porém, nós admiramos nosso pai pelo seu trabalho.

> *yani lẹnu = admirar*

l) Nosso pai sempre volta para casa dele muito cansado.

> *gbogbo igba = sempre*
> *agara = cansado*

402 | Introdução ao idioma dos Òrìṣàs

PARTE IV - EXERCÍCIOS DE YORÙBÁ

m) De manhã até a noite bate um cansaço no meu pai.

> *yọ = surgir*
> *arẹ = cansaço*
> *fi = deixar*

n) Meu pai já está acostumado.

o) Eu estou com muita fome.

p) Eu gosto de comer comida quente.

q) Não existe briga entre nós.

r) Eu agradeço a Deus! / Dou graças a Deus!

s) O chefe já está falando na honra que ele teve.

t) Ele estava com fome de glória.

u) Eu agradeço a Deus, o Altíssimo, o desabrochar de minhas amizades.

> *nso = estar desabrochando, desabrochar*
> *ẹbi = amizade, família, familiares*

Vamos falar Yorùbá? | *403*

PARTE IV - EXERCÍCIOS DE YORÙBÁ

EXERCÍCIO Nº 11

Díẹ nínú ìtán Nàìjíríà

Exercício para a prática da audição / pronunciação

Acesse a sala de aula online e ouça ao áudio #15

Bi ogórun odun sẹ́hìn, ni nkan, orúkọ Nàìjíríà; ti kó wà sí ayè. Otitọ, ni àwọn ara gùsù àti aríwà, ti wàri. Àwọn oyinbo potogi, ló ò kọkọ wò Nàìjíríà; ṣùgbọ́n wọn wò láti Benin, Bẹ́bẹ́ ẹti okun yí ni ọdun 1472.

Ni odun 1553, ni ọkọ òyìnbó gẹsi gúnlẹ ilú ẹ̀kọ́ rẹ; ni ọdun 1851, òun aṣoju ẹni wà, àkòkò ẹ̀rùn, ni ilú Calabar àti gbà ilú ẹ̀kọ́ titi ọdun 1861, nílé yí; èyí o ti ṣe ihà gùsù ìlè Nàìjíríà. Ni ọjọ́ kínní ósù kínní ọdun 1914. Àwọn ìmálẹ oyinbo gẹsi da ihà gùsù àti àríwà, pọ, wọn si sọ ọ ni orúkọ Nàìjíríà.

Orúkọ yí wà láti ipasẹ odò Niger. Èyí ti i se odò Niger, èyí ti a npe ni odò Ọya. Ni ọdun 1946, àwọn ìmálẹ ọkọ oyinbo gẹsi, yí pín Nàìjíríà, sí agbègbè mẹ́tà gùsù; àti ẹkínní ni agbègbè àríwà. Èyí ti o jẹ́ àwọn ílè Hausa. Ẹ̀kéjì ni agbègbè ila òórun, ti ṣe ti àwọn gbàjànlá yorùbá. Ẹ̀kéta ni agbègbè, ìla, òórun ìjà. Èyí ti o jẹ́ ìlẹ̀, àwọn ìbò ní Nàìjíríà.

Ni ọjọ́ kínní ósù kẹ́wà ọdun 1960, Nàìjíríà gbà omìrnírà; bẹ́ẹ̀bẹ́ẹ̀ won pín Nàìjíríà, Sí agbègbè mẹ́rìn ni ọdun 1962. Ni ọdun 1967, ijọba apapọ, pín, Nàìjíríà sí ònã méjìlá. Ni òṣù kéjì ni ọdun 1976, wọn tùn fi ònã méjè kùn ún

PARTE IV - EXERCÍCIOS DE YORÙBÁ

Nàìjírìá. Lówólówó, ba yí ònã 36; ni a pìn Nàìjírìá, si ati oluilu ti a npe ni abuja.

Tradução do Exercício Nº 11

A pequena história da cidade de **Nàìjírìá**

Nascia há cem anos, aproximadamente, o nome da cidade de **Nàìjírìá**, que não tinha um significado. Na verdade, os povos do Sul e do Norte já existiam. Os brancos portugueses, eles não olhavam a pequena cidade da **Nàìjírìá**; mas eles olhavam para a cidade do Benin. Assim fizeram, chegando nesta praia, no ano de 1472.

No ano de 1563, o homem branco **birìtisi** fundava sua dinastia; no ano de 1851, ele foi representante, na época da seca, da cidade de Calabar, levando a dinastia até o ano de 1861, nesta cidade. Isto se deu na região sul das terras da Nàìjírìá, no dia primeiro de janeiro de 1914: os descendentes do branco **biritisi** criaram a região do sul e ao norte, abrangentes, ela foi chamada de **Nàìjírìá**.

Este nome apresenta vestígios ao longo do rio Níger. Entre as margens do rio Níger e as margens do rio Oya. No ano de 1946, os descendentes do branco **biritisi** terminaram a formação da cidade da **Nàìjírìá**, a terceira vizinhança da região ao sul; e a primeira na região vizinha ao norte. Estas foram terras dos hausas, a segunda região conquistada no calor das lutas, pelas terras nas vitórias dos **yorùbá**. Na terceira região, a marca tribal, ao calor da batalha. Estas fizeram das terras, os portais da cidade da **Nàìjírìá**.

No dia primeiro de outubro de 1960, a cidade da **Nàìjírìá** recebeu a libertação; assim, finalmente a cidade da **Nàìjírìá** anexa a terceira região no ano de 1963. No ano de 1967, o reino totalizou, finalmente, a cidade da **Nàìjírìá** à décima segunda região conquistada. No mês de fevereiro do ano de 1976, destruíram a sétima região. Mano a mano, caíram dezenove regiões, dizimando o poderio da **Nàìjírìá**, finalmente.

Vamos falar Yorùbá? | 405

PARTE IV - EXERCÍCIOS DE YORÙBÁ

Referência de vocabulário:

- ❖ *agbègbè* = *vizinhança, região vizinha*
- ❖ *àkòkò èrùn* = *tempo seco*
- ❖ *apapọ* = *totalizador*
- ❖ *ayè* = *explicação*
- ❖ *bɛ́* = *assim*
- ❖ *bɛ́* = *suplicar*
- ❖ *bɛ́bɛ́* = *assim fizeram*
- ❖ *bɛ́ɛ̀* = *assim*
- ❖ *díɛ̀* = *pouco, pouca*
- ❖ *ele* = *poderio*
- ❖ *gbàjànlá* = *vitórias*
- ❖ *ibò* = *portais*
- ❖ *ihà àríwà* = *região norte*
- ❖ *ihà gùsù* = *região sul*
- ❖ *ila* = *marca tribal*
- ❖ *ilú* = *cidade*
- ❖ *kọkọ* = *pequena, pequenina (serve para fazer o grau diminutivo)*
- ❖ *lọ́wọ́lọ́wọ́* = *no tempo presente, mano a mano*
- ❖ *ni a pìn* = *dizimar, dizimando*
- ❖ *nínú* = *dentro*
- ❖ *pọ* = *abrangente, barato, econômico*
- ❖ *si* = *finalmente, exatamente, pontualmente*
- ❖ *titi de, titi* = *até*
- ❖ *tún* = *destruir, arrancar*
- ❖ *wò* = *olhar para*

406 | Introdução ao idioma dos Òrìṣàs

PARTE IV - EXERCÍCIOS DE YORÙBÁ

EXERCÍCIO Nº 12

Dáhùn àwọn ìbéèrè wọnyìː lórí ikàwé iṣẹ nº 11, ni yorùbáː
Responda as perguntas, sobre o texto do exercício nº 11, em yorùbá:

a) Tani kọkọ wò orílèdè Nàìjírìá?

---

b) Ọdún wo ni wọn da orílèdè Nàìjírìá?

---

c) Ọdún wo ni òyìnbò gẹsi gúnlẹ̀ orílèdè Nàìjírìá?

---

d) Nibo ni gúnlẹ̀ kọkọ ilé aṣoju ajọba wọn si?

---

e) Ọdún wo ni da ìhà gùsù àti àríwà pọ?

---

f) Ọdún wo ni wọn pìn orílèdè Nàìjírìá sí agbègbè
   mẹ́tà?

Vamos falar Yorùbá? | 407

PARTE IV - EXERCÍCIOS DE YORÙBÁ

g) Darúkọ àwọn agbègbè tàbí ìpínlẹ̀ náà:

_____

_____

_____

h) Nígbawò nì opìn orílèdè Nàìjírìá sí ọnã méjìlá?

_____

_____

_____

i) Ọnã mélò ni a pìn orílèdè Nàìjírìá si, bayi?

_____

_____

_____

408 | *Introdução ao idioma dos* Òrìṣàs

PARTE IV - EXERCÍCIOS DE YORÙBÁ

Respostas do Exercício Nº 12

a) Quem observava a pequenina cidade de Ṣagamu?

tani = *quem é? / wo ni = qual é?*

Dáhùn = Ọkọ oyinbo biritisi nì.
Itúmọ̀ = *É o homem branco inglês.*

Dáhùn = Okùnrin gẹsini.
Itúmọ̀ = *É inglês.*

b) Em que ano foi criada a Nigéria?

Dáhùn = Ó bi írìnwò ọdun sẹ́hìn si.
Itúmọ̀ = *Ela nasceu há 400 anos, exatamente.*

Dáhùn = Ọdun 1553 nì.
Itúmọ̀ = *Foi no ano de 1553.*

c) Em que ano o branco fundava a cidade de Nàìjírìá?

Dáhùn = 1553 Nì.
Itúmọ̀ = *Foi em 1553.*

Dáhùn = Ni Ọdun 1553.
Itúmọ̀ = *No ano de 1553.*

d) Onde foi fundado o diminuto reino, exatamente?

Dáhùn = Èyí ti i ṣe odò Níger èyí ti i ṣe odò Ọya.
Itúmọ̀ = *Entre as margens do rio Níger e do rio Ôya.*

Vamos falar Yorùbá? | *409*

PARTE IV - EXERCÍCIOS DE YORÙBÁ

e) Em que ano foram criadas a região Sul e Norte abrangentes?

Dáhùn = Ni ọdun de 1914.
Itúmọ̀ = No ano de 1914.

Dáhùn = Ọdun 1914 nì.
Itúmọ̀ = Foi no ano de 1914.

f) Em que ano eles anexaram a 3ª região a Nàìjírìá?

Dáhùn = 1946 Nì.
Itúmọ̀ = Foi em 1946.

Dáhùn = Ni ọdun 1946.
Itúmọ̀ = No ano de 1946.

g) Nomeie as regiões ou fronteiras também:

Dáhùn = 1472 — Ilú Benin.
Itúmọ̀ = 1472 – Cidade do Benin.

Dáhùn = 1851 — Ilú Calabar.
Itúmọ̀ = 1851 – Cidade de Calabar.

Dáhùn = 1914 — Ìpínlè gùsù àti àríwà nílú Nàìjírìá.
Itúmọ̀ = 1914 – Fronteiras sul e norte da cidade de Nàìjírìá.

Dáhùn = 1946 — Agbègbè métà gùsù.
Itúmọ̀ = 1946 – A 3ª região vizinha ao sul.

Dáhùn = Agbègbè kínní àríwà.
Itúmọ̀ = A 1ª região vizinha ao norte.

410 | *Introdução ao idioma dos* Òrìṣàs

PARTE IV - EXERCÍCIOS DE YORÙBÁ

Dáhùn = Ílè Hausa ìpílè yorùbá.
Itúmọ̀ = Terras hausas, fronteira com terras yorùbá.

h) Quando foram destruídas as 12 regiões da Nàìjírìá?

Dáhùn = 1967 Nì opìn.
Itúmọ̀ = Foram destruídas em 1967.

Dáhùn = Ni odun 1967.
Itúmọ̀ = No ano de 1967.

i) Quantas regiões foram destruídas em Nàìjírìá, agora, exatamente?

Dáhùn = Gbogbo Ìhà.
Itúmọ̀ = Todas as regiões.

Vamos falar Yorùbá? | 411

PARTE IV - EXERCÍCIOS DE YORÙBÁ

EXERCÍCIO Nº 13

a) Kọ àwọn nọmba ní èdè yorùbá:
Escreva as datas no idioma yorùbá:

    I. 13 de janeiro de 1969

    II. 29 de março de 1978

    III. 31 de setembro de 1951

    IV. 19 de setembro de 1951

    V. 29 de agosto de 1955

    VI. 08 de fevereiro de 1976

    VII. 04 de junho de 1950

    VIII. 10 de maio de 1961

    IX. 26 de novembro de 1945

    X. 18 de abril de 1980

412 | Introdução ao idioma dos Òrìṣàs

PARTE IV - EXERCÍCIOS DE YORÙBÁ

b) Kọàwọn ọdún ní èdè yorùbá:
Escreva o ano em yorùbá:

I. 1969 = 1900 + 70 – 01

_____

II. 1978 = 1900 + 80 – 02

_____

III. 1950 = 1900 + 50

_____

IV. 1951 = 1900 + 50 + 01

_____

V. 1955 = 1900 + 60 – 05

_____

VI. 1976 = 1900 + 80 – 04

_____

VII. 1950 = 1900 + 50

_____

VIII. 1961 = 1900 + 60 + 01

_____

IX. 1980 = 1900 + 80

_____

X. 1945 = 1900 + 50 – 05

_____

Vamos falar Yorùbá? | *413*

PARTE IV - EXERCÍCIOS DE YORÙBÁ

Respostas do Exercício Nº 13-A

I.   Ojó métàlá òṣù kíní ọdun 1969.
II.   Ojó mokandílógbọ̀n òṣù kẹ́tà ọdun 1978.
III. Ojó mọkanlógbọ̀n òṣù kẹ́sán ọdun 1951.
IV.   Ojó mọkandílógún òṣù kẹ́sàn ọdun 1951.
V.   Ojó mọkandílógbọ̀n òṣù kéjọ̀ ọdun 1955.
VI.   Ojó méjọ̀ òṣù kéjì ọdun 1976.
VII. Ojó mẹ́rìn òṣù kẹ́fà ọdun 1950.
VIII. Ojo kẹ́wà osu kárùn ọdun 1961.
IX.   Ojo kẹ́rìndìlógbọ̀n osu kokanla ọdun 1945.
X.   Ojo kéjìdìlógún osu kẹrin ọdun 1980.

Respostas do Exercício Nº 13-B

I.   Ọdun mẹ́dẹ́gbẹ̀wá mọkandíládọ́rín.
II.   Ọdun mẹ́dẹ́gbẹ̀wá méjìdìlógọ́rín.
III. Ọdun mẹ́dẹ́gbẹ̀wá ládọ́tá.
IV.   Ọdun mẹ́dẹ́gbẹ̀wá mọkanléládọ́tá.
V.   Ọdun mẹ́dẹ́gbẹ̀wá márùndílógọ́tá.
VI.   Ọdun mẹ́dẹ́gbẹ̀wá mẹ́rìndílógọ́rín.
VII. Ọdun mẹ́dẹ́gbẹ̀wá ládọ́tá.
VIII. Ọdun mẹ́dẹ́gbẹ̀wá mọkanlélógọ́tá.
IX.   Ọdun mẹ́dẹ́gbẹ̀wá lógọ́rín.
X.   Ọdun mẹ́dẹ́gbẹ̀wá márùndílógọ́tá.

ATENÇÃO: a regra de contagem dos números múltiplos de 10 (de 20 até 100): nas unidades de 01 até 04, usa-se o número decimal + lé + nº até 04. Nas unidades a partir de 05 até 09, usa-se o número decimal + dí + nº de 05 até 09.

lé = mais, soma / dí ou dín = menos, subtração.

414 | *Introdução ao idioma dos Òrìṣàs*

PARTE IV - EXERCÍCIOS DE YORÙBÁ

EXERCÍCIO Nº 14

Kini itúmọ̀ àwọn ọrọ wọnyí niède yorùbá lati potogi?
Qual é a tradução destas palavras na língua yorùbá para o português?

a) Nígbàwo _____

a) Pàtàkì _____

b) Ẹiyẹle _____

c) Bàtà _____

d) Bàtá _____

e) Ẹwà _____

f) Ẹ̀wa _____

g) Nigbàtí _____

h) Ṣòkòtò _____

i) Ẹ̀wà _____

j) Ọmọlọmọ _____

k) Bàbábàbá _____

l) Pata _____

m) Kaba _____

n) Sálúbàtà _____

Vamos falar Yorùbá? | 415

PARTE IV - EXERCÍCIOS DE YORÙBÁ

Respostas do Exercício Nº 14

a) Nígbàwo   = quando (advérbio de tempo)

b) Pàtàkì   = chefe, mentor, líder, pessoa importante

c) Ẹiyẹle   = pombo

d) Bàtà   = sapato

e) Bàtá   = tambor usado no culto à Ṣàngó e Ẽgúngún

f) Ẹwà   = ter beleza, ser belo

g) Ẹ̀wa   = feijão cozido (= èréé = feijão cru)

h) Nígbàtí   = quando (advérbio de tempo)

i) Ṣokoto   = calça comprida

j) Ẹ̀wà   = numeral cardinal dez (= 01 dezena)

k) Ọmọlọmọ   = filho do filho = neto

l) Bàbábàbá   = pai do pai = avô

m) Pata   = calcinha

n) Kaba   = vestido

o) Sàlùbàtà   = chinelo

416 | Introdução ao idioma dos Òrìṣàs

PARTE IV - EXERCÍCIOS DE YORÙBÁ

EXERCÍCIO Nº 15

Kọ òrọ̀ wònyí ni yorùbá, sí túmọ̀ rè si èdè potogi:
Escreva o ditado em yorùbá e traduza para a língua portuguesa:

a) L'áàrọ èmi yio lọ sílé èkọ́.

Yorùbá: _____

_____

Potogi: _____

_____

b) Bàbá mi yio lọ sí ibiṣẹ rẹ̀.

Yorùbá: _____

_____

Potogi: _____

_____

c) Àwọn ẹ̀gbọ́n'kùnrin mi àti abúrò mi, wọn yio lọ páàpáà sílé èkọ́.

Yorùbá: _____

_____

Potogi: _____

_____

d) Ìyá wa yio lọ sílé èkọ́ lọ́túnlá.

Yorùbá: _____

_____

Potogi: _____

_____

Vamos falar Yorùbá? | 417

PARTE IV - EXERCÍCIOS DE YORÙBÁ

e) Ìyá wa yio lọ sí ọjà.

Yorùbá: _____

_____

Potogi: _____

_____

f) Ni ọsàn, gbogbo wa padà sílé, arẹ.

Yorùbá: _____

_____

Potogi: _____

_____

g) Àfi bàbá wa àti gbogbo wa wà níkàn nibi.

Yorùbá: _____

_____

Potogi: _____

_____

h) Lẹ́hìn ni ìrọ́lẹ̀ bàbá wa yio padà sílé rẹ.

Yorùbá: _____

_____

Potogi: _____

_____

i) Ni àárọ titi dì alẹ́, òun yio dubulẹ̀ si.

Yorùbá: _____

_____

Potogi: _____

_____

418 | *Introdução ao idioma dos Òrìṣàs*

PARTE IV - EXERCÍCIOS DE YORÙBÁ

j) Èmi féràn onję púpọ̀.

Yorùbá: _____

_____

Potogi: _____

_____

k) Èbi npa mi púpọ̀.

Yorùbá: _____

_____

Potogi: _____

_____

l) Kò sí ijà láàrin wa.

Yorùbá: _____

_____

Potogi: _____

_____

m) Ọ̀gá tęnumọ́ ti o nsọ́ àwọn ébí rę.

Yorùbá: _____

_____

Potogi: _____

_____

n) Mo dúpẹ̀ lọ́wọ́ Ọlọ́run! Ọ̀gá ògọ́, ti o nsọ àwọn oobi mi.

Yorùbá: _____

_____

Potogi: _____

_____

Vamos falar Yorùbá? | 419

PARTE IV - EXERCÍCIOS DE YORÙBÁ

Respostas do Exercício Nº 15

a) De manhã eu irei para o colégio.

b) Meu pai irá para o escritório dele.

c) Meus irmãos mais velhos e mais novos irão, de uma vez, para o colégio.

d) Nossa mãe irá à escola depois de amanhã.

e) Nossa mãe irá à feira / ao mercado.

f) De tarde, todos nós voltamos para casa, cansados.

g) Somente nosso pai e todos nós estamos sozinhos aqui.

h) Após o serão, o nosso pai voltará para a casa dele.

i) De manhã até a noite, ela deitará, exatamente.

j) Eu gosto de comer bastante.

k) Eu estou com muita fome.

l) Não existem guerras entre nós.

m) O chefe garante que está vigiando seus erros.

n) Agradeço a Deus, O Altíssimo, o que estão falando dos meus familiares.

420 | Introdução ao idioma dos Òrìṣàs

PARTE IV - EXERCÍCIOS DE YORÙBÁ

EXERCÍCIO Nº 16

Dáhùn àwọn ìbèèrè wọnyí ní ède yorùbá. Sí tumọ̀ re si potogi:
Responda estas perguntas na língua yorùbá, traduzindo-as para o português:

a) Kini ìwọ yio ṣe ni àárọ yí?

Dáhùn: _____

_____

Itúmọ̀ Potogi: _____

_____

b) Kini bàbá yín yio ṣe l'ónî?

Dáhùn: _____

_____

Itúmọ̀ Potogi: _____

_____

c) Àbúrò rẹ àti ẹ̀gbọ́n rẹ̀ nkọ́?

Dáhùn: _____

_____

Itúmọ̀ Potogi: _____

_____

d) Kini ìyá rẹ yio ṣe níbẹ̀?

Dáhùn: _____

_____

Itúmọ̀ Potogi: _____

_____

Vamos falar Yorùbá? | 421

PARTE IV - EXERCÍCIOS DE YORÙBÁ

Respostas do Exercício Nº 16

a) Itúmọ̀ ìbéèrè = O que você fará nesta manhã?

   Dáhùn   = Emi yio lọ sílé Òrìṣà mi.
   Itúmọ̀   = Eu estarei indo para meu terreiro.

b) Itúmọ̀ ìbèèrè = O que o pai deles fará hoje?

   Dáhùn   = Àwọn yo se iralọkọ fún nípàtioro
              Òrìṣà rẹ.
   Itúmọ̀   = Ele estará fazendo a obrigação do Orixá dele.

c) Itúmọ̀ ìbèèrè = E acerca de seu irmão mais novo e do irmão
              mais velho dele?

   Dáhùn   = Àwọn yio nbá ni orò náà.
   Itúmọ̀   = Eles estarão ajudando na obrigação, também.

d) Itúmọ̀ ìbéèrè = O que sua mãe fará lá?

   Dáhùn   = Ìyá mi yọ kọrin fún oro Òrìṣà wọn.
   Itúmọ̀   = Minha mãe estará cantando para a obrigação
              dos Orixás deles.

422 | Introdução ao idioma dos Òrìṣàs

PARTE IV - EXERCÍCIOS DE YORÙBÁ

EXERCÍCIO Nº 17

Para cada frase crie outras duas com o mesmo sentido, em yorùbá. Em seguida, traduza todas as frases para a língua portuguesa.

a) Ẹ Káàrọ! Ago ònílé o!

Yorùbá 01: _____

_____

Yorùbá 02: _____

Itúmọ̀ potogi: _____

_____

b) Ẹ wolẹ́! Jokóò níhìm.

Yorùbá 01: _____

Yorùbá 02: _____

Itúmọ̀ potogi: _____

_____

c) Awúrè ìyá mi! Bùkún fún mi pẹ̀lú àṣẹ àwọn atẹlẹ owọ́ rẹ!

Yorùbá 01: _____

Yorùbá 02: _____

Itúmọ̀ potogi: _____

_____

_____

Vamos falar Yorùbá? | 423

PARTE IV - EXERCÍCIOS DE YORÙBÁ

d) Òrìṣà mi awúrè mi o! Ọlọ́run súrè fún ẹ!

Yorùbá 01: _____

_____

_____

Yorùbá 02: _____

_____

_____

Itúmọ̀ potogi: _____

_____

_____

_____

e) Ṣé àlàáfíà ni ọmọ mi?

Yorùbá 01: _____

_____

Yorùbá 02: _____

_____

Itúmọ̀ potogi: _____

_____

_____

f) Àlàáfíà ni adúpẹ̀! Àlàáfíà ni àrailé rẹ nkọ́? Àlàáfíà
ni adúpẹ̀!

Yorùbá 01: _____

_____

_____

Yorùbá 02: _____

_____

_____

Itúmọ̀ potogi: _____

_____

_____

424 | Introdução ao idioma dos Òrìṣàs

PARTE IV - EXERCÍCIOS DE YORÙBÁ

g) – Şé Ìwọ fẹ́ mu ohun?
   – Bẹ́ẹ̀ni èmi fẹ́.
   – Ẹ jọ̀wọ́, mo fẹ́ mu omi tutu àti omi dudu tutu díẹ̀, gbona àti dáàdáà.
   – O dáà ọmọ mi!

Yorùbá 01: _____

_____

_____

_____

_____

Yorùbá 02: _____

_____

_____

_____

_____

Itúmọ̀ potogi: _____

_____

_____

_____

_____

h) Ìyá mi! Mọ fẹ́ mọ̀ óhùn kan nípà orò Òrìṣà mi?

Yorùbá 01: _____

_____

_____

Yorùbá 02: _____

_____

_____

Itúmọ̀ potogi: _____

_____

_____

Vamos falar Yorùbá? | 425

PARTE IV - EXERCÍCIOS DE YORÙBÁ

i) O Dáà! Kàwé!

Yorùbá 01: _____

_____

Yorùbá 02: _____

_____

Itúmọ̀ potogi: _____

_____

_____

j) Adúpẹ̀ ìyá mi! O dígbà o! Ònà rẹ o ọmọ mi!

Yorùbá 01: _____

_____

Yorùbá 02: _____

_____

Itúmọ̀ potogi: _____

_____

_____

426 | *Introdução ao idioma dos Òrìṣàs*

PARTE IV - EXERCÍCIOS DE YORÙBÁ

Respostas do Exercício Nº 17

a) Bom-dia! Licença, dono da casa!

b) Seja bem-vindo! Sente-se junto a mim.

c) Rogo sua bênção, minha mãe! Abençoe-me com o poder das palmas de suas mãos!

d) Meu Orixá me abençoe! Deus te abençoe!

e) Como vai você, meu filho?

f) Vou bem, obrigado! E como vão seus familiares? Eles vão bem, obrigado!

g) - Você quer beber alguma coisa?
   - Sim. Eu quero.
   - Por favor, eu quero beber um pouco de água fresca e um pouco de café fresco, quente e gostoso.
   - Tudo bem, meu filho!

h) Minha mãe! Eu quero saber as coisas consideráveis sobre a obrigação do meu Orixá.

i) Tudo bem! Escreva no caderno!

j) Obrigado, minha mãe! Adeus! Até a volta, meu filho!

Vamos falar Yorùbá? | *427*

PARTE IV - EXERCÍCIOS DE YORÙBÁ

EXERCÍCIO Nº 18

Itúmọ̀ ni ède potogi:
Traduza para a língua portuguesa:

a) Ẹ káàrọ bàbá mi!

Itúmọ̀ Potogi: _____

_____

b) Ẹ káàrọ Ìyá mi!

Itúmọ̀ Potogi: _____

_____

c) Ìrù ọnjẹ wo ni ẹyin fẹ́ jẹ ni àárọ yí?

Itúmọ̀ Potogi: _____

_____

d) Èmi kó ní ijẹkíjẹ.

Itúmọ̀ Potogi: _____

_____

e) Ṣùgbọ́n bi o di ba jẹ ni ọsàn, èmi yio jẹ ẹba pẹ̀lú
    ọ̀bẹ ílá.

Itúmọ̀ Potogi: _____

_____

f) Bi olúwà wà! Bi olúwà ba fẹ́! Èmi yio ṣe é!

Itúmọ̀ Potogi: _____

_____

g) Kò sí nkan ti o dára ki a fi jẹ ẹba panhun.

Itúmọ̀ Potogi: _____

_____

428 | Introdução ao idioma dos Òrìṣàs

PARTE IV - EXERCÍCIOS DE YORÙBÁ

EXERCÍCIO Nº 19

Túmò àwon òrò potugi sí yòrubá:
Traduzir as frases em português para a língua yorùbá:

a) Bom-dia, meu pai!

Itúmò yorùbá: _____

b) Bom-dia, meu filho!

Itúmò yorùbá: _____

c) A que horas você acordou?

Itúmò yorùbá: _____

d) Acordei às oito horas, em ponto.

Itúmò yorùbá: _____

e) O que você vai fazer hoje?

Itúmò yorùbá: _____

f) Eu vou trabalhar na fazenda.

Itúmò yorùbá: _____

g) Que dia é hoje?

Itúmò yorùbá: _____

h) Hoje é segunda-feira.

Itúmò yorùbá: _____

Vamos falar Yorùbá? | 429

PARTE IV - EXERCÍCIOS DE YORÙBÁ

Respostas do Exercício Nº 18

a) Bom-dia, meu pai!

b) Bom-dia, minha mãe!

c) Qual é o tipo de comida que o senhor quer comer nesta manhã?

d) Eu não como qualquer comida.

e) Mas se eu for comer de tarde, eu comerei pirão com ensopado de quiabo.

f) Se Deus existir! Se Deus quiser! Eu o farei!

g) Não existe coisa melhor do que devorar pirão.

Respostas do Exercício Nº 19

a) Ẹ káàrọ ọ bàbá mi!

b) Ẹ káàrọ ọ ọmiọ mi!

c) Èmi ji ni agogo?

d) Èmi ji agogo ẹ́jọ̀ si.

e) Kílo ma ṣe loni?

f) Èmi ma lọ ṣiṣẹ lókò.

g) Kini ọjọ òní jẹ́?

h) Òní ni ọjọ́ ajẹ́. / Òní ni ọjọ́ kìní òsẹ̀.

430 | Introdução ao idioma dos Òrìṣàs

PARTE IV - EXERCÍCIOS DE YORÙBÁ

EXERCÍCIO Nº 20

Responder em **yorùbá** como os "mais novos" se dirigem aos "mais velhos" e vice-versa:

Ex.: Mo kí I   Abúrò   tàbí   Ẹgbón.

Eu cumprimento-o   *o noviço*   *ou*   *o idoso*

a) Ẹgbón fún abúrò

Como vai você, meu irmão mais novo?

Itúmọ̀ yorùbá: _____

Vou bem, obrigado!

Itúmọ̀ yorùbá: _____

b) Abúrò fún ẹgbón

Mande-me bênçãos com o poder das palmas das suas mãos!

Itúmọ̀ yorùbá: _____

_____

_____

Rogo pelo meu Orixá! Oxalá suplica por você!

Itúmọ̀ yorùbá: _____

_____

_____

c) Kú àárọ̀: abúrò isalẹ ẹgbón

Bom-dia?

Itúmọ̀ yorùbá: _____

Vamos falar Yorùbá? | 431

Parte IV - Exercícios de Yorùbá

Bom-dia!

Itúmọ̀ yorùbá: _____

d) Kú ọsàn: abúrò isalẹ ami ẹ̀gbọ́n

Boa-tarde?

Itúmọ̀ yorùbá: _____

Boa-tarde!

Itúmọ̀ yorùbá: _____

e) Kú alẹ̀: abúrò isalẹ ẹ̀gbọ́n

Boa-noite?

Itúmọ̀ yorùbá: _____

Boa-noite!

Itúmọ̀ yorùbá: _____

f) Kú padà sílẹ́: abúrò isalẹ ẹ̀gbọ́n

Oxalá dê bênção ao retorno de nossa casa.

Itúmọ̀ yorùbá: _____

Obrigado! A você também!

Itúmọ̀ yorùbá: _____

g) Kú jade lọ sílẹ́: abúrò isalẹ ẹ̀gbọ́n

Deus abençoe esta nossa casa! Abençoe nosso trabalho!

Itúmọ̀ yorùbá: _____

_____

432 | *Introdução ao idioma dos Òrìṣàs*

PARTE IV - EXERCÍCIOS DE YORÙBÁ

Respostas do Exercício Nº 20

a) Irmão mais velho para irmão mais novo:

Ìbèèrè = Şé àlàáfíà ni abúrò mi?
Dáhùn = àláàfíà ni adúpẹ̀!

b) Irmão mais novo para irmão mais velho:

Ìbéèrè = Şe ẹ le ràńmílọwọ́ pẹ̀lú àwọn àṣẹ àtẹ́lẹwọ́
yin?
Dáhùn = Abúrò mi Oṣálá àgbè ọ.

c) Cumprimento matinal: irmão mais novo igual ao mais velho:

Ìbéèrè = Ẹ káàrọ̀?
Dáhùn = Ẹ káàrọ̀ O. Ẹ ka san!

d) Cumprimento à tarde: irmão mais novo igual ao mais velho:

Ìbéèrè = Ẹ kú ọsàn?
Dáhùn = Ẹ kú ọsàn o! Ẹ ku ọsàn san!

e) Cumprimento à noite: irmão mais novo igual ao mais velho:
Ìbéèrè = Ẹ káalẹ́?
Dáhùn = Ẹ káalẹ́ O! Ẹ káalẹ́ san!

f) Cumprimento na volta: irmão mais novo igual ao mais velho:

Ìbèèrè = Òṣàlà súrè padà sílé wa!
Dáhùn = Adúpẹ̀! Ẹ ṣe o!

g) Cumprimento na saída: irmão mais novo igual ao mais velho:

Ìbèèrè = Olúwà súrè ilé yí wa! Súrè Ibiṣẹ wa!
Dáhùn = Adúpẹ̀! Awúrè bẹ́ẹbẹ́ẹ!

Vamos falar Yorùbá? | 433

PARTE IV - EXERCÍCIOS DE YORÙBÁ

EXERCÍCIO Nº 21

Use o verbo ser nas frases e complete-as com os adjetivos adequados, traduzindo-as depois para o yorùbá:

BONITA   FELIZ   AFIADA   BELA
ALTA   VELHA   VERMELHA   VELOZ
SABOROSAS   FIEL   LIMPA   CLARAS
INTELIGENTE

a) A mãe _____ _____ e _____.

Itúmọ̀ yorùbá: _____

_____

b) A faca _____ _____ para o sacrifício.

Itúmọ̀ yorùbá: _____

_____

c) A árvore _____ _____ e _____.

Itúmọ̀ yorùbá: _____

_____

d) A vassoura _____ _____, porém me serve.

Itúmọ̀ yorùbá: _____

_____

434 | *Introdução ao idioma dos Òrìṣàs*

PARTE IV - EXERCÍCIOS DE YORÙBÁ

e) A bicicleta _____ _____ do meu tio.

Itúmọ̀ yorùbá: _____

_____

f) A motocicleta _____ muito _____.

Itúmọ̀ yorùbá: _____

_____

g) Minha esposa _____ muito _____.

Itúmọ̀ yorùbá: _____

_____

h) As bananas-d'água _____ _____.

Itúmọ̀ yorùbá: _____

_____

i) **Akembo** _____ nosso mensageiro mais _____.

Itúmọ̀ yorùbá: _____

_____

j) A praia do Benin _____ _____ e as águas

_____ _____.

Itúmọ̀ yorùbá: _____

_____

Vamos falar Yorùbá? | 435

PARTE IV - EXERCÍCIOS DE YORÙBÁ

Respostas do Exercício Nº 21

a) Òun ní ẹwà

b) Ọbẹ̀ kere

c) Igi giga

d) Ìgbálẹ̀ nì muna

e) Kẹkẹ nì kọkọ

f) Àlùpúpù nì kíàkíà

g) Àyá mi odara

h) Àwọn ògẹ̀dẹ̀ ni penpe

i) Akembọ nì ojiṣẹ wa

j) Èyí nì ẹti ọkun Benin

436 | Introdução ao idioma dos Òrìṣàs

PARTE IV - EXERCÍCIOS DE YORÙBÁ

EXERCÍCIO Nº 22

Túmọ̀ ọ̀rọ wọnyí ni ède yorùbá si ède potogi:
Traduzir estas frases na língua yorùbá para a língua portuguesa:

a) Niboni ìwọ wà nígbàti òjò nrọ̀?
   Mo wà nílé mi.

Itúmọ̀ potogi: _____

_____

_____

b) Nibo ni kìnìún wà?
   O wà ni Ijú.

Itúmọ̀ potogi: _____

_____

_____

c) Tani àwọn ọmọ ọba jẹ́?
   Ẹyin jẹ́ Adebisi àti Ọjakorò.

Itúmọ̀ potogi: _____

_____

_____

_____

d) Nibo ni ẹyin yio wà ni ojójúmọ́?
   Àwa yio wà nílé ẹ̀kọ́ l'ojójúmọ́.

Itúmọ̀ potogi: _____

_____

_____

_____

Vamos falar Yorùbá? | 437

PARTE IV - EXERCÍCIOS DE YORÙBÁ

e) Nibo ni awọn abúrò rẹ wà?
Ẹyin wà nílé ẹkọ́ náà.

Itúmọ̀ potogi: _____

_____

_____

_____

f) Nibo ni ilé ẹja?
Ilé ẹja wà ni òbòdè Ilú.

Itúmọ̀ potogi: _____

_____

_____

_____

g) Kini ìwọ jasi ojójúmọ́.
Èmi jasi oṣo wusi l'ojójúmọ́.

Itúmọ̀ potogi: _____

_____

_____

_____

h) Nibo ni ìwọ wà oṣù to kọ́jà?
Mo wà nílé bàbá mi.

Itúmọ̀ potogi: _____

_____

_____

_____

438 | *Introdução ao idioma dos Òrìṣàs*

PARTE IV - EXERCÍCIOS DE YORÙBÁ

Respostas do Exercício Nº 22

a) Itúmọ̀ ìbèèrè = Onde você estava quando a chuva caía?
   Itúmọ̀ idáhùn = Eu estava na minha casa.

b) Itúmọ̀ ibèèrè = Onde o leão está?
   Itúmọ̀ idáhùn = Ele está na floresta.

c) Itúmọ̀ ibéèrè = Quem são os filhos do rei?
   Itúmọ̀ idáhùn = Eles são Adebisi e Ọjakorò.

d) Itúmọ̀ ibéèrè = Onde vocês estarão diariamente?
   Itúmọ̀ idáhùn = Nós estaremos na escola diariamente.

e) Itúmọ̀ ibéèrè = Os seus noviços estão onde?
   Itúmọ̀ idáhùn = Eles estão na escola também.

f) Itúmọ̀ ibéèrè = Onde é a peixaria?
   Itúmọ̀ idáhùn = A peixaria fica na saída da cidade.

g) Itúmọ̀ ibéèrè = O que você é diariamente?
   Itúmọ̀ idáhùn = Eu sou guarda-noturno diariamente.

h) Itúmọ̀ ibèèrè = Onde você estava mês passado?
   Itúmọ̀ idáhùn = Eu estava na casa do meu pai.

Vamos falar Yorùbá? | *439*

PARTE IV - EXERCÍCIOS DE YORÙBÁ

EXERCÍCIO Nº 23

Túmọ̀ sí yorùbá àti ndọ̀ àwọnọrọ:
Traduza estas frases para o yorùbá e passe-as para o plural:

a) Eu sou a voz que fala ao seu ouvido.

Itúmọ̀ yorùbá: _____

_____

_____

b) Por favor me ouça, meu filho!

Itúmọ̀ yorùbá: _____

_____

_____

c) A minha oferenda não pode ser esquecida.

Itúmọ̀ yorùbá: _____

_____

_____

d) Dê-me o que é meu no seu devido tempo.

Itúmọ̀ yorùbá: _____

_____

_____

e) Não me esqueça, porque eu nunca esquecerei de você.

Itúmọ̀ yorùbá: _____

_____

_____

f) Quando você me chama, estou sempre pronto.

Itúmọ̀ yorùbá: _____

_____

_____

440 | Introdução ao idioma dos Òrìṣàs

PARTE IV - EXERCÍCIOS DE YORÙBÁ

g) Pronto para lhe dar o que você me pede.

Itúmọ̀ yorùbá: _____

_____

_____

h) Ouça muito bem: eu falei que durante a chuva daria sempre a minha ajuda para você.

Itúmọ̀ yorùbá: _____

_____

_____

i) Deixe-me ser conhecido.

Itúmọ̀ yorùbá: _____

_____

_____

j) Eu vim para ajudar.

Itúmọ̀ yorùbá: _____

_____

_____

k) Ajudar aquele que não desiste.

Itúmọ̀ yorùbá: _____

_____

_____

l) Levante e sorria bem, porque o seu Criador está sempre ao seu lado.

Itúmọ̀ yorùbá: _____

_____

_____

Vamos falar Yorùbá? | *441*

PARTE IV - EXERCÍCIOS DE YORÙBÁ

Respostas do Exercício Nº 23

a) Èmi ni óhùn ti sọ ni etí rẹ.

> *etí* = *ouvido*
> *ohùn* = *voz*
> *nì* = *verbo ser*

b) Ẹ jòwọ́ gbọ́ mi ọmọ mi!

c) Àwọn ẹbọ mi kọ́ lè gbàgbé.

d) Fún mi kini mi ni gbèse ìgbà.

e) Má gbàgbé mi tori èmi tótóhùn ba ti gbàgbè nínú ẹ.

> *nitori* = *porque*
> *tori* = *por isto*
> *tótòhùn, lai, bẹ́ẹ̀ko* = *nunca*

f) Nígbà ìwọ pè mi, mo wà titi láilái múrà.

> *titi láilái* = *sempre*
> *múrà* = *pronto*
> *nígbà* = *quando*
> *pè* = *chamar*

g) Múrà láti fún ùn ki ìwọ (/ ẹ) tọrọ mi.

> *tọrọ* = *pedir*

h) Gbọ́ dara púpọ̀: Mo sọrọ ki látìgbà òjò ràn titi láilái ni bá mi fún ọ.

442 | *Introdução ao idioma dos Òrìṣàs*

PARTE IV - EXERCÍCIOS DE YORÙBÁ

i) Jẹ́kí mi mí mọ̀.

> *jẹ́kí* = *deixar*
> *mọ̀* = *conhecer*
> *mọ́* = *ser limpo (verbo)*

j) Èmi dè láti bá. Èmi wá láti bá.

> *wá* = *vir procurar*
> *bá* = *encontrar*

k) Ìrànlọ́wọ́ iyẹn ti kò ṣiwọ́.

> *ìrànlọ́wọ́* = *ajudar (= bá)*
> *ṣiwọ́* = *desistir*

l) Díde àti rẹ̀rìn ojurere, tori Olúwà rẹ, wà titi láilái lẹ̀gbẹ́ rẹ

> *rẹ́rìn ṣe ojurere* = *sorrir*
> *rẹ́rìn wère, rẹ́rìn* = *rir*
> *olúwà, ọlọ́run* = *deus, o criador*

Vamos falar Yorùbá? | 443

PARTE IV - EXERCÍCIOS DE YORÙBÁ

EXERCÍCIO Nº 24

Kọwé ni yorùbá àwọn ọjọ́ to kọ́jà àti àwọn ọjọ́ lọ́la láti mọ́kànlá tí dé ogún:

Escreva em yorùbá os dias passados e os dias futuros, de 1º ao 20º:

Observação: ver no capítulo sobre os numerais cardinais e ordinais, os números escritos por extenso.

1º _____

2º _____

3º _____

4º _____

5º _____

6º _____

7º _____

8º _____

9º _____

10º _____

11º _____

12º _____

13º _____

14º _____

15º _____

16º _____

17º _____

18º _____

19º _____

20º _____

444 | *Introdução ao idioma dos Òrìṣàs*

PARTE IV - EXERCÍCIOS DE YORÙBÁ

Respostas do Exercício Nº 24

a) Àwọn ọjọ́ kọjà:
Os dias passados:

01º = Ọjọ́ kínní kọjà
02º = Ọjọ́ kéjì kọjà
03º = Ọjọ́ kẹ́tà kọjà
04º = Ọjọ́ kẹrìn kọjà
05º = Ọjọ́ kárùn kọjà
06º = Ọjọ́ kẹ́fà kọjà
07º = Ọjọ́ kéjè kọjà
08º = Ọjọ́ kéjọ̀ kọjà
09º = Ọjọ́ kẹsàn kọjà
10º = Ọjọ́ kẹ́wá kọjà
11º = Ọjọ́ kọ́kànlá kọjà
12º = Ọjọ́ kéjìlá kọjà
13º = Ọjọ́ kẹ́tàlá kọjà
14º = Ọjọ́ kẹrìnlá kọjà
15º = Ọjọ́ kẹ́ẹ́dógún kọjà
16º = Ọjọ́ kẹrìndílógún kọjà
17º = Ọjọ́ kẹ́tàdílógún kọjà
18º = Ọjọ́ kéjìdílógún kọjà
19º = Ọjọ́ kọ́kàndílógún kọjà
20º = Ọjọ́ ogún kọjà

b) Àwon ọjọ́ lọ́la:
Os dias futuros:

01º = Ọjọ́ kínní lọ́la
02º = Ọjọ́ kéjì lọ́la
03º = Ọjọ́ kẹ́tà lọ́la
04º = Ọjọ́ kẹrìn lọ́la
05º = Ọjọ́ kárùn lọ́la
06º = Ọjọ́ kẹ́fà lọ́la
07º = Ọjọ́ kéjè lọ́la
08º = Ọjọ́ kéjọ̀ lọ́la
09º = Ọjọ́ kẹsàn lọ́la
10º = Ọjọ́ kẹ́wá lọ́la
11º = Ọjọ́ kọ́kànlá lọ́la
12º = Ọjọ́ kéjìlá lọ́la
13º = Ọjọ́ kẹ́tàlá lọ́la
14º = Ọjọ́ kẹrìnlá lọ́la
15º = Ọjọ́ kẹ́ẹ́dógún lọ́la
16º = Ọjọ́ kẹrìndílógún lọ́la
17º = Ọjọ́ kẹ́tàdílógún lọ́la
18º = Ọjọ́ kéjìdílógún lọ́la
19º = Ọjọ́ kọ́kàndílógún lọ́la
20º = Ọjọ́ ogún lọ́la

Vamos falar Yorùbá? | 445

PARTE IV - EXERCÍCIOS DE YORÙBÁ

EXERCÍCIO Nº 25

Mimò dáju àti túmò sí yorùbá, àwọn òrọ ti a lò dipò orúkọ, ifihàn àti aṣoyé, ndà ọpòn kérejù òrọ kan mó pèlú wọn:

Identifique e traduza para o yorùbá, os pronomes demonstrativos e indefinidos, criando, pelo menos, mais uma frase com eles:

a) Eu vou à festa daquele terreiro.

Itúmò yorùbá: _____

_____

b) Esta é a minha mãe-de-santo.

Itúmò yorùbá: _____

_____

c) Ẹkeji é esta aqui.

Itúmò yorùbá: _____

d) A loja é daquele senhor.

Itúmò yorùbá: _____

_____

e) Este senhor é meu irmão mais velho.

Itúmò yorùbá: _____

_____

f) Aqueles lá são os mensageiros.

Itúmò yorùbá: _____

_____

446 | *Introdução ao idioma dos Òrìṣàs*

PARTE IV - EXERCÍCIOS DE YORÙBÁ

g) Qualquer pessoa tem seu defeito.

Itúmọ̀ yorùbá: _____

_____

h) Qualquer engano tem seu perigo.

Itúmọ̀ yorùbá: _____

_____

i) Aquelas janelas estão fechadas.

Itúmọ̀ yorùbá: _____

_____

j) Quantos outros estão entre estes vistos?

Itúmọ̀ yorùbá: _____

_____

Respostas do Exercício Nº 25

aṣoye = explanação, revelar o verdadeiro significado
daju = demonstrativo, definido

a) Èmi lọ ṣire yẹn ilé àṣẹ.
b) Èyí ni ìyálórìṣà mi.
c) Ẹ̀kéjì nì yí.
d) Ọlọjà nì yẹn.
e) Ẹlèyí nì ẹ̀gbọ́n mi.
f) Wọniyẹn ni ojiṣẹ.
g) Ẹnikẹni ní àbùkù tirẹ̀.
h) Èkèkékè ní èwú.
i) Wọ́nnà fèrèsè o titi.
j) Élò míràn wọn wà láàrin ẹlèyí ba ti ri.

Vamos falar Yorùbá? | 447

PARTE IV - EXERCÍCIOS DE YORÙBÁ

EXERCÍCIO Nº 26

Túmọ̀ sí potogi àwon òrò yí sí ni yorùbá; nyà sọ́tọ̀ àwọn àwọ:

Traduza para o português a leitura abaixo e descreva sua casa, em yorùbá, destacando as cores:

a) Ènia yi ní aṣọ fúnfún, dudu àti púpà.

Itúmọ̀ potogi: _____

_____

b) Wọnyí ní àwò aró àti osùn.

Itúmọ̀ potogi: _____

_____

c) Èmi ní agútàn fúnfún.

Itúmọ̀ potogi: _____

_____

d) Àti àgbó kékeré kan, fúnfún náà.

Itúmọ̀ potogi: _____

_____

e) Àwọn ọmọ tirẹ fẹ́ràn àwọ̀ bulùú.

Itúmọ̀ potogi: _____

_____

f) Àsía ilú rẹ ní àwọ èwéko, àwọ̀ òdòdó, aró̀ àti fúnfún.

Itúmọ̀ potogi: _____

_____

448 | *Introdução ao idioma dos Òrìṣàs*

PARTE IV - EXERCÍCIOS DE YORÙBÁ

g) Tàbìlì yí àti iyẹn ní àwọ̀ dúdú.

Itúmọ̀ potogi: _____

_____

h) Òun yio wò aṣọ rẹ̀ láti buraun láná.

Itúmọ̀ potogi: _____

_____

Àwọn àwọ ni ilé:
As cores da casa:

a) Àwọn fèrèsè nì àwọ pako.

Itúmọ̀ potogi: _____

_____

b) Àwọn ògìrì nì àwọ fúnfún.

Itúmọ̀ potogi: _____

_____

c) Ni ọgba láwọ ewé.

Itúmọ̀ potogi: _____

_____

d) Ilé iṣẹ láwọ̀ bulùú.
   Ibiṣẹ ní àwọ wãjí.

Itúmọ̀ potogi: _____

_____

e) Atẹ́gùn láwọ̀ dudu.

Itúmọ̀ potogi: _____

_____

Vamos falar Yorùbá? | 449

PARTE IV - EXERCÍCIOS DE YORÙBÁ

f) Okè ilé ní àwọ púpà.

Itúmọ̀ potogi: _____

_____

g) Ọdẹ̀dẹ̀ ní àwọ elérú.

Itúmọ̀ potogi: _____

_____

h) Iyara onjẹ ní àwọ yẹ́lò.

Itúmọ̀ potogi: _____

_____

i) Iyara jokòó ní àwọ̀ ẹlẹ́sẹ̀ àlùkò.

Itúmọ̀ potogi: _____

_____

j) Balúwẹ̀ ní àwọ bi ẹ̀jẹ̀.

Itúmọ̀ potogi: _____

_____

PARTE IV - EXERCÍCIOS DE YORÙBÁ

Respostas do Exercício Nº 26-A

a) Esta pessoa tem roupa branca, preta e vermelha.

b) Estas são tingidas de azul e vermelho.

> **aró** = *tinta azul*
> **ósún** = *pó vermelho*

c) Eu tenho uma ovelha branca.

d) E um carneiro pequeno.

e) Teus filhos gostam da cor azul.

f) A bandeira da sua cidade tem cor verde de planta, de flores, tingidas de azul e branco.

g) Esta mesa e aquela têm a cor preta.

h) Ela vestirá a roupa dela para o juramento de amanhã.

Respostas do Exercício Nº 26-B

a) As janelas são da cor marrom.

b) As paredes são brancas.

c) O jardim tem a cor verde.

d) O escritório tem a cor azul.

e) A escada tem a cor preta.

f) O terraço tem a cor vermelha.

g) O corredor tem a cor cinza.

h) A sala de jantar tem a cor amarela.

i) A sala de estar tem a cor roxa.

j) O banheiro tem a cor encarnada.

Vamos falar Yorùbá? | *451*

Parte IV - Exercícios de Yorùbá

Exercício Nº 27

Túmọ̀ ède yorùbá sí ède potogi:
Traduzir da língua yorùbá para a língua portuguesa:

a) Bàbánlá ní tà ọgba kan nílé rẹ.

Itúmọ̀ potogi: _____

_____

b) Ìyá máà dín àkàrà díẹ̀ nílé ìdana.

Itúmọ̀ potogi: _____

_____

c) Arákùnrin rẹ nmu omi tútù díẹ̀.

Itúmọ̀ potogi: _____

_____

d) Arábìnrin rẹ `nṣiré nínú ọgbà.

Itúmọ̀ potogi: _____

_____

e) Fún mi ẹni àkàrà díẹ̀.

Itúmọ̀ potogi: _____

_____

f) Mo rà ẹja mẹ́tà.

Itúmọ̀ potogi: _____

_____

g) Ọmọkùnrin rẹ rà àga méjì.

Itúmọ̀ potogi: _____

_____

452 | Introdução ao idioma dos Òrìṣàs

PARTE IV - EXERCÍCIOS DE YORÙBÁ

h) Bàbá nl tà èfó díé lójà.

Itúmò potogi: _____

_____

i) Ìya náà ní omobìnrin métà pèlú omíràn oko.

Itúmò potogi: _____

_____

j) Mo rà eran àti ata fún bàbá wa.

Itúmò potogi: _____

_____

k) Fìtìlà mi ntainà lésè Òrìsà mi.

Itúmò potogi: _____

_____

l) Àwon ntà alubosa nínú ojà.

Itúmò potogi: _____

_____

m) Mo fé ata díè.

Itúmò potogi: _____

_____

n) Omodèkunrin náà nrà wàrà díè, fún arabinrin rè.

Itúmò potogi: _____

_____

Vamos falar Yorùbá? | 453

PARTE IV - EXERCÍCIOS DE YORÙBÁ

Respostas do Exercício Nº 27

a) Vovô tem um jardim na sua casa.

b) Mamãe costuma cozinhar um pouco de bolo na cozinha.

c) O irmão dela está bebendo um pouco de água fresca.

d) A sua irmã está brincando no jardim.

e) Dê-me um pouco de bolo.

f) Eu comprei três peixes.

g) Seu filho comprou duas cadeiras.

h) O bisavô vendeu um pouco de verdura na feira.

i) Mamãe também tem três filhas com outro marido.

j) Comprei carne e pimenta para nosso pai.

k) Minha vela está acesa aos pés do meu Orixá.

l) Eles estão vendendo cebola no/ (dentro do) / mercado.

m) Eu quero um pouco de pimenta.

n) O menino também está comprando um pouco de leite, para a prima dele.

454 | Introdução ao idioma dos Òrìṣàs

PARTE IV - EXERCÍCIOS DE YORÙBÁ

EXERCÍCIO Nº 28

Túmọ̀ sí èdè potogi àwọn dáhùn ni yorùbá:
Traduza para o português somente após responder em yorùbá:

a) Ṣé ìyá mi ní fìtìlà àti ìwé kan?

Ìdáhùn yorùbá: _____

_____

Itúmọ̀ potogi: _____

_____

b) Ṣé bàbá mi ní aja fúnfún?

Ìdáhùn yorùbá: _____

Itúmọ̀ potogi: _____

_____

c) Ṣé aja dudu ni àládùgbò ní iru gigun?

Ìdáhùn yorùbá: _____

Itúmọ̀ potogi: _____

_____

d) Fi bi fìtìlà ni ẹ̀gbẹ́ ilé njẹ́?

Ìdáhùn yorùbá: _____

Itúmọ̀ potogi: _____

_____

e) Ṣé ìya mi fi wàrà fún aja rẹ fúnfún?

Ìdáhùn yorùbá: _____

_____

Vamos falar Yorùbá? | 455

PARTE IV - EXERCÍCIOS DE YORÙBÁ

Itúmọ̀ potogi: _____

_____

f) Ṣé aja mi ní ẹsẹ̀ mẹ́rìn?
Ìdáhùn yorùbá: _____

Itúmọ̀ potogi: _____

_____

g) Ṣé aja mi ní éti dudu?
Ìdáhùn yorùbá: _____

Itúmọ̀ potogi: _____

_____

h) Ṣe ìyá mi fi wàrà fún ológbò rẹ̀ fúnfún?
Ìdáhùn yorùbá: _____

Itúmọ̀ potogi: _____

_____

i) Ṣé aja ní oju méjì àti éti méjì?
Ìdáhùn yorùbá: _____

Itúmọ̀ potogi: _____

_____

j) Ṣé ìwọ fẹ́ fún mi ìwé tirẹ?
Ìdáhùn yorùbá: _____

Itúmọ̀ potogi: _____

_____

456 | *Introdução ao idioma dos Òrìṣàs*

PARTE IV - EXERCÍCIOS DE YORÙBÁ

Respostas do Exercício Nº 28

a) Itúmọ̀ ìbèèrè = Mamãe tem uma vela e um caderno?
    Ìdáhùn = Bẹ́ẹ̀ni. Òun ní.
    Yípadà = Sim. Ela tem.

b) Itúmọ̀ ìbèèrè = Papai tem um cachorro branco?
    Ìdáhùn = Bẹ́ẹ̀ni. Òun ní.
    Yípadà = Sim. Ele tem.

c) Itúmọ̀ ìbèèrè = O cachorro preto do vizinho tem tipo grande?
    Ìdáhùn = Èmi kò mọ̀ bi o ní.
    Yípadà = Eu não sei se ele tem.

d) Itúmọ̀ ìbèèrè = Usa-se vela no conselho da casa?
    Ìdáhùn = Bẹ́ẹ̀ni, fi bi fitila àti òmíràn ohùn.
    Yípadà = Sim, oferecem-se vela e outras coisas.

e) Itúmọ̀ ìbèèrè = Mamãe oferece leite para seu cachorro branco?
    Ìdáhùn = Bẹ́ẹ̀ni, òun fi wàrá fún aja rẹ̀ lójọ́júmọ́.
    Yípadà = Sim, ela oferece leite para o cachorro dela diariamente.

f) Itúmọ̀ ìbèèrè = Meu cachorro tem quatro patas?
    Ìdáhùn = Bẹ́ẹ̀ni, aja gbogbo ní ẹsẹ́ mẹ́rìn.
    Yípadà = Sim, todo cachorro tem quatro patas.

g) Itúmọ̀ ìbèèrè = Meu cachorro tem orelha negra?
    Ìdáhùn = Bẹ́ẹ̀kó. Éti dudu kọ́. Ó ní éti fúnfún.
    Yípadà = Não. A orelha não é preta. Ele tem orelha branca.

h) Itúmọ̀ ìbèèrè = Mamãe oferece leite para o gato branco dela?
    Ìdáhùn = Bẹ́ẹ̀ni, Òun fi wàrà fún ológbò rẹ
                    lójọ́júmọ́.
    Yípadà = Sim, ela oferece leite para seu gato diariamente.

Vamos falar Yorùbá? | 457

PARTE IV - EXERCÍCIOS DE YORÙBÁ

i) Itúmọ̀ ìbèèrè = O cão tem dois olhos e duas orelhas?
   Ìdáhùn = Bẹ́ẹ̀ni, aja gbogbo ní oju méjì àti éti méjì.
   Yípadà = Sim, todo cão tem dois olhos e duas orelhas.

j) Itúmọ̀ ìbèèrè = Você quer me dar seu caderno?
   Ìdáhùn = Rárá. Mo aìní fẹ́ fún ìwé mi.
   Yípadà = Não. Eu não quero dar meu caderno.

PARTE IV - EXERCÍCIOS DE YORÙBÁ

EXERCÍCIO Nº 29

Fà ila sí lábẹ pẹlú apẹrẹ kan, àwọn lọ́rọ̀, pẹlú apẹrẹ méjì àwọn imúyé àti pẹlú oruka kan, iyíkà àwọn ọrọ ti ó sọ ti wiwà:

Sublinhe com um traço, os substantivos; com dois traços, os adjetivos e faça um círculo em volta dos verbos:

a) Wúrà àti fàdákà léṣù nlọ́ ọ.

b) Aya arabinrin mi kò gigun to arabinrin rẹ.

c) Ilé rẹ̀ ga jú lọ gbogbo èlé Ilú yí lọ́.

d) Arakunrin rẹ̀ náà gigun to témi.

e) Òun ni ọmọbinrin to lẹ́wà jú lọ nílú yí.

f) Fàdàkà níyèlóri jú irin lọ, ṣùgbọ́n wúrà níyèlóri jú fàdàkà lọ.

g) Nínú gbogbo àwọn ẹran, erin òké, ni o kere darajúlọ.

h) Ilú oyinbo kere jú Afirika lọ.

i) Igun ẹsẹ aja jú ológbò lọ.

j) O jú aagogo mẹ́fà lọ nígbàti o rí mi.

k) Aṣọ ìlèkè mi kò lẹ́wà to tirẹ.

l) Aja ní ólóyè júlọ nínú gbogbo àwọn ẹranko.

Vamos falar Yorùbá? | 459

PARTE IV - EXERCÍCIOS DE YORÙBÁ

Respostas do Exercício Nº 29

a) Wúrà àti fàdákà léṣù nlö ọ.

b) Aya arabinrin mi kò gigun to arabinrin rẹ.

c) Ilé rẹ̀ ga jú lọ gbogbo èlé ilú yí lọ́.

d) Arakunrin rẹ̀ náà gigun to témi.

e) Òun ni ọmọbinrin to léwà jú lọ nílú yí.

f) Fàdàkà níyèlórí jú irin lọ, sùgbọ́n wúrà níyèlórí jú fàdàkà lọ.

g) Nínú gbogbo àwọn ẹran, erin òké, ni o kere darajúlọ.

h) Ilú oyinbo kere jú Afirika lọ.

i) Igun ẹsẹ aja jú ológbò lọ.

j) O jú aagogo mẹ́fà lọ nígbàti o rí mi.

k) Aṣọ ìlèkè mi kò léwà to tirẹ.

l) Aja ní ólóyè júlọ nínú gbogbo àwọn ẹranko

460 | *Introdução ao idioma dos Òrìṣàs*

PARTE IV - EXERCÍCIOS DE YORÙBÁ

EXERCÍCIO Nº 30

Ti karãrè àwọn òrọ ti ó sọti wiwà ni yorùbá. Túmọ̀ àwọn òrọ, láti èdè potogi:
Identifique os verbos em yorùbá. Traduza as frases para a língua portuguesa:

a) Ṣé ti ẹwu tàbí èwé yí?

Itúmọ̀ potogi: _____

_____

b) Èmi kọ́ rò pè é jẹ́ ẹnikẹni nibi.

Itúmọ̀ potogi: _____

_____

c) Kini mo lè ṣe fún ọ?
   Rárá èmi kò fẹ́ nkankan.

Itúmọ̀ potogi: _____

_____

d) Àwa gbà ìwé láti yá omọbìnrin àti wípé èdà de níse.
   Tí o ba fẹ́ran rẹ idi nipe ófi ara iọ.

Itúmọ̀ potogi: _____

_____

e) Élò ni o san fún ẹṣin yá?
   Mo rà á, ni ọgọji nàíra pọ̀hún.

Itúmọ̀ potogi: _____

_____

f) O gbé ìwé niwaju rè.

Itúmọ̀ potogi: _____

_____

Vamos falar Yorùbá? | 461

PARTE IV - EXERCÍCIOS DE YORÙBÁ

g) Èmi yio fún ọ ni óhùn ti mo ní.

Itúmọ̀ potogi: _____

_____

h) Tani sọ fún ọ pè ọmọdekunrin, ti o wà ibi láná kú
Ni òwúrọ̀ yí?

Itúmọ̀ potogi: _____

_____

i) Wọn sọrọ fún yín máṣe paríwò!

Itúmọ̀ potogi: _____

_____

j) Mo ti fẹ́ràn kọrin ti ó mọ̀ láná.

Itúmọ̀ potogi: _____

_____

k) O rí àwọn ọmọdekunrin méjì ti o dúrò, nibẹ lọ́hùn.

Itúmọ̀ potogi: _____

_____

l) Mo rí wọn, ènia kíní ati, ènia kéjì, ti wọn ámọ̀fín.

Itúmọ̀ potogi: _____

_____

m) Kini ìwọ nsọ ni pa ọ̀rẹ́ rẹ, lówúrọ̀ yí?

Itúmọ̀ potogi: _____

_____

n) O páàpáà, lọ sibẹ, láti wò nkan ti ó ṣẹ.

Itúmọ̀ potogi: _____

_____

462 | *Introdução ao idioma dos Òrìṣàs*

PARTE IV - EXERCÍCIOS DE YORÙBÁ

Respostas do Exercício Nº 30

a) Secar a camisa ou esta folha?

b) Eu não pensei em chamá-lo para ser qualquer pessoa aqui.

c) O que eu posso fazer para você?
Não. Eu não quero nada.

d) Nós pegamos o livro para emprestar a ela. É a cara dela. Se ela gosta dele, é porque houve identificação.

e) Quanto custa o prêmio para este cavalo?
Eu comprei-o, foi quarenta nàíra; coisa barata.

f) Ele ergueu o livro na frente dela.

g) Eu darei para você uma coisa que eu tenho.

h) Quem falou para você que o menino (que ele) nasceu ontem e foi morto esta manhã?

i) Falaram para vocês que (vocês) não façam barulho!

j) Eu gostava de cantar cantigas que ela conhecia, ontem.

k) Ele viu os dois meninos que permaneceram de pé, lá atrás.

l) Eu vi vocês, foram a primeira pessoa e foram a segunda pessoa que conhecem e respeitam as leis.

m) O que você estava falando de manhã a seu amigo?

n) Num instante, vou para lá, para ver algo que ele fará.

Vamos falar **Yorùbá?** | 463

PARTE IV - EXERCÍCIOS DE YORÙBÁ

EXERCÍCIO Nº 31

a) Mukuro ni ìwé afọwọ́ko ni yorùbá àwọn ọ̀rọ ti ó sọ ti wiwà àwọn imúyé, àwọn lọ́rọ̀ àwọn orúkọ dede àti, àwọn ọ̀rọ ti a lò dipò orúkọ abẹ́lẹ̀:

Retire do texto, em yorùbá, os verbos, os adjetivos, os substantivos, os nomes próprios e os pronomes pessoais.

b) Túmọ̀ ọ̀rọ̀ wónyì sí potogi:

Traduza o texto para a língua portuguesa:

1) Ìwé tí èmi fé kí gbogbo ènìyan ka, jẹ́ àlá kékeré kan láti múṣẹ, èyí tí yio fún àwọn olùkò rẹ níayọ̀.

Itúmọ̀ potogi: _____
_____
_____
_____

2) Èmi wà láiyé pèlú ìmọ̀ láti kọ ìwé yí, lai ṣe àṣejù. Ìwé yí yio jẹ ohun ì wúlò dáradára àti àùfáni fún mímọ̀.

Itúmọ̀ potogi: _____
_____
_____
_____

3) Àwọn òbí fọláké, fẹ̀rán mi die, sugbon àwọn tí o kò mọ̀ kò gbọdọ̀ sọ ọ̀rọ̀ rẹ í àida.

Itúmọ̀ potogi: _____
_____
_____
_____

464 | *Introdução ao idioma dos Òrìṣàs*

PARTE IV - EXERCÍCIOS DE YORÙBÁ

4) Nípà òrò ìwé yí, àwon esè re fi yéwa nípa ohun dáradára. Àwon ènìyàn féràn ìwé yí jú tí àtijó. Ni jnú ogbà, èmi féràn láti ma yí ojú ewé padà, lám mò nípa ìjìnlè àwon àsà. Ìwé yí jé ìmólè fún ohun tó dára.

Itúmò potogi: _____

_____

_____

_____

c) Itúmò àwon òro ni ìwé afowóko, ni yorùbá, nísàlè ntèlé ni awose ni àwon métà ikíyèsí:
Traduza as frases dos textos em yorùbá *a seguir:*

Àwon Òrìsà ílè yorùbá

Ìwo bèrè, o si gbà ìdahùn ní kíákíá. Iwe yi kun fun opolopo ìmó, ogbón àti òye tó dájú nípa ìlú òsogbo àti àwon Òrìsà Òsun àti Sàngó.

Ìwé ède yorùbá

Emi ko lati mu so àwon ohun ti mi mo ati ohun ti emi gbo ninu ìwé ti è dè yorùbá. Lójójúmó, ni mo nkó nípà yorùbá. E mi ma nlo si le èko ni ojojumo, nitori ki ma se gba gbe àwon anfani pataki.

Ti èyin ba ti ni anfani lati mo gbo gbo èko ti iwe yi ko npa ede yorùbá, àwon le èko oke okun so ohun to dara nípà èdè yorùbá ati èdè Angola. Iba se pataki, ti èyin ba le ni ako pe àwon anfani gidi ni àwon le èko wonyi, lati ma gba gbe gbo gbo iwulo wonyi.

Karahun kekere eyo kan se na ni, kobo marundilogun, eyo owo kan je kobo kan.

1 naira = US$ 3,50 / 100 kobo = 1 naira

Vamos falar Yorùbá? | 465

PARTE IV - EXERCÍCIOS DE YORÙBÁ

Àwọn ìtàn àláwò dudu

Ki ẹ tètè, nfi ọnã ìwé yí. O nì igbati mbà àti pari idanwo. Máà má kọ́ àwọn lẹ́tà yin, sí lẹ́kùn rere, mọ̀ nípà ayè rẹ! Ẹ ba mi kí àiyé gbogbo! O dígbà o!

Respostas do Exercício Nº 31-B

a) O livro que eu quero que vocês leiam é um pequeno sonho que eu quero realizar. O que me deixará muito feliz.

b) Eu vivo esta experiência atual, ao escrever este livro, sem modéstia. Livro cujas respostas são extremamente instigantes e despertam o meu ser.

c) Os pais de Fọlakẹ gostam um pouco de mim, mas aqueles desconhecidos não podem falar algo sobre ela.

d) Sobre o livro, seu texto costuma transmitir bem o conteúdo. O texto deste livro agrada mais que daquele grande, posto fora semana passada. No jardim eu gosto de manusear as páginas deste livro aprendendo a origem das histórias. O livro quer dizer algo mais.

Respostas do Exercício Nº 31-C

Os Orixás da terra Yorùbá

Você suplica e obtém uma mensagem rápida. Este livro possui um entendimento perfeito sobre a cidade de Òṣógbó e os Òrìṣà Ọṣun e Ṣàngó.

O livro da língua yorùbá

Eu aprendi neste livro de língua yorùbá, por que pronuncio o que eu não quero e sim o que eu ouço. Todo dia eu estou aprendendo um pouco de yorùbá. Eu vou à escola diariamente, para não esquecer todo seu significado.

466 | Introdução ao idioma dos Òrìṣàs

PARTE IV - EXERCÍCIOS DE YORÙBÁ

Se vocês tiverem conhecido tudo o que o livro contiver sobre a língua **yorùbá**. As escolas estrangeiras falam, principalmente bem, a língua **yorùbá** e a língua angolana, porém se vocês conhecerem tudo o que o livro ensina sobre a língua **yorùbá**, o aprendizado será bem melhor.

Que vocês saibam reunir qualidade especial neste colégio, para não esquecerem todos os seus significados. Uma pequena conchinha vale 15 naira. Um búzio vale 1 **kọbọ** (um kobo).

1 **nàíra** = N = U$ 3,50 / 100 **kọbọ** = naira

As lendas do segredo negro

Jogo para ver o azar, usando o caminho deste livro. É quando encontra e finaliza uma tentativa. Costuma não conhecer estas letras, para, plenamente bem, conhecer sobre sua vida! Meus cumprimentos a todo mundo! Adeus!

kíàkíà	= *rápido, rapidamente*
mámá	= *não! deveras!*
aroye	= *debate, discussão, controvérsia, loquacidade*
sọki	= *pequeno, miúdo*
isẹlẹ	= *acontecimento*
kereke	= *pouco a pouco*
yapa	= *transgredir, transviar-se*
ayetan	= *entendimento perfeito*
kúrò	= *distante, longínquo (=* **jinna***)*
lẹ́tà	= *letra*
ògbọ́n	= *sensibilidade, arte, ingenuidade, habilidade*
sínú	= *para dentro*
kì í ṣe o!	= *não é! (negativa do verbo* **jẹ́***)*

Vamos falar Yorùbá? | *467*

PARTE IV - EXERCÍCIOS DE YORÙBÁ

EXERCÍCIO Nº 32

Nipadà àwọn ọ̀rọ ni èdè yorùbá, ni ibilère àti túmọ̀ gbobgo:

Traduza as frases na língua yorùbá para o português.

a) Bálógún nfẹ́ jàgúnjàgún mẹ́ẹ̀dọ́gbọ̀n.

Ìbèèrè yorùbá: _____

_____

Itúmọ̀ potogi: _____

_____

b) Àwọn ọta kò jusásiá ìkọ́lù pẹ̀lú igba jàgúnjàgún.

Ìbèèrè yorùbá: _____

_____

Itúmọ̀ potogi: _____

_____

c) Mo rà ìwé wọnyí ni pọ̀un méjì, ni òhùn ṣilé, mbà pẹ̀lú Nàíra mẹ́éjìlá; ṣiṣirò.

Ìbèèrè yorùbá: _____

_____

Itúmọ̀ potogi: _____

_____

d) Wọn tà agútàn méjìléláàdọ́rìn àti màlùú márùndílọ́gọ́jì, Ni ọja ẹrankọ, láná.

Ìbèèrè yorùbá: _____

_____

Itúmọ̀ potogi: _____

_____

468 | Introdução ao idioma dos Òrìṣàs

PARTE IV - EXERCÍCIOS DE YORÙBÁ

e) Pé ọgọ́run àláàrú fún mi.

Ìbèèrè yorùbá: _____

_____

Itúmọ̀ potogi: _____

_____

f) Agogo mẹ́jìlá férè lù ni ilẹkun mi.

Ìbèèrè yorùbá: _____

_____

Itúmọ̀ potogi: _____

_____

g) Ọ̀gọ́jì jàgúnkájàgún lọ, ku, sí ògún/ijà.

Ìbèèrè yorùbá: _____

_____

Itúmọ̀ potogi: _____

_____

h) Àyágbà wa Victória jọba látìgbà ọdun mẹ́gbẹ̀sán márùndìládọ́rìn.

Ìbèèrè yorùbá: _____

_____

Itúmọ̀ potogi: _____

_____

i) Ẹ́gbẹ̀fá jàgúnjàgún gbògúntì àti wó Ilú.

Ìbèèrè yorùbá: _____

_____

Itúmọ̀ potogi: _____

_____

Vamos falar Yorùbá? | 469

PARTE IV - EXERCÍCIOS DE YORÙBÁ

j) Nínú péjò mókàndìlógbòn ęni, ti a pá, mérìnlá jé olórò nsòrò.

Ìbèèrè yorùbá: _____

_____

_____

Itúmò potogi: _____

_____

k) Níbòmíràn jínjìn òkun jú égbàjí ęsę lo, wà węwę, ayè ęja.

Ìbèèrè yorùbá: _____

_____

_____

Itúmò potogi: _____

_____

l) Àwọn òtá mu ęsin mókàndìlógósàn àti ędęgbęjo eniyan nì òkò ęru.

Ìbèèrè yorùbá: _____

_____

_____

Itúmò potogi: _____

_____

m) Ida márùn iyè ilú ni iba pa. Bàbá mi ní òfongò méjìléladórìn àlárù, nínú ókò rę, gbogbo òsù.

Ìbèèrè yorùbá: _____

_____

_____

Itúmò potogi: _____

_____

470 | *Introdução ao idioma dos Òrìsàs*

PARTE IV - EXERCÍCIOS DE YORÙBÁ

Respostas do Exercício Nº 32

a) O oficial comandante está querendo trinta guerreiros.

   Bálógún   = *Chefe de guerra, oficial, capitão, ministros do* alafin de Oyo ou de Ibadan.

b) Os inimigos não atacam mais a pátria inimiga com duzentos guerreiros.

c) Eu comprei estes dois livros baratos; em outra casa aberta, encontrei por 12,00 nàíra, mal calculados.

d) Eles venderam sessenta e oito ovelhas e quarenta e cinco vacas, na loja de animais, ontem.

e) Chame cem carregadores para mim.

f) Ao meio-dia, bateram alegremente à minha porta.

g) Quarenta guerreiros foram, repentinamente, para a guerra.

h) Nossa rainha Vitória reina desde o ano de 1874.

i) Mil e duzentos guerreiros invadiram e derrubaram a cidade.

j) Reuniram-se trinta e uma pessoas, que evitaram brigas; quatorze estão festejando.

k) Na profundidade do mar, em mais de quatorze mil pés, existe, ainda, peixe vivo.

l) Cento e oitenta e um inimigos perderam-se com lanças e mil e quinhentas pessoas foram escravizadas.

m) Meu pai tem embaraçado (perdido) sessenta e oito carregadores, na sua fazenda, todo mês.

Vamos falar Yorùbá? | *471*

PARTE IV - EXERCÍCIOS DE YORÙBÁ

EXERCÍCIO Nº 33

Pẹ̀lú àwọn ọ̀rọ nísàlẹ̀, ti ṣãjú àwọn ọ̀rọ, ni yorùbá, ni iwo ọ̀rọ iyan àti, túmọ̀ láti ni ède potogi:

Com as palavras abaixo, forme frases, em yorùbá, na forma negativa, e traduza para a língua portuguesa:

a) Oloke

Ọ̀rọ *yorùbá:* _____

Itúmọ̀ *potogi:* _____

b) Oròmbò

Ọ̀rọ *yorùbá:* _____

Itúmọ̀ *potogi:* _____

c) Kìnìún

Ọ̀rọ *yorùbá:* _____

Itúmọ̀ *potogi:* _____

d) Ologini

Ọ̀rọ *yorùbá:* _____

Itúmọ̀ *potogi:* _____

e) Ìbànújẹ́

Ọ̀rọ *yorùbá:* _____

472 | Introdução ao idioma dos Òrìṣàs

PARTE IV - EXERCÍCIOS DE YORÙBÁ

Itúmọ̀ potogi: _____

_____

f) Apẹja

Ọ̀rọ *yorùbá:* _____

Itúmọ̀ potogi: _____

_____

g) Ọkọ̀ oju omi

Ọ̀rọ *yorùbá:* _____

Itúmọ̀ potogi: _____

_____

h) Ẹbí alubọsa

Ọ̀rọ *yorùbá:* _____

Itúmọ̀ potogi: _____

_____

i) Apoti

Ọ̀rọ *yorùbá:* _____

Itúmọ̀ potogi: _____

_____

j) Òníṣàngó

Ọ̀rọ *yorùbá:* _____

Itúmọ̀ potogi: _____

_____

Vamos falar **Yorùbá?** | *473*

PARTE IV - EXERCÍCIOS DE YORÙBÁ

Respostas do Exercício Nº 33

a) Oloke = Montanhês, grande senhor, senhorio

> *Olo = Senhor, pronome pessoal de tratamento*
> *Oke = Alto, montanha*

b) Oròmbò = Cobrindo a oferenda, protegendo a oferenda.

> *orò = obrigação, oferenda*
> *bò = verbo cobrir*
> *mbò = estar cobrindo, estar protegendo*
> *"m" = partícula formadora de gerúndio*

c) Kìnìún = Leão (Animal Silvestre)

d) Ologini = Moageiro, feitor de amido

> *olo = senhor, prefixo de posse*
> *ogi = amido de milho*
> *nì = verbo ser*

e) Ìbànújé = Dor, sofrimento, tristeza

> *ibà = lugar*
> *nì = verbo ser*
> *nínú = dentro*
> *jé = verbo ser, "ser humano"*

f) Apẹja = Pescador

> *a = aquele*
> *pè = chamado, verbo chamar*
> *ẹja = de peixe*

474 | *Introdução ao idioma dos* Òrìṣàs

PARTE IV - EXERCÍCIOS DE YORÙBÁ

g) Ọkọ̀ oju omi = Barco na margem

    ọkọ̀ = canoa, barco
    oju = olho, rosto, face
    omi = água
    oju omi = margem d'água

    ọkọ̀ oju omi também pode ser traduzido por reflexo do barco na água

h) Ẹbí alubọsa = Alho-poró, família da cebola

    ẹbi = família
    alubọsa = cebola

i) Apoti = Cofre, mala, banquinho

j) Ònísàngó = Senhor Xangô

    òní = senhor, pronome pessoal de tratamento
    Sàngó = Orixá Xangô
    ònísàngó = Òrìsà Sàngó.

    É o Òrìsà com seu èlédà. A presença de Sàngó.

Vamos falar Yorùbá? | 475

PARTE IV - EXERCÍCIOS DE YORÙBÁ

EXERCÍCIO Nº 34

Ẹ ṣe iṟọtẹlẹ ọrọ "lọ" ìgbà òní àti ọ̀lá:
Cojugue o verbo ir, nos tempos presente e futuro do indicativo:

	ÌGBÀ ÒNÍ *(tempo presente)*	ÌGBÀ Ọ̀LÁ *(tempo futuro)*
Eu / Émi	_____	_____
Tu / Ìwọ	_____	_____
Ele / Òun	_____	_____
Nós / Àwa	_____	_____
Vós / Ẹ̀yin	_____	_____
Eles / Àwọn	_____	_____

EXERCÍCIO Nº 35

Ko itúmọ̀ ọ̀rọ wọnyí sí èdè potogi:
Traduza estas palavras para o português:

a) Láti kò jọ́ = _____

b) Ótútú = _____

c) Oorú = _____

d) Bòròkínní = _____

e) Lágbárá = _____

f) Ilúrẹ = _____

g) Oyin = _____

h) Titobi = _____

i) Arugbo = _____

j) Balògún = _____

476 | *Introdução ao idioma dos Òrìṣàs*

PARTE IV - EXERCÍCIOS DE YORÙBÁ

Respostas do Exercício Nº 34

ÌGBÀ ÒNÍ (tempo presente)

Émi lọ
Ìwọ lọ
Òun lọ
Àwa lọ
Ẹyin lọ
Àwọn lọ

ÌGBÀ ỌLÁ (tempo futuro)

Èmi yio lọ
Ìwọ yio lọ
Òun yio lọ
Àwa yio lọ
Ẹyin yio lọ
Àwọn yio lọ

Respostas do Exercício Nº 35

a) Láti kò jọ́ = para não pedir perdão
   Jọ́ = pedir perdão

b) Ótútú = gripe, resfriado, doença, frio, ter frio, sentir frio

c) Oorú = calor, ter calor

d) Bòròkínní = primeiro disparate, primeira tolice
   Bòrò = tolice, disparate

e) Lágbárá = forte, poderoso, firme

f) Ilúrẹ = sua cidade (ou Ilú rẹ)

g) Oyin = mel

h) Titobi = grandeza, grande

i) Arugbo = pessoa idosa, pessoa grisalha

j) Balògún = oficial, capitão, chefe de guerra, ministros da cidade
   de Ọyọ e da cidade de Ibadan.

Vamos falar Yorùbá? | *477*

PARTE IV - EXERCÍCIOS DE YORÙBÁ

EXERCÍCIO Nº 36

Túmọ̀ sí èdè potogi:
Traduza para a língua portuguesa:

a) Mo fẹ́ jẹ akara dídùn àti elégéde.

Itúmọ̀ potogi: _____
_____
_____

b) Èmi lọ ariya áti jo pẹlu apẹja.

Itúmọ̀ potogi: _____
_____
_____

c) Òun gún igi òkè láti rí ẹyẹ.

Itúmọ̀ potogi: _____
_____
_____

d) Ọmọdèbinrin gbé sókè (= dide) ni àárọ laípẹ́ àti lọ wẹ̀.

Itúmọ̀ potogi: _____
_____
_____

478 | Introdução ao idioma dos Òrìṣàs

PARTE IV - EXERCÍCIOS DE YORÙBÁ

EXERCÍCIO Nº 37

Nipadà àwọn ọ̀rọ ni èdè yorùbá, ni ibilère àti túmọ̀ gbobgo:

Traduza as frases na língua yorùbá para o português.

a) Ni igba gbogbo, o yẹki, èmi máà ṣiṣẹ púpọ̀.

Itúmọ̀ potogi: _____

_____

b) Ni àná, o yẹki, èmi ti ṣiṣẹ púpọ̀.

Itúmọ̀ potogi: _____

_____

c) Ni òní, èmi ṣiṣẹ púpọ̀ o yẹki.

Itúmọ̀ potogi: _____

_____

d) Ni ọ̀lá, èmi yio ṣiṣẹ púpọ̀ o yẹki.

Itúmọ̀ potogi: _____

_____

e) Tẹ́lẹ̀tẹ́lẹ̀, o yẹki, èmi máà ṣiṣẹ púpọ̀.

Itúmọ̀ potogi: _____

_____

Vamos falar Yorùbá? | *479*

PARTE IV - EXERCÍCIOS DE YORÙBÁ

Respostas do Exercício Nº 36

a) Eu quero comer bolo e abóbora.

b) Vou à festa dançar com o pescador.

c) Ele subiu no alto da árvore, para ver o pássaro.

d) A menina levantou de manhã cedo e foi tomar banho.

Respostas do Exercício Nº 37

a) Todo tempo, honrado, eu costumo trabalhar muito.

b) Ontem, honrado, eu trabalhei muito.

c) Hoje, eu trabalho muito honrado.

d) Amanhã, eu trabalharei muito honrado.

e) Antes de mais nada, honrado, eu costumo trabalhar muito.

480 | Introdução ao idioma dos Òrìṣàs

PARTE IV - EXERCÍCIOS DE YORÙBÁ

EXERCÍCIO Nº 38

Ṣe pẹ̀lú ọrọ wọnyí nkankan ọrọ idajọ:
Faça com estas palavras alguma frase:

Use a frase abaixo, como exemplo:

Ó máà, yẹki, dèlé ni agogo méjì si:
Túmò: ele costuma, honrado, chegar à casa às duas horas em ponto.

a) Ni ọ̀lá = Lọ́lá = *amanhã*
Ọ̀rọ *yorùbá:* _____
_____
_____

b) Ni ìgbá gbogbo = Nígbà gbogbo = *todo tempo, sempre*
Ọ̀rọ *yorùbá:* _____
_____
_____

c) Ni ijẹ́tà = Nìjẹ́tà = *três dias atrás, anteontem*
Ọ̀rọ *yorùbá:* _____
_____
_____

d) Tẹ́lẹ̀tẹ́lẹ̀ = *antes disso, antes de mais nada*
Ọ̀rọ *yorùbá:* _____
_____
_____

e) Lọ́wọ́lọ́wọ́ = *no tempo presente, mano a mano*
Ọ̀rọ *yorùbá:* _____
_____
_____

Vamos falar Yorùbá? | *481*

PARTE IV - EXERCÍCIOS DE YORÙBÁ

f) Báyì í = Báyì = agora

Ọ̀rọ yorùbá: _____

_____

g) Ni àná = Láná = ontem

Ọ̀rọ yorùbá: _____

_____

h) Ni òní = Lóní = Hoje

Ọ̀rọ yorùbá: _____

_____

PARTE IV - EXERCÍCIOS DE YORÙBÁ

Respostas do Exercício Nº 38

a) Lọlá yio dè ilé ni agogo méjì si, o yẹki.
   Amanhã chegarei à casa às duas horas em ponto, honrado.

b) Nígbà gbogbo dèlé o, yẹki, ni agogo méjì ji.
   Sempre chego à casa, honrado, às duas horas exatamente.

c) Nìjẹ́tà, o yẹki, o ti dèlé, ni agogo méjì ji.
   Anteontem, honrado, cheguei à casa, às duas horas exatamente.

d) Télẹ̀tẹ́lẹ̀, o yẹki, délè ni agogo méjì ji.
   Antes de mais nada, honrado, chego à casa às duas horas exatamente.

e) Lọ́wọ́lọ́wọ́, o yẹki, máà dèlé, ni agogo méjì ji.
   No tempo presente, honrado, costumo chegar à casa, às duas horas exatamente.

f) Bàbá bò dèlé báyì, o yẹki.
   Papai retorna para casa agora, honrado.

g) Láná, o yẹki, bàbá mi ti ba a láti ṣọrọ.
   Ontem, honradamente, meu pai encontrou-se para conversar.

h) Lóní, o yẹki, bàbá mi ba a láti ṣọrọ.
   Hoje, honradamente, meu pai encontra-se para conversar.

Vamos falar Yorùbá? | 483

PARTE IV - EXERCÍCIOS DE YORÙBÁ

EXERCÍCIO Nº 39

Ntẹ̀lẹ́ ni awọṣe kọ́ pẹ̀lú àwọn ọ̀rọ fulẹfulẹ, àwọn ọ̀rọ ni èdè yorùbá:

Segundo o exemplo, construa, com as palavras abaixo, frases em yorùbá:

ỌRUN = Lọ́run nì aro
CÉU = O céu é azul

a) **Niwaju** = na frente, em frente
Ọ̀rọ *yorùbá:* _____
_____

b) **Daradara** = bem, bom, ótimo
Ọ̀rọ *yorùbá:* _____
_____

c) **Kọ́wé** = estudar
Ọ̀rọ *yorùbá:* _____
_____

d) **Ònísẹẹgún** = guerreiro ou feiticeiro
Ọ̀rọ *yorùbá:* _____
_____

e) **Ara** = corpo
Ọ̀rọ *yorùbá:* _____
_____

f) **Owó** = dinheiro
Ọ̀rọ *yorùbá:* _____
_____

484 | Introdução ao idioma dos Òrìṣàs

PARTE IV - EXERCÍCIOS DE YORÙBÁ

g) Kọfi / Omi dudu = café

Ọ̀rọ yorùbá: _____

_____

h) Ilé = casa

Ọ̀rọ yorùbá: _____

_____

i) Ọti = bebida alcoólica

Ọ̀rọ yorùbá: _____

_____

j) Wò = olhar, observar

Ọ̀rọ yorùbá: _____

_____

k) Wá = procurar, vir

Ọ̀rọ yorùbá: _____

_____

l) Nọmba ẹ́wa = número dez

Ọ̀rọ yorùbá: _____

_____

m) Iyara = quarto

Ọ̀rọ yorùbá: _____

_____

n) Jọ̀wọ́ = por favor

Ọ̀rọ yorùbá: _____

_____

o) Omi = água

Ọ̀rọ yorùbá: _____

_____

Vamos falar Yorùbá? | *485*

PARTE IV - EXERCÍCIOS DE YORÙBÁ

p) Àárọ = manhã

Ọ̀rọ yorùbá: _____

_____

q) Aṣọ = roupa

Ọ̀rọ yorùbá: _____

_____

r) Bàtà = sapato

Ọ̀rọ yorùbá: _____

_____

s) Ìwé owó = talão de cheque

Ọ̀rọ yorùbá: _____

_____

t) Ilé èro = dormitório

Ọ̀rọ yorùbá: _____

_____

u) Ilé geregere = casa de valores

Ọ̀rọ yorùbá: _____

_____

v) Ònídìrí = cabeleireiro

Ọ̀rọ yorùbá: _____

_____

w) Ilé ọnjẹ = Lanchonete, restaurante

Ọ̀rọ yorùbá: _____

_____

486 | Introdução ao idioma dos Òrìṣàs

PARTE IV - EXERCÍCIOS DE YORÙBÁ

Respostas do Exercício Nº 39

a) Òun kọja niwaju ilé mi.
   Ela passou na frente da minha casa.

b) Bàbá nṣiṣẹ daradara. / Bàbá kò nṣiṣẹ daradara.
   Papai está trabalhando bem.

c) Òun dèlé nkawé daradara.
   Ela chega em casa estudando bem.

d) Mo pè òníṣegún
   Eu chamo o guerreiro / o senhor da guerra

e) Àwa gẹ ara rẹ pèlú lọ́wọ́ wa.
   Nós cortamos nosso corpo com nossas mãos.

f) O ya owó mi.
   Ela separa meu dinheiro.

g) Mo gbé kọfi gbona.
   Eu trago café quente.

h) Funkẹ gbá ohun sínú ilé.
   Funkẹ carrega algo para dentro de casa.

i) Ìwọ mọ̀ ṣe ọti pèlú omi pọ.
   Você sabe fazer bebida alcóolica barata.

j) Ẹ̀yin nwò mi.
   Eles estão me observando.

k) Mo nwá ìwé yí nibi.
   Eu estou procurando este livro aqui.

Vamos falar Yorùbá? | 487

PARTE IV - EXERCÍCIOS DE YORÙBÁ

l) Fún nibi ọjọ́ mẹ́wà.
Para daqui a dez dias.

m) Mo fẹ́ wò iyara rẹ náà.
Eu quero olhar seu quarto também.

n) Jọ̀wọ́, pè mi ni agogo mẹ́fà.
Por favor, me chame às seis horas.

o) Ẹ jọ̀wọ́, fún mi ni omi díẹ̀.
Por favor, me dê um pouco de água.

p) Ẹ gbé ọnjẹ àárọ fún mi.
Senhor, traga o café-da-manhã para mim.

q) Mo ní àwọn aṣọ kan lilọ.
Eu tenho umas roupas práticas.

r) Mo fẹ́ dan bata mi.
Eu quero polir meu sapato.

s) Fún mi ìwé owó mi.
Me dê meu talão de cheques.

t) Báwò ni mo lè dè ilé èro?
Quando eu posso chegar ao escritório?

u) Níbò ni ti o dara wà ilé geregere?
Onde está a melhor casa de valores?

v) Níbò ni ilé ònídìrí wà?
Onde está o cabeleireiro?

w) Njẹ́ ilé ọnjẹ ti o dara wà nítòsí nibi?
Existe boa lanchonete perto daqui?

488 | Introdução ao idioma dos Òrìṣàs

POSFÁCIO

POSFÁCIO

Finalmente, após haver concluído as inúmeras e trabalhosas revisões dos originais de "Vamos Falar **Yorùbá**", eu me dei conta de que não havia dito tudo o que gostaria na apresentação do livro e não estava satisfeito com o resultado final. Não em relação ao conteúdo propriamente do livro, mas em relação a alguns assuntos que gostaria de complementar para que servissem de orientação aos estudantes e estudiosos do idioma **yorùbá**, pois como o trabalho de pesquisa e finalizações demorou aproximadamente cerca de dez anos para ser completado, diante disso, algumas reflexões e fato novos haviam alterado minha visão em relação ao mesmo. Afinal, posfácio, que utilidade tem que não seja esta? Embora a apresentação me parecesse boa, eu me sentira desconfortável se não redigisse essas linhas, teria a sensação de incompletude.

Em verdade eu tinha em mente produzir e alinhar uma série de informações práticas e de forma didática que havia aprendido sobre o idioma **yorùbá** e que fossem úteis, não só para os falantes de **yorùbá**, sobretudo crentes do Candomblé, mas também para outras pessoas, estudiosas do tema. Mas, entusiasmei-me e fui avançando de tal forma que o livro tornou-se mais do que um manual para iniciantes, transformando-se em um alentado livro do idioma **yorùbá**, tudo isto sem perder de vista o convidativo título, feito de forma enfática.

Através da yorubana, tivemos inúmeras experiências, nem sempre satisfatórias com turmas de alunos da língua **yorùbá**, sempre com professores **yorùbá**. Como qualquer outro idioma, este requer de quem deseja aprendê-lo, dedicação, pois os obstáculos aparecerão logo nos primeiros instantes a medida que as lições avançarem, observo que muitos pretenciosos se arvoram a tradutores. O que alguns na verdade fizeram foi versionar alguns cânticos sagrados do Candomblé **Ketú**, deturpando-os e subvertendo totalmente o idioma.

Há cerca de aproximadamente três anos, participei de uma palestra e discussão sobre este tema na Universidade do Recôncavo Baiano, através do convite do professor Liberac, neste ambiente conheci o professor Xavier, que já havia participado de um curso da língua **yorùbá** em uma Universidade Americana, e contou-nos da sua frustração de não ter podido tornar-se falante em **yorùbá**. É natural que isto tenha ocorrido, em virtudes de muitos aspectos dissonantes. Para aqueles que realmente pretendem estudar a sério o idioma **yorùbá**, considero de vital

490 | *Introdução ao idioma dos* **Òrìṣàs**

importância a presença de um bom professor nativo, com sólida formação acadêmica, não apenas um falante yorùbá.

Listei dentro do possível uma pequena relação de instituições que, quiçá, poderão ajudar o leitor em sua busca. Porém, advirto que é fundamental manter-se bem informado e atento, quanto a procedência de alguns indivíduos nigerianos, que devido a carência de informações em nosso país se passam como sacerdotes e professores de yorùbá.

É lamentável que até o momento um país como o Brasil, o segundo maior país com negros após a Nigéria, não tenha ainda um curso superior da língua e cultura yorùbá. Isto acontece por absoluta omissão de nossas autoridades educacionais (fica aí a sugestão, espero que sirva para alguma coisa). Tal omissão, tem proporcionado em longa escala um ambiente próprio a saqueadores desta cultura: vemos a todo momento indivíduos reconhecidamente inescrupulosos, passando-se por professores de yorùbá, com anúncios em jornais alternativos e programas radiofônicos de Candomblé. Todos nós pesquisadores, cientistas sociais, que transitamos nesta área dos estudos de religiões de matrizes africanas e que continuamente utilizamos com regularidade o idioma yorùbá, somos autodidatas, valendo-nos com responsabilidade de pessoas sérias e profissionais competentes.

Em 1984,85 e 86, tive o privilégio de ter aulas da língua yorùbá, com Michael Kayode Owolabi, este sim, um dos poucos nigerianos yorùbá que era notoriamente professor da língua yorùbá e conhecedor profundo do Culto aos Òrìṣà. Se você é praticante do Culto aos Òrìṣà, ou quer estudar o idioma e deseja aprender de verdade o yorùbá ou noções sólidas do mesmo, fuja da vulgaridade com o qual o tema é tratado por alguns.

Em nossos cursos na Yorubana, era comum os alunos solicitarem traduções de orukọ (nomes) iniciáticos de seus Òrìṣà, e na grande maioria das vezes, eles eram um aglomerado de palavras incompreensíveis e de outras etnias desconhecidas. Encanta, a muitas pessoas, aprender o yorùbá, sobretudo, pessoas do Culto aos Òrìṣà. Isto é um por demais compreensível, pois elas imaginam que poderão obter uma melhor integração espiritual com os Òrìṣà. Será? É possível.

Outro aspecto que deve ser desmitificado é o que diz respeito a se aprender yorùbá na Bahia. O bairrismo é maior do que o conteúdo

Vamos falar Yorùbá? | 491

POSFÁCIO

de informações que a diáspora africana levou para a primeira capital do Brasil. Lá conheci notáveis sacerdotes do culto, que falam o "yorubai-ano", uma fala cantada misturada com coisa nenhuma. Era difícil enten-der o que queriam dizer. Quem sabe se daí nasceu a forma cantada de falar dos baianos.

Alarmados com o alto índice de desinformação em nossa cultura religiosa, alguns nigerianos, sobretudo em São Paulo, e nas principais capitais do país, rapidamente constataram a desagregação e desunião dos praticantes e logo, logo se auto-intitularam professores da língua yorùbá, e aproveitam o recinto dos cursos, para contrabandearem al-gumas quinquilharias, àṣés e artigos africanos, a brasileiros ingênuos, que tardiamente vão descobrir que foram enganados por anglicanos, cris-tãos, muçulmanos, etc. E os chamados àṣẹ, são comprados na feira de Surulene, em Lagos. Logo, ganham a confiança da boa gente do Culto, carente de tudo, sobretudo de informações.

Alguns, rapidamente, abrem casas de culto, que, assim como abriram, tão rapidamente são fechadas. Alguns outros tentam impor de forma gradativa suas idéias confusas e deturpadas, com o propósito de descaracterizar nossa cultura e, que decepção quando vamos a Nigéria, por indicação prévia, e procuramos as famílias destas pessoas, os "prínci-pes" e outros títulos, constatando que não existem, foram criados pela imaginação fértil, para pagar a precária moradia de um quarto sujo e es-condido na periferia. Como podem ter a pretensão de ensinar yorùbá, se nem sabem falar o português?

Como podem vender àṣẹ, se não possuem o básico para viver e enganando a várias pessoas? É conhecida, por nossos alunos, a estúpida história de um nigeriano que havia recentemente chegado ao Brasil e se apressou em casar com uma brasileira, para logo conseguir o visto de permanência. O referido senhor, notório contrabandista de àṣẹ e artigos africanos, carregava imensas malas com todos os tipos de magia, que ven-dia a preços astronômicos, alardeando supostos êxitos. Certa vez, ele nos procurou nos escritórios da Yorubana, visivelmente aborrecido. Não en-tendi bem o que representava sua extemporânea presença, mas por fim o recebi, e constatei que ele estava inconforme por vários motivos: pri-meiro, questionou-me por que havia remetido um cartão de uma viagem que fizera à África; depois, reclamou por ter recebido publicidade de

492 | *Introdução ao idioma dos Òrìṣàs*

alguns de nossos cursos. Percebi que havia tomado conhecimento de alguns de nossos anúncios, sobre o início de cursos de Tradicional Religião **Yorùbá**, por nós ministrados. Conseqüentemente, entendi que tais procedimentos o irritaram profundamente, no seu pensamento mesquinho, de que, por ser nigeriano, somente ele poderia ditar as regras deste conhecimento, estabelecendo uma ditadura cultural. Em alguns momentos da conversa, pude perceber seu egoísmo, afirmando que se nós brasileiros fazíamos, e bem, por que ele, sendo nigeriano não o poderia? Ensandecido, achava-se dono da cultura, era o próprio **Orùnmíla** na terra.

A primeira coisa que lhe informei foi a respeito da estabilidade de nosso trabalho, e provei-lhe que ele nem pensava em vir ao Brasil, e nós já nos dedicávamos a esta atividade deste 1977. Esqueceu-se, certamente, de que quando o conheci, o mesmo havia dito que quem conhecia o Culto dos **Òrìṣà** era o seu pai. Algum tempo depois, soubemos que o vendedor de ilusões, tão cioso de suas origens, se passava por **Bàbáláwò**, iniciando pessoas, dando consultas, e pior, auxiliando "sacerdotes" brasileiros que ele havia "iniciado" na Nigéria, em excursões de uma semana. Não satisfeito, arvorou-se a professor da língua **yorùbá**, de forma ditatorial. Por meio de um escasso português, o dito senhor afirmava ser o dono dessa cultura. Nunca perdia a oportunidade de vender seus produtos após o término das aulas numa faculdade carioca. Só depois de muito tempo, os diretores acordaram para as verdadeiras pretensões desse senhor e o expulsaram.

Bem, mas nem tudo é assim, não vamos generalizar, existem exceções e devem-se ressaltar o estudo feito em São Paulo, pelo professor King, que desenvolve um amplo trabalho de recuperação de nossas fontes-matrizes afro-negras, assim como o Professor Felix **Omidire**, que realizou em Salvador um grande trabalho de divulgação. Não me considero professor da língua **yorùbá**, mas um estudioso apaixonado de tudo o que se refere a esta cultura. Compartilho com os senhores parte do que aprendi. Enfim, isto é o que vi, é o que pude aprender, é o que reparto.

Àṣẹ fun ọ, Adupẹ!

Fernandez Portugal Filho

O AUTOR E SUA OBRA

FERNANDEZ PORTUGAL FILHO

O Autor e sua Obra

Fernandez Portugal Filho é daquelas pessoas a quem o nome se adianta à pessoa e lhe confirma, de antemão, o carisma e a inteligência. Desde os meus primeiros anos como ìyáwó, os escritos do autor já me guiavam nas descobertas e primeiros passos dentro da religião dos Orixás. Quando, em 2019, o vi entrar no estande da Editora Arole Cultural durante a Bienal do Livro do Rio de Janeiro, meus olhos brilharam e o cumprimento se adiantou, balbuciando: "professor Fernandez Portugal, bem vindo!". Assim se deu nosso primeiro encontro no qual, para minha honra e felicidade, se transformou também na obra que você, leitor, agora tem em mãos. Modéstia à parte, talvez a obra mais completa sobre o idioma e a gramática yorùbá publicada no Brasil.

Autor de cerca de quarenta livros e apostilas e mais de uma centena de artigos em jornais e revistas, além de ter prestado consultorias para a TV Globo, à extinta TV Manchete e inúmeras produções cinematográficas no Brasil e no Exterior, Fernandez Portugal Filho é discreto e de fala calma, transmitindo confiança e segurança naquilo que faz e fala e seu histórico editorial e profissional lhe apresentam com respeito e louros devidamente conquistados por seu empenho e dedicação ao tema.

Antropólogo e jornalista brilhante, atua como professor na UERJ (Proeper) e como professor titular de Antropologia das Religiões Afro-Descendentes e Tradicional Religião Yorùbá, desde 1996, na Universidade de Havana-Cuba, viajando com frequência ao continente africano para pesquisar "*in loco*" as religiões e práticas advindas, sobretudo, da Nigéria. É também sacerdote do Culto aos Òrìṣà e de Ifá na Tradicional Religião Yorùbá, dirigente do Ẹgbẹ Awo, no Rio de Janeiro.

Para a Editora Arole Cultural, assim como para mim como sacerdote dos Òrìṣàs, é uma honra tê-lo como amigo e poder contar com suas publicações.

Diego de Oxóssi
Editor-chefe da Arole Cultural

Contato com o autor

Telefone: (21) 3181-6022 / 3738-6132
WhatsApp: (21) 9 9807-7594
E-mail: yorubana@globo.com
fernandezpfilho@globo.com

Endereço para correspondência:

Fernandez Portugal Filho
Caixa Postal 40.095 – RJ
CEP 20270-970 – Brasil

Curso ministrados por Fernandez Portugal Filho

- ❖ Introdução ao Estudo do Candomblé
- ❖ De Eṣú a Òṣàlà
- ❖ Ajọbọ Òrìṣà mi (Assentamentos do meu Òrìṣà)
- ❖ Ritual de Iniciação no Candomblé Kétu
- ❖ Ẹbọri (Bôri) – A Importância do Ori na Cultura Yorùbá
- ❖ Cosmogonia Yorùbá
- ❖ A linguagem secreta dos Odù
- ❖ Culto Ẽgungun
- ❖ Aje, Òrìṣà da Riqueza
- ❖ Adura, Òrìṣà mi (Rezas do meu Òrìṣà)
- ❖ Abikú, Abiko y Biaṣẹ́
- ❖ Magia Yorùbá
- ❖ Magia Afro-Brasileira
- ❖ Candomblé Kètú – Herança Afro-Brasileira
- ❖ Ọlọkun, Senhor de todos os oceanos
- ❖ Òdùdùwá – O Bastão de Ẽgun
- ❖ Èṣù – Senhor de todos os caminhos

Vamos falar **Yorùbá?** | 497

O Autor e sua Obra

Todos os materiais legítimos africanos, o leitor poderá encontrar nos seguintes endereços:

Rio de Janeiro

Ilê D'Angola
Av. Ministro Edgar Romero, 239 – Galeria C – Lojas 222 e 224
Mercadão de Madureira – Rio de Janeiro/RJ
CEP: 21360-201

Telefones: (21) 3355-8768 / 3355-8769

Morada dos Òrìşás
Av. Ministro Edgard Romero, 244
(dentro do Shopping Days, em frente ao Mercadão de Madureira)
Madureira – Rio de Janeiro/RJ
CEP: 21360-200

Telefone: (21) 2051-1471 / 98775-8003

INFORMAÇÕES SOBRE A CULTURA YORÙBÁ

Embaixada da Nigéria
Setor Embaixada Norte
Av. das Nações, Lote 5 - Brasília/DF
CEP 70459-900

Tel.:	(61) 3226-1717 / 3226-1870 / 3208-1701
Fax:	(61) 3322-1823
E-mail:	admin@nigerianembassy-brazil.org
	social.sec@ nigerianembassy-brazil.org

Yorubana
Caixa Postal 40.095 – Rio de Janeiro/RJ
CEP 20270-970

Tel.:	(21) 3181-6022 / 3738-6132 / 9 9807-7594
E-mail:	yorubana@globo.com
	yorubana@zipmail.com.br

Casa das Áfricas
Rua Padre Justino, 60
Vila Pirajussara– Próximo ao metrô Butantã - São Paulo/SP

Tel.:	(11) 3801-1718

Centro de Estudos Africanos da Universidade de São Paulo
Av. Professor Luciano Gualberto, 315 – sala 1087
Cidade Universitária – São Paulo/SP
CEP 05508-900

Tel.:	(11) 3091-3744
Fax:	(11) 3032-9416
E-mail:	cea@edu.usp.br

O Autor e sua Obra

Centro de Estudos Afro-Orientais da Universidade Federal da Bahia
Praça Inocêncio Galvão, nº 42
Largo 2 de Julho – Salvador/BA
CEP 40060-055

Tel.: (71) 3283-5509
E-mail: ceao@ufba.br

Fundação Pierre Verger
Segunda Travessa da Ladeira da Vila América, nº 6
Engenho Velho de Brotas – Vasco da Gama – Salvador/BA
CEP 40420-340

Tel.: (71) 3203-8400
E-mail: fpv@pierreverger.org

Museu de Arqueologia e Etnologia
Avenida Professor Almeida Prado, 1466
Cidade Universitária - São Paulo/SP
CEP 05508-070

Tel.: (11) 3091-4905

NUPE-UNESP (Núcleo Negro da UNESP)
Alameda Santos, 647, 11º andar
Cerqueira César - São Paulo/SP

Tel.: (11) 5627-0270

Museu Afro-Brasileiro
Largo do Terreiro de Jesus
Centro Histórico – Salvador/BA

Tel.: (71) 3283-5540

500 | *Introdução ao idioma dos Òrìṣàs*

Museu Afro-Brasil
Rua Pedro Álvares Cabral, s/nº
Pavilhão Manuel da Nóbrega
Parque do Ibirapuera, portão 10 - São Paulo/SP

Tel.:   (11) 5579-8542 / 5579-7716
Website: www.museuafrobrasil.com.br

Embaixada do Brasil na Nigéria
Setor Cultural 324 Diplomatic Drive Central Business
District Abuja
Abuja – Nigéria

Tels.: (00XX234) 803.6590.806 / 803.5350.118

Caribeean Cultural Center
Visual Arts Research end Resource
Center Relating to the Caribeean
120 West 125th Street
New York, N. Y. 10035

Tel.: (00xx212) 307-7420

Association of Caribeean Studies
P.O. Box 22202
Lexington, KY 40502-2202, U.S.A.

Asociacion Cultural Yorùbá de Cuba
Prado 615 entre Monte y Dragones
Habana – Cuba

Tel.: 53.7 – 863.5953

African studies center - A.S. Center – University of California
Los Angeles, California
9000243 – U. S. A

REFERÊNCIAS BIBLIOGRÁFICAS

REFERÊNCIAS BIBLIOGRÁFICAS

ABRAHAN, R.C. "Dictionary of modern yorùbá". Londres, University of London Press, 1973 (contém desenhos de plantas, animais e objetos de culto, pp. 715 e 776).

ADESQJI, Michael Adèmòla. "Aspectos da Cultura da Nigéria", Série 2, Publicidade Externa, s.d.

_____. "Nigéria, História – Costumes – Cultura do povo yorùbá e a origem de seus Orixás". Rio de Janeiro, Ed. do autor, 1990.

AIYÈMI, K. Ajíbõla. "Yorùbá para brasileiros". São Paulo, Ed. Populares, 1981.

AJIBQLA, J.O. "Òwé yorùbá; ti a tumọ si Èdè Gesi orúkọ yorùbá fún ọjọ òsè àti òsú ọdun". London, Oxford University Press, 1962, 83p.

ALMEIDA, Hermógenes. "Oríkís, Canções de Rebeldia, Poemas de Paixão. – Pg. 42, 43. Grafline Editora Ltda. – RJ – 1988.

ANAGÓ. Vocabulário lukumi, in CABRERA Lydia. "El Yorùbá que se habla em Cuba." Miami, U.S.A., Ediciones Universal, 2ª ed., 327 p.

ANDA, Michael O. (Phd). "Yorùbá". The Rosean – 1996 – Publishing Group. Inc. U.S.A.

ANDÈ, Michael O. "The Heritage Library of African Peoples. Yorùbá". – The Rosen Publishing Group, New York. 1996

ANDERSON, David A. "The origin of life on earth" – In African Creation Myth. Sigths Productions, 1991

ANGENET, Jean Pierre et al. "Répértoire des vocables brésiliens d'origine africaine",Centre de Linguistique Téorique et Appliquée. Université Nationale du Zaire. Faculté des Lettres. Lubumbashi, 1974.

ARÓMQLÁRÁN, Adébísí. "Adómọlédè Yorùbá; Ìwé kikà èkétà". Lagos, Macmillan Nigeria Publishers, 1972, 92p. il.

ÀYÀNMÓ – MacMillan Nigeria Publishers Ltd. Printed in Nigéria by the Cayton Press (West Africa) Ltd. Ibadan. Nigéria.

AYOH' OMDIRE, Felix. "Àkògbádùn" – Abc da Língua, Cultura e Civilização Iorubanas. – CEAO – Edufba – 2004.

BABAJAMU, Málọmọ. "Yorùbá literature for west african school certificate, general certificate of education and teacher's examinations". 3ª ed. Ilorin, Nigéria Publications service, 1964, 306 pp. ilust. U.S.A.

BÁDÉJO, Diedre. "Òṣun, Ṣèègèsí". The Elegant Deith of wealth, Power and femininith. Africa World Press, Inc. 1996

BANDEIRA, Cavalcanti. "Vocabulário Afro Luso-Brasileiro" Jornal do Comércio. Rio de Janeiro – 16 dezembro 1962. 3.cad, p. 5; 30 dezembro 1962. 3.cad, p.5; 20 janeiro 1963. 3.cad, p.5; 3 fevereiro 1963. 3.cad, p. 4, 7; 24 fevereiro 1963. 3. Cad, p. 4,6; 10 março 1963. 3. cad, p. 5, 6; 31 março 1963. Suplemento Dominical, p.2, 4; 21 abril 1963. 3.cad, p. 4, 6;

BARNES, Sandra T. "Africa's Ògún, old world and new". Indiana University Press, 1997

FERNANDEZ PORTUGAL FILHO

BASTIDE, Roger. "Ensaios de metodologia afro-brasileira: o método lingüístico." Revista do Arquivo Municipal. São Paulo, 5(59); 17-32, jul. 1939.

BAUDIN, P. "Grammaire Yorùbá" – 2ª éd. Porto-Novo, Centre Catechetique, 1868, 97 p. Benin.

_____. Dictionnaire français-yorùbá. 2. éd. Porto-Novo, Centre Catechetique, 1967. 346p. Benin

_____. Dictionnaire yorùbá-français. 2. éd. Porto-Novo, Benin.

BEIER, Ulli. University Press, "Yorùbá 'Myths'. Cambridge, 1980.

BERNAL, Sérgio Valdés. "Las Lenguas Del Africa Subsaharana y el español de Cuba" – Editorial Academia - Havana, Cuba - 1987

BRANDÃO, Adelino. "Contribuição Afro-Negras ao Léxico Popular Brasileiro" Revista Brasileira de Folclore – Rio de Janeiro – 8,(21): 119-28 – Maio/Agosto – 1968.

_____. "Contribuições afro-negras ao léxico popular brasileiro." Revista Brasileira do Folclore. Rio de Janeiro, 8(21); 119-28, maio-agosto 1968.

CACCIATORE, Olga Gudolle. "Dicionário dos cultos afro-brasileiros". Rio de Janeiro, Ed. Forense, 1977.

CARNEIRO, Edison de Souza. "Vocabulário dos negros da Bahia" (vocabulário de termos usados nos candomblés da Bahia). Revista de Arquivo Municipal, São Paulo, 10(99); 45-62, nov-dez. 1944.

_____. "Negros Bantos". Rio de Janeiro, Ed. Civilização Brasileira, s.d.

_____. "Vocabulários Negros da Bahia" Revista do Arquivo Municipal – O Globo, Rio de Janeiro, 19 de Novembro 1972.

CASTRO, Yeda Pessoa de & CASTRO, Guilherme A. de Souza. "The African Cultures in the Americas": "Introduction to joint research on the location of Loan-words". Publicação oficial do governo brasileiro ao FESTAC 77 (Colóquio Civilização Negra, Ciência e Tecnologia), janeiro, 1977. – Lagos – Nigéria.

CASTRO, Yeda Pessoa de. "A sobrevivência das línguas africanas no Brasil: sua influência na língua popular da Bahia". Afro-Ásia, Salvador, 4-5: 25-34, 1967.

_____. "Culturas africanas nas Américas: um esboço de pesquisa conjunta da localização dos empréstimos". Afro-Ásia, Salvador, 13:27-51, 1980.

_____. "Das línguas Africanas ao Português Brasileiro" Afro-Ásia – Salvador, (14): 81-106, Dezembro – 1983.

_____. "Etnônimos africanos e formas correntes no Brasil." Afro-Ásia, Salvador, 6-7: 5-16, jun-dez. 1968.

_____. "Fugitivo do Suriname faz uma escrita que talvez seja de dialeto africano". Jornal do Brasil. – Rio de Janeiro, 23 de Outubro 1969.

_____. "Influência de Línguas Africanas no Português do Brasil; e níveis sócio-culturais de linguagem" Educação, Brasília, 6 (25) :49-64, Outubro/Dezembro 1977. bibliografia p. 63-4.

Vamos falar Yorùbá? | 505

REFERÊNCIAS BIBLIOGRÁFICAS

_____. "Intégration des apports africains dans les parlers de Bahia, au Brésil." Tese de Doutorado apresentada à Universidade do Zaire, 1976, 2 vols.

_____. "Religious terminology and every day speech vocabulary of Afro-Brazilian cult group". Ile Ifé, Institute of Africain Studies, University of Ifé, s.d. – Nigéria.

_____. "Terminologia religiosa e falar cotidiano de um grupo de culto afro-brasileiro". Dissertação de Mestrado apresentada a Universidade Federal da Bahia, 1971.

_____. "A língua Mina-Jeje no Brasil" – Um falar africano em Ouro Preto do século XVIII. Fundação João Pinheiro – Belo Horizonte – 2002.

_____. "Falares Africanos na Bahia" Um vocabulário Afro-Brasileiro – Academia Brasileira de Letras – Topbooks – RJ – 2001

COSTA, J. Heitor da & AJIBỌLA, K. "Noções de Yorùbá". Tema. Centro de Divulgação Cultural, São Paulo, 1978.

C. O. THORPE. "Àwọn Ẹwọ Ilè Yorùbá". Ibadan, Nigéria. Òníbòn – Ọṣẹ́ Press, 1967

CULTURA. Revista do MEC, ano VI, nº 23, out. dezembro 1976.

DALEGAN, I.A. Junior "English-yorùbá home teacher". Ilorin, Delegan Trading Service, 1966, 56p.

DELANO, Isaac O. – "Òwé l'ẹsin ẹrọ, Yorùbá proverbs their meaning and usage" – Ibadan. Oxford University Press. – 1966 – 154 p.

"DICTIONARY OF THE YORÙBÁ LANGUAGE". London-Ibadan, Oxford University Press, 1976

DOS SANTOS, J. E. "La Religion Nàgó Génératrice et Réserve de valeurs Culturelles au Brésil, in Les Religions Africaines Comme Source de Valeurs de Civilisation" – Paris (Presence Africaine), 1972, PP.156-171.

EADES, J. S. "The yorùbá today". Cambridge University Press London, 1980, 188 p.

EKINI, Ìwé. "Li Èdè yorùbá", Lagos, Nigéria, C.S.S. Bookshop. s.d

FAGBÓRUN, J. Gbenga. "Yorùbá, verbs and their usage". Virgocap Press. Inglaterra, 1994.

FAGÚNWÀ, D.O. "Ọgbọju Ọdẹ́ Ninu Igbo Irúnmálẹ̀" Thomas son Nigéria Ltda., 1975. ẸNI, Ọlọ́run pa. Ministry of Education. (General Publications Section), Ibadan, 1964.

FAKINLEDE, Kayode J. "Beginner's Yorùbá" (Acompanha dois Cds) – Hippocrerre Books – USA – 2010.

_____. "Modern Practical Dictionary" – Yorùbá-English English-Yorùbá – Hippocrerre Books – USA – 2006.

FILHO, Fernandes Portugal & KỌMỌLÀFẸ́, Benjy Durojaye Aindè Kayode. "Curso de língua yorùbá". 1ªed., Rio de Janeiro. Centro de Estudos e Pesquisas de Cultura Yorubana, 1978. Apostila.

_____. "Curso de Cultura Religiosa Afro-brasileira". (livro) Rio de Janeiro, 1979, Centro de Estudos e Pesquisas de Cultura Yorubana.

506 | _Introdução ao idioma dos_ **Òrìṣàs**

FERNANDEZ PORTUGAL FILHO

_____. "Jogo de Búzios: Introdução ao sistema classificatório do jogo de Búzios por Ódù e outras informações do culto dos Orixás." (apostila) Rio de Janeiro, 1980. Editora Yorubana.

_____. "Magia Africana, Ritual e Poder do Povo **Yorùbá**". (apostila) Rio de Janeiro, YORUBANA, 1980.

_____. "Vamos falar **yorùbá?**", Apostila. Rio de Janeiro, Centro de Estudos e Pesquisas Yorubana, RJ - 1988.

_____. "**Yorùbá**, a língua dos **Òrìṣà**". 5ª Ed., Rio de Janeiro, Ed. Pallas, 1985.

_____. **Osanyin**, Orixá das folhas, 2ª ed. (livro) Rio de Janeiro, Ed. Eco, 1978.

FONSECA JUNIOR, Eduardo. "Dicionário **yorùbá** (nagô)". Rio de Janeiro, Civilização Brasileira, 1988.

GARCIA, Rodolfo. "Vocabulário nagô", in Congresso Afro-Brasileiro, 1, Col. Estudos Afro-brasileiros. Rio de Janeiro, Ed. Ariel, pp. 21-8-1935.

GAYE, J.A. & BECROFT, W.S. "Yorùbá gramar". London, Routledge Kegan Paul, 1964, 96p.

_____. "**Yorùbá** gramar". London, Routledge Kogan Paul, 1959, 96p.

_____. "**Yorùbá** composition". London, Routledgs Kegan Paul, 1951, 96p.

HETFIELD, Jamie. "The **Yorùbá** of West Africa". The Rosan Publishing Group's. New York, 1996.

"HISTÓRIA SUCINTA DA REPÚBLICA FEDERAL DA NIGÉRIA", Série 1, Publicidade Externa. s.d, Nova York, 23 p., S/D

IDOWU, E. **Bolagi**. "Olódùmarè; God in **yorùbá** belief. London, Longmans, 1966. 222p. ilus.

IDOWÚ, Gideon **Bàbálọlá**. "Uma abordagem moderna ao **Yorùbá**" (Nagô). Gramáticas, exercícios e minidicionário. Porto Alegre, Ed. Palmarinca, 1990.

"INFORMAÇÕES BÁSICAS SOBRE A NIGÉRIA". Centro de Informações e Cultura da Nigéria – RJ. Companhia Brasileira de Artes Gráficas, 16 p. – Rio de Janeiro, S/D

KỌMỌLỌFẸ, Benjy Durojáyè Aindè Kayọde. "Yorùbá", 1º volume, Apostila. s.d. – RJ.

KREBS, Carlos Galvão/. "Os Africanos e a Língua Falada no Brasil" – Rio de Janeiro, 09 de Abril 1951. 2.cad. p.12.

LAITIN, David D. "Hegemony and Culture University" Chicago Press, 1986.

LASẸBIKAN, E.L & LEWIS, I.J. "A **yorùbá** revision course". Ibadan, Oxford University Press, 1949, 84p.

_____. "A **yorùbá** revision course". London, Oxford University Press, 1958, 84p.

LASẸBIKAN, E.L. "Ojúlówó Yorùbá". London, Oxford University Press, 1955, 108p. il.

_____. "Ìwé kẹtà ọhùn" .... **yorùbá**. London, Oxford University Press, 1961. 90 pp. il. (Ojúlówó Yorùbá, Book 3).

_____. "Ìwé kíní àwọn ilú nlá nlá ilẹ **yorùbá**". London, Oxford University Press, 1961, 84p. il. (Ojúlówó Yorùbá, Book 1).

REFERÊNCIAS BIBLIOGRÁFICAS

_____. "Learning Yorùbá". London, Oxford University Press, 1958.

_____. "Learning yorùbá". London, Oxford University Press, 1962, 81p.

_____. "Ojúlówó yorùbá; ìwé kéjì aṣa ilè yorùbá". London, Oxford University Press, 1962, 108p. il. (Ojúlówó Yorùbá, Book 2).

LAYENI, Ọlaṣiji. "Yorùbá course for secondary schools". Lagos, The Pacific Printers, 1962, 131p.

LAYTANO, Dante de. "Os africanismos no dialeto gaúcho." Revista do Instituto Histórico e Geográfico do Rio Grande do Sul, Porto Alegre, 16(63): 167-226, abril-junho de 1936.

LOPES, Edmundo Corrêa. "Carta sobre o nagô falado na Bahia." Revista do Brasil, Rio de Janeiro, 4(36): 55-7, jun. 1941.

LUCAS, J. Olumide. "The religion of the yorùbá; being na account of the religious beliefs and practices of the yorùbá peoples of Southern Nigéria especially in relation to the religion of ancient Egypt." Lagos, C. M. S. Bookshop, 1948. 420p. ilus.

MAGALHÃES, Basílio de. "Africanismos", Cultura política, Rio de Janeiro, 2(22): 156-60, dez. 1955.

MANN, Kenny. "African Kingdoms of the past Ọyọ, Benin, Ashanti the guinea coast". Dillon Press, 1996

MARTINEZ FURÉ, Rogelio. "Poesia Yorùbá". La Habana, ed. El Puente, 1963, 149p. Cuba

_____. Poesia Yorùbá. La Habana, Ed. El Puente, 1963. 149p.

MELO, Gladstone Chaves de. "A influência africana no português do Brasil". Rio de Janeiro, Ministério da Saúde, Serviço de Documentação, 1945.

MENDONÇA, Renato de. "A influência africana no português do Brasil". São Paulo, Cia. Ed. Nacional, 1935.

MESTRE DIDI. "Contos de Mestre Didi". Rio de Janeiro, Ed. Codecri, 1981.

_____. "Por que Oxalá usa ikodidé". Salvador, Ed. Cavaleiro da Lua, 1967.

MICHELENA, Maria & Rubén Marrero. "Diccionário de Términos Yorùbá" – Editorial Lectorum México – DF – 2010.

MOURA, Carlos Eugênio Marcondes. (Organizador) Bandeira de Àláirá. São Paulo, Ed. Nobel, 1982.

"NIGERIA TOURISM COMPANION". Nigeria Tourist Board Publication. Lagos, Nigéria, S/D

NOGUEIRA, Júlio. "O Negro e a Língua do Brasil" – Espelho – Rio de Janeiro (4):50, Julho 1935.

O GLOBO, Rio de Janeiro, Brasil, 4 de dezembro de 1990, "Curso de língua africana ensina falar dialeto."

ODÙJÍNRÌN, J.S.A. "Modern Lesson in yorùbá". Parte 1 (elementary). Filmset and Printed by Academy Press. Ltda, Lagos, 1974.

_____. "Modern lessons in Yorùbá". 2v., London, Waterloo Press,Centre Catechetique. 1967. 363p. 1966.

508 | *Introdução ao idioma dos Òrìṣàs*

FERNANDEZ PORTUGAL FILHO

ODÙNJÒ, J. F. "Ẹ̀kọ́ Ìjìnlè yorùbá àláwíyè; fún àwọn ilé ẹkọ́ gíga". Ikẹja. Longmans. 1967, 186 p. il.

_____. "Ìwé-karun àláwíyè". Ikẹja, Longmans of Nigeria, 1964, 151pp. il. (Àláwíyè Reader, 5).

_____. "Ìwé-kefà àláwíyèl". Ikẹja, Longmans of Nigeria, 1965. 128pp. il. (Alawíyè Reader, 6).

_____. "Ìwé-kéjì àláwíyè". London, Longmans, 1956, 64p. il. (Àláwíyè Reader, 2).

_____. "Ìwé-kẹ́rìn àláwíyè". Ibadan, Longmans of Nigeria, 1967, 127pp. il. (Àláwíyè Reader, 4).

_____. "Ìwé-kétà àláwíyè". London, Longmans, 1959, 97pp. il. (Yorùbá Reader, 3).

_____. "Ìwé-kíní àláwíyè". Ikẹja, Longmans of Nigeria, 1968, 62pp. il. (Alawíyè Primer and Reader, 1).

_____. "Ìwé-Kíní, Alawiye" London. Longman, Grem and Co.   1956   (65 p.)

_____. "Ẹ̀kọ́ ìjìnlẹ̀ yorùbá alawiye" fun awọn ilé ẹkọ́ giga. Ikeja, Longmans, 1967. 186p. il.

_____. "Ìwé kẹ́tà àláwíyè". London, Longmans, 1959, 97p. il. (L.A.O.L.S. Yorùbá Àláwíyè Readers, Book 3).

_____. "Ìwé-Karun, Àláwíyè". Ikẹja, Longmans of Nigeria, 1964. 151p. il (Alawiye Readers, 5).

_____. "Ìwé-Kefá, Àláwíyè". Ikẹja, Longmans of Nigeria, 1965. 128p. il (Alawiye Readers, 6).

_____. "Ìwé-kéjì àláwíyè fún àwọn ọmọdè; àti àwọn agbà ti ó nkọ́ iwa yorùbá ni kinã". London, Longmans, 1956, 64p. il. (L.A.O.L.S. Yorùbá Àláwíyè Readers, Book 2).

_____. "Ìwé-Kerin, Àláwíyè". Ibadan, Longmans of Nigeria, 1967. 127p. il (Alawiye Readers, 4).

_____. "Ìwé-Keta, Àláwíyè". London, Longmans, 1959. 97p. il (Yorùbá Readers, 3).

_____. "Ìwé-kíní àláwíyè fún àwọn ọmọdè; àti àwọn àgbàlàgbà; ẹni t'ó yà aworan rẹ ni Abinbọla Laṣebikan". Rgv. And enl. Od. London, Langmans, 1955, 48p. il. (L.A.O.L.S. Yorùbá Àláwíyè Readers, Book 1).

_____. "Ìwé-Kini, Àláwíyè (fun àwon omodè)". Ikeja, Longmans of Nigéria, 1968. 62p. il (Alawiye Primer and Reader, 1)

_____. "Asiko; apa kéjì". S.n.t., 1966, 55p. il.

ODÙYOYÈ, Modúpẹ̀. "The vocabulary of yorùbá religions discourse". Daystar Press. Ibadan, Nigéria, 1971

_____. "YORÙBÁ NAMES" – Their Structure and their meanings. Karnak House. Inglaterra, 1982

ÒGÚNBỌWÀLÉ, P.P. "Àsà Ibíílè Yorùbá". Oxford University Press. s.d.

Vamos falar Yorùbá? | 509

REFERÊNCIAS BIBLIOGRÁFICAS

_____. "Ẹni ọlọ́run kò pa" Ibadan, 1964.

OGUNDELE, Ogbeni J. O. "Èjìgbèdè lona isalu-ọrun" London, Green, 1956. 125p. il.

OJO, G. J. Afolabi. "Yorùbá Culture" a geographical analysis. Ile-Ife, University of Ife/London. University of London, c 1966. 303p. il.

_____. "Yorùbá palaces: a estudy of afins of yorubaland". London, University of Londo Press, 1966, 110 p. il.

ỌLABIYI, Babalọla Yai. "Hippocrerre Concise Dictionary" – Yorùbá-English English-Yorùbá – Hippocrerre Books – USA – 1996.

ÒLAYỌMI. Ìwé Kéjì. "Eko yorùbá Nigéria", s.d., 50 p.

OWÓLÀBÍ, Michael Kayọde. "Curso de Língua Yorùbá". Apostila. Rio de Janeiro, 1985.

_____. "Yorùbá, a língua de axé", 1ª ed., 1988, (mimeo.)

OWÓMỌYÉLÀ, Ọyèkan. "Yorùbá Trickster Tales". University of Nebraska Press, 1997.

PEMBERTON III, John & AFỌLAYAN, Funsọ S."Yorùbá Sacred Kingship – A power like that of the Gods". Smithsonian Institution Press. 1996.

PÓVOAS, Ruy do Carmo. "A Linguagem do Candomblé" – Livraria José Olympio Editora – RJ – 1989

RAIMUNDO, Jaques. "O Elemento Afro-negro na Língua Portuguesa. Rio de Janeiro, Renasceça, 1938. – 195p. bibliografia p. 181-91.

RIBEIRO, José. "Dicionário Africano de Umbanda" Africano e português e português e africano. – Rio de Janeiro, Aurora, 1963. 148p.

ROWLANDS, E. C. "Teach yourself yorùbá". London, The English Universities Press, 1996. 276p.

_____. "Yorùbá A Complete Course For Beginners". NTC Publishing Group. 1993

_____. Yorùbá. New York, Teach Yourself Books, 1985.

RUFATO, Luís Fernando. "A Literatura Africana de expressões portuguesas. Suplemento Literário: Cultura Afro-Brasileira. – Belo Horizonte, 21(1033): 2, Julho 1986. – Número Especial Organizado por Adão Ventura.

SANTOS, Deoscóredes Maximiliano dos (Mestre Didi). "Yorùbá tal qual se fala", Salvador, 1950.

_____. "Contos crioulos da Bahia". Petrópolis, Vozes, 1976.

SANTOS, Juana Elbein dos. "Os nàgó e a morte". Petrópolis, Vozes, 1977.

SCHELEICHER, Antonia Yẹ́túndé Fòlárìn. "Jẹ́ k'ásọ yorùbá". Yale University Press, 1993

SENNA, Nelson Coelho de. "Africanos no Brasil: estudos sobre os negros africanos e influências afro-negras na linguagem e costumes do povo brasileiro". Belo Horizonte, Of. Gráficas Queiroz Breyner, 1938.

SILVA, Edson Nunes da. "Estrutura do pensamento afro-brasileiro". Prefeitura Municipal de Salvador, Secretaria Municipal de Cultura, 1975.

510 | *Introdução ao idioma dos Òrìṣàs*

_____. "Introdução ao estudo gramatical de língua yorùbá". Salvador, Livraria Progresso Editora (Edição com a Universidade Federal da Bahia), 1958.

SILVA, Ornato José da & KOMOLAFE, Benji Durojáiyè. "A linguagem correta dos Òrìṣà". Oxalá Artes Gráficas, 1978, 1ª edição; 2ª edição, Inforbral, 1989.

_____. "Ervas e raízes africanas", Rio de Janeiro, ed. do autor, 1988.

SOWANDES, Rev. E. J. et al. "Dictionary of the Yorùbá", London-Ibadan, Oxford University Press. (1ª edição, 1911. Contém pequena relação de plantas e árvores.)

TAIWO "Àti kẹhindè, ìwé kéjì". 2. Ed. Ibadan, Oxford University Press, 1967, 62 p. 11.

TARALLO, Fernando e Tania Alkmin. "Falares Crioulos" – Línguas em Contato – Editora Ática – São Paulo – 1987

TORRES, Walmyr de Faria. "A Contribuição Africana a Riquesa da Língua Nacional" Jornal do Brasil – Rio de Janeiro 30 de Novembro 1953.

TURNBULL, Colin M. "La tradición oral". Trad. De Miguel M. Liongueras. Barcelona - Espanha, Ed. Labor, 1996. 224p

_____. "Oral Tradition, a study in historical methodology". Transl. By H. M. Wright. Chicago, Aldine Publishing Company, 1961. 226p.

VERGER, Pierre Fatumbi. "Lenda dos Orixás". Salvador, Ed. Corrupio, 1985.

_____. "Orixás". Salvador, Ed. Corrupio, 1985.

_____. "Oxosse". Salvador, Ed. Corrupio, 1982.

YAI, Òlabíyí Bàbálòla. "Aspectos particulares da influência das culturas nigerianas no Brasil em literatura, folclore e linguagem." Cultura, Brasília, 6 (23) 94-100, out/dez 1976.

Outras Fontes

Fontes Orais

SR. Ọladèjọ, Ibadan – Fevereiro de 1994.

SRA. A.M. Tóròbíọla, Badagri – Fevereiro de 1994.

SR. Toni Martins (*em memória*), São Paulo – 1990/1991.

Vídeos

Costumes e cultura do povo yorùbá - R.T.C. Filmes –Brasil

A festa anual do Culto do Òrìṣà Ọdẹ na Nigéria - R.T.C. Filmes –Brasil

Fitas Cassete

Shina Peters, s/d. Lagos, Nigéria.

Jealousy, King Sunny Ade – s/d. – Lagos – Nigéria.

Ayuba, Chief Adèwàlé, 1993, Lagos, Nigéria.

VAMOS FALAR
YORÙBÁ?
Introdução ao idioma dos Orixás

Uma publicação da Arole Cultural

Acesse o site

www.arolecultural.com.br

VAMOS FALAR
YORÙBÁ?